桂滇黔乡村旅游业态创新与空心村治理协同模式研究

Synergy Model of Rural Tourism Industry Innovation and Hollow Village Governance in Guangxi,Yunnan and Guizhou

杨莎莎　曹冬勤　著

中国财经出版传媒集团
经济科学出版社
Economic Science Press

图书在版编目（CIP）数据

桂滇黔乡村旅游业态创新与空心村治理协同模式研究/杨莎莎等著．—北京：经济科学出版社，2020.10
国家社科基金后期资助项目
ISBN 978－7－5218－1776－8

Ⅰ．①桂… Ⅱ．①杨… Ⅲ．①乡村旅游－旅游业发展－研究－西南地区②农村－社会管理－研究－西南地区 Ⅳ．①F592.77②C912.82

中国版本图书馆 CIP 数据核字（2020）第 148519 号

责任编辑：李晓杰
责任校对：杨 海
责任印制：李 鹏 范 艳

桂滇黔乡村旅游业态创新与空心村治理协同模式研究
杨莎莎 等著
经济科学出版社出版、发行 新华书店经销
社址：北京市海淀区阜成路甲 28 号 邮编：100142
总编部电话：010－88191217 发行部电话：010－88191522
网址：www.esp.com.cn
电子邮件：esp@esp.com.cn
天猫网店：经济科学出版社旗舰店
网址：http://jjkxcbs.tmall.com
北京季蜂印刷有限公司印装
710×1000 16 开 20.25 印张 340000 字
2020 年 11 月第 1 版 2020 年 11 月第 1 次印刷
ISBN 978－7－5218－1776－8 定价：78.00 元
（图书出现印装问题，本社负责调换。电话：010－88191510）

国家社科基金后期资助项目
出版说明

后期资助项目是国家社科基金设立的一类重要项目，旨在鼓励广大社科研究者潜心治学，支持基础研究多出优秀成果。它是经过严格评审，从接近完成的科研成果中遴选立项的。为扩大后期资助项目的影响，更好地推动学术发展，促进成果转化，全国哲学社会科学工作办公室按照“统一设计、统一标识、统一版式、形成系列”的总体要求，组织出版国家社科基金后期资助项目成果。

全国哲学社会科学工作办公室

序　一

山东大学经济研究院院长、长江学者特聘教授、
博士研究生导师　黄少安

我国乡村旅游发展已初具规模，乡村旅游作为旅游业的一个分支，呈现多样化的发展趋势。新消费需求的不断涌现推动着旅游供给侧改革，使业态创新成为乡村旅游转型升级、培育旅游经济新增长点的重要途径。桂滇黔三省（区）作为我国民族文化旅游资源最为集中的地区，区位优势得天独厚，旅游资源分布范围基本与贫困人口和贫困地区的分布区域相重合，乡村旅游经济成为桂滇黔贫困群众脱贫致富的助推器和突破口。《桂滇黔乡村旅游业态创新与空心村治理协同模式研究》以促进桂滇黔乡村旅游转型升级、实现空心村治理为目标，对缓解农村地区空心化现象，进一步实现农业转型、农村发展、农民增收提供了理论指导。

在全球范围内，反贫困都是非常重要的课题。当前中国扶贫工作进入攻坚克难的关键阶段，国家提出了精准扶贫的重大战略举措，国务院扶贫办和文化旅游部等联合开展建档立卡贫困村旅游扶贫试点工作。我国一系列的扶贫开发工作使中国大规模的绝对贫困得到了很大程度的缓解，但扶贫任务依然艰巨。我国的集中连片贫困多发于少数民族地区，旅游扶贫作为一种重要的新兴产业扶贫方式，受到国际学术界和实践界的广泛关注。精准扶贫是大势所趋，如何在旅游扶贫领域践行精准扶贫理念，是目前亟待破解的难题。本书围绕“如何实现乡村旅游业态创新与空心村治理协同”，从我国精准扶贫背景出发，通过理论与案例分析构建出桂滇黔乡村旅游六种业态类型与空心村治理协同模型，为实现旅游业发展和缓解桂滇黔地区贫困提供了理论指导。

正如中国旅游研究院院长戴斌所说：旅游扶贫是充分运用市场机制的扶贫、是造血式扶贫、是广泛受益的扶贫、是物质和精神“双扶贫”、是富有尊严的扶贫、是促进和谐的扶贫、是促进国际交流的扶贫。从实践

看，旅游产业不仅是精准扶贫的有效抓手，也是综合效益较高的扶贫产业之一。桂滇黔三省（区）资源禀赋加上独特的地域文化具有发展旅游经济的天然优势。因此，兴办旅游经济实体，创新乡村旅游业态，利用乡村的资源环境优势对旅游资源进行保护性的开发，使旅游业形成区域支柱产业，可促进桂滇黔贫困地区人民脱贫致富和地方经济增长。此外，桂滇黔的地理环境在旅游开发中也将得到极大改善。

杨莎莎教授长期以来对西南民族地区发展问题十分关注，通过机理分析——实证研究——案例验证——路径规划——实践规划的逻辑架构对桂滇黔乡村旅游业态创新与空心村治理中存在的突出问题的政策研判，其著作《桂滇黔乡村旅游业态创新与空心村治理协同模式研究》构建“桂滇黔乡村旅游六种业态类型创新与空心村治理协同模式”，并理清其相互关系的逻辑演进、理论架构、实证检验和实现路径等一系列问题，通过实现乡村旅游业态创新与空心村治理协同大力推进空心村治理。通过催生乡村发展的内生动力，助力打赢脱贫攻坚战，进而补齐桂滇黔城市用地紧张和农村用地低效的短板。本书的出版对进一步实现旅游精准扶贫、缓解桂滇黔贫困面貌具有重要价值。

2020 年 7 月

序　　二

北京大学城市治理研究院执行院长、教授、
博士研究生导师　沈体雁

经过一年多的艰苦调研和用心创作，杨莎莎教授的著作《桂滇黔乡村旅游业态创新与空心村治理协同模式研究》终于问世了。这本书凝聚了杨莎莎教授团队成员的汗水和努力，集中体现了其锲而不舍、求真务实的团队精神。

创新对于一个国家和民族而言，有着重要的影响作用，它是国家发展和民族振兴的前提保证。旅游业态的发展是一个动态的、不断创新的过程。随着旅游产业向纵深发展，产业内各要素本身处在不断裂变升级之中，形成衍生分化的新业态，这是旅游业蓬勃发展的大趋势。本著作在充分考虑桂滇黔乡村旅游发展特色的基础上，结合整体乡村旅游发展环境，将乡村旅游业态创新分为休闲农牧场、乡村庄园、生态博物馆、文化创意农业园、洋家乐、乡村民宿六大维度，分别描述了桂滇黔乡村旅游的自然资源、文化资源和住宿三个方面。

农旅融合是农业农村发展大势所趋，也是城市消费需求的热点所在。休闲农牧场是休闲旅游资源与农业资源、畜牧业资源相结合的一种新型业态，以农业活动为基础，以休闲为目的，以服务为手段，以城市游客为目标，农业和旅游相结合的一种交叉性产业。相对于休闲农牧场的定位和发展模式，休闲庄园是一种高端的旅游业态，是与现代经济社会文化不断进步相契合的，是未来实现乡村旅游转型升级的重要产品，代表着未来都市居民的追求方向和发展趋势。文化创意农业园是乡村旅游发展到一定程度的产物，是将农业与旅游进行完美融合的一种新型旅游业态类型，对桂滇黔乡村旅游的发展和农业生产具有重要的促进作用。随着现代经济的发展和城镇化步伐的加快，桂滇黔逐渐出现现代文化与民族文化的冲突、生态环境遭到破坏等问题，生态博物馆作为一种新型的乡村旅游业态逐渐产生并快速发展起来。同时，以民宿为代表的非标准住宿正逐渐成为越来越多人的出行优选，民宿发展呈现高端化、规模化、品牌化三大趋势。通过研究乡村民宿和洋家乐两种乡村旅游创新业态，为激发乡村旅游活力提供助力，引领民宿业高质量发展。

本著作以桂滇黔三省（区）为案例研究对象，从典型事实描述、理论构建、实证检验和政策设计四方面，将“桂滇黔乡村旅游六种业态类型创新与空心村治理协同模式”中存在的现实问题、分析框架、作用机理与实现路径作为研究对象进行系统性研究。将 SPS 案例研究范式应用到桂滇黔乡村旅游业态创新与空心村治理协同模式研究中，分别针对休闲农牧场与中心村整合型、乡村庄园与中心村整合型、生态博物馆与城镇化引领型、文化创意农业园与城镇化引领型、洋家乐与村内集约型、乡村民宿与村内集约型协同模式进行了实际的案例分析。同时为了保证本书的严谨性，杨莎莎教授及其团队成员多次到案例地进行深入调研，集中体现了其立足实际、求真务实的科研精神。限于自身学术水平，本书对桂滇黔乡村旅游业态创新与空心村治理协同模式进行了深入的研究，其研究虽存在一些不足和未解决的问题，但总体上不失为一项较高水平的学术成果。

2020 年 7 月

序　三

广西民族大学研究生院院长、教授、
博士研究生导师　曾　鹏

桂滇黔地区空心化问题亟待解决。空心村既包括外在景观层面的空心，即村庄用地外扩内空、农村住宅人走屋空，也包括内在资源层面的空心，即由于农村经济不发达，农村劳动力、农村资金等流动到城市，由此造成了农村资源匮乏、农业生产萧条、公共事业衰败等景象。桂滇黔的空心村两个层面是相互联系的，但内在资源的空心更为严重。

治理空心村，发展产业是根本。继党的十八大提出了建设美丽乡村后，党的十九大再次提出了乡村振兴战略，并且在十九大报告中强调，实施乡村振兴战略是处理好“三农”问题的关键。在实施乡村振兴战略的过程中，发展乡村旅游业是当前重要工作之一。从目前来看，桂滇黔乡村旅游在政府的推动下得到快速发展和推广，旅游业由于本身所具有的产业关联广、渗透力强、就业带动作用大等特性，在吸引桂滇黔的农村劳动力、提高农民家庭收入和转变农村经济发展方式等方面有着天然的优势。通过以旅游产业为核心，既能够体现以人为中心的发展观，又能多维度提高产业、产品的附加值，不断形成新的经济增长点，因此在桂滇黔地区实现乡村旅游业态创新与空心村治理协同模式构建具有必要性。

《桂滇黔乡村旅游业态创新与空心村治理协同模式研究》在探讨桂滇黔空心村治理模式中，为了对空心村成因和演变规律做出一般性规律探讨，将农户意愿、整治内容、政策创新、空心村特征和资金来源等因素进行综合考量，提炼出空心村整治的三种模式，即中心村整合型、城镇化引领型及村内集约型。中心村整合型的核心是强调集约化治理，即在空心村整治过程中促进农村土地经营、农民居住、产业发展及土地利用等集约化，以集中化和集聚化为手段实现对桂滇黔空心村的治理。城镇化引领型治理模式与实现空心村城镇化是紧密联系的。其核心是以新型城镇化为平台，在充分考虑桂滇黔现有空心村产业结构的基础上，不断进行土地统筹配置创新，同时着重把握桂滇黔空心村劳动力就业发展趋势。而村内集约型治理模式的核心就是要解决农村在土地利用和环境保护方面的问题。

在旅游需求多样化发展的背景下，旅游业态种类越来越多样，乡村旅游发展逐渐呈现出后劲不足、创新力度不够、现有的旅游业态类型与旅游资源不够契合、旅游资源尚未形成具有竞争力的主导产业的态势，乡村旅游业态逐渐由资源依赖向结构调整和创新转变。旅游业作为一种劳动力密集型产业，在桂滇黔地区发展旅游业能够提供大量的农村劳动力岗位，使得桂滇黔地区农村劳动力能够就地就业，缓解桂黔滇地区人口空心化问题。农村产业结构由第一产业为主导逐渐向以农业为基础、第三产业为主导的产业结构发展，使桂滇黔农村产业选择由原来单一的经济效益转变为游客需求与经济效益双重导向，原来农村的三种产业均出现不同程度的变化，尤其住宿业、娱乐业、餐饮业、交通运输业、零售业等发展迅速。

《桂滇黔乡村旅游业态创新与空心村治理协同模式研究》构建出桂滇黔乡村旅游与空心村治理协同的分析框架、内外部影响机制和概念模型，通过结构方程模型对乡村旅游与空心村治理协同模式进行定量分析，通过SPS案例研究方法对乡村旅游与空心村治理协同模式进行案例验证分析，提出桂滇黔乡村旅游与空心村治理协同模式的实现路径。从理论和实践两个方面对桂滇黔乡村旅游业态创新与空心村治理协同模式进行了深入的研究，具有重要的理论指导意义和实践意义。

2020年7月

目　　录

第 1 章　绪　　论

1.1　研究背景及问题提出

1.1.1　研究背景

现代旅游业的崛起可追溯到第二次世界大战以后，和平和发展成为时代的主题，中产阶级迅速崛起，旅游观光和休闲需求逐渐增加，人们求新、求异、求乐的心理欲望增强，现代科技发展对交通工具带来的革新为现代旅游业发展带来了新的发展机遇，旅游迅速成为一个新兴产业。旅游业的发展是在全球工业化、信息化和全球化的进程中快速发展壮大的，社会经济的发展以及科学技术水平的提升，使人们追求美好生活的愿望成为现代旅游业发展的原生动力。旅游业的发展是经济社会发展进步的产物，是社会进步发展不可或缺的重要产业，旅游产业特色化、品质化、效益化发展成为国民经济发展的重要推动力量。社会学家认为：人类需求有三大类，即生存需求、享受需求和发展需求，三类需求依次递进，层层深入，当低层的需求得到满足之后，人们就会寻求高层次的需求。伴随全球经济的迅速发展，人们的物质生活得到了极大的丰富，原本对生存的需求逐渐转向为对享受和发展的高层次需求，在追求物质生活的极大满足时，人们对精神文化的需求也进一步上升。而旅游业作为享受需求与发展需求的结合体，旅游行为已经成为现代社会人们生活方式的常态，旅游人数逐年上升。相关数据显示，2017 年是近 10 年来 GDP 增幅最大的年份之一，旅行与旅游业实现 4.6% 的行业增长，连续 7 年跑赢全球经济总增长速度。过去 7 年，世界净增岗位中，每 5 个就有 1 个来自旅游业，旅游业是世界经济发展的动力引擎①。

中国作为世界上旅游资源最丰富的国家之一，改革开放以来，中国旅游业取得了举世瞩目的成就，入境旅游人数明显增多，国际旅游收入远远高于世界经济平均增长率，成为快速发展中的世界旅游大国，也是世界重要的旅游目的地和客源国。根据联合国世界旅游组织多年来对中国旅游发展的测算显示，2015 年中国旅游业对国民经济的综合贡献度达到 10.8%，旅游业对经济、社会、生态、环境等各方面的影响越来越重要，逐年呈现出上升趋势；2016 年中国旅游业对国民经济综合贡献率达 11%；2017 年综合贡献率达到 11.04%，高于世界平均水平②。中国旅游业已经全面融入国家战略体系，成为国民经济战略性支柱产业，受到了党中央、国务院的高度重视。党的十八大以来，我国旅游业发生了历史性变革，旅游产业的战略性支柱产业地位更加巩固，社会综合效益凸显，旅游成为衡量现代生活水平的重要指标，旅游市场持续健康增长，旅游收入逐年上升，旅游人数稳步上涨。住宿企业、餐饮企业、旅游景区、休闲度假区等数量稳步增加，旅游产业体系日臻完善。与此同时，为了进一步完善旅游产业健康发展，《中华人民共和国旅游法》颁布实施，2016 年，国务院出台了《“十三五”旅游业发展规划》，确立未来五年我国旅游业发展的行动纲领和基本遵循，我国旅游现代治理体系初步建立，旅游也逐渐成为我国经济增长的新引擎。

随着中国旅游业的发展及逐渐成熟，国内旅游者的消费心理逐渐成熟，消费需求趋于多样化。改革开放 40 多年以来，国内的工业化和城市化进程快速推进，使人们记忆中对于家乡故土的情感记忆逐渐模糊，心灵深处的“乡愁”无处安放，人们对旅游地的选择渐渐有了改变。因此，越来越多的人向往生态自然的田园生活，希望从这种原始、质朴、无喧嚣的状态中找回生活的本质和意义。在此背景下，能让游客望得见山、看得见水、记得住乡愁的乡村旅游迎来巨大的发展机遇。此外，政府也加大了对乡村旅游业的扶持，国家发展改革委等 14 部门联合印发《促进乡村旅游发展提质升级行动方案（2017 年）》，以全面提升乡村旅游发展质量和服务水平。乡村旅游作为旅游业的一个分支，具有原生态、自然美，在满足城市群居民休闲度假方面具有独特的优势，目前，我国乡村旅游发展已初

① 数据引自世界旅游业理事会（WTTC）《2018 全球旅游行业经济影响报告》的相关统计资料。

② 《2018 年全国旅游工作报告》。

具规模，并呈现多样化的发展趋势。自20世纪90年代以来，我国乡村旅游业进入快速发展阶段。进入21世纪以后，我国乡村旅游进入全面发展时期，在规模、模式、功能、分布上均呈现出蓬勃发展的新态势。根据农业农村部公布的数据，2018年全国休闲农业和乡村旅游接待人次超30亿，全国休闲旅游发展迅速，入境旅游人数逐渐上升，旅游目的地的建设规模和服务设施逐渐完善，旅游收入在国民经济的地位中越来越重要，营业收入超过8000亿元①。

2019年《中共中央　国务院关于坚持农业农村优先发展做好“三农”工作的若干意见》（中共中央一号文件）明确指出，要充分发挥乡村资源优势，提升广大乡村地区的资源利用率，不断促进新资源的挖掘，加大旅游服务基础设施建设力度，改变农村传统的经济发展态势，发展适应城乡居民需要的休闲旅游、餐饮民宿、养老服务等产业，这为新时期发展休闲农业和乡村旅游指明了新方向，乡村旅游发展迅速。伴随着国内乡村旅游的发展，为了适应乡村旅游市场需求，乡村旅游产品的不断转型升级，“旅游+”和“+旅游”成为乡村旅游发展的新拓展领域。乡村旅游的农家乐、乡村旅游度假、民宿等逐渐与农业、文化、互联网等要素相融合，第一二三产业交叉发展关键在于资源融合与技术融合，资金、企业、人才方面得到进一步融合，乡村旅游业态形式不断得到创新，“大乡村旅游时代”开启。2017年11月底，国家旅游局局长李金早以党的十九大精神为指引，提出在我国工业旅游发展历程中，全国各地要积极作为，大胆创新，第二三产业交叉融合，培育出大量的新企业、新品牌和新业态。为了进一步促进新时代乡村旅游的发展，乡村旅游必须对乡村进行土地综合开发利用，转变乡村旅游发展思路，重新认识乡村在生态上、文化上、生活方式上的特色，不断创新乡村旅游产品和业态，打造复合型旅游产品，加强旅游服务创新，促进旅游发展模式从外延模式向内涵模式转变，全面提升乡村旅游品质。

改革开放以来，中国的城镇化发展迅速，城镇常住人口由1.7亿增长到8.1亿人，城市数量增加了两倍，城镇化率提升两倍多。尽管中国的城镇化率已经接近60%②，但中国依然是一个农业大国的基本国情没有改变，中国社会是一个乡土社会，乡村发展不仅关系着城乡经济发展平衡，更是实现中华民族伟大复兴中国梦的重要内容。为此，党中央对农村农业

① 数据来源于农业农村部2019年《国务院关于乡村产业发展情况的报告》。

② 数据来源于国家统计局统计资料。

发展给予了高度的重视，习近平同志在党的十九大报告中提出了乡村振兴战略，使乡村现代化融入实现“两个一百年”奋斗目标，坚持农业农村优先发展。2018 年中央一号文件强调实施乡村振兴要坚持农民的主体地位，不断提升农民的获得感、幸福感、安全感，着力解决城乡发展不平衡的问题，针对乡村振兴战略推进出台了《乡村振兴战略规划（2018～2022 年）》，进一步明确了乡村振兴的具体实施计划和阶段性任务。2019 年《中共中央 国务院关于坚持农业农村优先发展做好“三农”工作的若干意见》提出坚持把解决好“三农”问题作为全党工作重中之重，到 2020 年确保现行标准下农村贫困人口实现脱贫，全面提升农村农业发展质量，促进农村现代化发展。桂滇黔三省（区）属于欠发达的后发地区，广大农村地区经济基础较为薄弱，农业现代化体系尚未建成，生态环保压力巨大。为了全面贯彻落实党中央实施乡村振兴战略的部署，促进农村农业发展，桂滇黔地方政府也制定了相关的政策文件，为深入推进农业供给侧结构性改革，促进农村农业转型升级提供了强有力的政策支持。如广西壮族自治区地方政府就提出了《乡村振兴产业发展基础设施公共服务能力提升三年行动计划（2018～2020 年）》，为实施乡村振兴战略制定了行动计划。

桂滇黔三省（区）是我国民族文化旅游资源最为集中的地区，少数民族广泛分布，各个民族在长期的历史发展中，其生活生产方式逐渐形成了自身的特色，这些特色经过长久的历史积淀，逐渐演变成为各少数民族的民族文化。与此同时，桂滇黔地形地貌复杂，区位优势得天独厚，山水景观、边境风貌、喀斯特地貌、海滨旅游等资源是桂滇黔自然旅游资源的重要组成部分，形成了秀丽的自然风光和良好的生态环境。桂滇黔作为旅游大省（区），旅游资源分布广泛，且旅游资源分布范围基本与贫困人口和贫困地区的分布区域相重合，为桂滇黔发展乡村旅游产业、实现地区脱贫提供了良好的资源基础。为了充分发挥旅游经济的带动作用，促进桂滇黔乡村振兴，桂滇黔不断挖掘自身的资源潜力，利用资源基础优势促进旅游产业发展，通过不断创新旅游产品和提升产品附加值，以乡村旅游为突破口，培育乡村经济新品牌，提高地区声望和知名度。同时地方政府加大资金扶持力度，建立人才引进机制，注重农业科技与旅游产业的融合，加大地方基础设施建设力度，对乡村环境进行集中治理，加快补齐桂滇黔道路交通设施的短板，建立桂滇黔乡村旅游现代化交通体系。据桂滇黔三省（区）地方统计资料显示，在 2018 年，广西壮族自治区乡村旅游接待游客约3.08亿人次，占全区接待游客量的45.1%，乡村旅游消费收入占全区旅游总消费的27.1%[①]；贵州省乡村旅游接待游客4.62亿人次，占全省接待游客的47.7%，乡村旅游收入占全省旅游收入的22.7%[②]；云南省乡村旅游接待游客2.5亿人次，旅游总收入超2000亿元[③]。实践证明，乡村旅游已经成为桂滇黔三省（区）旅游产业发展的经济增长点，有力地促进了地方经济的发展，是助力扶贫攻坚的有力抓手，是新时代实现乡村振兴的重要力量。

1.1.2 问题提出

随着我国城市化和工业化进程的不断推进，农村劳动力大规模地向城市地区迁移，农村逐渐出现空心化现象。一方面，大量的农村人口流入城市，为城市经济建设提供了更多的劳动力，加速了城市建设步伐和城乡一体化进程。另一方面，由于大量的人口流出，农村农业发展进入了减缓或停滞的状态，国家有限的土地资源被闲置浪费，农村地区原有的生产方式被迫改变，影响了农村经济的发展。按照空心化对象划分，主要包括人口空心化、土地空心化、产业空心化、宅基地空心化、文化空心化五种类型。

人口空心化是指在城市拉力和农村推力双重作用下，农村地区大量的人口向城市流入，导致农村地区人口急剧减少，青壮年劳动力大量流入城市，农村基本只剩下老人和小孩留守居住，农村人口结构出现失衡。人口空心化主要出现在快速城市化阶段，人口演变特征出现“乡——城”迁移模式。土地空心化是指由于大量的青壮年流出农村，农村地区原有的农业生产被迫减缓，大量的耕地出现闲置状态，且由于农村规划严重滞后的原因，农民在修建新宅时往往选址在村庄外围，农村内部土地被闲置，形成了内空外延的用地状况。产业空心化是指农村地区出现的产业不优、不强、不大的现象，即传统的农业生产滞后，工业发展进程缓慢，旅游服务业规模较小，致使农村地区经济增长缺乏强有力的支撑产业，经济效益十分低下。宅基地空心化是指由于大量的农村劳动力流入城市，农村居民的工作和生活出现异地化的现象，农村居民原来居住的房屋被闲置出来，甚至由于常年失修或闲置成为废弃宅基地，由此出现空心化现象。文化空心

① 数据来源于广西壮族自治区人民政府门户网站统计资料。

② 数据来源于贵州省文化和旅游厅统计资料。

③ 数据来源于云南省文化和旅游厅统计资料。

化是指在乡村旅游的发展中，乡村原有的乡土文化逐渐被现代文明所感染，从而丢失了其本来的文化底蕴的现象，过度商业化是文化空心化形成的主要原因，为了迎合市场需求，乡村进行市场化改造和积极引入市场化手段，由于没有较好地把握乡土文化与市场化之间的关系，导致农村原有文化缺失。

由于城乡二元体制和不完善的土地规划管理，加上农村农业生产回报率较低，经济基础薄弱，桂滇黔地区广大农村地区出现空心化现象，对地方经济社会文化发展造成了消极的影响。一是桂滇黔地区山地较多，耕地资源缺乏，空心村的出现使原本紧缺的耕地资源出现大量浪费，进一步加剧了国土资源的供需矛盾。二是空心村中原有的空废住宅长期无人居住，大量的宅基地被废弃，乡村公共设施缺乏爱护，公共卫生“脏、乱、差”的现象非常突出，生态环境没有得到较好地保护，村内垃圾处理方式、文明教育等落后，恶化了村庄的整体人居环境。三是桂滇黔少数民族广泛分布在农村地区，空心村中空闲宅基地的来源情况复杂，加之地方土地征用补偿制度尚不完善，导致桂滇黔农村地区出现农村宗族意识过强的现象。四是空心化导致桂滇黔地方文化流失严重，原有的地域文化被现代化文化所冲击，加之在发展乡村旅游产业的过程中没有建立完善的文化保护机制，地方文化逐渐被商业化。上述问题的出现严重影响到桂滇黔农村农业的生产发展，农村空心化问题能否得到解决直接关系到乡村振兴战略的实施和全面建成小康社会的发展步伐。

乡村旅游作为发展区域经济的重要组成，乡村旅游的发展能够进一步促进桂滇黔乡村旅游资源的挖掘、提升旅游资源的利用率，同时促进生态文明建设和绿色经济的发展，有利于扩大乡村经济发展的供给，进一步优化桂滇黔空心村治理的环境，缓解桂滇黔在城市化进程中出现的土地空心化、人口空心化、宅基地空心化、产业空心化和文化空心化现象，促进农村产业发展、文化传承、农民致富，有利于社会主义现代化新农村建设。与此同时，要紧密结合时代特征和市场消费需求，重视桂滇黔乡村旅游业态类型的创新，不断延伸农业产业链和价值链，丰富和创新乡村旅游业态形式，不断促进桂滇黔乡村旅游转型升级，将乡村旅游业态创新和实现空心村治理相结合，促进桂滇黔农村经济发展，让乡村旅游成为脱贫攻坚的主战场。

综上所述，尽管桂滇黔乡村旅游业态创新与空心村治理协同的理论意义得到了清晰的阐述，但是依然存在着一系列尚未解决的问题。乡村旅游业态创新类型尚不明确，空心村治理模式也有待进一步探讨，如何构建乡村旅游业态创新与空心村治理的分析框架？影响乡村旅游业态创新与空心村治理协同的内外部影响因素有哪些？如何在重点把握桂滇黔地域特征的基础上构建出乡村旅游业态创新与空心村治理模式？在构建出二者协同模式的基础上，如何从定性和定量上对乡村旅游业态创新进行实证？等等。如果以上问题没有得到很好的解决，桂滇黔乡村旅游业态创新与空心村治理模式的实现路径便不能得出。因此，基于以上问题，我们以桂滇黔乡村旅游业态创新与空心村治理协同模式为研究对象，将以上问题作为研究出发点。

1.2　研究目的及研究意义

1.2.1　研究目的

本研究以桂滇黔乡村旅游业态创新与空心村治理协同模式为研究对象，以促进桂滇黔乡村旅游转型升级、实现空心村治理为目标，通过对桂滇黔乡村旅游业态创新与空心村治理中存在的突出问题的政策研判，构建“桂滇黔乡村旅游六种业态类型创新与空心村治理协同模式”，并理清其相互关系的逻辑演进、理论架构、实证检验和实现路径等一系列问题。通过实现乡村旅游业态创新与空心村治理协同大力推进空心村治理，通过催生乡村发展的内生动力，助力打赢脱贫攻坚战，进而补齐桂滇黔城市用地紧张和农村用地低效的短板，增加农业产品和服务供给、促进农村劳动力转移就业和农民增收，实现桂滇黔农业强、农村美、农民富的战略目标，让农村成为安居乐业的美丽家园，全面贯彻落实乡村振兴战略。具体来说，构建出桂滇黔乡村旅游与空心村治理协同的分析框架、内外部影响机制和概念模型，通过结构方程模型对乡村旅游与空心村治理协同模式进行定量分析，通过结构化－实用化－情境化（Structured－Pragmatic－Situational，SPS）案例研究方法对乡村旅游与空心村治理协同模式进行案例验证分析，提出桂滇黔乡村旅游与空心村治理协同模式的实现路径。

1.2.2　研究意义

习近平在党的十九大报告中从战略的高度提出了乡村振兴的总要求，坚持农村农业优先发展，加快推进农业农村现代化建设。2018 年《中共

中央 国务院关于实施乡村振兴战略的意见》对实施乡村振兴战略提出了具体的部署，为乡村振兴的实施和农村经济发展奠定了基础，具有重要的战略意义。首先，在思想上要始终坚持以习近平新时代中国特色社会主义思想为指导，提出走中国特色社会主义乡村振兴道路，明确了未来乡村振兴的模式、路径和重点。本书立足于桂滇黔三省（区），从理论和实践两个方面对桂滇黔乡村旅游业态创新与空心村治理协同模式进行了深入的研究，具有重要的理论指导意义和较强的实践意义：

本书对桂滇黔乡村旅游业态创新与空心村治理协同模式的研究具有重要的理论指导意义。第一，目前国内外学者对乡村旅游业态创新与空心村治理协同方面的研究尚处于起步阶段，相关理论基础和分析框架尚未提出。在这样背景下，研究从理论和实践出发，构建出桂滇黔乡村旅游业态创新与空心村治理协同模式的分析框架，通过识别出内外部影响因素建立桂滇黔乡村旅游业态创新与空心村治理协同模式的内外部影响机制，为研究乡村旅游业态创新与空心村治理奠定了初步的理论基础，增加了乡村旅游业态和空心村治理方面的知识积累，对丰富区域经济、民族学、城市规划、旅游管理等学科的理论具有重要的理论意义。第二，研究将定性研究与定量研究相结合，在理论分析的基础上构建出桂滇黔乡村旅游业态创新与空心村治理协同模式的概念模型，通过设计出结构问卷，运用结构方程模型（Structural Equation Model，SEM）进行定量实证分析，同时运用SPS案例研究方法展开案例验证分析，研究方法多样化。第三，构建出桂滇黔乡村旅游业态创新与空心村治理协同模式并提出相关实现路径，为桂滇黔在乡村旅游业态创新与空心村治理实践方面提供了理论依据，具有较强的理论指导意义，有利于缓解农村地区空心化现象，为进一步实现农业转型、农村发展、农民增收提供指导。

本书对桂滇黔乡村旅游业态创新与空心村治理协同模式的研究具有重要的实践意义。第一，桂滇黔三省份经济基础较为落后，广大农村地区旅游资源丰富，通过对桂滇黔地区展开深入分析，提出乡村旅游业态创新的实现路径，有利于推进休闲农牧场、乡村庄园、生态博物馆、文化创意农业园、洋家乐及乡村民宿等乡村旅游新业态进一步发展，为发展乡村旅游提供了路径借鉴。第二，本书科研小组深入桂滇黔地区，对云南弥勒东风农场、云南文山州普者黑玫瑰庄园、广西三江侗族生态博物馆、贵州铜仁市九丰农业博览园、广西桂林阳朔洋家乐、贵州兴义纳灰村进行了案例分析，有利于案例地乡村旅游的推进和经济增长，具有较强的指导意义。第三，在桂滇黔通过重塑乡村旅游新业态（旅游在乡村振兴战略中重点任务）和空心村治理（少数民族特色村寨建设中的重点难点）之间的关系，深化农村土地制度改革，构建农村第一二三产业融合发展体系，在规划上高效集聚地推进以乡村旅游新业态为驱动的少数民族空心村治理，构建起“桂滇黔乡村旅游六种业态类型创新与空心村治理协同模式”（包括“休闲农牧场—中心村整合型治理、乡村庄园—中心村整合型治理、乡村博物馆—城镇化引领型治理、文化创意农业园—城镇化引领型治理、洋家乐—村内集约型治理、乡村民宿—村内集约型治理”等六种协同模式），并进行系统政策设计，将会极大地增加农业产品和服务供给、促进农村劳动力转移就业和农民增收。

1.3 研究问题及主要内容

1.3.1 研究问题

在研究的过程中，主要致力于解决以下问题：

（1）从理论和实践上对桂滇黔乡村旅游业态创新与空心村治理协同模式构建的必要性和可行性进行分析。

（2）建立桂滇黔乡村旅游业态创新与空心村治理协同的分析框架，对乡村旅游业态创新和空心村治理模式进行维度划分，建立乡村旅游业态创新与空心村治理协同的内外部影响机制。

（3）提出桂滇黔乡村旅游业态创新与空心村治理协同的研究假设和概念模型。

（4）通过构建出结构方程模型对桂滇黔乡村旅游业态创新与空心村治理协同模式进行数据验证。

（5）运用SPS案例分析方法，对桂滇黔乡村旅游业态创新与空心村治理协同模式进行案例验证。

（6）提出桂滇黔乡村旅游业态创新与空心村治理协同模式的实现路径。

1.3.2 主要内容

本书以乡村旅游与空心村治理协同模式为主要研究内容，通过理论分析与实践相结合、定量分析与定性分析相结合，提出桂滇黔乡村旅游与空心村治理协同模式的实现路径。具体来说，主要内容包括：

一是对桂滇黔乡村旅游与空心村治理协同模式进行了文献回顾，确定了相关理论基础。这一部分内容主要包括旅游业态研究、乡村旅游研究、旅游业态创新、乡村旅游业态研究等内容，对乡村旅游业态创新进行了研究述评。在空心村治理研究方面，主要包括空心村的界定、空心村的形成机制、空心村的影响因素、空心村治理研究等进行文献回顾和研究述评。在此基础上，对乡村旅游业态创新与空心村治理协同模式展开了文献研究及述评，对产业融合理论、资源基础理论、协同理论、推拉理论展开介绍和释义。

二是桂滇黔乡村旅游与空心村治理协同模式的分析框架。分别对乡村旅游创新业态与空心村治理模式进行维度划分，将乡村旅游创新业态划分为休闲农牧场、乡村庄园、生态博物馆、文化创意农业园、洋家乐、乡村民宿六种创新业态，将空心村治理模式划分为中心村整合型、城镇化引领型、村内集约型三种模式。在阐述桂滇黔乡村旅游与空心村治理协同模式构建的必要性和可行性的基础上，建立桂滇黔乡村旅游与空心村治理协同模式的内外部影响机制，构建出桂滇黔乡村旅游与空心村治理协同模式的分析框架。

三是桂滇黔乡村旅游与空心村治理协同模式的研究假设和概念模型。分别提出休闲农牧场与中心村整合型、乡村庄园与中心村整合型、生态博物馆与城镇化引领型、文化创意农业园与城镇化引领型、洋家乐与村内集约型、乡村民宿与村内集约型的研究假设及概念模型。

四是桂滇黔乡村旅游与空心村治理协同模式的结构方程数据验证。包括休闲农牧场与中心村整合型、乡村庄园与中心村整合型、生态博物馆与城镇化引领型、文化创意农业园与城镇化引领型、洋家乐与村内集约型、乡村民宿与村内集约型协同模式的结构方程数据验证，每个部分主要包括研究设计、变量度量、样本数据分析、结构方程模型构建及结果讨论五个部分。

五是桂滇黔乡村旅游与空心村治理协同模式的 SPS 案例验证。其中，以云南弥勒东风农场为例，对休闲农牧场与中心村整合型治理协同模式进行案例分析；以云南文山州普者黑玫瑰庄园为例，对乡村庄园与中心村整合型治理协同模式进行案例分析；以广西三江侗族生态博物馆为例，对生态博物馆与城镇化引领型治理协同模式进行分析；以贵州铜仁市九丰农业博览园为例，对文化创意农业园与城镇化引领型治理协同模式进行分析；

以广西桂林阳朔洋家乐为例，对洋家乐与村内集约型治理协同模式进行案例分析；以贵州兴义纳灰村为例，对乡村民宿与村内集约型治理协同模式进行案例分析。每个案例主要包括案例选取与材料收集、案例描述分析、案例发现与讨论、案例验证结果四个方面。

六是桂滇黔乡村旅游业态创新与空心村治理协同模式的实现路径。分别从宏观层面、中观层面、微观层面提出了桂滇黔休闲农牧场与中心村整合型治理协同模式的实现路径、乡村庄园与中心村整合型治理协同模式的实现路径、生态博物馆与城镇化引领型治理协同模式的实现路径、文化创意农业园与城镇化引领型治理协同模式的实现路径、洋家乐与村内集约型治理协同模式的实现路径、乡村民宿与村内集约型治理协同模式的实现路径。

1.4　研究路线及研究方法

1.4.1　研究路线

按照本书的研究思路，构建出桂滇黔乡村旅游业态创新与空心村治理协同模式的研究思路（见图1－1）。

1.4.2　研究方法

对桂滇黔乡村旅游业态创新与空心村治理协同模式展开研究，主要运用的方法包括文献研究法、案例分析法、理论分析法、理论模型构建法、实证模型检验法、政策系统设计分析法。

（1）文献研究法。通过对乡村旅游业态创新与空心村治理协同模式的相关文献进行回顾，归纳出乡村旅游、旅游业态、乡村旅游业态创新、空心村界定、空心村治理模式等方面的研究现状，把握乡村旅游业态创新与空心村治理的国内外研究现状、重点、未来发展趋势和不足之处。同时，对产业融合理论、资源基础理论、协同理论及推拉理论的原理和应用进行总结，并得出相关理论在本书中的释义。

（2）案例分析法。通过对桂滇黔三省（区）的乡村旅游创新业态和空心村进行实地调研，得出桂滇黔乡村旅游业态创新的现状、空心村形成的动力机制和治理手段，为下一步进行理论模型构建和实证检验奠定现实基础。

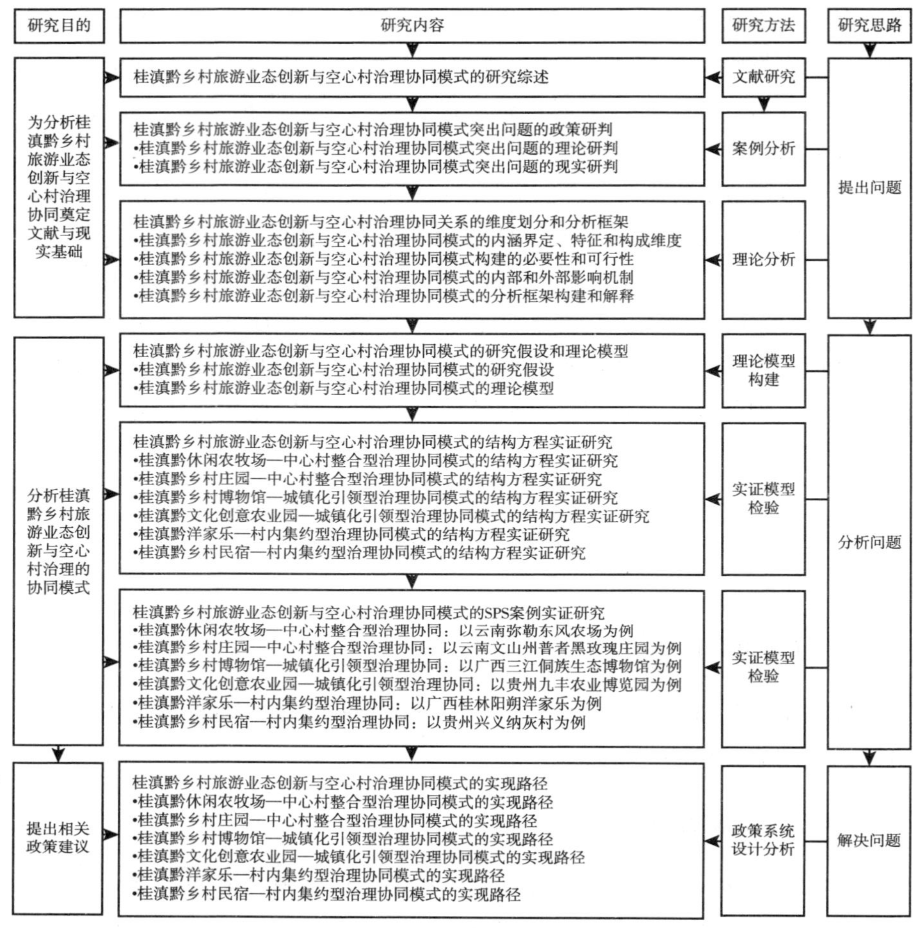

图1－1 研究路线

（3）理论分析法。基于相关理论基础对桂滇黔乡村旅游业态创新与空心村治理协同模式的内涵进行界定，划分出乡村旅游创新业态和空心村治理模式的构成维度，通过必要性和可行性分析，识别出桂滇黔乡村旅游业态创新与空心村治理协同模式的内外部影响机制，提出全书的分析框架。

（4）理论模型构建法。通过对桂滇黔乡村旅游业态创新与空心村治理的理论分析，基于相关理论基础，构建出休闲农牧场与中心村整合型、乡村庄园与中心村整合型、生态博物馆与城镇化引领型、文化创意农业园与城镇化引领型、洋家乐与村内集约型、乡村民宿与村内集约型协同模式的概念模型。

（5）实证模型检验法。通过构建桂滇黔乡村旅游业态创新与空心村治理协同的结构方程模型，在参数估计和模型校正的基础上，对二者协同模式展开定量分析。同时，通过构建案例分析模型，对桂滇黔乡村旅游业态创新与空心村治理协同进行案例验证。

（6）政策系统设计分析。通过休闲农牧场与中心村整合型、乡村庄园与中心村整合型、生态博物馆与城镇化引领型、文化创意农业园与城镇化引领型、洋家乐与村内集约型、乡村民宿与村内集约型协同模式的宏观层面、中观层面及微观层面分析，提出相应的实现路径。

第2章　文献研究及相关理论基础

2.1　乡村旅游业态文献研究及述评

2.1.1　乡村旅游的起源与发展

乡村旅游是以自然旅游资源为基础的、以旅游度假为宗旨的一种旅游形式，目的是为了体验乡村风景的原真性，使人的心灵得到启迪，陶冶情操。传统的乡村旅游出现在工业革命以后，现代乡村旅游开始于20世纪80年代，旅游者的旅游动机明显区别于回老家的传统旅游者，更多地表现为一种对自然环境、生态、民风民俗的追求，希望通过旅游能够得到放松。目前为止，国内外学者对乡村旅游没有统一的定义，且在乡村旅游的研究上各有不同。克里斯托（Christou，2018）从利益相关者的角度出发，探讨了怀旧情绪与发展乡村旅游之间的关系。凯利赫（Kelliher，2018）以爱尔兰、加拿大和美国三个个案作为研究对象，以社会交换理论为依托，探讨了信任在乡村旅游微企业网络参与建构中的作用。坎蓬塞罗（Campon－Cerro，2017）在西班牙乡村旅游的研究中，通过分析影响乡村旅游目的地忠诚度的因素，为实现乡村旅游可持续发展构建了结构模型。王里果（Wang Liguo，2019）以中国乡村旅游中存在的问题和冲突为切入点，通过案例研究阐释了在中国乡村旅游中土地征用、门票收入分配、售货权、旅游管理权、房屋拆迁、房屋建造、入境限制和村委会选举等存在的冲突机制，研究结果揭示了中国农村复杂、敏感的旅游冲突现象。米切尔（Mitchell，2018）从演化经济地理学家的视角看纽芬兰岛农村文化遗产旅游，通过分析驱动路径发展的机制（重组、分层和转换），归纳出乡村文化旅游的演变路径。

早在 20 世纪末，杨旭（1992）就提出开发乡村旅游势在必行，他指出随着工业化、城市化、现代化的迅猛发展，愈来愈多的城市人向往到农村去度假、疗养、游玩，独具风格的“乡村旅游”便应运而生，且被越来越多的游人所重视。舒伯阳（1997）以地域农业文化与旅游边缘交叉的新型旅游项目——观光农业旅游为研究对象，提出乡村旅游要取得进一步发展，必须将农业资源与旅游观光相结合，促进观光农业旅游发展。戴雄武（1998）也提出开发旅游农业资源是未来农业发展的方向之一，农业旅游资源具有强大的可塑性和可开发潜力，堪称我国旅游百花园中的“绿叶”。国内学者对乡村旅游持有积极的态度，在认识我国乡村旅游产品供给和需求特征的基础上，对乡村旅游产品开发、路径选择、市场开发等方面进行了一系列研究。同时，学者们也认识到，乡村旅游在我国的经济发展中出现了一系列的问题和矛盾，如果不能很好地对这些问题和矛盾进行处理，则我国乡村旅游的发展必将陷入困境。一方面，乡村旅游发展积极地借鉴国际经验和发展模式，旨在促进乡村旅游可持续发展。另一方面，不断加强乡村旅游产品创新，赋予乡村旅游产品更多的文化性特征，创新乡村旅游开发模式，为提高我国乡村旅游发展水平提供理论指导。黄震方等（2015）在新型城镇化大背景下去研究乡村旅游发展，认为乡村旅游面临着乡村文化受损、资金人才短缺、土地利用错位等诸多问题，探索以旅游为导向的新型城镇化道路和模式，有利于破解中国乡村旅游发展面临的困境。

与此同时，随着乡村旅游的发展，相关理论逐渐被引入旅游研究中。税伟等（2005）将城市化理论和旅游地生命周期理论引入研究中，通过探讨城市化进程中乡村旅游生命周期变化，总结出乡村旅游地在城市化进程中受到的影响。孟德友等（2006）把生态位理论和竞争排斥原理引用到区域旅游地的实证分析中，提出旅游地生态位的概念并对其内涵作详细的阐述。傅丽华（2007）运用景观生态学原理对城郊景观特点进行分析，运用数学模型对农业旅游产品进行综合评估。张环宙等（2008）基于行动者网络理论，对乡村旅游内生式发展进行了实证研究。房艳刚等（2015）引入西方近 20 年来逐渐兴起的多功能农业与多功能乡村理论，从新的视角观察思考中国乡村多元化发展的目标、路径及对策。徐露（2017）基于增长极理论探讨了乡村资源深度利用的途径，并在分析的基础上提出了具体的资源开发建议。冯麟茜（2018）基于三重底线理论，从经济、环境和社会三个维度来评价资本投入的综合效益，提出实现乡村旅游的生态化发展的对策建议。在相关理论运用方面，国内学者研究较为广泛且深刻，为乡村旅游发展建立了良好的理论基础。

2.1.2 旅游业态的研究现状

“业态”（Type of Operation）一词最早出现在日本的零售行业，指零售店向顾客群提供商品和服务的具体形态，其中，接受服务的顾客往往是固定的群体，是一种零售活动的具体形式。20 世纪 60 年代以后，国外学者展开了广泛而深入的研究，对“业态”的界定也有所不同。以铃木安昭为代表的日本学者将“业态”定义为“店铺的经营战略的总和”。以戴维森（Davidson，1976）为代表的美国学者认为，业态存在一个从产生到消亡的过程，在这个过程当中，业态受到来自外部环境的各方面影响，因此呈现出不同的零售业态特征。为了介绍日本商业，20 世纪 80 年代，中国引入了“零售业态”一词，国内零售学业学者开始展开对“业态”的研究。在 1992 年，国际学者安士敏在《日本超级市场探源》一书中就提出，业态是指营业的形态。到 20 世纪 90 年代中期，“业态”在中国得到广泛应用，国内学者在“业态”概念的界定上出现了不同的看法。综合已有的文献，总的来说，比较普遍的说法是“通过要素组合而形成的不同经营形态”。

随着旅游经济的快速崛起和迅猛发展，旅游产业呈现分工细化和深度发展的态势，原有的旅游产业类型逐渐被进一步细化，产业之间的边界逐渐变得模糊，在这种发展背景下，旅游业发展状况难以用传统的概念来进行描述。于是，为了更好地对细分的旅游类型展开研究，“业态”一词便被创造性地引入到旅游业内。根据可查文献记载，“旅游业态”一词最早出现在国家旅游局《旅游新业态与增长潜力分析报告》中，杨济诗和孙霞琴（2001）将这一词运用到上海小吃广场的研究中，提出“商业旅游业态”这一概念。伴随着旅游经济的发展，旅游业态这一说法被广泛地运用，国内学者开始将注意力转移到旅游业态的研究上，尤其是在旅游业态的概念界定上。邹再进（2007）在其研究中明确提出，旅游业态具有复合性、动态性和特色性，是包含了业种、业状和业势三大内容的一个多维复合性概念，是一种综合性的描述。邹再进提出的概念外延范围十分广泛，且这种范围将旅游产业变化的动态特征包含在其中，几乎把旅游产业发展中遇见的所有问题均纳入其中，对旅游产业发展中出现的问题进行了很好地解答，是研究综合性的旅游产业发展问题的一个重要工具。张文建

(2010)根据零售业态的概念，创造性地提出旅游业态即“旅游组织为适应市场需求变化进行要素组合而引致的经营形式”。除此以外，许豫宏、陈泳、石培华等也都对旅游业态进行了定义。李鹏等（2018）认为，尽管旅游业态的概念界定取得了很大的进展，但是其内在逻辑和特点并没有清晰地呈现出来，在进行相关阐述和运用时容易产生混淆。因此，他在剖析零售业态三种概念的基础上，分析了旅游业态空间、服务、层级属性，系统阐述了旅游业态适合、耦合、集合三重概念，具有一定的创新性。

旅游业态问题的提出源于人们的旅游研究“视野”和“触觉”在不断拓展和延伸，从关注旅游开发向关注旅游产业体系发展转变，关注市场消费需求的变化特点，通过对原有产品进行更新、改造，不断进行旅游产品更新，更多地讨论旅游业自身——旅游业态的发展问题，以及产业链出现的横向一体化和纵向一体化发展问题。由于旅游产业的综合性、复杂性和运行规律的特殊性，邹再进认为旅游业态具有复合性、动态性和特色性特征，且其概念和特征在不断的发展中实施外延和扩展，这是一般的流通产业所不具备的特征。除此以外，从宏观层面来说，旅游业态具有以下特征：一是综合性。旅游产业是由各要素相互交织形成，包括“吃、住、行、游、购、娱、体、会、养、媒、组、配”十二大要素，各要素组织相互组合渗透。相比其他产业，旅游业态所包含的内容更为广泛，产业要素组织复杂化，表现形式也更加多样化。二是动态性。旅游业态具有空间结构变化和时间特征，从时间上来看，其发展过程是一个不断积累、探索、创新的过程；从空间上来看，旅游业态具有显著的区域差异性，省际间和区域间的发展水平是不平衡的。三是独特性。旅游业在多元化发展中将不同要素相互融合，旅游资源开发、包装和整合具有组合性，并逐渐在发展中形成一种新的旅游特性，这种特性既具有区域性特征，也具有阶段性特征，集中体现出旅游业态的独特性。

旅游业是朝阳产业，旅游业态建设是新时代旅游经济增长的新引擎，国内外学者对旅游业态都进行了大量的研究。国外学者在旅游业态的研究上往往更加集中在某种具体的新兴旅游业态上，通过对这种旅游业态进行深入分析，总结出其发展机制和影响因素。在研究深度上，国外学者更加注重旅游产业转型升级方式和创新，通过大量的案例研究总结出旅游业态的转型路径。例如奈勒（Naylor）将教育与旅游相结合，提出教育旅游有利于游客理解粮食主权问题。旅游业态的生成机制、发展规律、基本模式、旅游业态治理机制研究、未来趋势与创新路径逐渐成为国内旅游学界和业界的关注点，并取得了一些重要研究成果。总的来说，国内学者关于旅游业态的研究在逐年上升，尤其是在2010年以后，旅游业态的基本概念确定，旅游业态创新成为研究热点，旅游业态的研究成果数量显著增多。其中，大多数学者将旅游业态研究集中在旅游新业态、旅游产业经济、旅游业态演变、业态创新、乡村旅游、智慧旅游、产业融合等方面，为旅游业态创新和产业转型升级提供了有力的理论指导。

2.1.3 乡村旅游业态创新的研究现状

随着旅游业的转型升级和市场需求的日益多样化，传统型乡村旅游的营业形态已无法满足众多旅游者的需要，乡村旅游新业态应运而生。根据宋增文在乡村旅游新业态发展机制研究中的定义，乡村旅游新业态是在旅游产业的不断发展中所形成的。随着时代的变迁，乡村旅游消费市场呈现多样化的趋势，为了进一步满足游客心理、审美、享受等需求，乡村旅游紧紧依托当地的资源环境和政策，创造出新型的具有发展潜力的服务。随着“大乡村旅游时代”的开启，乡村旅游迎来了大发展的时代，“旅游+”成为引领乡村旅游业态转型升级的重要路径，是新时代乡村发展实现可持续发展的必经之路。乡村旅游业态创新是满足乡村旅游者日益增长的多元化、个性化需要，是乡村旅游业转型发展的策略，也是实现旅游业升级的必然趋势。基于此，界内学者对旅游业态创新机制、发展模式和开发路径等进行了系列研究，为乡村旅游业态创新奠定了理论基础。

国外学者对旅游业态创新的研究起步较早，且集中在对旅游业态进行实证研究。早在1989年，雷珀（Leiper，1989）从旅游业态创新的角度出发，研究了赌博旅游业态。古尔和图特拉尔（Goolh & Tuytelaars，1990）将相关技术运用到旅游参观中，通过技术将考古现场展现在游客面前，使游客仿佛置身在真实的考古现场，实现虚拟旅游。巴克利（Buckley，2007）将传统观光旅游产业与探险也结合起来，研究野生动物旅游、海洋旅游及极限运动的影响要素，提出旅游业与探险业协同发展的实现路径。彭尼（Penney，2011）从医疗卫生角度出发，将旅游参观体现与医疗业结合起来，通过分析旅游医疗业中的服务项目、资格认证和业务规模等要素，提出在旅游医疗业中应该注意的影响因素。塞拉芬（Seraphin，2018）强调旅游规划中应该注重集群效应，将不同的生产要素集中在一起以带动加勒比海产业发展。总的来说，国外学者对旅游业态创新研究的起点很早，但研究并没有形成完整的体系，大都集中在某一具体业态的形成、特征和发展研究上，没有对旅游业态创新的基础概念进行归纳整合，缺乏对理论基础的研究。

从国内来看，旅游业态创新是与我国提出的旅游业转型升级战略密不可分的，关于旅游业态创新的研究起点由于人们对旅游业多样化发展存在的诸多矛盾和问题而无法找到合适的解决方案，必须从促进旅游产业的转型升级中寻找答案。张文建（2011）在旅游业态转型与升级研究中指出，旅游业态创新有助于旅游产业结构整体优化、实现旅游产业的优化升级、构建大旅游业体系，为旅游业的发展注入新的生机与活力。刘玉成（2010）在研究桂林市旅游业态创新中明确指出，旅游业态创新是提升桂林市旅游核心竞争力的路径选择，也是桂林应对旅游市场竞争的必然诉求。黄燕等（2015）指出，旅游业态创新是解决关中—天水经济区旅游竞争力不均衡、文化旅游开发程度不够、产业结构不完整等问题，促进区域经济平衡健康发展的重要路径。总的来说，学者们对旅游业态创新的作用持有积极态度，认为旅游业态创新是促进旅游业转型发展和升级，把我国从“旅游大国”建设成为“旅游强国”的重要实现路径。在突出地方特色、市场主导、创新驱动、发展个性旅游、推进产业融合的原则下，积极推动旅游产业与其他产业相互融合，以旅游业态创新来提升国际竞争力成为区域旅游发展的重要战略。李雪丽等（2011）提出，基于产品、技术、市场、资源配置和组织五大层面的创新交错融合发展起来的旅游新业态，能够深化拓展旅游产品的内涵和外延，推动旅游产业的结构调整转型，通过不断调整原有的产业结构实现乡村产业的升级。

业态创新既是旅游经济升级转型的重要路径，也是业内学者研究的重点方向。国内学者对旅游业态的研究集中在旅游业态创新路径、乡村旅游、全域旅游、产业融合及旅游新业态等方面，研究不同类型的旅游业态创新，尤其是旅游业态创新路径研究，一度成为国内学者的研究重点。李晓琴（2016）基于“产业融合”理论，提出低碳旅游业态创新的四条路径，创新了低碳旅游的消费方式。许春晓（2014）从红色旅游的角度出发，用思辨方法对旅游业态的概念进行了界定并归纳其特点，以及红色旅游业态发育的动力因素和动力机制。银元等（2012）从山地旅游的角度出发，回顾了山地旅游业态研究情况，界定了山地旅游业态的概念，提出山地旅游由资源（R）、市场需求（M）、生态限制（E）、产业技术（I）和利益主体（S）五大要素构成。鲁延召（2018）以旅游业与物流业融合为例，为实现河南省旅游物流产业发展提供了理论指导。姚丽从土地研究出发，思考土地政策如何通过创新适应农业产业链条延长、乡村旅游等新业态发展的相关需求。王恒（2017）在分析乡村旅游业态相关研究进展的基础上，采用问卷调查法定量分析大连市乡村旅游者的基本特征、消费行为及满意度，系统研究大连市乡村旅游业态发展现状及存在的问题，进而针对存在的问题构建了区域乡村旅游业态升级模式。李定可（2018）以洛阳市栾川县为例，通过对其乡村旅游新业态发展的制约因素、动力机制、类型和发展路径进行分析，提出乡村旅游新业态的发展路径。刘晔（2017）对辽宁省乡村旅游新业态发展模式进行分析，发现乡村旅游发展存在的问题，并研究分析应对的发展策略。总的来说，国内学者关于旅游业态创新的文献还相对较少，在旅游业态创新的概念界定、特征、分类等方面并没有统一的标准，缺乏基础理论的研究。

除了对乡村旅游新业态的发展机制、发展模式、实现路径进行研究外，在乡村旅游新业态的类型方面，国内学者也进行了深入的研究。张祖群（2011）根据《乡村旅游特色业态标准及评定》系列标准，归纳出乡村旅游的八种新业态：国际驿站、采摘篱园、乡村酒店、养生山吧、休闲农庄、生态渔村、山水人家以及民族风苑。戴天放（2014）从农业与其他产业融合的角度出发，把农业新业态归纳为四大类型，包括农业与服务业交叉融合型新业态、农业子产业之间的整合融合型新业态、高新技术对农业渗透融合型新业态、综合融合型新业态。此外，伴随乡村旅游的专业分工与升级需要，产业之间的边界越来越模糊，农业、工业、服务业、旅游业等相关产业在产业链上紧密联系在一起，产业融合的趋势越来越明显，在这样的大背景下，乡村旅游逐渐摒弃了原来单一的发展模式，通过与其他产业的不断融合，旅游产品不断丰富，逐渐向观光、休闲、生态、教育、娱乐等复合型旅游转变。乡村庄园、生态博物、文化创意农业园、休闲农牧场、乡村民宿等乡村旅游新业态开始出现在人们的视野中，并逐渐被研究学者所重视，进行了一系列旅游新业态的研究。刘传喜等（2015）以浙江德清地区为例，分析了洋家乐族裔经济的经济业态、规模和空间分布、社会网络、运作模式以及形成机理。张建忠等（2012）将旅游与文化相结合，提出遗产公园这一旅游新业态。杜韵红（2018）以实现村落文化遗产原址保护及文化生态环境整体保护为目的，将生态博物馆与民族特色相结合，以旅游产业为动力来实现文化遗产的代际传承。

2.1.4　研究述评

在现有的关于乡村旅游业态文献研究中，国内外学者关于乡村旅游的研究起步较早，在其发展机制、发展模式、实现路径、影响因素等方面的探索较为全面和深入，研究成果颇丰。同时，可持续发展理论、生命周期理论、资源基础理论、景观生态学理论及增长极理论等相关理论被广泛地运用到相关的研究中，为乡村旅游发展奠定了坚实的理论基础。

旅游新业态是随着市场需求变化而逐渐发展起来的，是乡村旅游转型升级的重要抓手，近些年成为乡村旅游研究的热点内容。在现有的研究中，国内外学者将旅游业态的研究集中在旅游新业态、旅游产业经济、旅游业态演变、业态创新、乡村旅游、智慧旅游、产业融合等方面，且进行了多案例研究。通过分析案例地的资源优势、产业结构、发展目标等内容，将旅游产业与其他产业进行融合，为地方经济发展提供新的产业支撑。

综上所述，在乡村旅游的研究中，国内外学者集中在乡村旅游发展中资源的开发、发展特征、模式、影响因素、动力机制等方面，针对这些方面做了大量而深入的研究。尽管在乡村旅游研究方面的文献较多，研究也较为深入，但是，依然存在一些不足，归纳起来包括以下几点：一是现有的研究学者更多的是从较为宏观的层面去探索乡村旅游发展中存在的问题和表现出来的特征，将乡村旅游与区域经济、国家和地区战略的现实要求相结合，从微观的角度分析乡村旅游发展的研究还较少；二是现有的文献倾向于利用微观或者宏观的经济数据来对乡村旅游发展模式、状态、特点等方面进行研究，基础理论知识涉及相对较少，缺乏理论构建和基础。

2.2　空心村治理文献研究及述评

2.2.1　空心村的界定

工业化和城镇化在增加社会财富、提高福利水平和加强增长效率等积极作用的同时，也会在一定条件下同时产生城市“膨胀症”和农村“凋敝症”等负面效应。虽然具体原因、类型特点和产生影响有所差异，但这种现象不单出现在我国，德、法、日、韩等发达国家，印度、巴西、墨西哥和南非等发展中国家也出现或正在经历农村衰退或乡村危机迹象，其主要表现为大量青壮劳动力流向城市，农业发展滞后，农村与城乡差距拉大。学者甚至认为乡村衰退是人类共同面临的全球性挑战，成为全球治理体系的一个重要方面。空心村现象为其中较为集中的表现形式之一，日本学者将其称为“过疏化”。推拉理论、区位论、城乡收入“剪刀差”等为人口迁移和空心村的形成提供了理论解释。空心村是世界范围内城镇化过程中出现的问题，为防止乡村空心化导致的弊端，保持经济平稳发展，世界各国采取了不同的乡村振兴政策，以实现城乡协调发展。

在我国工业化和城镇化进程中，由于农村发展在长期城乡二元结构背景下的矛盾激化与问题沉淀，空心村问题要远比其他国家更复杂、更严重。随着中国现代化进程的加快，尤其是工业化进程的快速推进，在我国从农业社会向现代化工业转型的过程中，劳动力向工业化水平较高的城市进行转移，并逐渐形成规模化的劳动力流动态势。在这个过程中，农村由于经济社会发展水平相对低下，农村的劳动力大量流失，尤其是青壮年劳动力的快速外迁，原本的村庄人口大规模减少，村庄内存在大量的空闲宅基地和闲置土地，土地资源浪费严重，村庄的空间布局也发生了改变，形成了内空外延的用地状况，即所谓的“空心村”。在现有的研究文献中，由于学科性质的差异和出发点不同，学者们对空心村的定义也存在着较大的差异。刘彦随等（2009）从土地利用的角度出发，强调空心村是一种“人走屋空”、宅基地“新建不拆旧”而形成的外延膨胀、内部荒芜的空间形态。从乡村地域可持续发展的角度出发，刘彦随等（2010）提出从整个乡村发展的长远来看，空心村的出现使村庄原本的组成要素功能发生了改变，支撑乡村发展的土地、人口、产业等方面的重要组成部分在空心化不断加深中发生着退化。许彦彬（2012）把空心村问题看作一个人口问题，更多地关注空心化过程中农村人口的流失，他认为空心村是村落、家庭与劳动力三者发生空心化的复合体。在这个基础上，刘锐等（2013）从农民的视角出发，对空心村的内涵提出了新的观点，他提出从人口的角度去定义空心化不能一概而论，农村人口流失最重要的表现是农村人口外出务工，空心村的出现与农民的流动之间具有显著的内在关系，从人口的角度去谈空心村的定义，必须将农民打工方式及农民居住特征论述清楚。薛力（2001）从城乡规划的角度出发，将空心村定义为“城市化滞后于非农化的产物”。

现存的研究从不同的角度和学科背景对空心村进行了定义，积累了大量的文献基础，但是依然存在着三个问题：一是现存的研究大都是对乡村形态的固化解释，对空心村中的产业结构、人口流动以及文化转移等演变研究相对较少。二是空心村概念本身具有模糊性，社会学者们在进行空心村内涵的界定时，从地理概念延伸到经济、文化、人口等范畴，但是从现有的文献数量来看，占主导地位的仍然是基于地理学和资源学的研究。三是从空心村产生的背景来看，其形成和发展的主要影响因素是城市化进程。城市化作为农村演化的一种特殊形态，包括农村经济、社会、土地、人口、资源、技术等多方面的要素，在进行城市化分析时应该系统分析，考虑到各个因素的作用，而不是单一考虑某一项因素。根据以上论述，根据姜绍静（2014）在空心村研究进展与成果综述中的分析，本书提出空心村的定义，即农村土地、人口、经济、文化等方面组成要素功能不断退化的过程，是一种综合性的空心化。

2.2.2　空心村的形成机制

根据以上定义，可以看出，空心村是一种经济、社会、土地、人口等要素综合失衡的状态，形成这种状态的因素既包括内部驱动力，如农民意愿、家庭结构等，也包括外部驱动力，如城镇化、工业化发展。同时，除了内外部驱动力以外，学者们还认为空心村的形成实际上是两种力量的对比结果，即促进空心村形成的“向心力”与阻碍空心村形成的“离心力”。正如王成新在农村聚落空心化问题研究中指出，空心村的形成机制是客观因素、主观因素、环境因素的对比失衡。客观上存在着农村“向心力”与“离心力”失衡的矛盾，主观上存在着经济迅速发展与意识观念落后的矛盾，环境上存在着新房建设加速与规划管理滞后的矛盾。张瑞建（Zhang Ruijuan，2019）提出空心村的产生源自城乡发展水平的不平衡和发展模式的差异，城镇化水平影响着乡村空心化程度。张杰（2010）认为，空心村实际上反映了村落社会经济各方面的发展结果，原村落对新宅地有很强的吸引力，新宅地对原村落也有很强的拉力，当这种吸引力小于拉力时，原聚落对区域内居民的吸引力便呈现出下降的趋势，居民不愿意住在原来的居住地，开始向新宅地搬迁，村落便逐渐出现空心化的现象。

在内外部驱动力的研究上，龙花楼（Long Hualou，2012）在空心村动力机制剖析中提出，空心村的动力机制包括建房意愿增强、建房能力提升以及不合理的农户建房行为三种。农村地区出现空心化的现象是与区域的城乡发展不平衡密切相关的，由于城乡二元体制的存在，使得农村的经济结构、生态环境、自然资源等因素都受到了影响，城市和农村之间的差距在不断地扩大。其中，资源禀赋与地理区位是其资源环境诱因，历史基础与社会文化是其社会经济诱因，城乡二元制度体系是其外源性制度原因，而不同维度间农村空心化之间的非线性交互作用也不可忽视。张甜等学者（2016）模拟出了空心村演化过程与非等量动力机制，认为国家和区域经济环境是中国空心化的动力基础，农村劳动力的市场行为是决定空心化形成的特征。钟震颖（2015）基于农村劳动力转移的视角，认为农业剩余劳动力异地转移和剩余劳动时间转移是分析空心村劳动力转移机制的内部因素，城乡二元体制障碍和土地产权不完善是空心村问题制度机制的重要内容。崔卫国（2011）认为在农村空心化的形成机制中，较多的农村组成要素功能都发生着改变，尤其是在农村的产业、人口、基建等方面，随着城乡差距的不断扩大，空心化现象日益明显，其中，资源禀赋与地理区位是农村空心化的资源环境诱因，历史基础与社会文化是农村空心化的社会经济诱因，城乡二元制度体系是农村空心化的外源性制度原因。

可以看出，现有文献在空心村形成机制这个问题上研究较为深入，且切入点呈现多样化，主要集中在土地利用、宅基地建设、农村人口结构、城乡二元体制、城镇化和工业化进程中的非农化等方面。其中，发展经济学中的“推拉理论”被广泛地运用在空心村形成机制上，用以解释产业空心化、人口空心化、基建空心化、宅地空心化等农村空心化特征。

2.2.3　空心村的影响因素

在关于空心村研究的文献中，归纳总结影响空心村形成的因素是空心村研究的一大热点。现有研究从不同角度出发，产生了大量关于空心村影响因素的参考文献，总结出了不同阶段、不同背景条件下空心村的影响因素，这些影响因素相互作用，在内外部环境的综合作用下，影响着空心村形成的过程。

第一，经济因素是影响空心村形成的首要因素。王介勇等（2013）在实证研究中得出：农村空心化程度与户均宅基地宗数、人均耕地面积呈显著的正相关。谭雪兰等（2017）通过实证研究指出，农村空心化是区域多种因素综合作用的结果，农民收入提高及区域经济发展、农村人口数量及就业结构变化是农村空心化的主导与直接影响因素。乔家君等（2011）提出农户家庭收入结构影响村域空心化，非农业收入在农户总收入中占的比例越大，农户建新房的趋势越明显。

第二，社会因素是影响空心村形成的重要因素。伊娃（Eva，2003）认为社会组织部门构建、经济更迭等多种因素都会对农村区域造成影响。宋伟等（2013）基于全国范围内村庄宅基地空心化的典型调查，提出劳动就业变迁、耕地稀缺程度、城市化差异都是影响村庄空心化的重要社会因素。张卫华等（2017）探究在复杂地形条件下，交通因素对丘陵沟壑区空心村的产生和发展所产生的影响，得出农村的交通便利程度与村庄空心化程度呈现一定负相关性的结论。李长印（2014）认为空心村的形成与村民的恋土情节是分不开的，一部分人不愿意搬迁，造成了人口流动缓慢，对故土的不舍使当地居民即使搬迁至城市，老房子和宅基地依然被保留了下来，出现“人去楼空”的现象。

第三，自然因素也是直接促成了空心村的诞生。金伯莉·哈特（Kimberly Hart，2018）强调生态环境是农村向城市过渡的一个重要因素，影响着居民在工作和生活中的选择。薛鹏等（2013）在调查中发现，地形影响着空心化的空心化率和分布特征，山区聚落的宅基地空心化率和劳动力空心化率均低于丘陵区聚落的空心化率。王国刚等（2015）在其研究中指出，自然灾害的频繁发生和自然生态环境的逐渐恶化都是部分农村聚落被动式迁移、衰退甚至消失的重要原因，更容易出现空心村。

第四，制度因素是导致空心村形成的直接原因。海因斯（Haines，2002）认为空心村的形成与土地制度有很大的关系，城镇化发展过程中应该严格按照土地规划要求来进行。高琼琼等（2016）通过多元线性回归分析识别空心村的影响因素，得出：随着经济的发展和社会的进步，人们对物质生活的需要逐渐发生着改变，尤其是在住房上，对住房的质量要求越来越高，农村出现新修房屋的热潮。同时，由于以往农村地区土地管理制度并不明确，相关的要求存在着很多的模糊地带，导致宅基地占地失控，进一步激发了居民建房热潮。对于这个现象，李君（2008）在村庄空心化的微观分析中得出，农村土地制度的不完善是引发农村空心化的主要原因。夏正智（2016）在研究中指出，空心村的出现与城乡发展政策缺乏有效衔接和农村户籍制度的限制是分不开的，制度因素促使了空心村的形成，且问题日益突出。魏程琳（2017）研究了宅基地制度变革对空心村治理的影响，认为宅基地使用格局的改变对空心村治理具有重要的影响。

2.2.4 空心村治理研究

王介勇等（2012）在空心村整治的研究中提出，空心村整治是指采取工程技术措施对空心村进行整合改造的过程。空心村作为一种社会、经济、土地、宅基地、人口等失衡出现的一种现象，在空心村治理的研究文献中，绝大多数学者都对空心村持一种否定的态度，认为空心村会浪费土地资源、影响土地利用效率，危及农村的社会公共安全，研究重点也放在治理对策上。而陆铭（2015）却认为，空心村的出现是部门劳动生产率不断上升、城市化水平提高的必然表现，他认为政府应该去关心那些仍然留守的人，通过改变地区政策和加大资金扶持力度，提升他们的生活素质，让他们的生活不会因为城乡差距的扩大而有所降低，尽可能地消除因为空心化的出现而产生的失衡现象，而不是利用政策去阻碍空心村的出现。在现有的空心村治理中，学者们集中在空心村治理模式和治理对策上，由于学科背景的差异，各学者提出的空心村治理模式也是各具特色。

在空心村治理模式上，具有代表性的是陈玉福等（2010）提出的综合整治模式，包括城镇化引领型、中心村整合型和村内集约型三种整治模式。张丽凤等（2014）分别从社区与行政村建制、城镇化发展和农村社区体制改革角度探讨农村“空心化”环境下的社区建设模式。莫光辉等（2016）从人口流动的分析维度审视乡村治理的有关问题，构建出乡村协同治理模式。刘彦随等（2012）在土地整治模式中，基于遵循农村地域的空间差异性、发展阶段性和农村空心化的节律性，提出区域性差异模式、城乡一体化模式、“一整三还”模式、统筹协同决策模式四种模式。刘建生等（2016）通过典型案例研究，提出中国空心村治理的一种理论模型——协同治理理论模型，为有效诠释并指导空心村整治实践提供了借鉴。车亮亮等（2012）通过背景分析，识别出影响空心村整治的区域适宜性因素，提出了空心村生态旅游整治模式。总的来说，在空心村治理模式上，学者们提出了许多具有借鉴意义和指导作用的理论模式，为空心村治理提供了理论指导。但是，由于空心村的异质性，现有的整治模式都是在某种特定的环境下具有可操作性和时效性，不存在放之四海而皆准的整治模式。因此，在实际的空心村治理当中，应当根据当地的资源配置、土地利用、人口结构、制度因素、地理环境等多方面进行综合考虑，选择适合自己的空心村治理模式。

除了空心村的治理模式以外，土地资源配置是空心村治理中的热点话题。这与我国土地资源稀缺，尤其是与耕地资源浪费严重的基本国情是分不开的。空心村的表现形式包括土地空心化和宅基地空心化，都是对现有土地资源的严重浪费，影响着土地资源的节约发展和集约利用。赵明月等（2016）提出空心村整治的实质是实现以农村土地要素为载体的要素有序流动及其优化配置，因此，土地资源配置成为空心村治理的重中之重。张容军等（2017）指出，加快农村土地市场结构性改革，提升土地质量和数量，引进土地资本技术创新等手段是实现土地资源可持续利用的重要措施。谢艳（2017）提出土地空心化的村庄，应当将整治重点放在提升土地利用率方面，加大村庄建设用地和宅基地的节约集约程度，充分利用闲置、废弃的宅基地或建设用地弥补新建宅基地或基础生产生活设施用地的需求。在宅基地管理方面，许祥云（2017）提出优化宅基地管理的建议，包括发挥规划引领作用、科学测定农村实际用地量、推进集体土地互助调剂、加大村庄基础设施投入、建立农村宅基地管理的共同责任机制、推进空心村整治改造等措施，致力于盘活村庄存量土地。

在现有的空心村治理文献中，部分学者也将研究重点放在空心村治理中农户意愿上。韩国学者宰贤（Jae - Hyeon，2019）认为，人口老龄化和劳动力缺失是农村治理中的关键问题。李明月等（2012）以广州市白云区 235 户农户的调查数据为依据，实证分析了空心村改造的农民意愿及其影响因素，研究表明空心村改造认知程度、是否异地改建、是否整村改造、是否成为改造试点村、政府支持力度、改造后节约土地利用方式对农民改造意愿影响显著。冯健（2016）基于宁夏西吉县空心村问卷调查数据，研究村民对空心村整治规划的意愿及其影响因素，发现家庭常住人口数量、住房满意度和对村庄生态环境满意度等因素对村民是否支持空心村整治具有重要影响。田双清等（2017）基于结构方程模型研究影响城镇近郊区空心村整治农户意愿的主要因素，结果表明农户的政策认知程度、生活改变接受度以及整治期望度与整治农户意愿存在正向的相关关系，现有状况满意度与整治农户意愿呈负相关。孔晴晴等（2017）从生产、生活、生态、文化风俗等方面分析农民对空心村综合整治的意愿，研究表明，农民有着自己对空心村整治规划、对未来生产生活状态的愿望表达和诉求。

而在现有的文献中，将旅游产业与空心村治理相结合的研究文献还相对较少。宋凡金等（2015）将乡村旅游与空心村治理相结合，提出乡村旅游开发凭借其独特的乡村规划、文化传承和就业拓展等功能，对缓解农村空心化、促进城乡统筹发展具有强大的生命力和巨大的发展潜力。蒋慧云（2017）通过对苏中地区两个村落的调研分析，发现旅游业对于农村空心化有明显的缓解效应，主要包括旅游业能够缓解农村人口空心化，改变农村传统的产业结构，提升本地基础设施水平。肖佑兴等（2011）以广州市增城鹅兜村为例，通过对案例地的深入分析和发现，结合已有的研究文献和成果，总结出了空心型古村落可依托乡村自然环境，重视自然资源的开发和环境的保护，不断强化资源基础条件，把握市场目标人群，发挥城郊的区位优势，使空心村实现空间重构、组织重塑与产业重组。

2.2.5 研究述评

总的来说，在现有的空心村研究文献中，国内外学者将研究焦点放在农业经济、新农村建设、城镇化、乡村发展、农村空心化、土地治理、影响因素、发展机制等方面。到20世纪90年代末，村庄宅基地的空心化问题逐渐得到了研究者的广泛关注。从研究视角来看，现有的空心村大多数从宏观角度出发，通过在区域经济的框架内研究空心村问题，对空心村形成的机制、动力和条件进行了探索性的分析，具有较强的实践意义，提供了良好的理论基础和技术条件。从研究方法上来看，现有的文献既有对空心村的质性研究，也有利用宏观或者微观数据来展开定量研究，深入地剖析了空心村形成的原因、机制、动力和影响因素，为农村空心化综合调控提供了系统性依据。

与此同时，现有的文献研究依然存在着许多不足的地方，通过对文献的梳理和归纳，大致可以分为以下几点：一是现有文献大都是从整体的宏观角度出发，在提出的空心村治理模式和策略上具有普适性，不能从微观的层面去把握空心村的演化机制、特征和发展模式，对空心村微观层面分析较为薄弱。二是在空心村的治理上，土地作为农村空心化最重要的影响因素，现有的文献倾向于对农村的土地要素配置进行研究，缺乏对农村整体空心化成因和治理的文献基础。三是在产业结构方面，现有的空心村治理文献大都是从内外部驱动力机制出发，较少地将其他产业引入空心村的治理过程中。四是在空心村内涵的界定上，由于学科性质的差异，尽管不同学者对空心村进行了定义，但从总体上看，基于地理环境和资源背景的空心村定义依然占据了主流地位，没有将经济、社会、文化、城乡结构等要素考虑在内，定义过于直观和粗浅，也没有提出具体衡量空心村的指标标准。

2.3 乡村旅游业态与空心村治理协同模式文献研究及述评

在乡村旅游与空心村治理协同发展问题上，已经开始有学者对该问题进行初步的探索，认为乡村旅游对空心村治理具有重要性，尤其是在增加就业岗位、重置利用土地和优化乡村环境等方面具有不可替代的作用，这与旅游经济的综合性和带动性是分不开的。国外学者在空心村与旅游协同模式上取得了一定的研究进展，如日本越后妻有、韩国甘川洞文化村等为我们开展相应研究提供了一定的参考。

将乡村旅游与空心村治理相结合，核心就是通过进一步开发和组合旅游资源，使空心村产生独特的旅游吸引力，在为空心村提供产业支撑的同时，进一步完善乡村基础服务设施，改善空心村村容村貌。赵亲才（2017）就提出，通过盘活当地资源，可以创新空心村体制机制、塑造乡村旅游品牌，走一条乡村治理的新路。张娟娟（2016）研究了地方文脉在空心村乡村旅游开发中的应用，提出切合市场需求、营造内聚形态、挖掘地方文脉等策略。郑露嫚（2016）从乡村旅游的视角对农村空心化问题进行研究，提出空心化农村进行旅游开发应该注重传统文化挖掘、制定多规合一的乡村规划、提高农村组织化程度并结合新农村建设进行。朱宏莉（2012）以大理市喜洲村为例分析政府主导型村落旅游开发，提出政府作为乡村旅游的引导者，应该充分利用当地丰富的旅游资源，不断挖掘具有发展潜力的旅游资源，提升旅游目的地市场竞争力，打造独特旅游景区，通过不断延伸旅游产业链，提升区域旅游知名度，形成自己的旅游品牌。苏镜科（2018）通过对空心村的景观带进行设计，将旅游因素放置在古村落之中，使古村落具有旅游景观特色，为村落注入发展新活力，改善了空心村环境。陈德好（2016）提出发展乡村旅游是解决空心村问题的重要途径，应当充分利用现有的人文景观、古迹及生态优势，以发展现代生态农业和生态旅游业为目标，实现空心村的转型。

土地资源配置作为空心村治理的重要内容，如何在旅游产业发展中合理利用土地资源，是空心村治理的关键点。杨娇（2017）从农村宅基地流转角度分析如何治理“空心村”现象，通过实地调研对宅基地流转与空心村的治理以及洱海保护与发展旅游业之间的关系进行分析。研究得出：只有处理好大自然发展规律和旅游业经济发展之间关系，才能够提升土地资源的利用率，减少土地浪费，同时通过发展绿色产业和保护当地的资源环境，减少环境破坏和污染，推动健康旅游的发展。田新强（2017）就空心村治理中乡村旅游开发的关键点、对策建议进行了探讨，提出从治理规划、农民参与、土地利用、制度改革、生态文化五个方面来进一步发展乡村旅游，使之与农村空心化治理充分结合，以此来改善农村发展环境。

综上所述，空心村治理是全球城镇化、工业化过程中面临的共同治理问题，西方发达国家虽然没有对应的概念和理论研究，但在处理城乡关系、振兴乡村和乡村建设过程中积累的宝贵经验为我们解决空心村问题提供了经验参考。而拉美、东南亚和非洲等出现的城镇化问题也为我们敲响了警钟。同时，我国的空心村治理面临更复杂、更严重的局面，需要多学科、多视角地进行综合性探索，现有研究成果已经从早期的土地闲置向城乡融合、乡村整体振兴转变，需要对该问题进行更为细化的研究和整体性、规律性的理论总结。

同时，乡村旅游在空心村治理中的重要性和必要性不断受到重视，对个案的经验总结和一般性对策建议研究已经开展。但总体而言，两者关系和作用机制尚未有系统性分析，研究成果的理论性程度不高。在全域旅游、乡村振兴战略的背景下，如何实现乡村旅游和空心村治理的协同将成为未来研究和实践的重要领域。

2.4　相关理论基础

2.4.1　产业融合理论

不同产业或同一产业不同行业相互渗透并不断产生新型产业的过程，称之为产业融合。这种现象与产业间的关联性是分不开的，包括产业渗透、产业交叉和产业重组三种表现形式。产业融合概念最早出现在技术领域，通过技术创新为产业融合提供内在驱动力，通过技术融合为产业融合提供催化剂，罗森博格（Rosenberg）在1963年就提出了“技术融合”这一概念。在经济全球化的大背景下，产业之间的边界变得越来越模糊，技术融合逐渐过渡到业务融合，随后产生了产业融合。随着高新技术不断发展，产业形态不断得到创新，并展现出蓬勃的生命力，产业融合逐渐成为产业提高生产效率和竞争力的一种模式，这有助于传统产业创新，通过优化产业结构提升产业市场竞争力，为区域之间的资源内部流动创造条件。

产业融合的一个重要特征就是不同产业之间的边界被打破，通过内部重组、渗透的方式逐渐形成新的产业。徐传谌（2018）在其研究中指出，相对于其他产业，旅游产业的边界具有模糊性和延伸性，因此旅游产业具有与其他产业相互渗透、交叉发展的特性。伴随着社会经济不断发展，旅游产业逐渐上升为一种国家层面的发展战略。2009年，在国务院印发的《国务院关于加快发展旅游业的意见》中，提出要大力推进旅游业发展，为旅游业与其他产业融合提出了指导意见。2011年，在《中国旅游业“十二五”发展规划纲要》中，提出“创新体制机制”是新时代旅游业发展目标，要加强市场主体培育，支持旅游新业态、新商业模式的发展。2016年，国务院在《“十三五”旅游业发展规划》中，提出“旅游+”的概念，坚持创新驱动，促进产业融合。相关政策的出台，为旅游产业融合研究提供了良好环境，旅游产业融合逐渐成为旅游学界研究的热点内容。

国外关于旅游产业融合研究起步较早，在20世纪80年代，弗拉特（Frater，1983）开始将农业与旅游进行产业结合研究，鲍伊斯（Bowes，1989）将文化遗产保护与旅游产业进行结合，促进文化遗产与旅游业内部融合。在产业融合的研究方面，国内学者对旅游产业融合研究起步相对较晚，出于不同的学科背景和视角，学者们开始尝试对旅游产业融合进行定义。何建民（2011）从产业链的角度出发，提出旅游产业融合发展是一个新产业链形成的动态过程。李树民（2011）从行业的角度出发，提出旅游产业融合是一个不断形成新行业的过程，这种新型行业能够适应市场的快速发展。徐虹（2008）从系统自组织的角度，认为旅游产业融合的过程是各种产业内部要素相互融合的过程。

在现有的旅游产业融合研究中，研究成果较多，学者们也从基本的现象描述过渡到理论分析，从产业融合理论出发对旅游业产业融合进行探讨，研究深度、研究范围不断扩大，主要集中在以下四个方面：一是旅游产业融合动力。高凌江（2012）总结归纳出旅游产业融合的主要动力因素，构造出促进旅游产业融合的动力机制模型，他认为企业和技术是推动旅游经济发展的两个重要方面，旅游企业是内在驱动力，技术创新是推动力。杨强（2016）从产业融合的经济学视角出发，他认为体育资源的资产通用性和旅游消费结构日趋高级化是体育旅游产业融合的内外动力。二是旅游产业融合路径。范文静（2013）将地质遗产与旅游业相结合，提出地质遗产区旅游产业融合理念，并构建了农旅共融、工旅共融、科旅共融、文创旅游共融的发展路径。丁雨莲（2013）将旅游产业与主题公园结合，从技术与资源两个角度出发，提出纵向渗透融合与横向重组融合两种路径。三是旅游产业融合模式。梁坤（2015）研究了工业与现代旅游业融合发展模式，提出依附模式、共生模式和独立模式三种工业旅游发展模式。李勇军（2016）从乡村文化旅游产业融合出发，提出由政府、乡村集体、外来投资商和乡村居民个体形成的多种融合发展模式。四是旅游产业融合作用。夏月华（2017）指出，破解农村空心化的重要途径之一就是改造传统农业，推进休闲农业与乡村旅游融合发展，促使资源回流农村，缓解农村空心化。汪姣（2018）提出，通过发挥“旅游＋”产业融合综合效应，创新商品营销模式，促进民族地区旅游的可持续扶贫。

2.4.2　资源基础理论

国外资源基础论研究起源于20世纪80年代，随着理论的提出，资源基础理论被广泛应用于企业战略管理研究领域。资源基础理论最早可追溯至马歇尔在其著作中提到的租金思想，但这一概念真正被提出来是在1959年，彭罗斯（Penrose）在著作《企业成长理论》（*The Theory of the growth of the firm*）中探讨了企业资源与企业成长之间的关系，使资源基础观不再只是观念上的讨论。资源是资源基础理论中最基础的概念，彭罗斯将企业的资源定义为“包括企业购买、出租或生产供自己使用的实物，以及按照契约条款租用的员工”，并提出企业成长的源泉来自企业的内部资源，为资源基础理论奠定了初步研究基础。随后，沃斯（Wernerfel，1984）也对资源一词进行了定义，他认为资源是“任何可以被视为特定企业优势或劣势的有形与无形要素”，资源基础观研究得到进一步深入。普拉哈拉德和哈梅尔(Prahalad & Hamel，1992）从技术的角度出发，对企业资源、能力和核心能力之间的关系进行了理论研究，他们强调，资源是基础，核心能力和资源是公司战略方式中两个互补方面，将其他要素与资源基础联系在一起。

资源论假设，在企业的内部具有多种不同的资源，这些资源具有较强的发展潜力，能够转变成促进企业发展的能力。这种独特的资源与能力既是企业内部的，也包含着企业的外部因素，使学者们对资源基础能力产生了不同的看法，研究范围也在不断地扩大。国外学者们关于资源基础理论的研究文献不断增多，形成了理论体系。根据吴金南和刘林（2011）国外资源基础理论的研究内容，从资源价值观的发展过程来看，大致可以将国外学者的观点分为四种类型：早期资源基础观、企业能力理论、知识基础理论以及动态能力。

资源基础观（resource-based view，RBV）以彭罗斯为典型，他强调企业所拥有的优势资源远远胜过突出的市场优势，重视对内部资源的掌握和分配。随着竞争优势理论的提出，学者们对企业内部优势资源有了新的认知，由传统的战略研究视角转向企业的内部分析。福斯（Foss，1997）认为企业能力理论具有三层含义，通过这三种含义去把握企业的资源利用状况，可以增强企业内部能力。

企业知识理论（knowledge-based theory，KBT）对企业的基本特征和行为提出了全新的解释，尽管企业知识理论来源于资源基础理论，但是它又超越了战略管理的范围，是对资源基础理论的发展和创新。企业知识理论认为知识具有默会性、可共享性、分布性和可占用性，企业知识理论将企业看作知识一体化的制度，知识是最重要、最能决定产品价值的因素。

动态能力理论（dynamic capabilities perspective，DCP）诠释了企业是如何创造商业价值。动态能力理论基于资源基础理论，同时又作为该理论的继承和发展，提斯（Teece，1997）在其研究中，首次提出并系统地阐释了动态能力的内涵，提出了基本的理论分析框架，为后来学者的研究奠定了重要的理论基础。在动态环境下，关于企业动态能力的研究已经成为理论界研究的一个热点。

在借鉴西方已有成果的基础上，国内学者对资源基础理论也展开了一系列研究。从现有研究成果来看，国内学者对资源基础理论的研究大体依然在战略管理的范畴内，包括竞争优势、企业战略、交易成本、企业绩效、资源能力、战略联盟及人力资源管理等方面。张宏伟（2013）从资源基础理论视角出发，探究跨国公司选择第三方物流服务商的影响因素。陈传明（2008）综合了高阶理论和资源基础理论，基于相关理论基础进行了实证研究，验证了人口背景特征与多元化战略之间的关系。聂鹰（2014）借鉴企业效率边界的研究思路，通过整合交易成本和资源基础理论，构建了联盟的效率边界动态理论模型。任初明（2012）将资源基础理论运用到现代教育管理中，分析大学战略资源的异质性、稀缺性及不可模仿性。朱伟民（2007）运用资源基础理论探讨了知识资源、企业能力和战略人力资源管理三者之间的关系，识别出战略人力资源管理对企业的竞争优势。黄健柏（2008）将价值链理论、资源基础理论与博弈论相融合，分别解释了企业战略联盟彼此竞争合作的动因和本质，为企业战略联盟的竞争合作行为研究提供了综合范式。

以上研究学者都是将资源基础理论作为一种分析工具，去分析企业战略、人力资源、教育资源、战略联盟等多项问题。也有学者从理论视角出发，对资源基础理论的概念、演进、派系等进行梳理和归纳。马昀（2001）从理论出发，对资源基础理论的发展和演进进行分析。杨春华（2008）透析了该理论对战略管理自身发展的价值。但是，从现有的文献来看，对资源基础理论本身的研究还较少，且在理论的演进和发展中主要以国外研究为导向，国内学者对资源基础理论概念性的研究较少，偏重将资源基础理论看作一种理论工具。

2.4.3 协同理论

协同理论是系统科学的重要分支理论。该理论采用统计学和动力学相结合的方法，基于相关理论基础，建立了一套数学模型，描述了各种系统中从无序到有序转变的共同规律，被广泛地应用到学科研究中。尤其是进入21世纪以后，协同理论被引入管理学、经济学、企业经济、行政学、高等教育、物理学、图书情报与数字图书馆、金融、农业等多个学科中，并在研究中不断形成自身的研究体系。

在协同理论的研究文献中，将协同理论与管理理论相结合是学者们的研究热点。白列湖（2007）指出协同是现代管理发展的必然要求，管理学的发展与协同学在诸多方面是相似的，将管理研究引入协同学是十分必要的，有利于解决管理、社会和经济发展过程中大量出现的综合性、复杂性问题。孙清忠（2014）以管理协同理论为依据，对高校协同创新中心资源优化配置机制进行了探索。郑宝安（2008）从金融学角度出发，在协同理论的基础上，对我国金融业混业经营的风险和监管模式进行了重新审视。罗彦等（2013）立足城乡统筹，运用协同理论，尝试构建城乡统筹的协同规划模型，提出全域城乡用地、空间管制、居民点体系、产业布局规划、基础设施和公共设施等方面的规划指引。王华丽等（2015）从农业发展的角度出发，基于协同理论的研究视角，以数据分析为手段，构建出农业科学数据共享的协同架构，分析其数据主体之间、主体与各子系统之间的协同关系。王平（2014）将协同理论运用到图书馆资源和信息管理中，对协同理论引入信息资源服务后形成的图书馆信息资源共建共享模式进行了探讨，提出在理论上以协同理论工具为基础，找到了一种信息资源多方位服务用户、全新的信息共享模式。温卫娟（2012）基于协同理论，将协同原理与城市物流相结合，对城市共同配送子系统进行聚类、耦合协同、引力模型和涡旋模型的机理分析及共同配送特性的全方位总结。

协同理论开始出现在旅游研究中是在21世纪初期，周国忠（2006）以协同理论为基础，研究浙江省域内海洋旅游发展的模式。把多勋和张欢欢（2007）从协同理论入手，研究了基于协同理论的区域旅游产业的发展，在此基础上以西北地区为例，对西北地区如何更好地实现旅游产业的协同发展提出了战略性的建议。李晓琴等（2008；2009）将协同理论引入乡村旅游和温泉旅游研究中，以协同理论、点—轴系统理论为理论基础，提出成都乡村旅游发展的模式，同时在分析大香格里拉东部（川西地区）温泉资源空间分布、特征和类型的基础上，提出“点”“轴”“面”相结合的温泉旅游开发模式。钟家雨（2012）将协同理论与特色旅游小城镇相结合，提出特色旅游小城镇目标协同、制度协同、组织协同、利益协同、创新协同、信息协同等发展模式。与此同时，范晔（2014）也基于协同理论，分析了旅游小城镇呈现出产业集群与环境协同、核心产业链的企业协同、产业集群协同的三个层次。曾鹏和曹冬勤（2018）基于协同理论，通过结构方程实证分析，提出高速公路交通量与特色旅游小城镇慢旅游协同模式。黄静波（2015）以红色旅游为出发点，在分析了湘粤赣边界区域红色旅游协同发展的必要性和基础条件后，结合协同理论内涵，构建出地方政府引导、旅游企业主导和社区群众参与的发展模式。陆林等（2017）选取杭州西溪国家湿地公园作为案例地，引用协同理论为指导，探讨了旅游综合体的演化过程与机制。

2.4.4　推拉理论

推拉理论是指劳动力迁移是由迁入与迁出地的工资差别所引起的。推拉理论的提出可以追溯到 19 世纪 60 年代，美国学者李（E. S. Lee）首次划分了影响迁移的因素，并把它划分为“推力”和“拉力”两个方面，提出了系统的人口迁移理论——推拉理论。到 19 世纪末，瑞文斯特（Ravenstein，1885）从人口学的角度全面阐释了人口迁移的原因，他提出经济是诱发人口发生迁移的最主要原因，总结了人口迁移的七条规律：第一，人口迁移主要是短距离的，且主要流向工商业更为发达的城市；第二，人口迁移呈现出先近后远的趋势，先迁移到距离较近的城市，然后再到经济更为发达的地方；第三，从全国范围的流动方向来看，主要是由经济社会水平较低的农村流向工业化和现代化水平较高的城市；第四，人口迁移往往带动了作为补偿的反向流动，由于大量人口的流出，为了保持区域内经济的平衡增长，政府往往会对流出地区进行财政补贴；第五，长距离的流动基本是向大城市流动，这与大城市优质的市场资源、更多的就业机会和现代化的设施设备是分不开的；第六，从流动率来看，城市的人口流动率要低于农村的人口流动率；第七，从性别上来看，女性的流动率要远远高于男性。

推拉理论是研究农村劳动力流动的重要理论。国内学者在该理论的研究较为广泛和深入，尤其是在劳动力流动方面，许恒周等（2013）就以推拉理论为工具，总结归纳了影响农民迁移的重要因素。肖桐（2018）在推拉理论的视角下，对特岗教师去留困境进行分析，指出特岗教师去留困境的实质是“推拉”博弈，破解去留困境在于打破博弈双方的均衡。赵卫华（2018）从推拉理论出发，使用二元 LOGISTIC 回归分析方法，分析了居住压力对在京外地户籍大学毕业生居留意愿的影响。郭贯成（2017）以推拉理论为视角，分别从农村宅基地作为资源和资产属性以及拥有农村宅基地使用权的农民迁移到城市这两个角度，建立了农村宅基地退出影响因素的推拉分析框架。李向明等（2017）以清华—伯克利深圳学院为例，诠释拓展了推拉理论在高等教育国际交流中的应用，探讨针对研究生教育层次中外合作办学中的学生选择动因，对推拉理论有所拓展与延伸。刘东旭（2017）从客位角度把人口流动归结为“推拉”和“拉力”作用的结果，但对“推拉”和“拉力”作用于个体行动者的复杂性和多样性关注不够，通过对流动彝人群体的观察和研究发现，丰富了推拉理论的内容。

随着推拉理论的广泛使用，部分学者也将推拉理论引入案例延伸中，产生了一些较为有趣的研究成果。如张吉东（2008）运用推拉理论来解释婚外情，认为家庭的推力以及介入者的拉力，是导致外遇者发生外遇的主要原因之一。吕惠琴（2013）通过运用推拉理论构建的反推拉模型，对珠三角农民工短缺动因进行分析。刘林平等（2016）利用美国国防气象卫星计划（DMPS）收集的夜间灯光数据和农民工问卷调查数据对推拉理论进行了检验。

运用推拉理论对旅游者旅游行为的研究可以追溯到 20 世纪 70 年代，在旅游研究领域，推拉理论也是一种有效的分析工具。从研究范围来讲，运用推拉理论对旅游进行研究，对象可以是一个国家，也可以是一个区域，或者是旅游景区，研究范围较为广泛。如丹（Dann，1997）以巴巴多斯为研究区域，特恩布尔（Turnbull，1995）以加勒比海岛为研究区域。周玮等（2011）以安徽黄山为案例地，基于推拉理论对黄山国内背包客的旅游动机进行了实地调研。郑文俊（2012）以柳州市为实证案例区域，在问卷调查的基础上，结合问卷的数据，定量分析了乡村旅游动机的潜在特征。周成和冯学钢（2015）在参考旅游“推—拉”理论的基础上，构建出旅游业季节性影响因素指标体系。莫琨（2014）基于推拉理论，以海南省为养老旅游目的地，对少数民族地区老年人旅游活动进行研究，全面揭示了养老旅游意愿的影响机制。周泽鲲（2017）基于推拉理论，以内蒙古地区户外旅游者为研究对象，对户外旅游者的出游动机进行研究。郑鹏等（2010）从推—拉理论的视角，对美国来华旅游者的流动影响因素进行了研究。张颖等（2009）借助推—拉理论，运用因子分析法，实证研究了旅沪入境游客的旅游动机。

第3章　桂滇黔乡村旅游业态创新与空心村治理协同模式的分析框架

3.1　乡村旅游业态创新构成维度分析

乡村旅游，是中国旅游发展新热点，是最具潜力与活力的旅游板块。桂滇黔地区旅游资源丰富，旅游产业基础良好，自然环境优美，乡村旅游发展具有一定规模。乡村旅游已超越农家乐形式，向观光、休闲、度假复合型转变，结合已有的文献基础，现有的乡村旅游创新业态多种多样，包括国家农业公园、休闲农牧场、乡村庄园、生态博物馆、文化创意农业园、洋家乐、乡村民宿、市民农业园、高科技农业园/教育农业园等，乡村新产品、新业态、新模式层出不穷。

本书在充分考虑桂滇黔乡村旅游发展特色的基础上，结合整体乡村旅游发展环境，将乡村旅游业态创新分为休闲农牧场、乡村庄园、生态博物馆、文化创意农业园、洋家乐、乡村民宿六大维度，分别描述了桂滇黔乡村旅游的自然资源、文化资源和住宿三个方面。

3.1.1　休闲农牧场

休闲农牧场是现代乡村旅游业态的重要表现形式之一，是休闲旅游资源与农业资源、畜牧业资源相结合的一种新型业态。休闲农牧场以地方的农业生产和畜牧业发展为基础，在进行农业生产的基础上，通过发展休闲观光旅游来拓宽产业链，游客们可以在休闲农牧场感受自然的优美风光，也可以购买和体验当地的农牧产品，促进地方农民增收和农业转型升级。同时，休闲农牧场强调生态环境的建设和保护，实现绿色发展、循环发展和可持续发展，有助于地方生态文明建设，同时积极发展休闲体验和科普教育，实现经济价值、社会价值和生态价值的综合实现，符合解决人地矛盾和激活农村经济发展的要求。休闲农牧场是以农业活动为基础，以休闲为目的，以服务为手段，以城市游客为目标，农业和旅游相结合的一种交叉性产业。农旅融合是农业农村发展大势所趋，也是城市消费需求的热点所在。

休闲牧场是集现代畜禽养殖示范、科普宣传、休闲观光体验等功能为一体的一种乡村旅游新模式。将乡村旅游的发展模式引入休闲牧场的发展中，能够最大限度地实现休闲牧场的资源利用，积极开发休闲牧场的产品，改变了牧场原本单一的发展模式和产品供应环境，有利于实现传统牧场的转型升级，实现长久发展。同时，伴随着旅游经济的发展，前来观光的游客人数不断增多，休闲牧场有了广阔的消费市场，为地方居民实现经济增收创造了条件，有利于提升当地居民的家庭收入和生活水平，促进乡村振兴战略的实施。吴启文（Chih - Wen Wu，2015）认为休闲农场要发展旅游业，增加游客观光率，必须要在基础设施、体验性活动、农产品、品牌效应等方面下功夫，增加休闲农场的旅游吸引力。

在农村发展休闲农牧场既是促进农业升级、农民增收和新农村建设的重要措施，也是乡村旅游业态创新的重要节点，具有重要的意义。一是可以充分利用和开发农村的旅游资源，促进旅游资源的开发和深度加工，促进乡村旅游资源的挖掘，不断开发农村发展旅游的潜能。二是发展和拓宽农业功能，改变农业传统要素的功能性，通过产业融合调整和优化农村的产业链，改变传统的单一的产业发展模式和产品生产模式，提升当地的基础设施建设水平，提升农村服务质量，促进农村公共设施建设，为农民家庭提供收入增加渠道和新的就业岗位，为建设社会主义新农村提供坚实的产业基础。三是促进城乡之间的互动，加速城乡一体化进程，城市游客把现代化的政治、经济、文化、信息、技术等辐射到农村，有利于农民改变原有的落后的生产生活观念，提升农村观念认知。四是有利于挖掘、保护和传承农村文化，当农村传统文化作为可利用的旅游资源时，传统文化便有了传承的保障，同时通过游客不断地传播，有利于传统文化的扩展和外延，并在不断传播中发展和提升新的农村文化，形成新的文明乡风。

3.1.2 乡村庄园

作为现代现存旅游的创新业态之一，乡村庄园是以度假生活为主要特点的一种旅游形式，相对于休闲农牧场的定位和发展模式，休闲庄园是一种高端的旅游业态，是与现代经济社会文化不断进步相契合的，是未来实现乡村旅游转型升级的重要产品，代表着未来都市居民的追求方向和发展趋势。乡村庄园集餐饮住宿、会务娱乐、农耕体验、休闲购物、文化创意、婚庆交友、亲子养生、国际联谊等于一体，以原生态的大自然为魂，把“清幽野静”的乡村风光、艺术文化和休闲旅游巧妙相结合，是创意者的天堂、自然爱好者的乐园、休闲养生的胜地。随着专业化、特色化、规模化升级，现代都市居民对旅游质量和服务有了更高的要求，市场需求不断呈现出高端化、精品化的发展趋势，庄园旅游成为未来发展的方向，对规模和品质化呈现出越来越高的要求。

与休闲农牧场一致，乡村庄园也是以地方农业为基础的，在发展传统农业的基础上，通过改变地方的经济发展模式和产业模式，在农业生产的基础上融入观光旅游、休闲体验、养生、度假等多重功能，改变地方的经济发展态势。其主要包括以下几个特点：一是具有规模化的农业基础。与休闲农牧场不同的是，庄园是建立在具有一定规模的农业基础之上的，农村产业链较为完整，包括规模化的种植、养殖、农产品加工等。与此同时，乡村庄园的发展往往对气候和环境条件要求较高，要求具有良好的农业资源和气候条件。二是具有品牌化的质量保障。乡村庄园的发展往往是以某一种农业资源为主要核心旅游吸引物的，并且其核心品质在某一方面具有一定的影响力，如法国的普罗旺斯薰衣草庄园依托于美丽的农业生态景观，通过确立核心品牌，依托一个基础品牌延伸出农产品加工和休闲旅游品牌，在延伸产业链的基础上，逐渐形成多个品牌，提升了乡村庄园的知名度和市场竞争力。三是综合性的系统功能。庄园综合体是一个完整的要素系统，由不同的功能要素组合而成，各个要素都有自己的重要作用，并且在整体中相互助益，产业结构在不断的调整中，以旅游度假业主导的第三产业将占据越来越重要的地位。

乡村庄园是以一定的土地资源为基础的，并且具有自身的边界，通过发展乡村庄园经济有效地缓解了地方的资源、土地供需矛盾，与新型城镇化建设、美丽乡村建设形成了良性互动，更多地融入现代化的元素。在未来的发展中，高端度假主题乐园、休闲牧场主题乐园、特色产业庄园等经济发展模式都是庄园经济的重要选择。桂滇黔地区自然环境优美，旅游产业基础较好，乡村庄园发展已经初具规模。如广西壮族自治区的玉林欢天喜地园艺世界、玉林牛塘人家被评定为2016年度广西最美休闲农业庄园；贵州省黔东南自治州麻江县的欢庭蓝莓度假庄园以美式田园混搭的风格，将当地少数民族的纹饰、图腾及文化元素打碎再糅合到装饰品中，成为黔东南名闻遐迩的乡村度假的网红；云南大理利舍庄园以田园风格为主调，充满了低调的奢华之风韵，被誉为“苍山脚下的美国乡村之梦”。

3.1.3　生态博物馆

早在工业革命时代，欧洲国家为了保护非物质文化遗产，博物馆逐渐兴起，英国是其中主要的力量之一，这是博物馆学家瓦兰（Hugues de Varine）生态博物馆理念的现实化。博物馆建立的最大价值不仅在于对历史遗迹、古物等物质的保护，更是一个地区精神、文化的延续和传承。生态博物馆作为桂滇黔三省（区）一种典型的乡村旅游新型业态，与桂滇黔环境保护意识和文化传承意识的提升是分不开的。随着现代经济的发展和城镇化步伐的加快，桂滇黔逐渐出现一系列问题，如现代文化对民族文化的冲突、生态环境遭到破坏等。在这样的环境下，生态博物馆作为一种新型的乡村旅游业态逐渐产生并快速发展起来，它是一种以特定区域为单位、没有围墙的“活体博物馆”，它强调保护、保存、展示人与遗产的活态关系。

生态博物馆要解决的核心问题是如何在工业化和城市化的进程中保存在农业社会长期形成发展的民族文化和地区文化。尽管桂滇黔三省（区）少数民族分布广泛，地域文化深厚，但并不是任何具有文化和生态基础的社会和村落都适合建立生态博物馆。除了具有良好的资源基础以外，生态博物馆的建立必须考虑地方居民和政府两大主体，在村民方面，村民作为文化的继承人和传播者，村民的积极性对生态博物馆的建立具有重要的意义，关系着前期的建立和后期的经营。在政府方面，生态博物馆的建立需要一定的资金和技术支撑，在相关文化的保护和规则制定上也需要政府的牵引、专家的指导，否则生态博物馆的建立和发展将会面临非常大的困难。

目前中国的生态博物馆有 16 个，桂滇黔三省（区）占有 15 个。其中，广西壮族自治区有 10 个，包括南丹里湖白裤瑶生态博物馆、三江侗族生态博物馆、靖西旧州壮族生态博物馆等，贵州省有梭嘎苗族生态博物馆、镇山布依族生态博物馆、隆里古城汉族生态博物馆、堂安侗族生态博物馆 4 个，云南省的西双版纳布朗族生态博物馆闻名遐迩。生态博物馆通过保护当地的自然、环境、文化、历史、建筑、景观等遗产，以实现村落文化遗产原址保护及文化生态环境整体保护，被广泛运用于中国的传统村落、历史街区、工业遗产等保护和利用中。通过不断地在建设和发展中总结经验，桂滇黔的生态博物馆建设已经形成了自身的发展模式，由试验期转向了充实完善和发展期。

3.1.4 文化创意农业园

与休闲农牧场与乡村庄园一致，文化创意农园也是以农业为基础的一种新型的乡村旅游业态类型。江滩（Siow – KianTan，2013）提出文化创意农业园发展旅游业必须将外部互动和内部反思相结合，重视游客在园区内的体验和联系，创造一种全新的旅游体验。文化创意农业园强调创意的应用，具体体现在通过将创意融合在农业发展、科技发展、人文因素中，有效地拓展了传统农业园的文化功能、科技功能和文化功能，改变了农业园原本产业要素的功能作用，把传统农业发展为融生产、生活、生态为一体的现代农业，融合了文化教育、科技与创意产业的时尚农业园区。文化创意农业园是乡村旅游发展到一定程度的产物，是将农业与旅游进行完美融合的一种新型旅游业态类型，对桂滇黔乡村旅游的发展和农业生产具有重要的促进作用。

首先，文化创意农业园转变了传统农业“低效、粗放、低价”的属性，融入了创意要素，同时积极地将农业科技、文化、人文等要素与农业相结合，催生了大量新型业态，传统的农业园区业态发生了改变，乡村呈现出更加丰富的状态，增加了乡村农业业态的多样性。其次，文化创意农业园，顾名思义，在建设和发展的过程中十分重视文化的作用，积极地将地方民族文化、现代科技文化、历史文化等融入农业生产，丰富了传统农业的文化内涵，使传统农业的生产功能转变。在传统农业生产功能的基础上演化出观光、休闲、教育、文化等多重功能，增加了产品的附加值，提升了文化创意农业园的旅游吸引力，文化创意农业园在新形势下能够紧密地结合市场发展，呈现出强大的生命力特征。最后，从旅游目的地产业发展来看，不同产业之间的相互融合，改变了传统的农业发展单一模式，使农业生产的横向工作得以加长，农业产业链得以延伸，在农业生产的基础上逐渐涌现出一系列的配套产业和延伸产业，突破第一二三产业的限制，产业之间的边界更加模糊，产业结构得到优化，提高了农业的发展效益，促进城乡经济社会发展的一体化。随着社会的发展，城市的快节奏生活使越来越多的都市人群感觉到生活和工作的压力，他们渴望新鲜的空气和绿色的休闲场所，这就为文化创新农业园的产生和发展提供了客源市场，使文化创意农业园逐渐成为一种新型的具有生命力的乡村旅游业态创新类型。

3.1.5　洋家乐

伴随着全球范围内旅游经济的日益发展，入境旅游人数逐年上升，许多外籍人士前往中国乡村进行休闲度假旅游，同时，被中国优美的自然风光和人文环境所吸引，来华外籍人逐渐在中国境内定居，并通过将自身国家文化融入中国乡村中，从单纯的休闲度假者开始向投资经营者转变，外籍人士投资经营的“洋家乐”发展迅速，已形成一定规模，如广西阳朔的杨家村。洋家乐是由跨国移民直接投资建成的，在经营的过程中最大限度地保留了中国乡村的文化特色，同时在装修和经营上引入了外国文化和经营理念，使洋家乐成为兼具中西文化的新型休闲旅游度假区，主要有民宿、度假村、庄园等多种形式，为乡村旅游新业态的发展注入了新的发展理念。

洋家乐以“定位高端、经营生态、消费低碳”为开发思路，相较于传统的农家乐模式，洋家乐具有以下特征：（1）物质环境营造追求可持续性，洋家乐内部装饰的许多家具和器材都是主人在当地回收的，通过重新设计和利用，成为洋家乐日常使用的物品，旧物利用被看作“洋家乐”的重要特征，体现出一种极简主义作风；（2）经营理念与众不同，对于来客要求有很多，比如最好不要开车来、不允许在室内抽烟等，与传统的“笑脸相迎、和气生财”的生意经背道而驰。快速获得成功并在旅游业独树一帜的洋家乐，被认为是乡村旅游和度假休闲产品的双重典型，洋家乐因为其独特的经营理念和方式在短时间内迅速发展，其低碳的生活理念和极简主义生活作风独树一帜，吸引了旅游界和研究人员的广泛关注。在经营中，洋家乐根据房子本身的特点对农舍进行改造，并在改造中融入环保生态理念，保留农舍原本的风格和材质，同时运用现代技术将新的元素添置其中，将当地民宿和地域特征与西方文化相结合，使其既具有传统的农舍风格，又具有现代化特征。

洋家乐作为一种以外来资本为发展基础的乡村旅游业态，成为我国乡村旅游发展的一大亮点，对于我国旅游业的发展具有重要的启示。第一，注重新的发展理念。传统的农家乐发展往往是以某一景点而兴起，其发展的过程是紧紧依附在旅游景区上，洋家乐则是树立起了自己的经营理念，就地取材，变废为宝，将生态环保理念贯穿到洋家乐经营和发展的方方面面，使无景点度假休闲旅游成为新的旅游产品。第二，选择恰当的目标群体。洋家乐具有自身独特的文化，能够满足不同群体的不同需求，不单纯地以景点来吸引游客，不断提升自身的软实力，因而洋家乐拥有自己稳定的客源，如干山里茶园会所主要客源是长三角地区特别是上海的法国人，这些目标群体客流量虽然不大，但产生的经济效益却高于普通游客1倍以上。

3.1.6　乡村民宿

乡村民宿的出现和发展既是乡村旅游业态创新的重要内容，对桂滇黔地区更有着重要的作用，使多方受益。一方面，舒适的民宿能延长游客乡村旅游的停留时间，提升游客体验的同时，增加当地消费，村民将自己的房屋出租给民宿管理方后能收取租金，盘活闲置住房，带动农村居民创业就业。另一方面，民宿管理方往往是具有一定资金、管理经验的社会第三方，他们帮助提升农村面貌和知名度的同时也能产生经营利润。

乡村民宿发展是民众对美好生活不断追求的结果，在现阶段的桂滇黔乡村旅游发展中，乡村民宿已经成为旅游者居住的重要选择，如广西阳朔、龙胜等景区出现大量的乡村民宿，贵州的荔波、黔东南地区，乡村民宿发展十分迅速，而云南省的乡村民宿不仅是游客的居住场所，体验云南乡村民宿文化已经成为云南省旅游的重要项目之一。为了实现乡村民宿健康可持续发展，必须要做到以下几点：一是制定乡村民宿发展的交通、环保、用地等专项规划，加强乡村民宿发展的顶层设计，统领全局科学发展。二是要解决民宿的法律合规性问题，让民宿有法可依，依法监管，在阳光下运行。三是进一步完善乡村民宿标准化体系，重视旅游服务质量在乡村民宿发展中的重要地位。四是优化利用土地和空间资源，盘活土地资源，提升建设用地的使用效率。

3.2　空心村治理模式构成维度分析

空心村治理是一项长期的复杂工程，既要考虑国家战略和农村发展趋势，也要兼顾农民改造意愿，充分重视农民的主体作用。陈玉福等学者（2010）将农户意愿、整治内容、政策创新、空心村特征和资金来源等因素进行综合考量，提炼出空心村整治的三种模式，即中心村整合型、城镇化引领型及村内集约型。在探讨桂滇黔空心村治理模式中，为了对空心村成因和演变规律做了一般性规律探讨，本书采用陈玉福等学者（2010）提炼出的三种空心村治理模式。

3.2.1　中心村整合型

（1）内涵特征。中心村是一个规划概念，在农村地区进行空间布局规划时，按照最小规模的原则，在农村地区建立一个能基本支撑生活服务设施所需要的点。中心村整合型的核心是强调集约化治理，即在空心村整治过程中促进农村土地经营、农民居住、产业发展及土地利用等集约化，以集中化和集聚化为手段实现对桂滇黔空心村的治理。相对于城镇化引领型治理方式，中心村整合方式适合于远离市区或中心镇区域，这些地方一般存在土地闲置问题，大量的土地利用程度极低，且村落较为密集，农业人口相对较多，城镇化发展水平较低，农民主要生产生活方式是以传统农业生产为主，非农产业发展处于起步阶段。中心村整合型的要点在于在空心村区域建立中心村，在中心村区域实现农村组织、产业和空间的综合整治。通过建立中心村，逐步对原村庄宅基地和空闲土地进行成片土地整理复垦，改变农村原有的空间布局特征，对以往碎片化的土地进行集中建设。

（2）实施途径。在桂滇黔地区对空心村进行中心村整合，必须要将中心村的选址和建设放在突出的位置，对现有村庄的格局进行革新与重构。具体来说，在桂滇黔地区实现中心村整治，可以从以下三个方面出发：第一，依托桂滇黔地区地理优势和优美的自然风光，将中心村建设成新型住宅小区。空心村治理的首要任务就是要改变原有落后的住宅地，中心村的住宅设计要充分考虑桂滇黔空心村的实际情况，如家庭结构、生活习惯、从业类型等，根据不同消费人群的需要，设计不同类型的住宅。第二，在中心村的选址上，要切实地将桂滇黔地区的交通区位、中心性、基础条件等要素纳入考虑范围，选择交通便利且处于整合村庄的相对中心位置，同时考虑村民教育、医疗、商业、旅游等需求，把具备较为完善服务设施等基础条件的村庄作为中心村。第三，合理规划中心村土地利用类型，充分发挥县和乡镇政府的主导作用。在桂滇黔的中心村整治中，中心村的土地要灵活规划，不仅要考虑目前的土地利用最大化，也要考虑空心村治理之后的土地可持续利用，根据不同的土地利用途径采取相应的整合模式。如用于建设基本农田和发展现代农业的土地利用类型，引入外来公司进行农田整理，通过外来公司先进的科学技术的应用和实施，弥补村集体治理中出现的问题，提高土地整治的效率。

（3）关键问题。中心村整合作为桂滇黔地区空心村治理的有效方式，也是桂滇黔地区建设美丽乡村的重要路径，在具体实施的过程中建设资金是关键问题。中心村整合需要立足乡镇资源禀赋、产业基础、区位条件，对空心村原有的农村住房进行改造，硬化村内道路，强化通村道路建设、改造完善通村路，其耗时久、建设周期长，资金投入大。从桂滇黔农民的家庭纯收入来看，大部分家庭收入水平较低，且收入来源不稳定。目前还承担不起按新标准建设的新房费用，这就使空心村农民一方面希望建立中心村，拉动产业发展和改善居住环境，但另一方面农民又担心自身的利益受到损失，空心村整治的补偿条件和机制还有待创新。从这个角度来说，在桂滇黔地区开展中心村整合型模式不能仅仅依靠当地农民的支持，也不能一味地依靠国家和地方政府的资金支持，政策红利优势虽然能够解决前期的发展问题。但是从长远来看，空心村的治理需要以区域间和城乡间利益协调机制为突破口，加强区域内部的信息交流和人才流动，积极借鉴相关有效经验，建立区县对口协作机制，共享优惠政策，众志成城，集中力量构建统筹区域和城乡一体化的财税政策，加大土地出让金对城乡统筹发展的投入，改变长期以来农村资源净流出的状况。

3.2.2 城镇化引领型

（1）内涵特征。顾名思义，城镇化引领型治理模式与实现空心村城镇化是紧密联系的。其核心是以新型城镇化为平台，在充分考虑桂滇黔现有空心村产业结构的基础上，不断进行土地统筹配置创新，同时着重把握桂滇黔空心村劳动力的就业发展趋势，深入了解非农产业就业的现状和未来发展趋势。在合理配置土地资源的同时完善空心村利益分配机制，平衡不同利益主体之间的得失，将农民居住问题放在突出的位置，着力解决桂滇黔空心村农民非农就业与居住空间匹配不平衡的问题。从城镇化引领型的特征出发，城镇化引领型治理模式往往更适合基础设施相对完善、城镇化水平达到一定阶段的城市边缘区或者中心镇周边地区。在这些地区，农民不再从事传统的农业生产，而是将生产生活重心放在非农产业上，非农产业收入成为当地农民的主要收入来源，农村的经济结构得到完善和升级。同时，该治理模式突出的特点就是不能单方面地将空心村整治与城市规划割裂开来，要将空心村整治与城镇体系规划有机结合起来，将村庄居民点纳入城镇建设扩展地区进行统一规划、统筹配置。

（2）实施途径。桂滇黔地区城镇化现象突出，第三产业尤其是旅游产业逐渐替代传统的农业生产，成为农民生产资料的主要物质来源，大量的中心镇存在，为城镇化引领型整治模式的展开提供了基础条件。将城镇化引领型整治模式与桂滇黔地区农业发展实际状况进行结合，提出城镇化引领型的实施途径。主要包括以下几个方面：第一，以市区和中心城镇发展引领为动力，将空心村整治与中心镇发展规划进行有机结合，以产业和居住用地集中、组织整合为导向，将空心村居民建筑用地、农业用地及低效利用的工业用地进行综合整治，住房设计以多层楼房为主。在地域上，促进空心村人口向城镇地区转移；从结构上，通过促进非农产业的发展促进空心村人口的非农转移。第二，积极发挥政府职能，采取多元化的开发利用模式，在空心村治理过程中，政府要抓牢各个环节，根据空心村整治后土地用途的不同，以提升土地利用率和促进农村经济发展为原则，根据土地用途采取相应的开发模式，做到将治理与实际相结合。具体来说，用于工业建设的土地，在模式的选择中更多地将市场化手段引入其中，提升土地利用的市场化程度，可采取土地入股、联合开发整理的股份制模式，筹集社会资金的同时有利于扩大开发商土地自主权，在后期的经验过程中能够促进人才横向流动，更好地促进土地利用和经营。而整理后土地用于农业用地的，要注重土地的保护和维护，以农业产出为主要目的，在模式规划中坚持政府的主导地位，采取土地集中整治与规模经营的一体化模式。第三，充分利用桂滇黔地区优势的自然资源和人文资源，建设相对完善配套的各项旅游服务设施，发展农村服务业，积极开发旅游景点，吸引国内外游客，树立旅游目的地形象，实现空心村治理。第四，规划建设农副产品加工业园区，实现农民居住城镇化、耕地面积有效增加和土地经营规模化。

（3）关键问题。资金筹措和政策创新是实施治理的难点内容。在资金筹措方面，住房建设、设施投入、土地规划、村庄整治等都需要大量的资金投入，空心村整治后初期的产业投入和建设也是资金链上的重要一环。除了国家和桂滇黔地方政府的资金支持以外，如何能够吸引到社会资金和创新融资方式也是桂滇黔空心村治理中必须要考虑的问题。在政策创新方面，当空心村居民舍弃原有的土地从事非农生产、从原有的居住地搬迁至城镇地带时，如何使农村居民享受到与城镇居民同样的社会福利和社会保障待遇，真正实现“人的城镇化”，需要政府在相关的配套政策上进行跟进。

3.2.3　村内集约型

（1）内涵特征。土地作为空心村治理的重要一环，空心村推进土地集约化经营是桂滇黔提升农业生产力水平的必然要求，村内集约型治理模式的核心就是要解决农村在土地利用和环境保护方面的问题。因为只有通过土地静态或动态的集约，实行土地经营权的集约，才能把若干农户、若干分散的土地联系起来，整合起来实行统一布局，最终实现区域化布局和专业化生产。村内集约型的治理模式适合远离市区或中心镇的区域，在这些区域内，农业基础设施条件较差，农业用地和建设用地方式都相对粗放，且村内居住地距离相对较远，城镇化水平较低，农民改善生活条件的愿望非常强烈。村内集约型治理模式主要包括两个方面的内容，即限制土地使用和提高土地利用效率。在限制土地利用方面，对空心村建设边界进行划定，限制村庄进一步对外扩张，划定村庄范围，提高已利用土地的利用率，减少耕地开垦。在提升土地利用效率方面，为了减少土地开垦，应该制定土地政策和引入相关技术，鼓励空心村内闲置宅基地的村内流转，减少土地浪费，灵活运用现有土地，减少村内低效使用的土地，将村内空闲地和边角地都充分利用起来进行植树造林、新建住宅等，保护农村自然生态环境。

（2）实施途径。土地作为最根本的物质要素，村内集约型治理模式要在桂滇黔地区县和乡镇政府统一规划与指导下对空心村土地资源利用进行整治，具有重要的意义。结合桂滇黔土地利用现状，村内集约型治理模式在进行空心村治理时可以从以下途径出发。一是制定新建住宅的用地标准，坚持政府主导、部门联动、协同推进，加强规划引导，严格执行用地标准，将土地征用标准和利用情况具体化、条理化，进一步强化土地供应计划管理，完善全域土地利用总体规划，发挥规划管控作用，促进村庄建设的集约用地、耕地面积的有效增加及其高效利用。二是对空心村内的空闲土地进行专项治理，实行精细化规划和管理，对空心村内空闲的宅基地住房、废弃打谷场等进行全面清理处置，对由于环境污染导致田地不能耕种的，要及时还垦使用，最大限度地避免土地资源的闲置和浪费。三是加强基础设施建设，包括农业生产性基础设施、农业生活性基础设施、生态环境保护基础设施、农村社会发展基础设施等，在争取桂滇黔政府资金和政策支持的基础上，将基础设施改造推向社会化、市场化，帮助农民改善耕地生产环境，获得更多农业产出。

（3）关键问题。相比中心村整合型和城镇化引领型，村内集约型治理模式形式较为单一、内容也相对简单，也更加容易推行和实施。村内集约型整治模式由于整治建设的规模偏小，土地整治的范围基本限定在较小的范围内，农民对于增加耕地面积的意愿不是很强烈，避免了扩大整治范围所带来的困难。同时，由于当地的生产水平较为低下，农民的物质生活较为匮乏，基础设施建设水平较低，当地居民对改善目前生活、生产状况有着强烈的愿望，农民愿意为了空心村治理做出贡献，这为空心村治理提供了良好的技术条件和资金自筹条件。但值得注意的是，村内集约型治理模式需要理顺村庄土地产权关系，在土地分配、治理任务以及后期利益协商方面要考虑多方面的因素，促进闲置土地合理整治、流转和集约利用，提升农民空心村治理的积极性。还要考虑政府投资的有效性，拓宽融资渠道，发展循环农业，延伸产业链，促使农民从纯粹的生产型转变为经营型，防止产生新的农村空心化问题。

3.3　乡村旅游业态创新与空心村治理协同模式构建的必要性和可行性

3.3.1　必要性

在旅游需求多样化发展的背景下，旅游业态种类越来越多样，乡村旅游发展逐渐呈现出后劲不足、创新力度不够、现有的旅游业态类型与旅游资源不够契合、旅游资源尚未形成具有竞争力的主导产业的态势。弗雷德里克·布乔恩（Frederic Bouchon，2016）指出乡村旅游由于缺乏旅游专业管理知识，资源开发和建设依然存在很大的困难。黄燕等（2015）在旅游业态创新研究中指出，乡村旅游业态创新是给需求不同的游客提供多样化旅游产品的必由之路，乡村旅游业态逐渐由资源依赖向结构调整和创新转变。从目前来看，桂滇黔乡村旅游在政府的推动下得到快速发展和推广，旅游业由于本身所具有产业关联广、渗透力强、就业带动作用大等特性，在吸引桂滇黔农村劳动力、提高农民家庭收入和转变农村经济发展方式等方面有着天然的优势。根据产业融合理论，通过以旅游产业为核心，既能够体现以人为中心的发展观，又能多维度提高产业、产品的附加值，不断形成新的经济增长点，因此在桂滇黔地区实现乡村旅游业态创新与空心村治理协同模式构建具有必要性。乡村旅游对缓解桂滇黔农村空心化问题具有积极的缓解作用，具体可以从以下三个方面进行阐述。

第一，乡村旅游可以缓解桂黔滇地区人口空心化问题。随着城市经济的快速发展，城市和乡村的经济收入、社会发展、文化建设、环境保护等方面差距越来越大，农村中有文化的青壮年都纷纷由农村向城市迁移，造成农村大量的劳动力人口流向城市，农村人口形成一种“空心化”的状态。旅游业作为一种劳动力密集型产业，在桂滇黔地区发展旅游业能够提供大量的农村劳动力岗位，使桂滇黔地区农村劳动力能够就地就业，能够较大幅度地减少农村劳动力外流。阿扎姆（Azam，2018）的研究也表明，旅游业为经济发展做出了巨大的贡献，尤其是在以旅游经济为主导的区域，旅游经济带动效应明显。同时，蒋慧云（2017）在其研究中也指出，旅游业不仅是劳动力密集型的产业，对劳动力素质的要求也相对较低，不需要具备专属技能和特殊才艺，这就为桂滇黔地区广大的农村妇女提供了就业机会。大量的农村劳动妇女得到就业机会以后，有利于解决桂滇黔农村空心化所带来的“留守儿童”“空巢老人”等问题，有利于农村社会结构的稳定。

第二，乡村旅游可以优化桂滇黔地区产业结构。总的来说，农村产业结构由第一产业为主导逐渐向以农业为基础、第三产业为主导的产业结构发展。乡村旅游作为社会经济发展到一定阶段的产物，对桂滇黔农村经济、社会和文化都产生了重要的影响，使桂滇黔农村产业选择由原来单一的经济效益转变为游客需求与经济效益双重导向，是实现农村多功能价值和文化消费的重要媒介，影响着农村的产业结构。在农业方面，乡村旅游发展是农业多功能价值属性的开发，乡村旅游的发展为农业资源开发创造了新的条件和契机，为农业供给侧结构性改革提供了机会。同时，农业资源作为乡村旅游发展的基础性资源，乡村旅游是在农业生产种植基础上发展起来的现代服务业。作为基础性产业，农业是乡村旅游得以展开的基础条件，为旅游经济的发展和旅游产品的开发奠定了坚实的产业技术，从这个角度看，旅游业与农业之间是相互促进的关系，乡村旅游不仅不会削弱农业的生产发展，威胁到农业的主体地位，相反，乡村旅游的开展有利于巩固农村农业的基础性地位。在第二产业方面，乡村旅游是以市场和游客需求为导向的经济形态，桂滇黔地区乡村旅游是以优良的自然环境为资源基础的，考虑到游客对于优质自然社会环境的偏好，桂滇黔地区政府和企业将积极支持外向型加工业向内需型手工业转变，服务劳动的投入加大了乡村旅游农产品的附加值。一方面，工业企业的增加为桂滇黔农村提供了更多的就业岗位和收入，使更多的农民可以实现就近就业，避免了人口向城镇地区大规模流动。另一方面，乡村旅游发展是一种可持续性的发展，在农产品加工和生产链的延伸上，桂滇黔地区将经济发展和环境保护放在同样重要的位置上，减少了现代工业对农村自然环境的污染。而乡村旅游作为第三产业的重要组成部分，随着乡村旅游的不断发展，桂滇黔农村第三产业得到了长足发展，由旅游产业发展所带动的泛旅游产业也得到了发展机会，住宿业、娱乐业、餐饮业、交通运输业、零售业等发展迅速。

第三，旅游业可以为农村文化的发展注入新的发展活力。随着现代消费旅游市场的多样化发展，旅游业也呈现出多样化的发展趋势，尤其是伴随着大众消费需求的升级，旅游需求所呈现出的多元化特征更加明显。文化性是乡村旅游的一个根本属性，包括物质文化和精神文化。在物质文化方面，为了实现乡村旅游进一步开发和打造新景区，通过设计导入、整理风貌、微调空间、再造功能，将乡村闲置农宅变身为时尚的文化民宿、乡村博物馆、乡村咖啡馆、艺术酒吧等旅游接待设施，通过创意策划将乡村日常的生活与生产活动变身为游客可体验的各类旅游活动，促进了桂滇黔乡村物质文化的发展。在精神文化方面，乡村旅游作为一种典型的体验经济，游客不仅对乡村旅游的物质文化条件有一定要求，更多的是期望感受乡村旅游所带来的文化感受。在桂滇黔地区，主要包括悠然的自然环境和多样化的民族风情，包括乡村传统的居住方式、饮食方式、特色服饰、民风民俗等。多样性地利用资源开发使乡村旅游具备其特有的识别性，形成了乡土文化和乡村旅游的良性互动，成为拉动乡村经济发展的重要力量。

3.3.2 可行性

第一，桂滇黔地区空心化问题亟待解决。目前，在桂滇黔农村地区，青年人不愿意从事耕作,农村劳动力日渐“空心化”、老龄化及农村劳动力缺乏等问题，农村空心化问题亟待解决。一方面，桂滇黔地区工业底子薄，工业设施设备落后，基础设施不完善，工业技术短缺，产业结构老化严重，加上农业人口基数大，从事农业生产的人却很少，农村普遍素质较为低下。在相关政策方面，充分利用城乡建设用地增减挂钩等政策，引导农村群众自发开展空心村整治，但桂滇黔解决空心化问题的制约性因素太多，路长且阻。另一方面，桂滇黔三省区地处西南一隅，山地多平原少，其中，广西山岭连绵、山体庞大、岭谷相间，四周多被山地、高原环绕，喀斯特地貌较多；云南全省土地面积84%是山地，境内地形复杂，山峦起伏较大，海拔高差悬殊；贵州境内山脉众多，重峦叠嶂，绵延纵横，山高谷深，素有“八山一水一分田”之说。突出的山地、丘陵条件使桂滇黔地区发展工业所必需的条件还很不完备，交通建设困难，地区通达度较低，且桂滇黔地区人口分布较为分散，不利于空心村的治理，也很难形成集聚效益。在这样的环境下，桂滇黔地区的空心化问题日渐突出，治理的过程困难重重，空心村已经成为桂滇黔地区农村发展的一块“硬骨头”，影响着桂滇黔地区的城镇化和工业化进程，也是我国2020年实现全面脱贫的制约因素。

第二，桂滇黔地区乡村旅游业态步入新阶段。当前，桂滇黔乡村旅游发展的总趋势是：乡村旅游已超越农家乐形式，向观光、休闲、度假复合型转变；旅游消费需求的升级，乡村旅游产品不再是单一的状态，取而代之的是走创意化发展的道路。新时期乡村旅游产业出现以下特点：一是乡村旅游呈现全域化、特色化、精品化特征，以全村、全镇、全县范围来做乡村旅游；二是新产品、新业态、新模式层出不穷，休闲农牧场、乡村庄园、生态博物馆、文化创意农业园等乡村旅游新业态不断兴起，原有的资源逐渐转变为具有独特能力的源泉，资源基础理论观认为这种能力是区域保持持久竞争优势的源泉；三是从乡村旅游到乡村生活的新理念逐渐兴起，城市居民到乡村已不再是单纯的旅游，而是被乡村的环境所吸引，在当地较长时间地生活和居住。而从旅游业态与零售业态的概念来看，由于旅游业所具有的依赖性、综合性、脆弱性、波动性、季节性、带动性及涉外性等特征，其业态表现出有别于一般流通产业业态的特征，具体来说，可以分为以下三个特征：（1）旅游业态是一个复合性的概念，既是指旅游业在发展过程中所呈现出的业态，也表现为旅游产业与泛旅游产业之间形成的状态与发展历程，是一种产业之间相互融合发展的综合性状态；（2）旅游业态是一个动态性的概念，既是指在当前环境中旅游产业发展所呈现的状态，包括产业之间的相互作用趋势、产业发展特点、模式等方面，也包括在未来一段时间内，旅游业的发展方向、趋势、特点等方面；（3）旅游业态是一个特色性的概念，桂滇黔农村地区拥有非常丰富的旅游资源，包括良好的生态环境、历史文化底蕴、多样化民族风情、自然奇观、田园生活、农业特色等资源，加之桂滇黔地方政府大力推动乡村旅游业转型升级，助力打造“旅游+”，形成了一批新的旅游景点和旅游业态。同时，随着交通条件的改善，桂滇黔地区高铁、乡村公路得到快速发展，乡村旅游网络逐渐形成并彼此关联，桂滇黔地区的旅游经济实现了井喷式增长。

3.4　乡村旅游业态创新与空心村治理协同的内外部影响机制

3.4.1　内部影响机制

乡村旅游业态创新与空心村治理协同的内部影响因素既是乡村旅游业态创新的影响因子，也是空心村形成机制的重要组成部分。空心村是桂滇黔城镇化进程中的产物，乡村旅游业态创新是农村多样化发展路径的重要选择，二者协同受到经济因素、自然因素及主体行为等内部因素的影响。本书根据桂滇黔乡村旅游业态发展现状和空心村形成机理，识别出影响桂滇黔乡村旅游业态创新与空心村治理协同的内部影响机制（见图 3－1）。

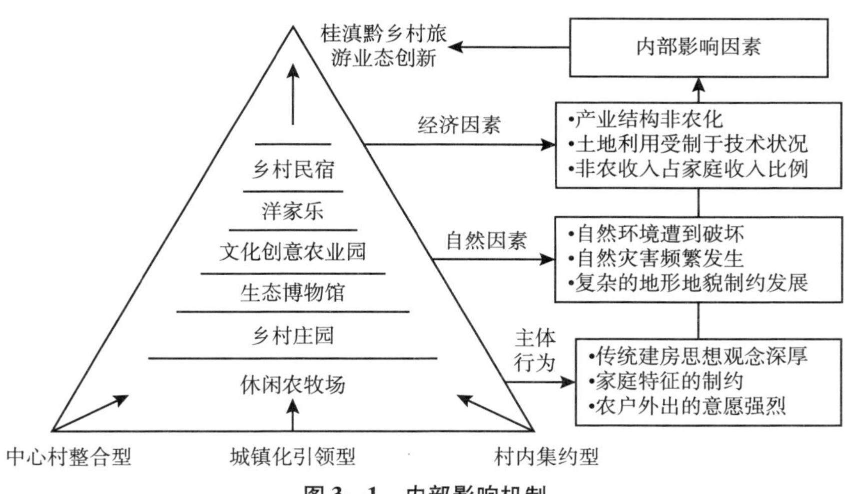

图 3－1　内部影响机制

第一，经济因素。经济因素是影响桂滇黔乡村旅游业态创新与空心村治理协同的首要因素和根本性因素，主要包括产业结构、土地利用和非农收入三个方面的内容。首先，随着第二、第三产业的发展，尤其是农产品加工技术的进步和旅游景点的开发，桂滇黔地区农村的产业结构发生了改变，以农业为主导地位转变为以农业生产为基础、以第三产业为主导地位，农村产业结构逐渐呈现出非农化的特征。其次，空心村土地利用受制于技术状况，普遍呈现出利用程度较低的状态，大量的土地处于低效率甚至无效率的耕作程度，农地产值较低，且碎片化较严重。用于传统农业生产的耕地生产效率极其低下，通过承包或者租赁等方式转变土地的利用方式，为乡村旅游的开发提供了物质基础。最后，非农收入也是影响桂滇黔乡村旅游业态创新与空心村治理协同的关键因素。一方面，旅游经济的发展为农户提供了非农收入来源，且非农收入占家庭总收入的比例不断地上升，这就为乡村旅游业态的创新提供了经济基础。另一方面，非农收入比例的不断上升，农民继续从事农业生产的积极性大大减弱，为了获取更高的家庭收入和提升生活水平，农民逐渐放弃了原有的农业生产生活方式，转向其他产业，乡村旅游就是首要选择。

第二，自然因素。自然因素是桂滇黔空心村形成的重要原因，也是桂滇黔乡村旅游业态创新的重要条件，主要包括自然环境、自然灾害和地形地貌三个方面。在自然环境方面，一方面，桂滇黔拥有优质的自然生态环境，为桂滇黔展开乡村旅游提供了可利用的环境；另一方面，农村居民生活生产为粗放式，一些乡镇企业环保不达标导致当地的自然环境遭到了严重的破坏，空心村环境治理成为了农村的当务之急。在自然灾害方面，桂滇黔地区由于地势、气候、水文等自然条件，洪水、泥石流、雷电等自然灾害发生频繁，尤其是在农村，村民的房屋建设不够牢固，排水设施存在很大的漏洞，农村的生活居住条件恶劣，适宜性减少。王亮（2018）也指出，旅游业是一个与气候相关的产业，自然条件变化影响着旅游需求的变化。在地形地貌方面，桂滇黔复杂的地形地貌使农业和工业不能规模化地生产，大规模的集群效益难以形成，限制了农业生产、工业进步和交通建设。同时，复杂的地形地貌为开展观光旅游奠定了自然基础，为乡村旅游业态创新提供了可能的自然条件。

第三，主体行为。农民作为农村的主体，也是土地利用者的主体，塞迪盖赫·莫哈姆维米（Sedigheh Moghavvemi，2017）的研究指出居民个性对旅游发展有很大的影响，要重视主体因素在旅游发展中的影响。具体来说，农民主体行为、思想观念和家庭特征都对空心村的形成和治理形成了强有力的影响。首先，农村传统的建房思想观念深厚，在传统的农民眼中，添地置产才是一个人有功劳有出息的表现，房屋添置对评判一个人具有重要的正向作用。其次，家庭特征的制约也是农村形成空心村的重要因素，家庭结构、成员关系、人际交往模式、住户规模的小型化等家庭特征影响着农户进行空心村治理的积极性和参与度。最后，交通条件的改善和新型城镇化提升了桂滇黔农村交通通达度，农民掀起一波进城的热潮，农村逐渐形成“人去楼空”的状态，一方面，对空心村的形成起到了促进作用；另一方面，大量土地的闲置为旅游产业建设提供了可征用的土地，为乡村旅游的发展提供了基础。

3.4.2　外部影响机制

乡村旅游业态创新与空心村治理协同的外部影响因素既是乡村旅游业态创新的影响因子，也是空心村形成机制的重要外在组成部分。空心村是桂滇黔城镇化进程中的产物，乡村旅游业态创新是农村多样化发展路径的重要选择，二者协同受到社会因素、制度与管理及城镇化与工业化等来自外部的因素影响。本书根据桂滇黔乡村旅游业态发展现状和空心村形成机理，识别出影响桂滇黔乡村旅游业态创新与空心村治理协同的外部影响机制（见图3－2）。

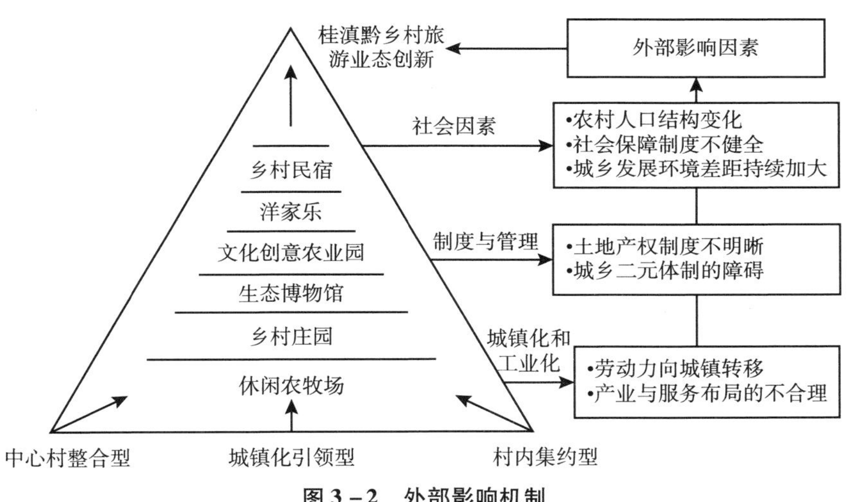

图3－2　外部影响机制

第一，社会因素。乡村旅游业态创新和空心村治理尽管受到来自内部的经济因素、自然因素和主体行为的影响，但更多地表现为社会因素的影响，空心村也更多地表现为社会、经济、文化上的空心化。首先，农村人口结构的变化是重要的社会因素，传统的农业人口比例远远大于非农业人口，但随着农业经济产值的低下和第三产业的兴起，农村非农业人口的比例逐渐上升，并逐渐超过了农业人口，农村的人口结构发生了重大变化。其次，桂滇黔集体财产产权制度尚不明晰，流动到大城市的农村人口并没有享受到与城镇居民相等的社会保障，在这样的情况下，农民不可能彻底离开农村所有的土地和宅基地，哪怕宅基地和土地是空置和荒芜的，这就决定了兼业经营是当今我国农业生产的一大特点。最后，尽管国家和政府对桂滇黔地区进行了政策上的大力支持，农村地区精准扶贫力度前所未有地加大。但是由于桂滇黔地区经济基础较为薄弱，技术手段落后，专业技术人才和管理人才欠缺，城市地区和乡村地区的差距依然不断呈现出扩大的趋势。农村的大量劳动力人口依然源源不断地输入城市，空心村演化趋势不可挽回，同时在政策支持下，旅游产业成为扶贫的重要选项，旅游业态创新成为空心村治理的一种有效方式。

第二，制度与管理因素。制度与管理因素是影响桂滇黔乡村旅游业态创新与空心村治理协同实现的最直接的因素，主要表现为土地产权制度不明晰和城乡二元体制的障碍两个方面。桂滇黔农村集体土地的产权主体的不明确是造成土地产权制度不明晰的重要原因，土地的使用权、所有权、经营权三权的界限没有得到清楚界定和落实，造成了管理上的死角。这直接对农村土地利用产生着不良影响，农民存在私自交换耕地获得宅基地的现象，在宅基地的建设和选址中也呈现出较多的自发性特征。同时，桂滇黔农村缺乏针对闲置宅基地的处理制度且缺乏统一的标准、法规和地方政府调控手段乏力、权责不清等问题是形成桂滇黔空心村的重要制度与管理因素。城乡二元体制主要表现为城乡之间的户籍壁垒。随着城镇化与工业化进程的推进，资源利用方式、科技力量、人才结构、资金来源和发展模式的不同逐渐扩大了城市与农村之间的差距，农村农业生产收入收效甚微，为了谋取更高的家庭收入，农村居民积极向城市涌入。同时，由于城市发展水平及生态环境的有限可容纳性，导致农村人口流入不彻底。大部分农村人口虽然进城务工，但家庭部分成员仍然留守农村，从长远角度考虑，农村居民仍然保留着农民身份，并将农村宅基地和耕地作为最后的保障，最终形成旧有村落“内糠”的局面。

第三，城镇化和工业化进程。桂滇黔城镇化和工业化进程是乡村旅游业态创新与空心村治理协同的重要外部影响因素，其中主要体现在农村劳动力转移、产业与服务布局不合理两个方面。农村劳动力转移的本质是传统农业逐步向现代化农业和其他产业转变，主要可以分为农村剩余劳动力的异地转移和农村剩余劳动时间就地转移。农村剩余劳动力转移的实质是将劳动者涵盖整个农业生产周期的劳动时间从农业部门转移到非农业部门。在桂滇黔的农村中，相当一部分农民既从事农业劳动，也从事非农业生产活动。农村剩余劳动时间转移可以是就地转移，也可以是异地转移。

桂滇黔农村劳动力流动人口规模较大，劳动力集中向经济社会发达的城镇转移，导致农村老龄化严重，青壮年劳动力缺失。产业与服务布局的不合理也是影响桂滇黔城镇化和工业化进程的重要方面。广大的农村地区第二、第三产业发展滞后，基础与公共服务设施建设落后，道路交通网络尚未形成，医疗、卫生、教育、科技等服务体系不够完善。总的来说，城市和农村产业与服务呈现出分布不平衡的状态，进一步促进了桂滇黔的城镇化与工业化进程。

3.5　乡村旅游业态创新与空心村治理协同的分析框架

3.5.1　分析框架构建的理论基础

旅游业态概念源自传统零售业态的概念，相对于零售业态的内涵，旅游业态既有继承，也有创新，这与旅游业本身的特征是分不开的。李鹏等（2012）在旅游业态概念模型的研究中指出，旅游业态的创新可以分为三个不同的层次：一是适合性概念，这个层次定义主要是以旅游经营者为主体，即认为旅游业态的产生主要是旅游经营者对市场消费和经济效益的追求，为了获得进一步的旅游消费市场，经营者不断进行旅游产品的创新，在产品设计中添加其他要素，使旅游产品适合所有经营的形态，属于适合性的定义。二是整合性概念，即旅游业态是经营者提供的旅游产品和针对该旅游产品所采取经营形态的叠加和耦合。三是集合性概念，这种说法是从旅游产业的角度出发，认为旅游业态是提供相似旅游产品的企业的集合，这些企业不仅在旅游产品的生产和设计中具有一定的相似性，在企业的经营模式中也具有较多共性特征，这是基于产业层级视角的概念。除此以外，学者在进行旅游业态研究时，总是将旅游业态与其业种相提并论，业种是以经营商品的种类来区分企业所属的概念。当旅游业内的产业结构和产品结构不断细化，分工越来越明确时，旅游业内出现的业种就会增多，可以说，业种是业态形成的基础。一般来说，旅游业种是企业战略选择的结果，与企业的市场定位和目标导向分不开的。旅游业态是企业经营方式、经营特色选择的结果，是一种策略行为，这种行为既是企业追求效益最大化的选择，也是政府宏观调控的题中之意，政府和企业依据市场情况不断改变产业的业态，优化产业结构，为企业获得长久发展提供条件。尽管业态和业种是两种不同的概念，在研究定义时不能统一而论，但是也不能将二者割裂开来进行研究，因为任何业态问题都是指定业种的业态。

邹再进（2007）在进行旅游业态研究中，得出了旅游业态创新的一般性概念，他提出旅游业态不是单一地对旅游产品的描述，而是对旅游企业的组织形式和经营方式等综合描述，是一个集合的概念。在空间上来看，旅游业态是业种的集合，旅游业态创新的过程实质上是旅游业内部业种结构的合理性和高级化程度不断加深的过程。从时间上来看，旅游业态既是对当前旅游业所处阶段的基本认识，体现出当前旅游发展的态势和发展特征，在对当前旅游发展特征认识的基础上，对将来旅游业发展的态势和未来发展趋势进行预测。本书在此研究基础上，将旅游业态固定在乡村旅游的研究范畴内，提出乡村旅游业态的定义，即对乡村旅游企业组织形式、经营方式、经营特色和经济效率等进行的一种综合描述。从空间维度上来看，乡村旅游业态创新就是不断进行乡村旅游业种的创新，包括增加乡村旅游业种的种类、改变乡村旅游业种的表现形式等方式；从时间维度上来看，乡村旅游业态创新既包括对当前乡村旅游的组合方式、经营状态和资源开发进行改变，也包括未来乡村旅游所呈现的状态和发展趋势。

可持续发展理论提出人类发展既要达到发展经济的目的，全面提升经济发展水平和生活水平，同时在经济的发展中，要关注自然环境资源的利用，不能过度消耗现有资源，使资源不仅能满足当代人的需要，更要使子孙后代能够永续发展和安居乐业。作为一个资源和环境依托型产业，旅游经济的发展离不开当地的资源构成，包括自然环境资源和文化资源，良好的资源基础是旅游产业发展的基石。随着旅游业快速发展，为了追求经济效益，原有资源利用效率过低，出现资源枯竭的现象，产生旅游资源环境危机。在这样的背景下，实现旅游业的可持续发展既关系着当地旅游经济的发展，更关系着长远经济发展，资源基础论认为，要保持长久的竞争力，必须重视外部环境的变化，将外部环境的不确定性和复杂性纳入决策范围内。从这个角度出发，实现旅游经济的可持续发展具有重大的历史意义和实践意义，旅游业的产生和发展都与可持续发展理念密切关联。

随着旅游业的蓬勃发展，旅游经济在世界范围内经济效益显著增长。与此同时，旅游经济在发展中出现了一系列的危机，环境污染、资源消耗、文化枯竭等现象普遍存在，可持续旅游逐渐成为近年来的热点话题。对于可持续旅游的理解，学术界存在四种不同的认识：一是对立论，持这种观点的学者认为要实现可持续旅游，就必须推动旅游产业向高端化、精细化、小众化的方向发展，大众旅游是不利于旅游业的可持续发展的，必须加以遏制；二是连续集论，相对对立论，这种理论认为可持续旅游和大众旅游各有优势，通过改变二者的结合方式可以实现共同发展；三是转变论，提倡采取积极行动使大众旅游更具可持续性，通过改变大众旅游的方式和过程，提升大众旅游经济的效益，不断向可持续旅游转变，传统的粗放的发展模式被淘汰；四是融合论，持这种理论的学者认为旅游是一个动态的发展过程，其性质和功能不是一成不变的，通过改变旅游发展方式、发展理念和发展模式都可以做到可持续。汪姣（2018）提出通过发挥“旅游 +”的综合效应，充分发挥地域文化的优势特征，不断将新的生产元素融入乡村旅游产品的设计和发展中，打造乡村旅游品牌核心竞争力，有利于促使民族地区旅游的可持续扶贫。吴光宇等（2018）从定量的角度出发，首先给出了旅游可持续发展评价指标体系，并用互反判断矩阵确定指标权重，采用模糊三角数来消除评价中的模糊性，最后构建了获取群组专家综合客观评价值的非线性约束模型。俞海滨（2011）提出，可持续发展理念是旅游业态创新的理论源泉。

实施可持续旅游发展战略，要从长远出发、从动态的角度去看待社会经济发展中出现的问题，既反对以牺牲环境换取短期发展的“先污染、后治理”模式，又要从长远的目标出发去实现经济、社会、文化的可持续发展，保证资源的可持续利用性，也反对消极保护环境的“零增长”模式。长期以来，我国旅游业采取粗放式发展，旅游精细化、高端化、品牌化程度不高，面临着容量考验、景区同质化、配套设施升级等诸多问题，如何实现旅游业健康有序发展是一个长期课题。在这样的背景下，通过创新乡村旅游业态实现空心村治理，实现乡村旅游经济的可持续发展，转变传统农村的经济发展方式，具有重要的理论价值和现实意义。

3.5.2　分析框架的构建

分析框架是一种“图释”，构建出桂滇黔乡村旅游业态创新与空心村协同治理的分析框架有助于更为直观地理解休闲农牧场、乡村庄园、生态博物馆、文化创意农业园、洋家乐、乡村民宿、中心村整合型、城镇化引领型及村内集约型之间的相互作用关系。在构建研究框架时，主要把握两个方面的重要内容：一是把握乡村旅游业态创新维度与空心村治理模式之间的层次性和结构性，切实地反映出研究的真实内容；二是分析框架并不是一个静态的过程，乡村旅游业态与空心村治理在协同过程中将处于一个不断变化的过程，因此，研究所构建的分析框架不是一成不变的静态，而是用动态的、比较动态的眼光去分析主要变量之间的关系，构建出合理的分析框架。按照“土地利用制度化——产业发展集群化——环境建设现代化——居民生计多样化”协同原理观点和方法，根据“农村建设现代化——农业发展集群化——农民生活多样化”的空心村治理目标，构建出桂滇黔乡村旅游业态创新与空心村治理协同的分析框架，见图3－3。

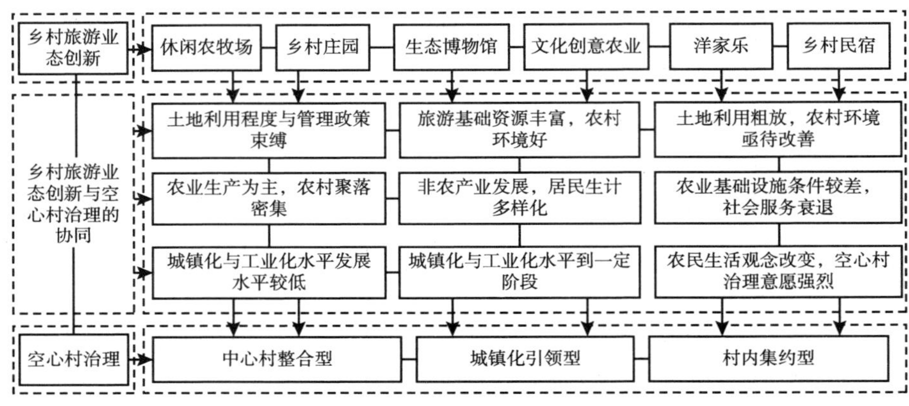

图3－3　桂滇黔乡村旅游业态创新与空心村治理协同模式的分析框架

图3－3展示了桂滇黔乡村旅游业态创新与空心村治理协同的分析框架，可以发现，休闲农牧场作为乡村旅游业态创新的一种重要类型，所提供的休闲活动和产品特色鲜明，实现第一二三产业融合，具有可持续的运营能力。休闲农牧场远离市区或中心城市，这些地区往往城镇化水平较低，农业还处于较为原始的状态，空心村治理重点要放在提升农村土地利用率上，统一管理和集约化治理，这与中心村整合型空心村治理模式的特点相符合。基于此，本书构建出休闲农牧场与中心村整合型协同的动态分析框架，具体的分析框架见图3－4。

乡村庄园作为乡村旅游业态创新的一种重要类型，既是旅游与农业融合的重要表现形式之一，也是空心村治理的重要乡村旅游形态。乡村庄园定位在中高端游客，空心村治理中重点要求建立一个中心区域进行庄园管理，这与中心村整合型的特征是一致的。从乡村庄园的土地基础、农业基础、人口基础及城镇化构成程度均对中心村整合型治理产生重要的影响，具体体现在空心村治理中的组织协调机制、农户参与机制及长效监督机制。基于此，结合维度划分和内外部影响因素，较为合理地模拟出乡村庄园与中心村整合型协同的分析框架，见图3-5。

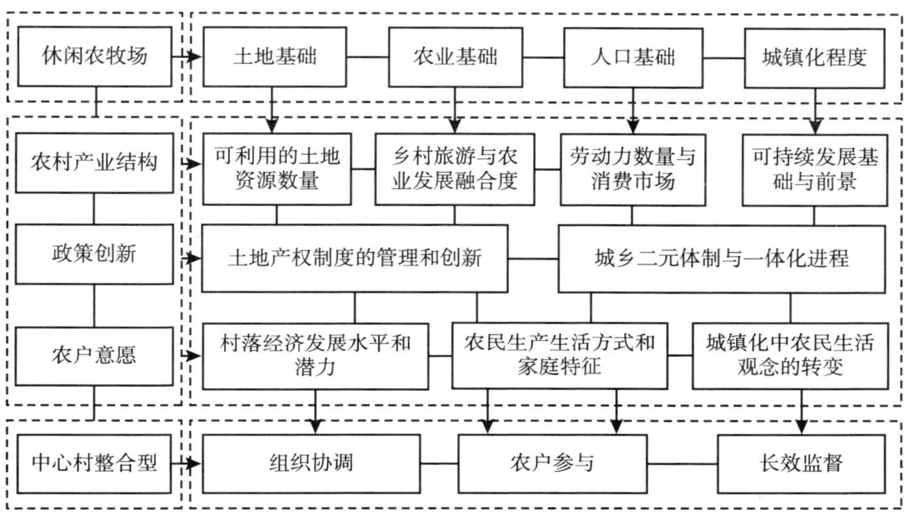

图3-4 休闲农牧场与中心村整合型治理协同模式的分析框架

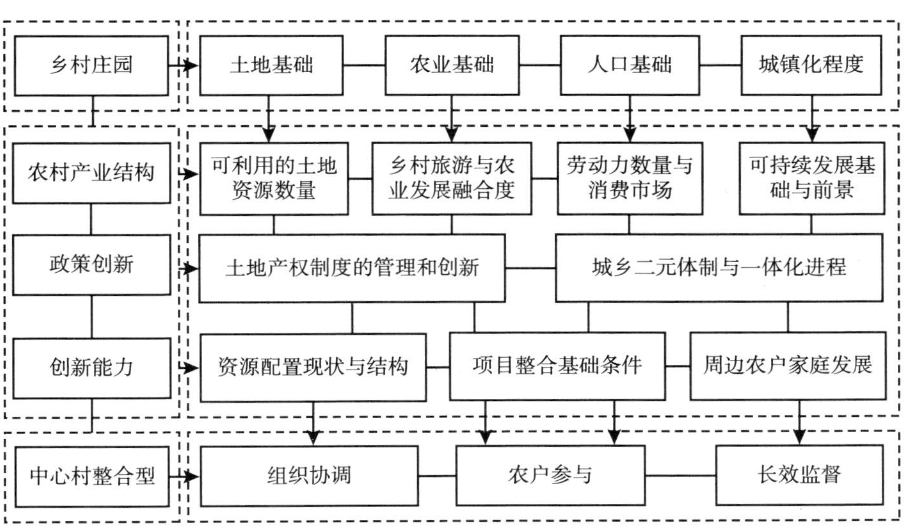

图3-5 乡村庄园与中心村整合型治理协同模式的分析框架

生态博物馆作为重要的乡村旅游业态之一，农村产业结构和建设主体分别体现了生态博物馆与空心村治理协同的产业基础与主体行为，是促进乡村旅游业态创新与空心村治理的重要影响变量，具体来说，是影响生态博物馆与城镇化引领型的重要因素。同时，生态博物馆所在地城镇化水平具有一定的水平，基础设施相对完善，空心村治理着重解决农民非农就业和空间居住的问题，如何合理地利用土地资源，适合城镇化引领型空心村治理模式。基于上述分析，在构建生态博物馆与城镇化引领型的分析框架时，以相关理论基础为出发点，重点把握农村产业结构与建设主体两个方面的内容，动态地模拟出生态博物馆与城镇化引领型的分析框架（见图3－6）。

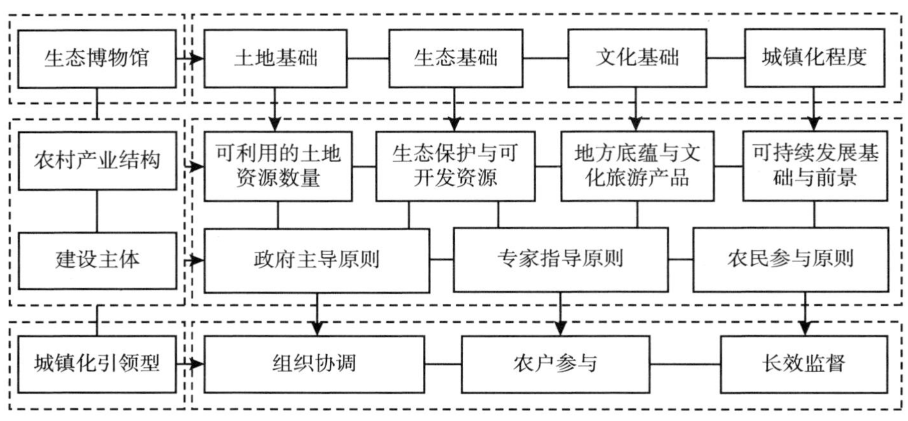

图3－6　生态博物馆与城镇化引领型治理协同模式的分析框架

文化创意农业园是将观赏、饮食、文化、产业融合为一体的乡村旅游业态，是农业的创新，也是文化和旅游的创新。文化创意农业园区内的农民往往不再从事传统的农业生产，而是将生活重心放在如何提高整体发展水平和提高家庭收入上。从这个角度出发，文化创意农业园的空心村治理与城镇化引领型空心村治理模式具有高度一致性。要实现文化创意农业园与城镇化引领型之间的协同，必须将农业创新、文化创新与旅游创新放在重要的位置上。结合相关理论基础，构建出文化创意农业园与城镇化引领型的分析框架，具体见图3－7。

洋家乐通过倡导人与自然和谐相处的生活理念，通过将低碳生活理念和极简主义文化引入洋家乐的社会生活方式中，使无景点度假休闲旅游成为旅游的新业态。乡村消费空间的存在使洋家乐逐渐兴起，游客选择和偏好是洋家乐在旅游市场中占有一席之地的重要原因。洋家乐的选址往往远离城市中心区域，为了追求极简生活主义和原生态自然环境，洋家乐周围

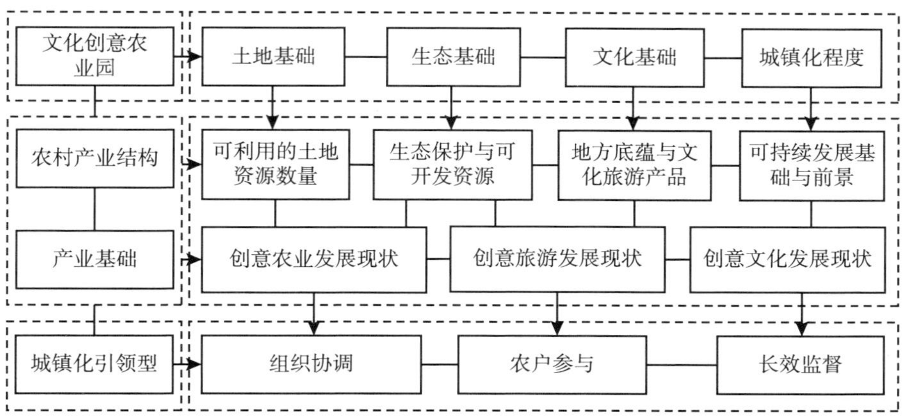

图3-7　文化创意农业园与城镇化引领型治理协同模式的分析框架

的基础设施较差，如何在有限的资源内提升旅游吸引力成为洋家乐空心村治理的核心问题，这符合村内集约型的特征。因此，要实现洋家乐与村内集约型治理模式的协同，必须重点考虑乡村消费空间与游客行为这两个重要的因素，将这两个因素作为中间变量来进行考量。基于此，构建出洋家乐和村内集约型协同的分析框架，见图3-8。

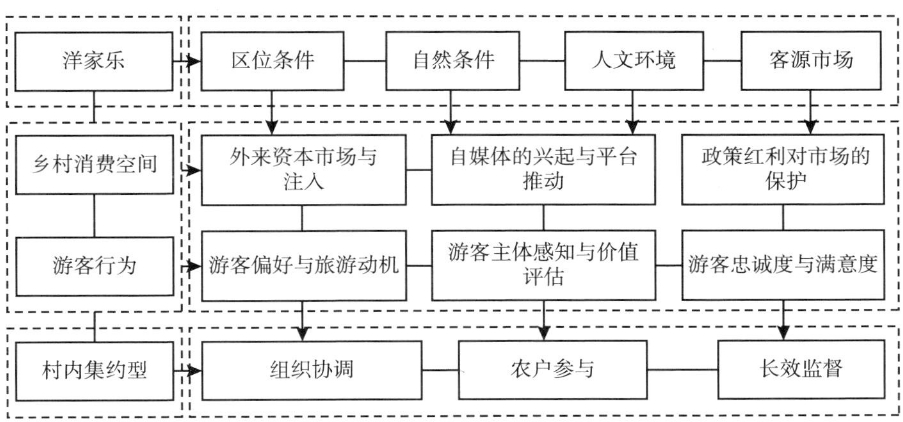

图3-8　洋家乐与城镇化引领型治理协同模式的分析框架

乡村民宿与传统的饭店旅馆相比，更能让人体验当地的民俗风情，有别于以往的住宿。因此在乡村民俗与空心村治理的协同研究中，乡村的发展模式是一项重要的因素。与此同时，乡村民宿得以发展和规模扩大的重要原因在于游客的偏好和选择，越来越多的城市居民喜欢到乡村体验一种

“慢旅游”的生存方式，为乡村旅游市场占有率的扩大提供了有力助力，如何提高现有土地资源的利用率和限制土地扩张，解决当地居民就业的难题是乡村民宿发展首要解决的问题，这也是村内集约型空心村治理模式关注的重点。基于此，将乡村发展模式和游客行为作为重要的中间变量，构建出乡村民宿与村内集约型治理模式协同发展的分析框架（见图3－9）。

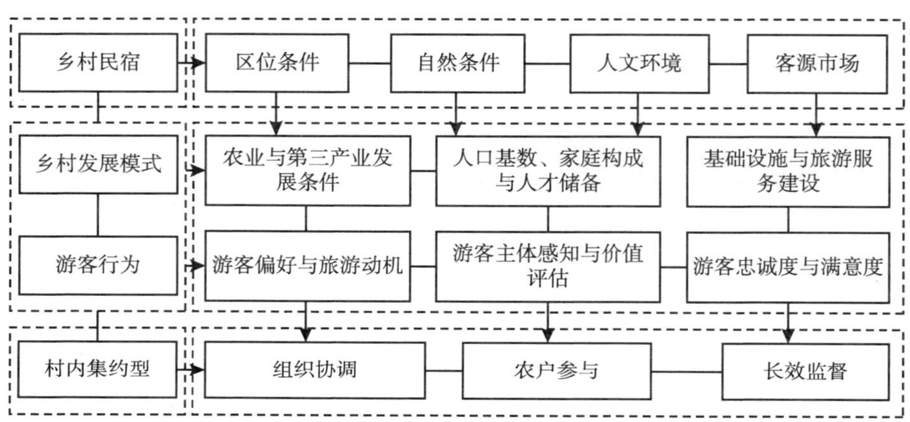

图3－9　乡村民宿与城镇化引领型治理协同模式的分析框架

3.5.3　分析框架的解析

在构建的桂滇黔乡村旅游业态创新与空心村治理模式协同的分析框架中，基于乡村旅游业态与空心村治理模式的维度划分，乡村旅游业态创新主要包括六种类型：休闲农牧场、乡村庄园、生态博物馆、文化创意农业园、洋家乐和乡村民宿。空心村治理模式主要分为三种：中心村整合型、城镇化引领型、村内集约型。根据空心村地理位置、资源禀赋、农民用地粗放程度、基础设施条件、农民意愿等特征，本书分别将乡村旅游业态的六种创新业态与空心村治理的三种模式进行协同研究。第一，将休闲农牧场、乡村庄园分别与中心村整合型进行协同，原因在于休闲农牧场与乡村庄园的地理位置远离中心镇，闲置土地较多，且农民扩大耕地规模的意愿强烈，适合中心村整合型治理模式。第二，将生态博物馆与城镇化引领型治理模式相协同，原因在于生态博物馆的地理位置位于中心城镇周边地区，基础设施相对完善，且以非农就业和非农收入为主，农民对耕地的依赖性不强，适合城镇化引领型的空心村治理模式。第三，将文化创意农业园与城镇化引领型进行协同研究，原因在于文化创意农业园中农民实现中小城镇化的愿望强烈，农村人口有效转移度较高，第三产业长足发展，农村产业结构由原来的第一产业为主，逐渐转向第三产业为主转变。第四，将洋家乐与村内集约型治理进行协同，主要原因在于洋家乐闲置土地面积较大，且与其他村庄距离较远，农民对于从事农业和扩大耕地的愿望不够强烈，但对政治村庄环境、改善生活条件意愿强烈。第五，将乡村民宿与村内集约型进行协同，这是因为乡村民宿空心化问题不是很突出，基础设施条件尚可，村民外出打工的人数较少，农民改善生活环境、提升生活质量的愿望强烈，与村内集约型治理模式的特征相符合。

在休闲农牧场与中心村整合型治理模式协同的分析框架中，通过将农村产业结构、政策创新、农户意愿三个变量引入，建立起休闲农牧场与中心村整合型治理模式协同的分析框架。首先，从休闲农牧场的土地基础、农业基础、人口基础和城镇化程度出发，可利用土地资源的大小和后备耕地资源的多少直接影响着农村农业发展基础，土地资源越是丰富的地区，其农业发展越具有潜力。农业基础包括农业生产现状、农业发展结构和组成内容，影响着农业与旅游产业的融合，关系着空心村能否利用当地的农业景观和农村空间以吸引旅游者。人口基础既关系到休闲农牧场发展和经营中所需要的劳动力数量和质量，也关系着休闲农牧场旅游产品的销售市场大小，若本地的人口数量达到一定规模，则旅游产品能够在一定程度上形成内销，不再是单纯地依靠外来旅游人群消费。城镇化程度越高的地区，其信息、技术、资源、文化等各个方面都更具优势，更有利于实现休闲农牧场的可持续发展。其次，土地产权制度和城乡二元体制既关系到休闲农牧场的发展，也影响着当地空心村治理，通过完善和创新土地产权制度，能有效地保护耕地和农户权益，能够为农村结构的完善提供土地基础保障。而城乡二元体制的改善有利于实现城乡一体化，加速新型城镇化步伐。最后，农户意愿包括村落经济和发展水平、村民生产生活方式和家庭特征、城镇化中居民观念的转变，当村落经济得到发展，农村发展有了产业支撑，在不断地推进城镇化进程中，农民传统的落后观念得到不断的纠正，生产生活方式逐渐现代化，组织观念增强，并积极地参与空心化治理，为空心村治理提供了强有力的后盾。

在乡村庄园与中心村整合型治理模式协同的分析框架中，通过将农村产业结构、政策创新、创新能力三个变量引入，建立起乡村庄园与中心村整合型治理模式协同的分析框架。首先，乡村庄园的土地基础、农业基础、人口基础和城镇化程度对农村的土地可利用资源和后备资源数量、农业发展和结构、劳动力数量和人才结构、可持续发展都产生了重要作用。其次，土地产权制度的管理和创新以及城乡二元体制与一体化进程都是桂滇黔政策创新的重要内容，与乡村庄园的土地利用、农业发展、人口流动以及城镇化进程都紧密相关，桂滇黔地区属于西南民族地区，行政特征更为明显，因此，政策创新在乡村旅游业态创新与空心村治理的协同模式中至关重要。其次，创新能力作为乡村旅游业态创新与空心村治理协同研究中的重要变量，创新能力是建立在乡村旅游具有一定的技术手段、信息基础、产业基础上的，主要体现在影响资源配置现状与结构、项目整合的基础条件及周边农户家庭的发展方面。最后，中心村整合型治理模式是集组织协调机制、农户参与机制、长效监督机制为一体的，组织协调机制与政策创新密切相关，农户参与机制对乡村庄园的农业基础、人口基础及城镇化程度都产生着一定的影响作用，长效监督机制是乡村旅游业可持续发展的重要保障，对农村产业结构、政策创新和创新能力都密切相关。

在生态博物馆与城镇化引领型治理模式协同的分析框架中，通过将农村产业结构和建设主体两个变量引入，建立起生态博物馆与城镇化引领型治理模式协同的分析框架。首先，要实现生态博物馆与城镇化引领型的有效协同，必须重点把握生态博物馆的土地基础、生态基础、文化基础和城镇化程度四个方面。其次，农村产业结构作为生态博物馆与城镇化引领治理模式的重要影响因素，主要对生态博物馆可利用的土地资源数量、生态博物馆的生态保护与可开发的资源、地方地缘与旅游文化产品开发、可持续发展基础与前景产生着影响。再次，建设主体作为推动生态博物馆与城镇化引领新型治理模式协同的不可或缺的变量，主要包括政府、专家和农户三方的参与。具体来说，要坚持政府主导原则、专家指导原则和农户参与原则，确保各方力量在自己的岗位上做好本职工作，共同推进空心村治理。最后，城镇化引领型治理模式要构建组织协调机制、农户参与机制、长效监督机制，在组织、专家、农户的共同参与中构建长效监督机制。组织协调机制是完善农村产业结构的重要保障，有利于排除障碍、解决矛盾、保证目标的顺利实现。农户参与机制的构建保证了农户在生态博物馆建设与空心村治理中的重要作用，现阶段的空心村治理中，农户参与水平不高、参与能力有限、参与热情短暂的现象普遍存在，建立农户参与机制能有效地提升农户参与的积极性。长效监督机制的构建能够切实完善农户参与的保障体系。

在文化创意农业园与城镇化引领型治理模式协同的分析框架中，通过将农村产业结构和产业基础两个变量引入，建立起文化创意农业园与城镇化引领型治理模式协同的分析框架。首先，农村产业结构反映了农村各产业部门的组成及其相互之间的比例关系，包括种植业、畜牧业、渔业、农业初级产品加工部门、农村商业、交通运输业、服务业等产业。农村产业结构是在一定条件下形成和变化的，以能合理利用资源、发挥资源效用为标志，受到自然的、经济的、社会的各方面条件的影响，决定着产业基础条件。文化创意农业园的土地基础、生态基础、文化基础以及城镇化程度是农村产业结构的重要制约因素，这与农村产业结构的基本特征是分不开的。农业的基本特征是自然再生产与经济再生产相交织的发展过程，对自然条件和社会经济条件都有很大的依存性，因此与文化创意农业园土地、生态、文化、城镇化都是分不开的。其次，产业基础在这里主要指文化创意农业园的创意农业、创意旅游和创意文化三个方面，文化创意农业园的核心是创意，强调的是创造一种文化符号。文化创意农业园是创意农业、创意旅游与创意文化的综合体，三者缺一不可。最后，城镇化引领型的空心村治理模式包括组织协调、农户参与及长效监督三个方面，组织协调是引导，农户参与是主要内容，长效监督是保障。通过实现文化创意农业园与城镇化引领型治理模式之间的协同，重点在于改变农民传统的、落后的生产生活方式，集约化地利用土地，调整和优化农村的产业结构，发展农村服务业与旅游产业，推进农村城镇化进程。

在洋家乐与村内集约型治理模式协同的分析框架中，通过将乡村消费空间和游客行为两个变量引入，建立起洋家乐与村内集约型治理模式协同的分析框架。乡村消费空间的形成与乡村旅游的发展是分不开的，乡村旅游的发展有效地激活了农村的闲置资源，乡村消费规模在逐渐扩大，洋家乐旅游接待人数和旅游收入在逐渐扩大。乡村消费空间的形成主要受到三种力量的推动：一是外来资本的注入，为乡村消费空间的形成提供了资本要素；二是自媒体的兴起与推动，网络新型自媒体的兴起为洋家乐的推广和宣传起到了不可替代的作用，为洋家乐的扩张提供了平台；三是游客忠诚度和满意度的提升，为洋家乐不断发展提供了强有力的主体。游客行为也是影响乡村旅游业态创新与空心村治理协同模式的重要变量，游客行为主要是指旅游偏好与动机、游客主体感知与价值评估、游客忠诚度与满意度。游客的动机和偏好为游客选择洋家乐作为旅游目的地创造了条件，洋家乐独特的旅游体验使游客在感知上有了较高的满意度，为二次选择提供了可能性。要实现洋家乐与村内集约型治理模式的协同，必须要重视乡村消费空间与游客行为这两个变量，核心在于完善核心旅游吸引物，重视新的要素的融入，使洋家乐能够始终保持旅游吸引力，促进居民的角色由边缘转化为主体，提升洋家乐的符号价值。

在乡村民宿与村内集约型治理模式协同的分析框架中，通过将乡村发展模式和游客行为两个变量引入，建立起乡村民宿与村内集约型治理模式协同的分析框架。与其他乡村旅游业态相比，乡村民宿出现的时间尚早，发展历史最为悠久，随着工业化和现代化建设的不断推进，乡村民宿要想在新的环境中生存和发展下去，必须进行乡村发展模式的创新。主要包括三种途径：一是不断创新农业与第三产业发展的条件，提升农业技术，提升旅游服务质量；二是重视乡村民宿发展中人的因素，包括乡村民宿中居民的家庭构成和人口基数，在人才引进中重视专业技能的培养和人才储备资源的扩张；三是不断完善旅游服务设施，加强信息、交通、网络等基础设施服务建设，提高旅游服务质量，重视旅游服务培训。游客行为作为重要的构成因素，游客的选择性和偏好是决定乡村民宿是否具有客源的关键因素，主体感知价值的评估直接影响乡村民宿的生存和发展，游客的忠诚度与满意度大小既是游客感知的重要内容，也是决定乡村旅游可持续发展的关键因素。

第4章 桂滇黔乡村旅游业态创新与空心村治理协同模式的研究假设与概念模型

4.1 桂滇黔休闲农牧场与中心村整合型治理协同模式的研究假设与概念模型

4.1.1 桂滇黔休闲农牧场与中心村整合型治理协同模式的研究假设

1. 休闲农牧场

生态旅游业是将农业与现代旅游业相结合的一种高效农业，生态农业的开发模式存在多种不同的表现形式。休闲农场作为生态旅游的一种重要类型，把农业生产与休闲旅游融合在一起，兼顾经济效益和生态效益，既符合农业持续发展的要求，又满足旅游业持续发展的需要，对农村经济发展方式的转变具有重要的推动作用。李瑞峰（2018）提出生态农业的发展有利于西部生态产业结构的重构。一是在农业结构方面，休闲观光农牧场的发展有利于减少桂滇黔自然资源的消耗，降低碳排放量，有利于环境治理，为桂滇黔发展生态—循环经济奠定环境基础，推进传统农业向低碳农业转型。二是在工业结构方面，休闲农牧场的发展使相关农业加工业逐渐兴起，产品设计与开发、原材料选择、产品包装和物流配送等各个环节得到发展，且生产加工销售方式更加低碳环保，推进了工业结构的转型。三是在服务业结构方面，休闲农牧场不仅具有传统的农/牧场生产功能，也具有旅游观光、休闲体验功能，依据产业融合理论相关原理，休闲农牧场是通过资源优化配置实现资源优化再生的经济发展模式，为了更好地发展地方旅游，休闲农牧场有计划地提升旅游目的地服务质量，增加更多的旅游服务功能，使传统的农牧场服务业发展迅速，改变了当地的产业结构。

基于此，可以看出，休闲农牧场作为生态农业的重要组成部分，对农村经济发展的农业、工业、服务业均产生了重要影响，因此提出如下研究假设：

HA1：休闲农牧场对农村产业结构具有显著的正向作用。

休闲农牧场以当地的农业和农村资源为基础，通过积极发展农牧场的旅游功能，为广大地方居民提供休闲和旅游功能。杜兴军（2013）认为将农业生产、农民生活和农村生态融合在一起，农村居民在参与休闲农牧场的发展经营活动中，增加了农业活动体验感知，带动农业转型和乡村活化再生，增加了居民收益，增加了居民发展休闲农牧场的意愿。

在新型城镇化的推动中，桂滇黔大量的农村人口向城市流动，农村土地空心化严重。休闲农牧场的开发和建设离不开土地的规模化经营，这就使农村被闲置的土地有了新的利用方式，缓解了土地荒废的问题，同时地方居民获得了征地补偿，增加了家庭收入。作为一种以发展绿色经济、循环经济为主的乡村旅游新型模式，桂滇黔休闲农牧场的发展不仅关系到农村居民的经济收入，也有利于当地生态环境的保护。宋文飞等（2018）提出，生态保护涉及农民的切身利益，生态保护给农民带来了一定的环境收益，增强了农户生态环保意愿。推拉理论指出，迁移的推拉因素除了更高的收入以外，还有更好的职业、更好的生活条件、为自己与孩子获得更好的受教育的机会以及更好的社会环境。基于此，可以看出，休闲农牧场对农户意愿有着重要的影响作用，故提出如下研究假设：

HA2：休闲农牧场对农户意愿具有显著的正向作用。

休闲农牧场是集农业、林业、畜牧、观光等功能为一体的综合性休闲农牧场，从地理位置上来说，休闲农牧场往往远离市区或中心城镇，且经营面积较广。肖熙（2015）提出农场经营面积的限制将制约休闲农牧场对农村经济社会协调发展的推动作用，土地问题是休闲农牧场发展的最大难题。中心村整合型治理模式的核心就是解决扩大农户土地经营规模的问题，强调集中建设规模连片、高产优质的标准化基本农田，注重内部要素优势整合。通过对一定范围内分散的房屋建筑进行调整，建立乡村的中心区域，集中优势力量来促进农村经济的发展，使单个休闲农场形成统一的经营整体，提高农村经济发展力量。基于此，可以看出，休闲农牧场与中心村整合型治理方式之间具有内在的互补性，提出如下研究假设：

HA3：休闲农牧场对中心村整合型具有显著的正向作用。

2. 农村产业结构

桂滇黔农村产业结构是农村各产业部门的构成及其相互关系，既包括第一二三产业之间的比例关系，也包括农业、工业、商业服务业自身内部结构之间的比例。桂滇黔农村产业结构的调整应该以市场需求为引导，根据农作物价格和需求的变化来进行产业结构调整。其中，由于桂滇黔地方农民长期习惯某种农作物的发展，对传统的支柱产业形成了一定的依赖思想。要改变农村产业结构，应加大产业结构调整的宣传力度，使村民转变思想，积极投身于产业结构调整当中，促进农村产业发展。在桂滇黔土地资源流失、产业发展缓慢的地区积极增大种植业经营面积，提高种植业在农村产业结构中的比例，为发展休闲农牧场提供优越的条件，通过不断改进生产技术，增大休闲农牧场的经营面积，形成规模优势。可以看出，桂滇黔农村产业结构的调整对其农户思想、农户意愿、土地规模都产生着影响，而农户治理意愿、土地规模、产业集聚化都是中心村整合型治理中的关键要素。从这个角度来说，桂滇黔农村产业结构调整对中心村整合型也具有一定的影响作用。基于此，提出如下研究假设：

HA4：农村产业结构对中心村整合型具有显著的正向作用。

3. 农户意愿

农户作为桂滇黔土地使用权的所有者，其主体特征、认知观念和行为都对地方实行土地流转、旅游发展、空心村治理等产生重要的影响。李潇（2018）认为，农户对政策的态度，对国家环境规则政策具有十分重要的影响。药雅静和王文昌（2019）提出要顺利推进集体经营性建设用地入市，解决土地资源分布不均的问题，相关政策的出台必须要充分重视农户意愿。具体表现在：一是加快制定配套政策，对农民关心的增值收益问题进行解答，建立相关政策体系，提高农民入市意愿；二是构建风险防范机制，建立城乡统一建设用地市场，切实保障农民的利益问题，将土地上市的风险降到最低，消除农民的后顾之忧；三是同时开展多方政策宣传，创新政策宣传方式方法，使农民及时、准确、全面地了解新政策，增加农民的支持和认可。

基于此，可以看出，农户意愿对环境政策、土地政策的制定都具有显著的影响，而环境治理和土地流转作为中心村整合型两个关键的因素。一方面，要加强农户对农村环境治理和土地流转的参与性和积极性，改变农户在政策支持上的意愿，要立足实际，不断根据桂滇黔农户实际情况进行政策创新，提升政策的支持率。另一方面，良好的生态环境是解决农村人居环境治理的关键，加强土地流转是促进土地集约化利用、农村居住集中化的有效措施。在环境治理和土地流转的前提下，桂滇黔才能更好地整合农村土地、产业和组织，实现中心村治理。基于此，可以看出农户意愿对政策创新和空心村治理都具有重要的影响，因此提出如下研究假设：

HA5：农户意愿对政策创新具有显著的正向作用；

HA6：农户意愿对中心村整合型具有显著的正向作用。

4. 政策创新

桂滇黔的农村经济发展必须要立足地方实际，在制定相关政策时重点考虑区域内出现的新问题和新现象，不断进行政策创新，才能更好地发挥政策的指导作用。桂滇黔农村产业结构调整以实现从劳动力、土地和资本要素驱动转为创新驱动为目标，已有的政策往往不能解决，要实现产业结构升级，地方政府必须在政策上有所突破。邓晓兰和孙长鹏（2019）通过对企业创新、产业升级和政府引导资金互动机制的研究，提出政策创新有利于企业产业结构升级，实现企业创新发展。具体来说，在原来的地方政策上加大对政府引导资金的投入，实现政策创新和创新驱动，助力产业结构升级。另外，土地作为社会生产的基本要素，如何通过用地制度创新保障新时期农村产业用地供给、促进产业兴旺，这成为实现乡村振兴的关键问题。要解决这个关键问题，必须要对农村产业用地制度进行创新，只有实现土地政策的创新，才能更好地实现农村产业结构升级。可以看出，政策创新对桂滇黔农村产业结构优化具有重要的影响作用，基于此，提出如下研究假设：

HA7：政策创新对农村产业结构具有显著的正向作用。

桂滇黔空心化的形成和治理与当地的经济社会发展历史紧密相关，在空心村的治理中，必须要从地方实际情况出发，落实到政策的制定和执行中，才能提高空心村治理的效率。武小龙（2014）认为政策创新是实现空心村治理的关键因素，在相关政策的设计和执行上，将重心放在“城乡并重、乡村先行”上来，通过政策的创新实现对地方空心村的治理。同理，胡美术（2016）提出，广西壮族自治区党委和政府为了推动河洲村的空心村治理，在充分考虑中越边境地区互市贸易的基础上，创新性地提出边贸政策，政策上的鼓励成为推动互市贸易的重要动力。另外，广西壮族自治区政府按照东兴市对河洲村的规划定位，创新性地出台了扶贫政策，为地方企业发展提供优惠政策。这一政策的创新为河洲村的空心村治理提供较大的政策支持，为下一步继续扩大空心村治理成果奠定了基础。中心村整合型治理模式作为空心村治理的组成部分，桂滇黔只有加强政策创新，才能提升中心村整合型治理的效率，缓解农村空心化现象。基于此，就政策创新和中心村整合型两个变量提出如下研究假设：

HA8：政策创新对中心村整合型具有显著的正向作用。

4.1.2　桂滇黔休闲农牧场与中心村整合型治理协同模式的概念模型

根据桂滇黔休闲农牧场与中心村整合型治理协同模式的分析框架、研究假设的相关内容，结合桂滇黔休闲农牧场与中心村整合型协同的现状，构建出休闲农牧场与中心村整合型治理协同模式的概念框架，见图4－1。

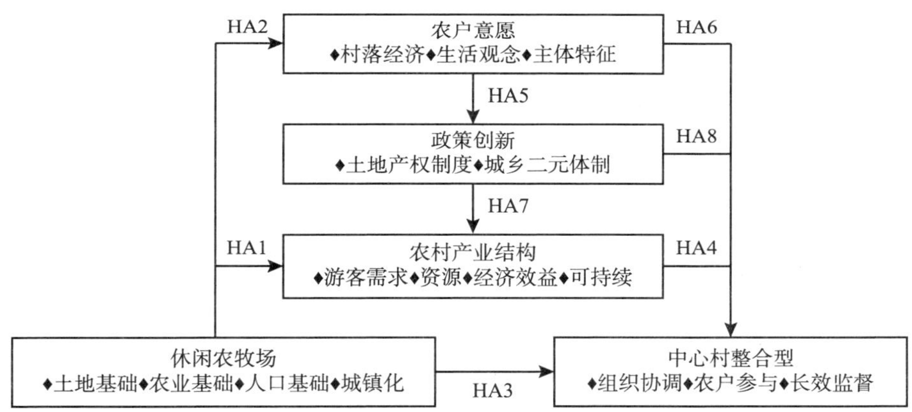

图4－1　休闲农牧场与中心村整合型治理模式协同的概念模型

由图4－1可以看出，桂滇黔休闲农牧场与中心村整合型治理协同模式主要以休闲农牧场、农村产业结构、农户意愿、政策创新和中心村整合型五个变量为基础，构建出休闲农牧场与中心村整合型之间的作用关系路径。其中，休闲农牧场到中心村整合型不仅具有直接的作用路径，也具有间接的作用路径，其间接作用路径有四条：（1）休闲农牧场——农村产业结构——中心村整合型；（2）休闲农牧场——农户意愿——中心村整合型；（3）休闲农牧场——农户意愿——政策创新——中心村整合型；（4）休闲农牧场——农户意愿——政策创新——农村产业结构——中心村整合型。通过构建出桂滇黔休闲农牧场与中心村整合型治理模式协同的概念模型，为下一步进行结构方程实证分析奠定了理论基础。

4.2 桂滇黔乡村庄园与中心村整合型治理协同模式的研究假设与概念模型

4.2.1 桂滇黔乡村庄园与中心村整合型治理协同模式的研究假设

1. 乡村庄园

孙光堂（2013）指出现代生态庄园经济的发展实现投资主体多元化，使闲置资源得到充分开发，餐饮娱乐、观光农业、科技产业、农产品加工业等产业的兴起，使农业的发展方式得到转变，传统的单一生产功能向集生产、生态、旅游等综合功能发展。乡村庄园成为集生态保护、农业生产、旅游观光、休闲娱乐等功能为一体的乡村旅游业态新业态，促进了乡村其他产业的兴起和发展，改变了桂滇黔传统的农村产业结构。另外，宋晓虹（2002）认为生态旅游的发展有利于农村产业结构的调整，生态旅游作为一种综合型的农业类型，在促进农村农业发展的同时，对农村服务业增长、交通运输业发展、建筑业、农产品加工业等产业也有积极的拉动作用，有效地带动了农村产业结构的调整。基于此，可以看出乡村庄园的兴起和发展有利于农村结构的升级，且伴随庄园经济产业链的延伸，农村产业结构得到进一步优化。因此，提出如下研究假设：

HB1：乡村庄园对农村产业结构具有显著的正向作用。

乡村庄园是在传统农业的基础上以庄园为载体、以农业为基础、以生态为特征的一种全新的乡村旅游业态，在经营主体、产业形态、产业模式等多方面实现了创新和突破，是区域创新的重要表现形式之一。王亚星等（2014）提出乡村庄园经济实现了多种生产要素的集中，通过土地流转，实现了土地的集约使用和规模经营，在经营农业产业方面引入工业化经营理念，是发展现代农业的创新之举。乡村庄园以其新型业态进入桂滇黔产业转型的轨道，要实现乡村庄园经济的发展，加快农业现代化建设步伐，必须要加强区域主体的创新能力，培养创新意识，积极引进现代化生产技术，不断进行产业形态的创新，推动区域创新能力的提升。基于此，可以看出乡村庄园对区域创新能力的提升具有显著的影响作用，因此，提出如下研究假设：

HB2：乡村庄园对创新能力具有显著的正向作用。

乡村庄园的发展过程是以一定的土地资源、自然资源为基础，通过以科技为支撑，不断培育出新的创新点，从而实现庄园经济发展的目的。桂滇黔贫困地区多为农耕区，第一产业与旅游产业的关联度较高，通过发展乡村庄园来促进实现区域经济发展成为重要途径。为了促进乡村庄园的发展，需要对当地的土地进行集中规划，这就盘活了桂滇黔因土地空心化而出现的大量闲置土地，缓解了农村土地空心化的现象。同时，乡村庄园的开发需要一定数量的资产，在具体实践的过程中通过放开乡村庄园的资产平台，以多元化方式筹集社会资本，吸纳民间资本，使桂滇黔社会闲散资本得到了有效利用，为地方农民增加收入提供了渠道。在桂滇黔乡村庄园的发展中，将生产要素在地域空间上进行深度整合，丰富了农村产业形态类型，促进了农村资源资产的高效开发利用，是空心村治理的重要手段，显示出了显著的综合效益。基于此，提出如下研究假设：

HB3：乡村庄园对中心村整合型具有显著的正向作用。

2. 农村产业结构

桂滇黔农村产业结构是农村各产业部门的构成及其相互关系，既包括第一二三产业之间的比例关系，也包括农业、工业、商业服务业自身内部结构之间的比例。桂滇黔农村产业结构的调整应该以市场需求为引导，根据农作物价格和需求的变化来进行产业结构调整。其中，由于桂滇黔地方农民长期以来习惯某种农作物的发展，对传统的支柱产业形成了一定的依赖思想。要改变农村产业结构，应加大产业结构调整的宣传力度，使村民转变思想，积极投身于产业结构调整当中。在桂滇黔土地资源流失、产业发展缓慢的地区积极发展生态庄园，吸纳农村闲散资金，充分利用当地的土地资源和生物资源，通过促进农业、旅游、生态的融合发展，创新旅游发展模式。可以看出，桂滇黔农村产业结构的调整对其农户思想、农户意愿、土地规模都产生着影响，而农户治理意愿、土地规模、产业集聚化都是中心村整合型治理中的关键要素。从这个角度来说，桂滇黔农村产业结构调整对中心村整合型治理也具有一定的影响作用。基于此，提出如下研究假设：

HB4：农村产业结构对中心村整合型具有显著的正向作用。

3. 创新能力

当今社会经济发展的竞争，既是知识与科技力量的竞争，更是人才的竞争，更为确切地说，是人才创新能力的竞争。在乡村庄园的创新能力方面，借鉴熊彼特所构建的创新概念，可以从“创造性进行资源配置”中来理解创新的内涵，体现为创造性地进行资源配置的能力。在企业产品方面，拥有较高创新能力的地方企业，能够以市场需求为导向，通过整合各种资源要素进行产品的创新，使企业产品拥有较高的附加值和新意，能更好地满足游客求新求异的心理。在区域经济发展方面，拥有创新能力较高的政府和区域更倾向于发展模式的创新，根据区域经济社会文化发展状况创造出一条适合自己的、具有持续发展潜力的发展模式。在资源利用方面，创新能力能够推动各种资源要素的有机整合，改变传统的资源表现形式，使资源利用方式在新的环境中表现出来更大的市场竞争力，提升资源的利用率。在环境保护方面，创新能力不仅是以经济发展为导向的能力体现，更是通过改变经济发展方式实现经济价值、社会价值、环境价值、文化价值的统一，在经济发展中更加注重环境的保护，坚持可持续发展能力。可以看出，创新能力对区域的经济、文化、社会、环境等综合发展具有显著的推动作用，与地方政策的目标相一致，地方政策的制定、出台和执行是以实现区域经济全面、健康、可持续发展为目的。从这个角度来说，创新能力对政策创新具有重要的影响作用，因此，提出如下研究假设：

HB5：创新能力对政策创新具有显著的正向作用。

随着城镇化步伐的加快，桂滇黔农村大量的青年劳动力流入城市，农村原来的耕地土地被搁置，土地出现空心化现象。随着青年劳动力的外出，农村只剩下老人和小孩，农村人口骤降，农村地域文化受到现代化城市文明的冲击，出现人口空心化和文化空心化的现象。此外，农村产业被搁置，产业呈现出结构单一且发展缓慢的特征，产业空心化凸显。

创新能力作为区域发展的动力，对农村出现的空心化现象具有显著的影响作用。在土地空心化方面，创新能力的提升能够创新农村土地利用方式，典型的是发展乡村庄园，将农村大量闲置的土地资源集中起来，通过改变土地利用方式提升土地利用率，减少土地浪费现象，缓解土地空心化。在人口空心化方面，乡村庄园作为区域创新能力的综合体现，乡村能力开发和经营的过程会吸纳当地的农村居民，为他们提供工作岗位，农民具有工资收入，同时通过土地流转为农户提供稳定的租金来源，增加了农村居民的经济收入来源，吸引外出务工的青年回乡发展，缓解当地人口空心化的现象。另外，创新能力助力于农村产业发展模式的创新，通过改变资源的利用方式和组合方式，改变传统单一的农村产业结构，积极发展生态旅游、休闲度假、农业观光、科技园等多种农业创新形式。创新乡村庄园的文化，运用多元有机规划思路，彰显农村个性，缓解农村产业空心化和文化空心化的现象。可以看出创新能力对农村空心村治理具有重要的影响，中心村整合型作为农村空心村治理方式的一种，也受到创新能力的影响，因此，提出如下研究假设：

HB6：创新能力对中心村整合型具有显著的正向作用。

4. 政策创新

注重政策创新思维的培养、始终围绕国家战略探索来推进政策创新是桂滇黔发展实现乡村振兴、促进区域协调发展的重要手段。要从推动发展动能转换的角度在工作理念和政策支持方面展开创新，学会依托自身基础找准政策接口，了解不同利益群体的诉求和行动逻辑，坚持正确的价值导向和合理的实现机制，构建一个利益协商机制，保持多重逻辑的一致性。桂滇黔的政策创新有利于探索各种有效的新路径，进一步完善相关资金管理政策，对一些关键问题作出明确规定，让创新政策落实到位，鼓励创新转化的政策与考核管理政策应进一步协调，在桂滇黔土地流转、产业发展、市场管理等方面积极进行政策创新。尤其是产业发展方面，积极推进农业加工产业、乡村旅游业、生态产业、服务业等发展，改变农村以单一农业生产为支柱产业的传统结构。同时，在改变农村产业结构的过程中，乡村旅游业得到进一步发展，田新强（2017）提出乡村旅游作为发展农村经济的重要途径，具有良好的产业联动作用，加强乡村旅游产业的发展，有利于缓解农村空心化的现象，推动农村空心化问题的治理，促进社会主义新农村的建设。

基于此，可以看出，区域政策创新对农村产业结构的调整具有重要的影响作用，通过改变农村产业结构，旅游业的比例大幅度上升。而由于旅游产业对农村人口结构失衡、土地利用不合理、生态环境破坏等问题具有缓解作用，与农村空心化相衔接，带动了农村空心村治理，缓解了农村空心化问题。因此，提出如下研究假设：

HB7：政策创新对农村产业结构具有显著的正向作用；

HB8：政策创新对中心村整合型具有显著的正向作用。

4.2.2　桂滇黔乡村庄园与中心村整合型治理协同模式的概念模型

根据桂滇黔乡村庄园与中心村整合型治理协同模式的分析框架、研究假设的相关内容，结合桂滇黔乡村庄园与中心村整合型协同的现状，构建出乡村庄园与中心村整合型治理协同模式的概念框架，见图4－2。

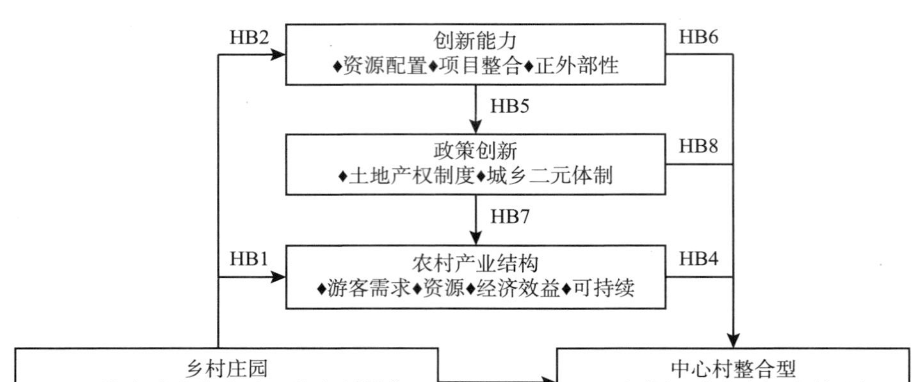

图4－2 乡村庄园与中心村整合型治理模式协同的概念模型

由图4－2可以看出，桂滇黔乡村庄园与中心村整合型治理协同模式主要以乡村庄园、农村产业结构、创新能力、政策创新和中心村整合型五个变量为基础，构建出乡村庄园与中心村整合型之间的作用关系路径。其中，乡村庄园到中心村整合型不仅具有直接的作用路径，也具有间接的作用路径，其间接作用路径有4条：（1）乡村庄园——农村产业结构——中心村整合型；（2）乡村庄园——创新能力——中心村整合型；（3）乡村庄园——创新能力——政策创新——中心村整合型；（4）乡村庄园——创新能力——政策创新——农村产业结构——中心村整合型。通过构建出桂滇黔乡村庄园与中心村整合型治理模式协同的概念模型，为下一步进行结构方程实证分析奠定理论基础。

4.3 桂滇黔生态博物馆与城镇化引领型治理协同模式的研究假设与概念模型

4.3.1 桂滇黔生态博物馆与城镇化引领型治理协同模式的研究假设

1. 生态博物馆

桂滇黔生态博物馆是集聚桂滇黔民族特色的民族生态博物馆，再现了桂滇黔民族的发展历史，承续民族的悠久文化，吕埴（2018）提出生态民族博物馆的发展能够有力地吸引外来资本驻入，更多地运用市场化手段来进行产业竞争，不断创新营销策略，促进社会分工和人员流动，注重人才资源的合理利用，加速了桂滇黔传统的民族村寨向现代社区转变，有力地促进了民族生态博物馆的产业升级。此外，生态博物馆充分挖掘传统村落独具魅力的文化资源优势，不断加强旅游基础设施的建设和完善，旅游业、生态产业、休闲观光业等逐渐兴起。加上地方政府加以扶持，桂滇黔生态博物馆逐渐发展成为实现旅游与产业融合发展的业态形式，产业结构的创新使生态博物馆这一新兴的乡村旅游业态具有了可持续发展的能力。桂滇黔传统的农村产业结构被打破，由生态博物馆带领的民族旅游、生态产业、文化旅游、休闲度假相关产业在桂滇黔农村慢慢发展起来，并随着生态博物馆市场化程度的不断提升，农村产业形态越来越多样化。由主要依靠第一产业发展到依靠第一二三产业联合发展，原有的农村产业结构得到调整，促进了民族文化旅游的完整性和发展的可持续性。基于此，提出如下研究假设：

HC1：生态博物馆对农村产业结构具有显著的正向作用。

生态博物馆代表着一种社会环境均衡系统，系统利用旅游有效地将政府、开发商、社会组织集合起来，形成了明显的主客关系。相较于传统的博物馆，生态博物馆更加强调社区的日常参与性。根据2000年挪威专家和贵州省生态博物馆村民代表提出的“六枝原则”理念中，提出生态博物馆建设的真正主体，应该是拥有独特文化、建设生态博物馆社区的当地民众。时少华（2018）提出，构成生态博物馆的三个重要构件是：民族的文化性、生活的区域性、项目的居民参与性。李银兵（2017）在分析西南民族地区的生态博物馆中提出，任何一个生态博物馆的建设，村民是唯一的主体。

同时，从桂滇黔地区的实际出发，云南、广西、贵州三省（区）的经济都相对落后，基础设施不完善，生态博物馆发展后劲不足。因此，在促进桂滇黔生态博物馆开放和建设中，政府的引导和支持作用显得尤为重要。因此，桂滇黔生态博物馆建设有效地将政府、村民及其他社会力量融合在一起，并根据生态博物馆不同的发展阶段不断调整建设主体之间的关系，使生态博物馆的建设主体发展成为一种更加合理、合适、科学的关系。因此，提出如下研究假设：

HC2：生态博物馆对建设主体具有显著的正向作用。

桂滇黔地处西南民族地区，也是我国贫困问题最集中的地区，由于历史发展、经济基础、文化资源构成等多方面的原因，旅游产业成为西南民族地区推动经济发展、文化建设和脱贫攻坚的重要支撑力量。生态博物馆是以文化旅游资源为核心吸引力、不断吸纳农村社区居民的一种文化旅游形态，是民族文化景观的精华所在，实现了文化资本与经济资本的交织转化。卢世菊和柏贵喜（2017）指出，虽然生态博物馆的建设目标是保护文化而不是创收，但是桂滇黔生态博物馆建设开发以来，农村旅游服务业和生态观光业逐渐发展起来，以新型城镇化为平台，积极吸引社区贫困居民参与，在利益分配机制上不断进行创新，优化了土地利用方式，解决了地方经济的发展问题，扭转目前传统村落空心化现状，规避对城乡土地资源的“双重”占用。产业融合是城乡融合区域融合的本质，桂滇黔生态博物馆发展促进了农村空心化问题的解决、城镇化引领型治理。因此，就生态博物馆和城镇化引领型治理模式提出如下研究假设：

HC3：生态博物馆对城镇化引领型具有显著的正向作用。

2. 建设主体

桂滇黔生态博物馆的开发与建设既是文化的保护过程，也是地方经济发展的重要途径，无论是文化保护还是经济发展，都离不开生态博物馆的建设主体关系的设定。结合桂滇黔生态博物馆的建设现状，要实现经济发展和文化保护，必须要重视政府、专家和农村三种不同建设主体的工作。在政府方面，政府资金支持作为生态博物馆建设的主要资金来源，是生态博物馆开发建设工作得以展开的根本保证，也是在市场化条件下保证生态博物馆建设方向正确的主要引导者，促进了农村硬件基础设施建设和相关保障制度的确立，明确了土地用途，推进了新型城镇化进程。在专家指导方面，相关领域专家的进入能够发挥专家学术支持方面的作用。张瑞梅（2015）提出政府主导职能和专家学术指导紧密结合，可以保障生态博物馆顺利建设。此外，农民作为文化的传播者和继承者，加强地方居民的参与度能够提升农民的文化自觉性，增加家庭经济收入，缓解地方生存经济压力，实现脱贫致富。基于此，无论是政府，还是专家学者和农民，生态博物馆的建设主体对桂滇黔空心村治理都具有一定的缓解作用，因此，提出如下研究假设：

HC4：建设主体对城镇化引领型具有显著的正向作用。

3. 农村产业结构

农业作为桂滇黔地区农村经济发展的基础性产业，是发展工业加工业和旅游服务业的基础，对解决我国“三农”问题有着重要影响。龙建辉（2018）就提出，统筹调整农业产业结构是科学整治空心村的重要手段，在桂滇黔地区进行农业产业结构调整有利于地方农业经济发展和空心村治理。对经济作物进行分类，根据桂滇黔自然环境特征和种植历史，有区分、有重点地进行农业生产安排，加大种植业和养殖业的经营面积，坚持绿色、安全、优质导向，强化品牌保护，建设现代化产业园，统筹布局园区规划，为现代化农业研发、生产、销售提供便捷服务。此外，在充分促进农业发展的基础上，积极进行农业加工业和现代旅游服务业发展，促进桂滇黔现代化农业转型和升级，推进农村农业人口的非农转移，发挥当地资源优势，发展农村服务业，解决城镇化引领型治理过程中面临的劳动力转移、政策创新等关键问题，带动空心村的治理。基于此，就农村产业结构与城镇化引领型两者之间的关系提出如下研究假设：

HC5：农村产业结构对城镇化引领型具有显著的正向作用。

4.3.2　桂滇黔生态博物馆与城镇化引领型治理协同模式的概念模型

根据桂滇黔生态博物馆与城镇化引领型治理协同模式的分析框架、研究假设的相关内容，结合桂滇黔生态博物馆与城镇化引领型协同的现状，构建出生态博物馆与城镇化引领型治理协同模式的概念框架，见图4－3。

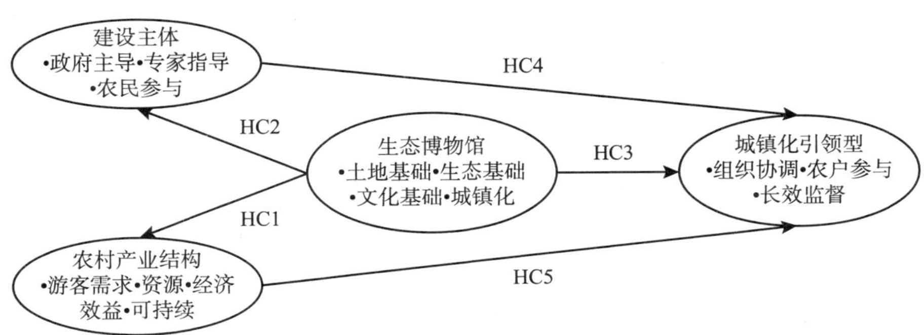

图4－3　生态博物馆与城镇化引领型治理模式协同的概念模型

由图4－3可以看出，桂滇黔生态博物馆与城镇化引领型治理协同模式主要以生态博物馆、农村产业结构、建设主体和城镇化引领型四个变量为基础，构建出生态博物馆与城镇化引领型之间的作用关系路径。其中，生态博物馆到城镇化引领型不仅具有直接的作用路径，也具有间接的作用路径，其间接作用路径有两条：（1）生态博物馆——农村产业结构——城镇化引领型；（2）生态博物馆——建设主体——城镇化引领型。通过构建出桂滇黔生态博物馆与城镇化引领型治理模式协同的概念模型，为下一步进行结构方程实证分析奠定理论基础。

4.4　桂滇黔文化创意农业园与城镇化引领型治理协同模式的研究假设与概念模型

4.4.1　桂滇黔文化创意农业园与城镇化引领型治理协同模式的研究假设

1. 文化创意农业园

文化创意农业园作为创意的体现，梁瑞华（2019）指出，通过加强产业融合，实现产业模式多元化，打造“生产——加工——销售——服务——管理”一体化的发展体系，加强文化、技术、休闲、康养、生活等因素的融入，不断培育创意产品和特色活动，大力开发一批特色农产品品牌，有助于不断延长农业产业链条，打造农业生产集聚区，获得三次产业的综合收益。文化创意农业园的发展加强了旅游、生态、农业等相关产业的集聚，农村既有的农村产业结构边界被弱化，随着第一二三产业的深度融合，尤其是农业与旅游业的融合，农村产业结构新的边界被重构，促进农村产业结构的优化。刘晓英（2018）得出，走“产业融合”式发展道路，是推进农村经济供给侧结构改革、升级传统农业产业的现实选择。基于此，对文化创意农业园与农村产业结构之间的关系提出如下研究假设：

HD1：文化创意农业园对农村产业结构具有显著的正向作用。

文化创意农业园是休闲农业、乡村旅游的创新业态，通过大力发展创意农业产业、推动农业技术创新和推广、延长产业链，推动城乡一体化发展、农业综合开发、农村综合改革的一种新模式和新路径。创新是创意农业发展的核心和根本，袁颖（2018）在此基础上进一步提出，创意农业园的核心是“三创”，包括创意农业、创意旅游和创意文化。通过深入挖掘农业的多功能性，将高超的创意设计与农业结合起来，积极培育自身的主题和特色，根据地域特色和资源禀赋进行差异化发展，形成自身适宜的盈利模式和产业发展模式，为桂滇黔农村创意农业的发展提供了坚实的产业基础。基于此，本书认为文化创意农业园与产业基础有着显著的影响关系，因此，提出如下研究假设：

HD2：文化创意农业园对产业基础具有显著的正向作用。

文化创意农业园属于生态农业的范畴，在开发和建设的过程中十分重视生态环境的建设和保护，为了促进文化创意农业园的发展，地方企业就园区发展制定了一系列农业生产相关的重点条例，包括加强农家肥的无害化处理，促使生产效率低的土地退耕，鼓励各类农业经营者发展绿色生产等等。绿色环保产业的发展有力地改善地方居民的人居环境，让农民自愿留在农村，保障了农业农村的可持续发展，缓解了农村人口空心化的问题。赵霞（2016）指出，文化创意农业园有机地把文化创意、旅游观光与农业产业结合起来，有效地提升了农业和旅游业的附加值，带动了农业补贴政策的实施，促进了地方农民增收，有效地缓解了当地城镇化过程中农用地减少、农业环境污染等问题，加速了农村农业现代化进程。基于此，提出如下研究假设：

HD3：文化创意农业园对城镇化引领型具有显著的正向作用。

2. 产业基础

文化创意农业园的产业基础包括创意农业、创意文化、创意旅游三个方面。在创意农业方面，晏小敏（2016）得出，耦合文化创意和技术创新的创意农业能有效地带动农村就业增长，促进农村劳动力低成本就地就近转移，是农村经济增长的动力。在创意文化方面，张颖（2017）提出创意经济是创意与文化结合的产物，乡村旅游的本质是对乡村文化的体验，在发展乡村旅游中促进了文化资源的挖掘与保护，不仅能够展现以创新、融合、文化等显著特质的创新能力，促进乡村创意旅游的发展，也能够为乡村旅游开辟一条新的道路。乡村旅游作为促进农村经济发展的一条重要途径，已被纳入国家促进“三农”发展的大战略，成为缓解桂滇黔农村空心化的重要手段。综上所述，文化创意农业园的产业基础，即创意农业、创意旅游和创意文化三个方面都能有效地促进农村产业结构优化、带动农村劳动力就业、增加农民经济收入，为农村空心村实现城镇化引领型治理具有正向作用。因此，提出如下研究假设：

HD4：产业基础对城镇化引领型具有显著的正向作用。

3. 农村产业结构

农业作为桂滇黔地区农村经济发展的基础性产业，是发展工业和旅游服务业的基础，对解决我国“三农”问题有着重要影响。统筹调整农业产业结构是科学整治空心村的重要手段，在桂滇黔地区进行农业产业结构调整有利于地方农业经济发展和空心村治理。对经济作物进行分类，根据桂滇黔自然环境特征和种植历史，有区分、有重点地进行农业生产安排，加大种植业和养殖业的经营面积，坚持绿色、安全、优质导向，强化品牌保护，建设现代化产业园，统筹布局园区规划，为现代化农业研发、生产、销售提供便捷服务。

此外，在充分促进农业发展的基础上，积极进行农业加工业和现代旅游服务业发展，促进桂滇黔现代化农业转型和升级，推进农村农业人口的非农转移，发挥当地资源优势，发展农村服务业，解决城镇化引领型治理过程中面临的劳动力转移、政策创新等关键问题，带动空心村的治理。基于此，提出如下研究假设：

HD5：农村产业结构对城镇化引领型具有显著的正向作用。

4.4.2 桂滇黔文化创意农业园与城镇化引领型治理协同模式的概念模型

根据桂滇黔文化创意农业园与城镇化引领型治理协同模式的分析框架、研究假设的相关内容，结合桂滇黔文化创意农业园与城镇化引领型协同的现状，构建出文化创意农业园与城镇化引领型治理协同模式的概念框架，见图4-4。

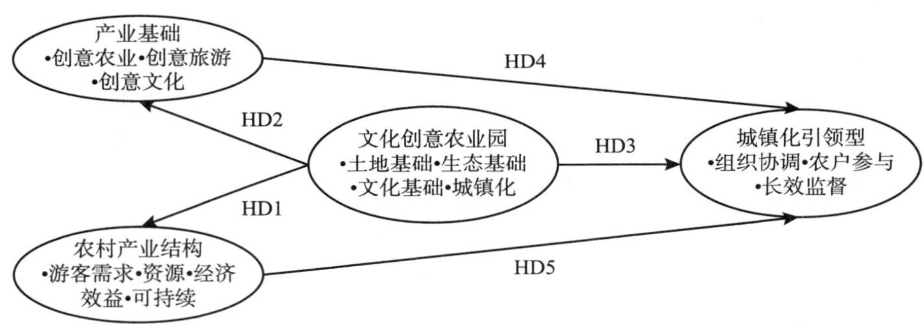

图4-4 文化创意农业园与城镇化引领型治理模式协同的概念模型

由图4-4可以看出，桂滇黔文化创意农业园与城镇化引领型治理协同模式主要以文化创意农业园、农村产业结构、产业基础和城镇化引领型四个变量为基础，构建出文化创意农业园与城镇化引领型之间的作用关系路径。其中，文化创意农业园到城镇化引领型不仅具有直接的作用路径，也具有间接的作用路径，其间接作用路径有两条：(1) 文化创意农业园——农村产业结构——城镇化引领型；(2) 文化创意农业园——产业基础——城镇化引领型。通过构建出桂滇黔文化创意农业园与城镇化引领型治理模式协同的概念模型，为下一步进行结构方程实证分析奠定理论基础。

4.5　桂滇黔洋家乐与村内集约型治理协同模式的研究假设与概念模型

4.5.1　桂滇黔洋家乐与村内集约型治理协同模式的概念模型

1. 洋家乐

随着城镇化的推进和外来资本的进驻，休闲度假旅游的市场需求逐渐扩大，以农家乐为主的传统乡村旅游为了创新乡村旅游发展新模式，在激烈的市场环境中获得了良好的经济收益，洋家乐这一乡村旅游创新业态逐渐兴起，随着休闲度假旅游的发展得到社会的关注。洋家乐的本质是发展乡村度假，在依靠桂滇黔良好的生态环境和自然风光的基础上，注重室内设计和经营理念的创新，紧跟时代的潮流，将桂滇黔自身丰富的历史人文底蕴融入洋家乐的房屋设计中，获得了较高的市场认可度，吸引力大批城市居民前来乡村休闲度假和消费。在发展的过程中，乡村原有的功能受到了现代城市文明的影响，传统单一的生产功能逐渐向居住和消费功能转化，乡村生活空间发生了改变。黄莘绒和李红波（2018）指出，乡村是一个复杂的、多主体的综合系统，乡村生活空间是乡村居民日常生活的场所，乡村居民消费空间是生活空间的重要部分。随着外来城市文明的介入，乡村生活空间内外要素主体之间的关系发生了改变，乡村居民的生活空间进一步释放为城市居民的消费空间。随着乡村消费空间的产生，洋家乐经济发展、旅游收益、基础设施、建设主体等内外部因素都影响着乡村消费空间的延伸和重构。基于此，洋家乐对乡村消费空间的产生、发展和重构等过程均产生着重要的影响作用，因此，提出如下研究假设：

HE1：洋家乐对乡村消费空间具有显著的正向作用。

作为乡村旅游与休闲度假旅游发展的综合体，洋家乐跳出了传统农家乐经营的范围，将低碳环保的设计理念和绿色生态的生活方式贯穿到洋家乐的每一处，成为洋家乐得以发展和成功的重要基础和独特魅力。与传统的乡村民宿和度假旅游不同的是，洋家乐具有自身较强的主题特色和方式，不以游客的喜好来进行自身建设，相反，洋家乐通过对自身风格的坚守，改变了游客的体验和行为方式。在游客体验上，洋家乐的房屋设计围绕低碳环保主题，利用房屋的传统元素进行设计，变废为宝，体现出自然和现代的融合，稀缺的环境资源、优质的旅游服务提升了游客的现场旅游体验，令游客切实感受到“洋家乐”的价值和吸引力。在游客行为上，洋家乐提倡绿色低碳生活方式，在周围的村里寻找旧家具，通过创意化的设计改装成新的室内家具。不允许游客在室内吸烟，一经发现，洋家乐经营者将会予以严重的警告，如果第二次被发现，则会将客人扫地出门。除此以外，洋家乐要求居住的客人节约用水用电，不提供每天换毛巾的服务，鼓励自己动手，通过一系列规定，引导游客行为更加的低碳、生态。基于此，可以看出，洋家乐对游客体验行为起着重要的影响作用，因此，提出如下研究假设：

HE2：洋家乐对游客行为具有显著的正向作用。

随着桂滇黔开放程度的提高和乡村旅游多元化的发展，洋家乐作为集创意、质量于一体的新型乡村旅游业态，洋家乐的发展对地方农村带来了巨大的变化。刘传喜（2015）指出，洋家乐对乡村荒弃资源进行整合利用。在农村面貌上，洋家乐通过租用当地的泥坯房，融进新的设计元素对泥坯房进行改造设计，保留了浓厚的乡土味，这就使以前乡村没人居住的破旧房屋焕然一新。为了顺利开展休闲度假旅游产业，原本乡村的道路交通条件得到了较大改善，村民的卫生意识有所提升，村民学会了简单的英语交流和西餐做法，村内小孩子和前来度假的外国小朋友成为玩耍的伙伴等，改变了乡村本来的村容村貌。在农村经济上，洋家乐推动乡村地区的社会网络延伸和重构，带动了当地第一、第三产业的发展，提升了当地的农产品附加值，为社区居民提供了就业机会，创造了新的收入来源。基于此，提出如下研究假设：

HE3：洋家乐对村内集约型具有显著的正向作用。

2. 游客行为

根据马耀峰和李永军（2001）对游客行为的定义，游客行为主要包括游客的决策过程、游览行为、消费行为及游客满意度四个方面的内容。为了强化游客行为，进一步推动乡村旅游业的发展，地方必须在游客的决策过程、游览行为、消费行为及游客满意度方面有所提升。为了强化旅游动机，旅游目的地要进一步丰富资源种类，加强基础设施建设，增大旅游信息获取渠道。为了增加和规范游客消费行为，乡村需要不断进行旅游产品的创新，增强旅游购物体验。在游览后的满意度提升方面，李玮谦（2019）认为提供人性化的旅游服务、提高餐饮方面的认可度、优化景区的整体旅游环境能够有效地提升游客满意度。只有强化游客行为，才能更好地推动桂滇黔乡村旅游业的发展，通过旅游业的发展为所在村落的劳动力提供大量的就业岗位、优化农村产业结构、提升本地基础设施水平，从而对农村空心化起到缓解作用。基于以上分析，本书认为游客行为与空心村治理之间有着显著的影响关系，因此，提出如下研究假设：

HE4：游客行为对村内集约型具有显著的正向作用。

3. 乡村消费空间

桂滇黔乡村旅游的发展推动了区域内新型城镇化进程，由于新型城镇化具有刺激消费和拉动内需功能，乡村消费空间也在逐渐地发生着改变。尤其是农民的消费空间，广大农民几乎拥有城乡双重消费空间，并在新型城镇化进程中加快向城镇化消费空间转换。在物质消费空间上，吴业苗（2016）指出，村民的吃、穿、住、用、行等各个方面尽管目前仍然在乡村进行，但是其逐渐向城镇加快移动，城镇化市场越来越多地成为家庭消费的主要阵地。在文化消费空间上，随着劳动力向城市流动，乡村文化消费空间在逐渐萎缩，并呈现向城镇转移趋势。在服务消费空间方面，主要包括农业生产服务消费和农民生活服务消费两个方面，由于乡村农业化科技水平较低、农村生活服务有所缺失，农村服务消费空间逐渐向城镇转移。总的来说，农民消费空间逐渐向城镇转变，农民的生活方式发生了转变，家庭收入逐渐上升，推动了以人为本的新型城镇化进程。同时，以消费作为城镇化发展新引擎，能改变城镇化对“土地红利”“人口红利”的过度依赖，提升农村的自我生存和发展能力，为进一步缓解农村出现的空心化现象奠定基础。基于以上分析，本书认为乡村消费空间的转变对空心村的治理有着重要的缓解作用，因此，提出如下研究假设：

HE5：乡村消费空间对村内集约型具有显著的正向作用。

4.5.2　桂滇黔洋家乐与村内集约型治理协同模式的概念模型

根据桂滇黔洋家乐与村内集约型治理协同模式的分析框架、研究假设的相关内容，结合桂滇黔洋家乐与村内集约型协同的现状，构建出洋家乐与村内集约型治理协同模式的概念框架，见图4-5。

由图4-5可以看出，桂滇黔洋家乐与村内集约型治理协同模式主要以洋家乐、乡村消费空间、游客行为和村内集约型四个变量为基础，构建出洋家乐与村内集约型之间的作用关系路径。其中，洋家乐到村内集约型不仅具有直接的作用路径，也具有间接的作用路径，其间接作用路径有两条：（1）洋家乐——乡村消费空间——村内集约型；（2）洋家乐——游客行为——村内集约型。通过构建出桂滇黔洋家乐与村内集约型治理模式协同的概念模型，为下一步进行结构方程实证分析奠定理论基础。

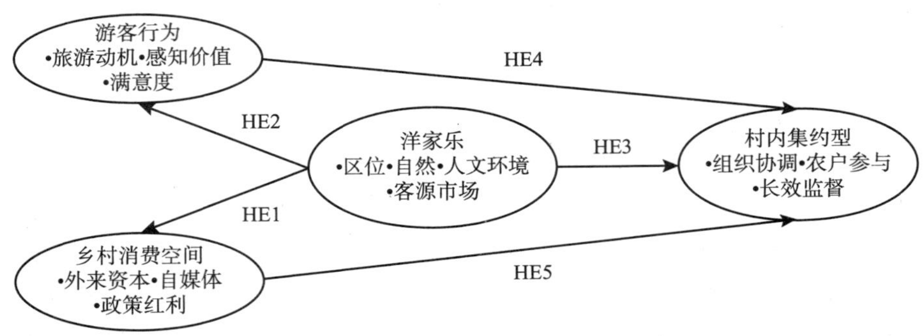

图 4 –5　洋家乐与村内集约型治理模式协同的概念模型

4.6　桂滇黔乡村民宿与村内集约型治理协同模式的研究假设与概念模型

4.6.1　桂滇黔乡村民宿与村内集约型治理协同模式的概念模型

1. 乡村民宿

受到工业化进程影响，城市人群对乡村旅游原始的自然风光、淳朴的民族风情、悠闲的生活状态有着强烈的憧憬和向往，乡村旅游发展迅猛。在新的乡村旅游发展的形式下，乡村民宿已经成为桂滇黔乡村旅游创新业态，吴有进（2018）指出，乡村民宿旅游极大地促进了乡村地区经济的整合，解决了我国农村人口劳动力剩余的问题，促进了农村城市化建设的发展。在乡村民宿的发展中，桂滇黔原有的乡村发展模式被打破，农村不再依靠单一的农业生产来实现经济发展，取而代之的是一种全新的乡村发展模式，即实行“农业 + 休闲 + 旅游”发展模式。在这种全新的乡村发展模式中，农业占乡村经济发展的基础性地位，通过政府的引导加强对农村经济资源的整合，对乡村民宿旅游的基础配套设施进行完善和升级，以当地的乡村文化为基础，不断创新乡村旅游文化产品，积极发展乡村休闲农业、生态农业、乡村旅游，促进农村经济的转型。基于此，可以看出乡村民宿的发展对乡村发展模式的转变有着积极的促进作用，因此，提出如下研究假设：

HF1：乡村民宿对乡村发展模式具有显著的正向作用。

桂滇黔乡村民宿是乡村发展的重要内容，随着新型城镇化步伐的加快，乡村民宿在桂滇黔地区获得广泛发展。乡村民宿通过挖掘自然资源、人文资源、农业资源等要素，有机地将农业、旅游、生态、休闲等产业相结合，在农村经济发展中展示出强大的生命力。在乡村振兴战略的指导下，乡村民宿越来越受到桂滇黔地区政府和居民的重视，为进一步推进农村地区乡村民宿发展工作的开展，地方政府、企业和居民必须加强对乡村民宿的管理。其中，游客作为乡村旅游开展的主体，游客行为对旅游目的地的发展有着重要的影响，尤其是在农村的旅游环境上。程雯和郑云（2018）提出，就目前的乡村旅游发展状况而言，很多游客并没有认识到自身行为对环境的破坏性，要实现乡村旅游的发展，必须对游客行为进行规范，通过加强游客教育和培训与加大生态辅助设施建设力度，提升游客素质，提升游客的环境认知。因此，本书认为乡村民宿的发展有利于规范游客行为、提升游客素质，基于此，提出如下研究假设：

HF2：乡村民宿对游客行为具有显著的正向作用。

乡村民宿是以农村自然景观与人文资源为基础，通过发展旅游业来促进农民增收的新型旅游业态，胡斌（2018）认为乡村民宿的兴起和发展为农村经济社会转型和发展注入了新的活力。一方面，乡村民宿的发展为当地相关行业的发展带来了机遇，行业的发展和品牌化建设为地方居民提供了更多的就业岗位，提高了农民的家庭收入。另一方面，为了更好地接待游客，为游客提供良好的旅游体验，地方政府和企业加大对农民专业技能的培训，使农民在旅游业发展中有了一技之长，农民的素质有所提升，在就业和实现自身发展上，有了更多的自主性思考。此外，李佳倩（2014）提出乡村民宿以地方文化为核心基础，乡村民宿的发展能够为展示地方文化提供平台，促进乡村旅游文化的传播，促进城乡之间的文化交流。通过以上分析可以看出，乡村民宿的发展有利于增加当地居民增收、促进农村产业升级、加强文化交流，解决了当前桂滇黔农村空心化中面临的重大问题，有利于缓解桂滇黔农村空心化现象。因此，提出如下研究假设：

HF3：乡村民宿对村内集约型具有显著的正向作用。

2. 游客行为

游客行为主要包括游客的决策过程、游览行为、消费行为及游客满意度四个方面的内容。为了增强游客动机，吸引更多的旅游者来到桂滇黔乡村民宿进行观光游览、休闲度假、旅游消费，乡村民宿必须科学布局，培育多样化的民族旅游特色示范村，分析市场消费人群，引导促进民宿多种经营业态的形成，积极进行旅游产品的创新和旅游线路精细化、高端化发展，加强产业集群发展，培育能够满足不同消费群体需求的民宿集群。同时，为了提升游客满意度，乡村民宿必须要注重民宿活动中的主客交流，加大旅游者的亲身体验活动，加强民宿主与旅游者的交往，使旅游者能够深切地感受桂滇黔乡村民宿的淳朴热情，提升感知价值。通过这一系列建设，乡村民宿基础设施得到建设，旅游产品更加丰富多样，农村闲置资源得到有效利用，农村空心化现象有所缓解。按照这一逻辑主线，乡村旅游有利于空心村治理，因此可以看出，游客行为对村内集约型治理模式具有重要的影响作用，故提出如下研究假设：

HF4：游客行为对村内集约型具有显著的正向作用。

3. 乡村发展模式

桂滇黔乡村发展模式的转变既是促进农村供给侧结构性改革的重点，也是关系着桂滇黔农村空心化治理的重要因素。在新型城镇化与工业化进程的推动下，桂滇黔乡村发展模式也发生了明显的转变，由原来单一的以依靠农业生产为主的发展模式转变为以一二三产业融合发展。实现三次产业融合发展，有利于进一步延伸农村产业链，促进农业产业升级换代，为桂滇黔农村打造一批服务型农产品制造企业，建成高端高效农产品加工基地。一方面，通过实现农业现代化建设，能够推动农村产业更新换代和转型升级，缓解农村出现的产业空心化的现象。另一方面，通过转变乡村发展模式，乡村产业链得到延伸，农村地区产生了更多的工作岗位，增加了居民的就业机会，当地居民通过转换生产方式，积极投入乡村旅游发展中，增加了家庭收入，对外出务工农民产生了一定了吸引力，促进了人口的回流，缓解了农村人口空心化的现象。可以看出，桂滇黔乡村发展模式的转变对农村出现的空心化现象有一定的缓解作用，基于此，提出如下研究假设：

HF5：乡村发展模式对村内集约型具有显著的正向作用。

4.6.2　桂滇黔乡村民宿与村内集约型治理协同模式的概念模型

根据桂滇黔乡村民宿与村内集约型治理协同模式的分析框架、研究假设的相关内容，结合桂滇黔乡村民宿与村内集约型协同的现状，构建出乡村民宿与村内集约型治理协同模式的概念框架，见图4－6。

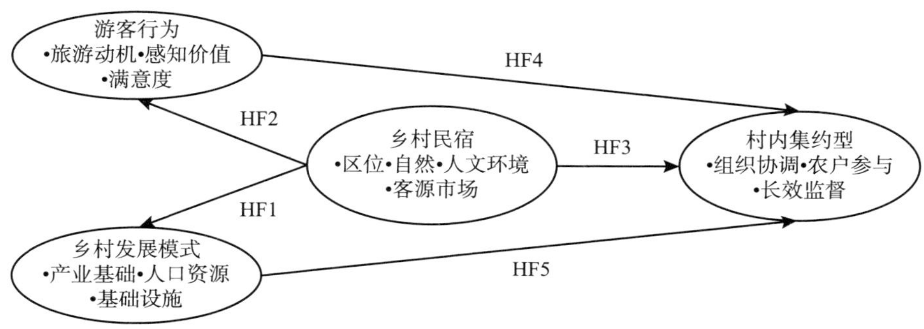

图4－6　乡村民宿与村内集约型治理模式协同的概念模型

由图4－6可以看出，桂滇黔乡村民宿与村内集约型治理协同模式主要以乡村民宿、乡村发展模式、游客行为和村内集约型四个变量为基础，构建出乡村民宿与村内集约型之间的作用关系路径。其中，乡村民宿到村内集约型不仅具有直接的作用路径，也具有间接的作用路径，其间接作用路径有2条，分别是：（1）乡村民宿——乡村发展模式——村内集约型；（2）乡村民宿——游客行为——村内集约型。通过构建出桂滇黔乡村民宿与村内集约型治理模式协同的概念模型，为下一步进行结构方程实证分析奠定理论基础。

第5章 桂滇黔乡村旅游业态创新与空心村治理协同模式的结构方程数据验证

5.1 桂滇黔休闲农牧场与中心村整合型治理协同模式的数据验证

5.1.1 研究设计

本书以桂滇黔三个省级行政区作为研究范围，以乡村旅游业态创新和空心村治理模式作为研究对象，通过研究桂滇黔休闲农牧场与中心村整合型模式的协同，对乡村旅游业态创新与空心村治理协同模式进行实证分析。桂滇黔属于西南民族地区，区域内丰富的旅游资源和良好旅游经济基础为休闲农牧场发展提供了强有力的条件，与此同时，桂滇黔三省（区）在城镇化进程中出现大量的空心化问题，发展乡村旅游业成为解决空心化问题的重要手段之一。基于此，以桂滇黔的乡村旅游业态创新与空心村治理模式为研究重点，具体来说，本节主要研究桂滇黔的休闲农牧场与中心村整合型协同模式。

尽管本书从理论上对桂滇黔休闲农牧场与中心村整合型进行了深入的分析和阐释，为了使研究更为严谨，进一步识别出休闲农牧场与中心村整合型的协同模式，采用定量分析方法对休闲农牧场与中心村整合型治理协同模式进行数据验证。在方法的选取上，选取结构方程模型进行实证分析，其原因主要包括以下几点：一是在休闲农牧场和中心村整合型治理协同模式中，涉及多个因变量，在进行计算时需要同时对多个因变量进行考虑；二是研究中涉及农户和游客的态度、意愿及行为等相关因素，这些因素往往不能单一地用指标进行测量，且广泛存在误差变量；三是所涉及的变量较多，因子的关系较为复杂，且可能存在高阶的情况，传统因子分析难以处理比较复杂的从属关系的模型。基于以上原因，本书选取结构方程模型为主要实证方法，通过因子分析和模型检验，估计整个模型的拟合程度，从理论和实践两个方面来看，均是可行的。

为了收集到研究所需要的数据，本书研究团队设计了《桂滇黔休闲农牧场对中心村整合型治理协同作用调查问卷》（简称“调查问卷”）。在问卷的设计中，重点把握休闲农牧场、农村产业结构、农户意愿、政策创新及中心村整合型五个方面，通过设置观测变量对潜在变量进行度量，为最终分析休闲农牧场与中心村整合型治理协同模式提供第一手数据。因此，在调查问卷的设计中，主要包括五个方面的内容。其中，第一部分是“休闲农牧场的调查”；第二部分是“农村产业结构的调查”；第三部分是“农户意愿的调查”；第四部分是“政策创新的调查”；第五部分是“中心村整合型治理的调查”（见附录1）。

在问卷设计的基础上，研究团队于2018年6月12日展开了预调研，以桂滇黔休闲农牧场为主要调研目的地，如云南弥里塘亚高山牧场，调查对象为休闲农牧场的游客和居民。预调研的目的是获得桂滇黔休闲农牧场与中心村整合型治理模式的基本情况和现实问题，对原定问卷题项、表述以及与现实相冲突的内容进行修改，为第二阶段的正式调研奠定基础。在对预调研的结果进行整理统计分析的基础上，于2018年10月至2019年1月开展正式调研，正式调研是在预调研的基础上进行有针对性的数据采集，为了取得桂滇黔休闲农牧场与中心村整合型模式协同的数据，本书在问卷的设计中充分考虑了相关内容。

5.1.2 变量度量

要对桂滇黔休闲农牧场与中心村整合型进行结构方程实证分析，对研究假设HA1～HA8进行假设检验，首先需要解决的是关键变量的度量问题。在本书的研究设计中，以休闲农牧场、农村产业结构、农户意愿、政策创新、中心村整合型为主要关键变量，通过对这5个关键变量进行度量，采用一系列观测变量对潜在变量进行定量分析，最终实现研究目的。其中，在这5个关键变量中，根据变量之间的相互关系和内在机制，休闲农牧场是被解释变量，农村产业结构、农户意愿、政策创新和中心村整合型是解释变量，分别对被解释变量和解释变量进行测度。

休闲农牧场（leisure farm and pasture，LFP）是乡村旅游业态创新的重要形态之一，它的产生和发展既与当地的土地、农业、人口密切相关，也受到桂滇黔的城镇化水平的影响。从这个角度出发，本书从土地基础（LFP1）、农业基础（LFP2）、人口基础（LFP3）及城镇化水平（LFP4）四个方面对桂滇黔的休闲农牧场进行测度，共设置了8个观测变量，具体情况见表5-1。

表5-1　休闲农牧场（LFP）指标量表

土地基础（LFP1）	LFP11	休闲农牧场的土地类型符合中心村整合型模式的要求程度
	LFP12	休闲农牧场的土地利用状况符合中心村整合型模式的要求程度
农业基础（LFP2）	LFP21	休闲农牧场的农业发展状况符合中心村整合型模式的要求程度
	LFP22	休闲农牧场的非农化进程符合中心村整合型模式的要求程度
人口基础（LFP3）	LFP31	休闲农牧场的人口数量符合中心村整合型模式的要求程度
	LFP32	休闲农牧场的人口构成符合中心村整合型模式的要求程度
城镇化水平（LFP4）	LFP41	休闲农牧场的城镇化水平符合中心村整合型模式的要求程度
	LFP42	休闲农牧场的城镇化特征符合中心村整合型模式的要求程度

农村产业结构（agricultural industry structure，ALS）既是研究设计中重要的解释变量，也是研究桂滇黔休闲农牧场与中心村整合型模式协同的重要中间变量。从桂滇黔乡村旅游与空心村治理两个方面出发，结合相关文献成果，从游客需求（ALS1）、资源（ALS2）、经济效益（ALS3）和可持续发展能力（ALS4）四个方面出发，共设置了10个观测变量进行测度，具体见表5-2。

表5-2　农村产业结构（ALS）指标量表

游客需求（ALS1）	ALS11	游客需求数量与农业生产符合中心村整合型模式的要求程度
	ALS12	游客需求种类与农业发展符合中心村整合型模式的要求程度
	ALS13	游客需求趋势与农业规划符合中心村整合型模式的要求程度
资源（ALS2）	ALS21	农村的资源禀赋符合中心村整合型模式的要求程度
	ALS22	农村的资源开发利用符合中心村整合型模式的要求程度

续表

经济效益（ALS3）	ALS31	农村产业的经济收益分配符合中心村整合型模式的要求程度
	ALS32	农村产业的未来经济收益符合中心村整合型模式的要求程度
	ALS33	农村产业的经济收益构成符合中心村整合型模式的要求程度
可持续发展能力（ALS4）	ALS41	农村产业发展规划状况符合中心村整合型模式的要求程度
	ALS42	农村产业结构成分符合中心村整合型模式的要求程度

桂滇黔空心村治理问题既是桂滇黔缓解城乡发展问题、破解土地供需矛盾的重大战略，也是促进新农村建设的题中之意。农民作为新农村的主体要素，从一定程度上说，农户意愿（the willingness of farmers，TWF）是决定空心村成败的关键因素。结合已有学者对空心村治理中农户意愿的研究成果，本书分别从村落经济（TWF1）、生活观念（TWF2）和主体特征（TWF3）三个方面对农户意愿进行解释说明。针对村落经济、生活观念和主体特征，分别设置3个观测变量进行变量度量，共9个观测变量，具体情况见表5－3。

表5－3　　　　农户意愿（TWF）指标量表

村落经济（TWF1）	TWF11	村落的经济收入模式符合中心村整合型模式的要求程度
	TWF12	村落的经济发展观念符合中心村整合型模式的要求程度
	TWF13	村落的经济基础符合中心村整合型模式的要求程度
生活观念（TWF2）	TWF21	农户的生活生产方式符合中心村整合型模式的要求程度
	TWF22	农户的未来发展规划符合中心村整合型模式的要求程度
	TWF23	农户的环境保护理念符合中心村整合型模式的要求程度
主体特征（TWF3）	TWF31	农户的家庭结构符合中心村整合型模式的要求程度
	TWF32	农户的年龄特征符合中心村整合型模式的要求程度
	TWF33	农户的受教育水平符合中心村整合型模式的要求程度

政策创新（policy innovation，PI）这一被解释变量既与桂滇黔土地产权息息相关，也与区域内典型的城乡二元体制相关联。在已有的相关文献基础上，研究从桂滇黔的实际情况出发，分别从土地产权制度（PI1）和城乡二元体制（PI2）两个方面进行变量的解释，分别设置了两个观测变量进行阐释，具体情况见表5－4。

表 5 - 4 政策创新（PI）指标量表

土地产权制度（PI1）	PI11	土地产权制度内容符合中心村整合型模式的要求程度
	PI12	土地产权制度管理状况符合中心村整合型模式的要求程度
城乡二元体制（PI2）	PI21	城乡二元体制管理方式符合中心村整合型模式的要求程度
	PI22	城乡二元体制治理状况符合中心村整合型模式的要求程度

中心村整合型（central village integration，CVI）是空心村治理的重要模式之一。结合空心村治理模式的特征和机制，设置了 8 个观测变量进行变量度量。其中，针对组织协调机制（CVI1）设置了 3 个观测变量，农户参与机制（CVI2）设置了 3 个观测变量，长效监督机制（CVI3）设置了 2 个观测变量，详细的情况见表 5 - 5。

表 5 - 5 中心村整合型（CVI）指标量表

组织协调机制（CVI1）	CVI11	组织协调机制力度符合中心村整合型模式的要求程度
	CVI12	组织协调机制内容符合中心村整合型模式的要求程度
	CVI13	组织协调机制构成符合中心村整合型模式的要求程度
农户参与机制（CVI2）	CVI21	农户参与机制内容符合中心村整合型模式的要求程度
	CVI22	农户参与机制力度符合中心村整合型模式的要求程度
	CVI23	农户参与机制构成符合中心村整合型模式的要求程度
长效监督机制（CVI3）	CVI31	长效监督机制内容符合中心村整合型模式的要求程度
	CVI32	长效监督机制实施符合中心村整合型模式的要求程度

5.1.3 样本数据分析

通过调查问卷获得第一手的数据资料，共发布问卷数量 300 份，收回问卷数量 260 份，回收率为 86.7%，其中，由于在填写的过程中出现了不认真的状况，加之部分游客和居民只针对部分题项进行回答，导致回收的问卷中出现了一部分无效问卷。经过统计，在回收的 260 份问卷中，有效问卷为 240 份，有效率为 92.3%。总体来说，有效问卷的数量符合结构方程所要求的样本数量，可以进行下一步实证分析。在进行实证分析以前，为了获得桂滇黔休闲农牧场与中心村整合型模式的协同状况，需要对调查问卷获得的数据进行信度分析和效度分析。

描述性统计是指对研究数据的整体数字性规律进行归纳和描述，通过均值对量表数据的整体分布进行描述，通过标准差对离散程度进行分布。在对桂滇黔休闲农牧场与中心村整合协同模式研究中，采用均值和方差这两个指标进行描述性统计分析。均值的计算能够直观地看出休闲农牧场与中心村整合型协同模式的研究中各个变量数据分布的平均程度和集中程度。标准差的计算则是直观观测休闲农牧场与中心村整合型协同模式研究中各变量离散程度的指标。

在进行描述性统计时，从研究设计出发，重点掌握休闲农牧场、农村产业结构、农户意愿、政策创新和中心村整合型五个方面的内容，同时对每个主要变量的观测指标进行均值和标准差的描述。在工具的选择上，采用 SPSS 19.0 分析软件进行操作。通过 SPSS 对桂滇黔休闲农牧场与中心村整合型协同模式进行数据统计分析，具体情况见表 5-6。

表 5-6　　描述性统计

主要变量	潜在变量	观测变量	均值	标准差	最大值	最小值
休闲农牧场（LFP）	土地基础（LFP1）	LFP11	3.71	0.671	5	1
		LFP12	3.73	0.702	5	1
	农业基础（LFP2）	LFP21	3.61	0.797	5	1
		LFP22	3.66	0.794	5	2
	人口基础（LFP3）	LFP31	3.59	0.786	5	1
		LFP32	3.58	0.740	5	1
	城镇化水平（LFP4）	LFP41	3.66	0.808	5	1
		LFP42	3.62	0.766	5	1
农村产业结构（ALS）	游客需求（ALS1）	ALS11	3.15	0.686	5	1
		ALS12	3.26	0.710	5	1
		ALS13	3.15	0.655	5	1
	资源（ALS2）	ALS21	3.28	0.661	5	1
		ALS22	3.20	0.737	5	1
	经济效益（ALS3）	ALS31	3.21	0.771	5	1
		ALS32	3.15	0.736	5	1
		ALS33	3.10	0.693	5	1
	可持续发展能力（ALS4）	ALS41	3.40	0.758	5	1
		ALS42	3.18	0.679	5	1

续表

主要变量	潜在变量	观测变量	均值	标准差	最大值	最小值
农户意愿（TWF）	村落经济（TWF1）	TWF11	3.27	0.750	5	1
		TWF12	3.21	0.678	5	1
		TWF13	3.01	0.675	5	1
	生活观念（TWF2）	TWF21	3.32	0.717	5	1
		TWF22	3.07	0.726	5	1
		TWF23	3.14	0.692	5	1
	主体特征（TWF3）	TWF31	3.23	0.728	5	1
		TWF32	3.11	0.688	5	1
		TWF33	3.19	0.721	5	1
政策创新（PI）	土地产权制度（PI1）	PI11	3.36	0.773	5	1
		PI12	3.38	0.815	5	1
	城乡二元体制（PI2）	PI21	3.41	0.750	5	1
		PI22	3.30	0.734	5	1
中心村整合型（CVI）	组织协调机制（CVI1）	CVI11	3.62	0.719	5	1
		CVI12	3.60	0.748	5	1
		CVI13	3.59	0.766	5	1
	农户参与机制（CVI2）	CVI21	3.62	0.734	5	1
		CVI22	3.63	0.769	5	1
		CVI23	3.70	0.734	5	1
	长效监督机制（CVI3）	CVI31	3.59	0.805	5	1
		CVI32	3.66	0.738	5	1

信度是指测验结果的一致性、稳定性及可靠性，多以内部一致性来表示。在测量方法中，组合信度的测量能够有效避免克朗巴哈信度测量过程中存在的问题，测量结果更具有说服力。组合信度的测量模型可以表示为：

$$\text{组合信度} = \rho_c = (\sum \lambda)^2 / [(\sum \lambda)^2 + \sum \theta]$$
$$= (\sum \text{因素载荷量})^2 / [(\sum \text{因素载荷量})^2 + \sum \text{测量误差变异量}]$$

其中，ρ_c 为组合信度；λ 为观测变量针对潜在变量的标准化参数，即因素载荷量；θ 为指标变量测量误差变异量，即 ε 变异量或 δ 变异量。

在信度的检验标准方面，我们采用 Kline 的判别标准，即组合信度系数高于0.9 为最佳（excellent）；0.8 左右为很好（very good）；0.7 左右为适中；高于0.5 为最低可接受值；低于0.5，则表示不能接受（见表5-7）。

表5-7　组合信度检验标准

组合信度系数值	接受程度
$\alpha \geq 0.90$	最佳
$\alpha \in [0.80, 0.90)$	很好
$\alpha \in [0.60, 0.80)$	适中
$\alpha < 0.50$	不可接受

在对桂滇黔休闲农牧场与中心村整合型协同模式的信度检验中，我们采用 Kilne 的信度检验标准，利用 SPSS 19 对休闲农牧场与中心村整合型协同模式的量表数据进行信度检验，得到各变量的 Cronbach's α 系数值（见表5-8）。同时值得注意的是，从理论的角度来看，量表具有足够的效度和信度；从实践的观点来看，一个好的量表还应该具有实用性。实用性指量表的经济性、便利性和可解释性。因此，在量表数据进行信度检验的基础上，进一步对数据进行效度检验，目的是核验通过调查问卷量表获得的数据能否科学地反映出测度变量的真实架构，是否满足假设条件，结果见表5-8。

表5-8　信度和效度检验结果

变量	题项	α	因子载荷		KMO值	累计方差解释率	Bartlett's 球形检验		
							X2	df	Sig.
休闲农牧场（LFP）	2	0.908	LFP11	0.729	0.953	46.869	2125.413	28	0.000
			LFP12	0.718					
	2	0.857	LFP21	0.734					
			LFP22	0.744					
	2	0.882	LFP31	0.725					
			LFP32	0.787					
	2	0.873	LFP41	0.759					
			LFP42	0.743					

续表

变量	题项	α	因子载荷		KMO值	累计方差解释率	Bartlett's 球形检验		
							X2	df	Sig.
农村产业结构（ALS）	3	0.724	ALS11	0.530	0.939	52.186	1073.036	45	0.000
			ALS12	0.564					
			ALS13	0.580					
	2	0.767	ALS21	0.645					
			ALS22	0.709					
	3	0.710	ALS31	0.470					
			ALS32	0.599					
			ALS33	0.601					
	2	0.566	ALS41	0.577					
			ALS42	0.540					
农户意愿（TWF）	3	0.698	TWF11	0.599	0.910	57.011	740.411	36	0.000
			TWF12	0.440					
			TWF13	0.583					
	3	0.654	TWF21	0.590					
			TWF22	0.605					
			TWF23	0.600					
	3	0.682	TWF31	0.640					
			TWF32	0.614					
			TWF33	0.541					
政策创新（PI）	2	0.798	PI11	0.643	0.822	60.916	511.775	6	0.000
			PI12	0.732					
	2	0.791	PI21	0.677					
			PI22	0.754					
中心村整合型（CVI）	3	0.854	CVI11	0.688	0.945	64.127	1488.433	28	0.000
			CVI12	0.623					
			CVI13	0.741					
	3	0.856	CVI21	0.753					
			CVI22	0.750					
			CVI23	0.719					
	2	0.820	CVI31	0.718					
			CVI32	0.692					

如表5－8所示，在桂滇黔休闲农牧场与中心村整合型的信度和效度检验结果中，Cronbach's α 系数值均大于0.50，属于可接受的范围，由此可以看出量表数据具有较好的信度。在效度检验中，各指标的因子载荷均在0.50以上，KMO值在大于0.80，能很好地支持量表数据进行因子分析，Bartlett's球形检验显著性水平均在0.000，可以看出本次问卷量表效度良好。

5.1.4　结构方程模型

结构方程模型是处理多个原因、多个结果之间关系的重要工具。根据结构方程模型构建的一般步骤，结合桂滇黔休闲农牧场与中心村整合型治理协同模式的变量特征和模型选择，结构方程模型主要分为以下几个步骤：一是建立初始结构方程模型，设定误差变量，建立初始结构方程模型；二是进行参数估计，确定模型的拟合度；三是模型修正，根据初始结构方程模型的参数估计和路径结果，对模型中不理想的路径进行修正，或对整个模型进行重新构架，对每一个模型中的标准误、t值、标准化残差、修正指数及各种拟合指数进行检查，确定最终的结构方程模型。

在桂滇黔休闲农牧场与中心村整合型治理协同模式研究中，根据对变量性质的划分进行模型构建。由休闲农牧场与中心村整合型治理协同模式的理论模型可以看出，休闲农牧场、农村产业结构、农户意愿、政策创新和中心村整合均是无法直接观测到的潜在变量，针对这五个变量设定的二级指标也是无法直接观测到的，也属于潜在变量。在确定变量的性质以后，可以将休闲农牧场与中心村整合型治理协同作用中的各项变量进行归类。其中，休闲农牧场是内生变量，农村产业结构、农户意愿、政策创新是中间变量，中心村整合型是外生变量。基于此，构建出桂滇黔休闲农牧场与中心村整合型治理协同的初始结构方程模型（见图5－1），箭头方向指示了变量之间的因果关系。

图5－1显示了休闲农牧场与中心村整合型治理协同的初始结构方程模型，其中可以看出，休闲农牧场与中心村整合型治理协同的初始结构方程中存在外生显变量8项，内生显变量31项，外生潜变量4项，内生潜变量12项。

外生显变量共有8项：LFP11、LFP12、LFP21、LFP22、LFP31、LFP32、LFP41、LFP42。

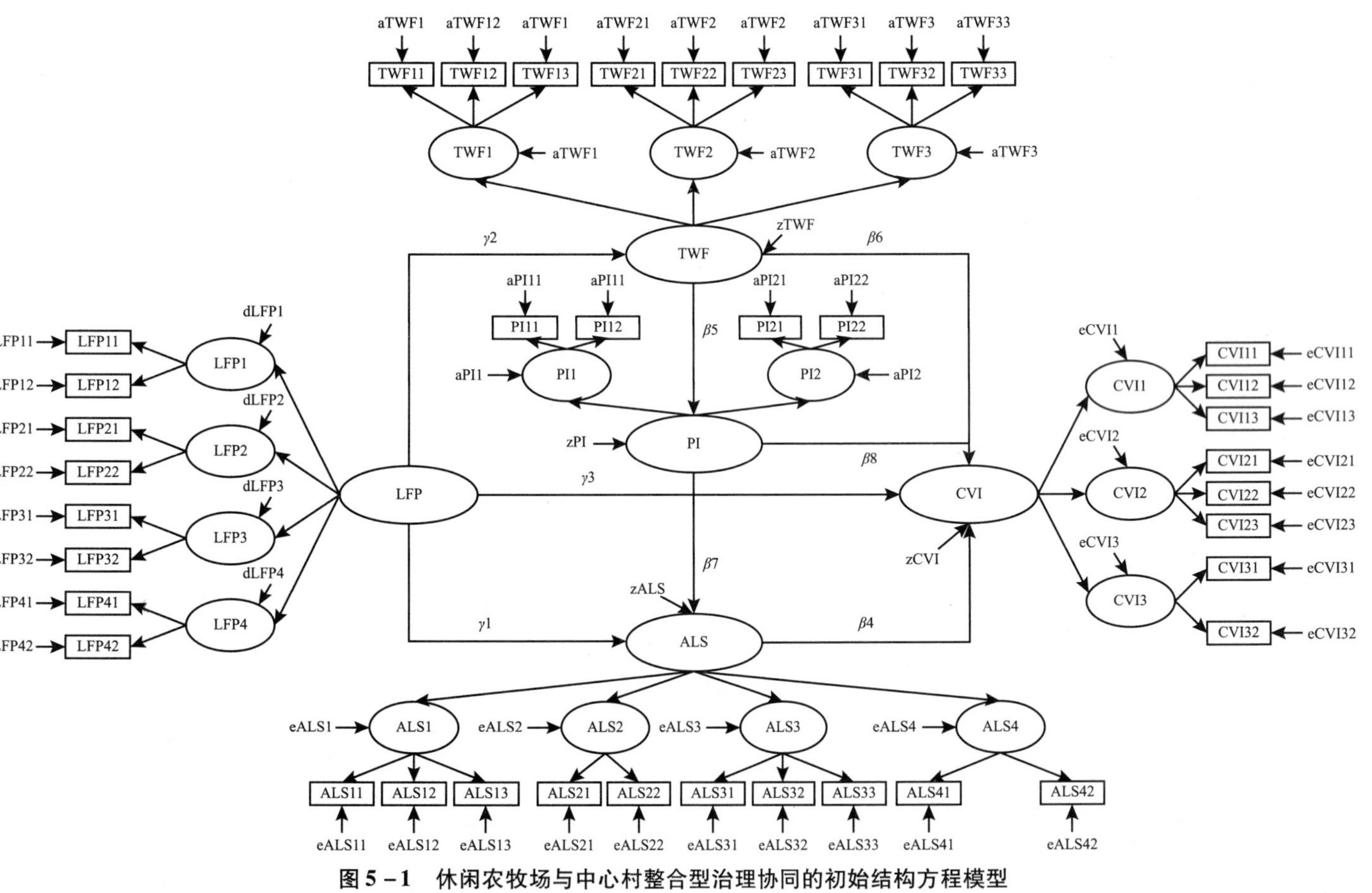

图5-1 休闲农牧场与中心村整合型治理协同的初始结构方程模型

内生显变量共有31项：TWF11、TWF12、TWF13、TWF21、TWF22、TWF23、TWF31、TWF32、TWF33、PI11、PI12、PI21、PI22、ALS11、ALS12、ALS13、ALS21、ALS22、ALS31、ALS32、ALS33、ALS41、ALS42、CVI11、CVI12、CVI13、CVI21、CVI22、CVI23、CVI31、CVI32。

外生潜变量4项：LFP1、LFP2、LFP3、LFP4。

内生潜变量12项：TWF1、TWF2、TWF3、PI1、PI2、ALS1、ALS2、ALS3、ALS4、CVI1、CVI2、CVI3。

由观测变量和潜在变量构成的是结构方程模型的测量模型，结构方程模型分为测量模型和结构模型，因此必须对这两个模型进行逐个构建。测量模型的构建。根据测量模型的一般形式：

$$\begin{cases} X = \Lambda_X \xi + \delta \\ Y = \Lambda_Y \eta + \varepsilon \end{cases}$$

其中，X 代表外生显变量，Y 表示内生显变量，ξ 代表外生潜变量，η 代表内生潜变量，ε 与 δ 均代表显变量的误差项。

在进行桂滇黔休闲农牧场与中心村整合治理协同模式数据验证中，为了构建观测变量的结构方程式，需要对相关的变量进行设定。根据研究所构建的初始结构方程模型中的相关内容，休闲农牧场（LFP）、土地基础（LFP1）、农业基础（LFP2）、人口基础（LFP3）、城镇化水平（LFP4）是外生潜变量，分别用 ζ_{LFP}、ζ_{LFP1}、ζ_{LFP2}、ζ_{LFP3}、ζ_{LFP4} 来表示。农村产业结构（ALS）、游客需求（ALS1）、资源（ALS2）、经济效益（ALS3）、可持续发展能力（ALS4）、农户意愿（TWF）、村落经济（TWF1）、生活观念（TWF2）、主体特征（TWF3）、政策创新（PI）、土地产权制度（PI1）、城乡二元体制（PI2）、中心村整合型（CVI）、组织协调机制（CVI1）、农户参与机制（CVI2）、长效监督机制（CVI3）是内生潜变量，分别用 η_{ALS}、η_{ALS1}、η_{ALS2}、η_{ALS3}、η_{ALS4}、η_{TWF}、η_{TWF1}、η_{TWF2}、η_{TWF3}、η_{PI}、η_{PI1}、η_{PI2}、η_{CVI}、η_{CVI1}、η_{CVI2}、η_{CVI3} 来表示。由此，构建出桂滇黔休闲农牧场与中心村整合型治理协同模式的观测模型方程式：

$$\begin{cases} \chi_{LFP1} = \lambda_{LFP1}\xi_{LFP} + \delta_{LFP1},\ \chi_{LFP2} = \lambda_{LFP2}\xi_{LFP} + \delta_{LFP2},\ \chi_{LFP3} = \lambda_{LFP3}\xi_{LFP} + \delta_{LFP3}, \\ \chi_{LFP4} = \lambda_{LFP4}\xi_{LFP} + \delta_{LFP4},\ \chi_{LFP11} = \lambda_{LFP11}\xi_{LFP1} + \delta_{LFP11},\ \chi_{LFP12} = \lambda_{LFP12}\xi_{LFP1} + \delta_{LFP12}, \\ \chi_{LFP21} = \lambda_{LFP21}\xi_{LFP2} + \delta_{LFP21},\ \chi_{LFP22} = \lambda_{LFP22}\xi_{LFP2} + \delta_{LFP22}, \\ \chi_{LFP31} = \lambda_{LFP31}\xi_{LFP3} + \delta_{LFP31},\ \chi_{LFP32} = \lambda_{LFP32}\xi_{LFP3} + \delta_{LFP32}, \\ \chi_{LFP41} = \lambda_{LFP41}\xi_{LFP4} + \delta_{LFP41},\ \chi_{LFP42} = \lambda_{LFP42}\xi_{LFP4} + \delta_{LFP42}, \\ Y_{PI1} = \lambda_{PI1}\eta_{PI} + \varepsilon_{PI1},\ Y_{PI2} = \lambda_{PI2}\eta_{PI} + \varepsilon_{PI2},\ Y_{PI11} = \lambda_{PI11}\eta_{PI1} + \varepsilon_{PI11}, \end{cases}$$

$$\begin{cases} Y_{PI12}=\lambda_{PI12}\eta_{PI1}+\varepsilon_{PI12},\ Y_{PI21}=\lambda_{PI21}\eta_{PI2}+\varepsilon_{PI21},\ Y_{PI22}=\lambda_{PI22}\eta_{PI2}+\varepsilon_{PI22}, \\ Y_{TWF1}=\lambda_{TWF1}\eta_{TWF}+\varepsilon_{TWF1},\ Y_{TWF2}=\lambda_{TWF2}\eta_{TWF}+\varepsilon_{TWF2},\ Y_{TWF3}=\lambda_{TWF3}\eta_{TWF}+\varepsilon_{TWF3}, \\ Y_{TWF11}=\lambda_{TWF11}\eta_{TWF1}+\varepsilon_{TWF11},\ Y_{TWF12}=\lambda_{TWF12}\eta_{TWF1}+\varepsilon_{TWF12},\ Y_{TWF13}=\lambda_{TWF13}\eta_{TWF1}+\varepsilon_{TWF13}, \\ Y_{TWF21}=\lambda_{TWF21}\eta_{TWF2}+\varepsilon_{TWF21},\ Y_{TWF22}=\lambda_{TWF22}\eta_{TWF2}+\varepsilon_{TWF22},\ Y_{TWF23}=\lambda_{TWF23}\eta_{TWF2}+\varepsilon_{TWF23}, \\ Y_{TWF31}=\lambda_{TWF31}\eta_{TWF3}+\varepsilon_{TWF31},\ Y_{TWF32}=\lambda_{TWF32}\eta_{TWF3}+\varepsilon_{TWF32},\ Y_{TWF33}=\lambda_{TWF33}\eta_{TWF3}+\varepsilon_{TWF33}, \\ Y_{ALS1}=\lambda_{ALS1}\eta_{ALS}+\varepsilon_{ALS1},\ Y_{ALS2}=\lambda_{ALS2}\eta_{ALS}+\varepsilon_{ALS2},\ Y_{ALS3}=\lambda_{ALS3}\eta_{ALS}+\varepsilon_{ALS3}, \\ \quad Y_{ALS4}=\lambda_{ALS4}\eta_{ALS}+\varepsilon_{ALS4}, \\ Y_{ALS11}=\lambda_{ALS11}\eta_{ALS1}+\varepsilon_{ALS11},\ Y_{ALS12}=\lambda_{ALS12}\eta_{ALS1}+\varepsilon_{ALS12},\ Y_{ALS13}=\lambda_{ALS13}\eta_{ALS1}+\varepsilon_{ALS13}, \\ Y_{ALS21}=\lambda_{ALS21}\eta_{ALS2}+\varepsilon_{ALS21},\ Y_{ALS22}=\lambda_{ALS22}\eta_{ALS2}+\varepsilon_{ALS22},\ Y_{ALS31}=\lambda_{ALS31}\eta_{ALS3}+\varepsilon_{ALS31}, \\ Y_{ALS32}=\lambda_{ALS32}\eta_{ALS3}+\varepsilon_{ALS32},\ Y_{ALS33}=\lambda_{ALS33}\eta_{ALS3}+\varepsilon_{ALS33},\ Y_{ALS41}=\lambda_{ALS41}\eta_{ALS4}+\varepsilon_{ALS41}, \\ \quad Y_{ALS42}=\lambda_{ALS42}\eta_{ALS4}+\varepsilon_{ALS42}, \\ Y_{CVI1}=\lambda_{CVI1}\eta_{CVI}+\varepsilon_{CVI1},\ Y_{CVI2}=\lambda_{CVI2}\eta_{CVI}+\varepsilon_{CVI2},\ Y_{CVI3}=\lambda_{CVI3}\eta_{CVI}+\varepsilon_{CVI3}, \\ Y_{CVI11}=\lambda_{CVI11}\eta_{CVI1}+\varepsilon_{CVI11},\ Y_{CVI12}=\lambda_{CVI12}\eta_{CVI1}+\varepsilon_{CVI12},\ Y_{CVI13}=\lambda_{CVI13}\eta_{CVI1}+\varepsilon_{CVI13}, \\ Y_{CVI21}=\lambda_{CVI21}\eta_{CVI2}+\varepsilon_{CVI21},\ Y_{CVI22}=\lambda_{CVI22}\eta_{CVI2}+\varepsilon_{CVI22},\ Y_{CVI23}=\lambda_{CVI23}\eta_{CVI2}+\varepsilon_{CVI23}, \\ Y_{CVI31}=\lambda_{CVI31}\eta_{CVI3}+\varepsilon_{CVI31},\ Y_{CVI32}=\lambda_{CVI32}\eta_{CVI3}+\varepsilon_{CVI32} \end{cases}$$

在构建出观测模型方程式的基础上，根据结构模型的一般形式：

$$\eta=\beta\eta+\Gamma\xi+\zeta$$

其中，η 是内生潜变量，β 是内生潜变量之间的关系系数，Γ 是内生潜变量受外生潜变量的影响系数，ξ 是外生潜变量，ζ 是残差项。

在桂滇黔休闲农牧场与中心村整合型治理协同模式的结构方程实证检验中，根据研究提出的研究假设与概念模型设定，用 γ_1、γ_2、γ_3 分别表示休闲农牧场对农村产业结构、农户意愿、中心村整合型的作用路径。用 β_4 表示农村产业结构对中心村整合型的作用路径，用 β_5、β_6 分别表示农户意愿对政策创新与中心村整合型的作用路径，用 β_7、β_8 分别表示政策创新对农村产业结构与中心村整合型治理的作用路径。构建结构模型的方程式表达如下：

$$\begin{cases} \eta_{TWF}=\gamma_2\xi_{LFP}+\zeta_{TWF} \\ \eta_{PI}=\beta_5\eta_{TWF}+\zeta_{PI} \\ \eta_{ALS}=\gamma_1\xi_{LFP}+\beta_7\eta_{PI}+\zeta_{ALS} \\ \eta_{CVI}=\gamma_3\xi_{LFP}+\beta_4\eta_{ALS}+\beta_6\eta_{TWF}+\beta_8\eta_{PI}+\zeta_{CVI} \end{cases}$$

对结构方程模型的测量模型和结构模型构建完成后，还需要检验拟合指标、检验参数和决定系数等是否合适，通过不同评价方法对上述指标进行检验，进而判断构建的景区城市化对城镇化农村演化作用原始模型是否需要进行修正。在拟合指标检验的选取中，采用最常用的八种拟合指标检验方法，一是 CMIN/DF，即卡方与自由度的比值，主要对因果路径进行拟合度的检验，可接受的适配度为规范卡方值小于 3.0；二是比较适配指标 CFI，测度非集中参数的改善状况；三是递增拟合指数 IFI，测度整体模型之间的适配度；四是非规范适配指标 TLI，主要用于修正模型的适配度；五是调整后的适配度指标 AGFI，主要用于修正适配度指标（GFI），通常认为当 AGFI 高于 0.80 时，适配度较好；六是简约调整规范适配指标 PN-FI，用以测度模型的精简程度，七是近似误差的均方根 RMSEA，取值低于 0.08 被认为是模型被接收的临界条件。八是误差均方和平方根 RMR，RMR 的取值低于 0.05 是临界条件。

将构建的初始结构方程模型放入 AMOS 中，通过导入研究的量表数据，获得了休闲农牧场与中心村整合型协同模式的拟合指标值（见表 5-9）。

表 5-9　初始结构方程模型适配度检验结果

拟合指标	CMIN/DF	CFI	IFI	TLI	AGFI	PNFI	RMSEA	RMR
观测值	1.532	0.948	0.949	0.944	0.814	0.792	0.045	0.024
拟合标准	<3.00	>0.90	>0.90	>0.90	>0.80	>0.50	<0.08	<0.05

由表 5-9 可以看出，在所得出的各项拟合指标检验值中，均达到了拟合标准，说明构建的休闲农牧场与中心村整合型治理协同的初始结构方程模型能够很好地与问卷调查所获得的量表数据进行拟合。因此，在进行拟合度检验的基础上，进一步对原始结构方程中各路径的系数进行测度（见表 5-10）。

表 5-10　初始结构方程路径估计

路径	模型路径	路径系数	S. E.	C. R.	P
$\gamma 1$	LFP→ALS	0.399	0.049	8.235	***
$\gamma 2$	LFP→TWF	0.620	0.061	10.173	***
$\gamma 3$	LFP→CVI	0.278	0.089	3.108	0.002
$\beta 4$	ALS→CVI	0.175	0.128	1.366	0.172

续表

路径	模型路径	路径系数	S. E.	C. R.	P
β5	TWF→PI	0.914	0.101	9.023	***
β6	TWF→CVI	0.209	0.131	1.598	0.110
β7	PI→ALS	0.337	0.053	6.392	***
β8	PI→CVI	0.264	0.101	2.604	0.009

注：*** 表示 $p<0.001$。

由表5－10可以看出，在休闲农牧场与中心村整合型治理的初始结构方程模型路径估计结果中，ALS→CVI和TWF→CVI这两条路径没有通过显著性检验。从结果上看，休闲农牧场与中心村整合型治理协同的原始结构方程模型的构造思路基本正确，但其中的部分关系需要调整后进行重新测度。结合相关文献基础，发现休闲农牧场作为外生潜变量，在探讨与中心村整合型治理协同作用中，其本身与农村产业结构和农户意愿之间产生着非常显著的关系，这种直接的正向关系可能影响农村产业结构与农户意愿对中心村整合型治理的协同结构。因此，在初始结构方程模型中删除了休闲农牧场对中心村整合型的直接作用关系路径，即LFP→CVI（见图5－2）。

图5－2展示了调整后的休闲农牧场与中心村整合型治理协同的结构方程模型，将调整后的结构方程模型放入AMOS中进行拟合度检验，其结果见表5－11。

表5－11　　调整后结构方程模型适配度检验结果

拟合指标	CMIN/DF	CFI	IFI	TLI	AGFI	PNFI	RMSEA	RMR
观测值	1.546	0.947	0.947	0.942	0.812	0.792	0.046	0.025
拟合标准	<3.00	>0.90	>0.90	>0.90	>0.80	>0.50	<0.08	<0.05

由表5－11可以看出，调整后的结构方程模型各项拟合指标检验值均达到了拟合标准，说明调整后的结构方程模型与原始数据量表之间依然是匹配的。在拟合度检验的基础上，再次将构建的调整后结构方程模型放入到AMOS中进行路径估计，其结果见表5－12。

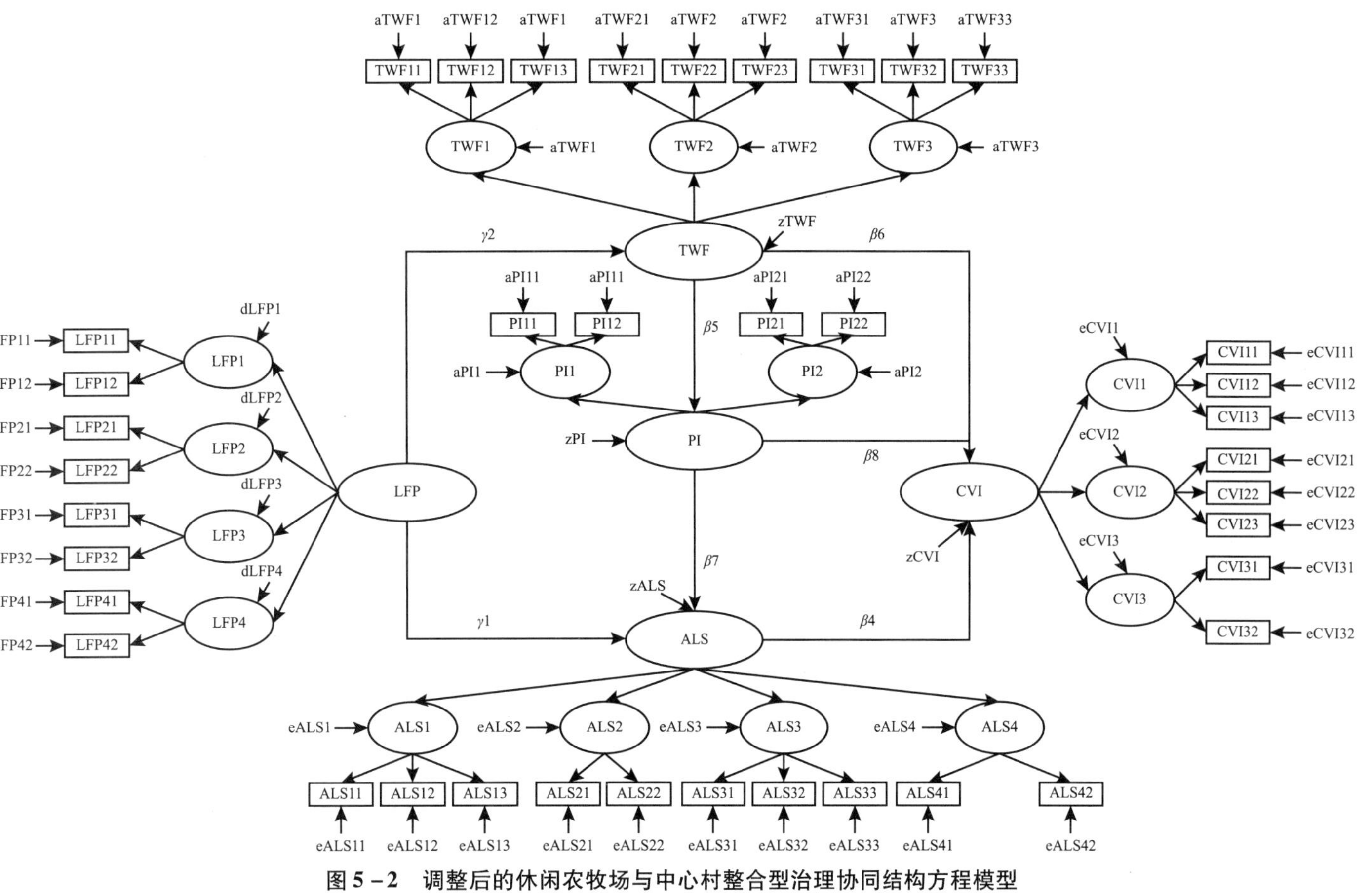

图 5-2 调整后的休闲农牧场与中心村整合型治理协同结构方程模型

表 5－12　　　　　　　　　调整后的结构方程路径估计

路径	模型路径	非标准化路径系数	标准化路径系数	S. E.	C. R.	P
γ1	LFP→ALS	0. 411	0. 550	0. 049	8. 385	***
γ2	LFP→TWF	0. 626	0. 780	0. 061	10. 268	***
β4	ALS→CVI	0. 407	0. 330	0. 108	3. 754	***
β5	TWF→PI	0. 921	0. 780	0. 102	9. 004	***
β6	TWF→CVI	0. 395	0. 350	0. 114	3. 456	***
β7	PI→ALS	0. 325	0. 410	0. 052	6. 220	***
β8	PI→CVI	0. 187	0. 190	0. 091	2. 070	0. 038

注：*** 表示 $p<0.001$。

由表 5－12 可以看出，调整后的结构方程模型各路径呈现显著状态，其中绝大多数都达到了 0. 001 的显著性水平，较好地通过显著性检验。由此可以判定调整后的结构方程模型为最满意的结构方程，经过标准化处理之后，路径系数的数值都在 －1 至 1 的范围内，得出最终的结构方程模型，见图 5－3。

5. 1. 5　结果讨论

根据以上结构方程实证结果，结合本书所提出的研究假设与概念模型，桂滇黔休闲农牧场与中心村整合型协同作用假设验证和路径系数进行了归纳总结，详情如下。

休闲农牧场到农村产业结构的标准化路径系数为 0. 55，$p<0.001$，通过了显著性检验，由此，可以验证“休闲农牧场对农村产业结构具有显著的直接正向作用”的假设，检验的结果支持了原假设 HA1。

休闲农牧场到农户意愿的标准化路径系数为 0. 78，$p<0.001$，通过了显著性检验，由此，可以验证“休闲农牧场对农户意愿具有显著的直接正向作用”的假设，检验的结果支持了原假设 HA2。

休闲农牧场到中心村整合型的作用路径在模型调整中被删除了，并未通过显著性检验，由此，“休闲农牧场对中心村整合型治理具有显著的直接正向作用”的假设不成立，检验的结果拒绝了原假设 HA3。

农村产业结构到中心村整合型的标准化路径系数为 0. 33，$p<0.001$，通过了显著性检验，由此，可以验证“农村产业结构对中心村整合型具有显著的直接正向作用”的假设，检验的结果支持了原假设 HA4。

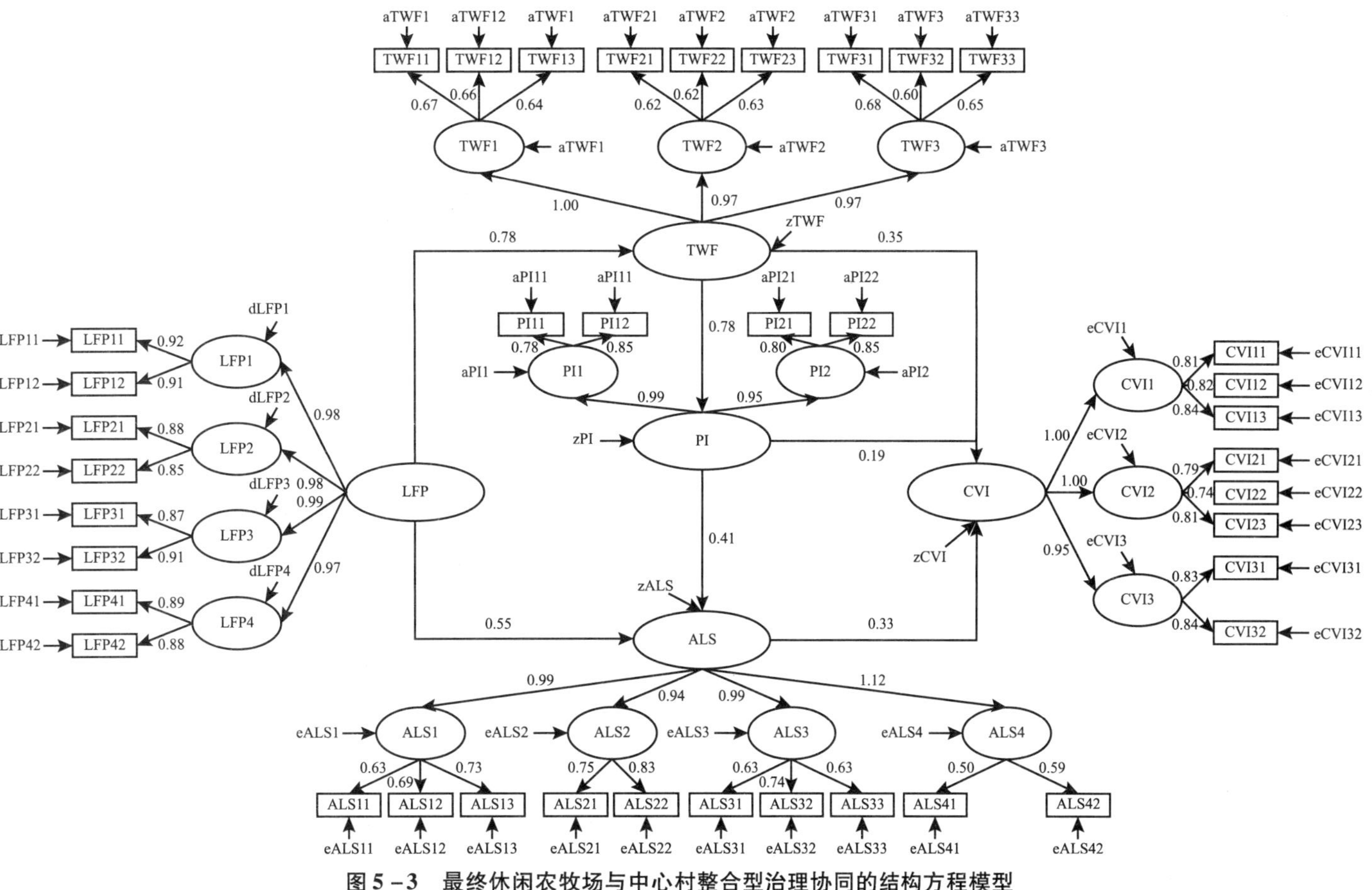

图 5－3　最终休闲农牧场与中心村整合型治理协同的结构方程模型

农户意愿到政策创新的标准化路径系数为0.78，$p<0.001$，通过了显著性检验，由此，可以验证“农户意愿对政策创新具有显著的直接正向作用”的假设，检验的结果支持了原假设HA5。

农户意愿到中心村整合型的标准化路径系数为0.35，$p<0.001$，通过了显著性检验，由此，可以验证“农户意愿对中心村整合型具有显著的直接正向作用”的假设，检验的结果支持了原假设HA6。

政策创新到农村产业结构的标准化路径系数为0.41，$p<0.001$，通过了显著性检验，由此，可以验证“政策创新对农村产业结构具有显著的直接正向作用”的假设，检验的结果支持了原假设HA7。

政策创新到中心村整合型的标准化路径系数为0.19，p值为0.038,，小于0.05，通过了显著性检验，由此，可以验证“政策创新对中心村整合具有显著的直接正向作用”的假设，检验的结果支持了原假设HA8。

从桂滇黔休闲农牧场与中心村整合型治理协同的结构方程实证结果中可以看出，休闲农牧场与中心村整合型之间的直接作用路径虽然在模型调整中被删除了，不存在直接的影响路径，但是休闲农牧场依然可以通过农户意愿、农村产业结构、政策创新三个中间变量对中心村整合型实现间接的影响作用。其间接影响路径有四条，其间接效应分别为1.182（0.55×0.33）、0.27（0.78×0.35）、0.116（$0.78 \times 0.78 \times 0.19$）、0.082（$0.78 \times 0.78 \times 0.41 \times 0.33$），总的间接效应为1.65，其间接效应大于各变量之间的直接效应。说明在研究休闲农牧场与中心村整合治理协同模式当中，农村产业结构、农户意愿、政策创新都是非常重要的变量，其作用不容小觑。

休闲农牧场到中心村整合型的作用路径在模型调整中被删除了，究其原因，可以从以下两个方面进行解释：一是现阶段休闲农牧场的城镇化发展水平较低，相关基础设施不够完善，现阶段建立中心村具有较大的难度；二是休闲农牧场的发展离不开当地政府的政策支持，没有政策创新和完善的农村产业结构，休闲农牧场的空心化现状很难得到改善。总的来说，休闲农牧场要实现与中心村整合型治理方式的协同必须要重视政策创新、农村产业结构的作用，其城镇化水平还有待提升。

同时，从最终的结构方程模型可以看出，经过标准化路径系数，休闲农牧场对农户意愿与农户意愿对政策创新的标准化路径系数均为0.78，远远高于模型类其他直接作用路径系数。可以看出，农户作为休闲农牧场与中心村治理的主体，其村落经济、生活观念和主体特征都是影响农户发展休闲农牧场与进行空心村治理的重要变量，农户对乡村旅游业态创新与空心村治理都具有重要的影响作用，是研究中不可忽视的变量，也是实践中应当注重的因素。

在休闲农牧场与中心村整合型协同的实证结果中，休闲农牧场到农户意愿的标准化路径系数与农户意愿到政策创新的标准化路径系数最高，均为0.78，说明了农户意愿这一变量在实现休闲农牧场与中心村整合型协同中的重要作用。农民作为农村的主体，农民主体特征与空心村治理具有不可忽视的影响作用。在实际的执行中，推动休闲农牧场旅游经济的发展一定要考虑居民的意愿，着重解决居民的收入问题，增加就业岗位供给。

针对以上研究结果，可以获得两个十分重要的启示：一是休闲农牧场作为桂滇黔乡村旅游业态创新的重要类型之一，其与空心村治理有着十分显著的协同作用，在未来的空心村治理中，既要充分重视休闲农牧场在旅游产业中的拉动作用，也要注意与空心村治理相协同。二是农村产业结构、政策创新和农户意愿都是影响桂滇黔乡村旅游业态创新与空心村治理的重要中间变量，桂滇黔空心村治理的重点要放在优化农村产业结构、完善政策创新机制和提升农户意愿上来。

5.2 桂滇黔乡村庄园与中心村整合型治理协同模式的数据验证

5.2.1 研究设计

本书以桂滇黔三个省级行政区作为研究范围，以乡村旅游业态创新和空心村治理模式作为研究对象，通过研究桂滇黔乡村庄园与中心村整合型模式的协同，对乡村旅游业态创新与空心村治理协同模式进行实证分析。桂滇黔属于西南民族地区，区域内丰富的旅游资源和良好旅游经济基础为乡村庄园发展提供了强有力的条件。与此同时，桂滇黔三省（区）在城镇化进程中出现大量的空心化问题，发展乡村旅游业成为解决空心化问题的重要手段之一。基于此，以桂滇黔的乡村旅游业态创新与空心村治理模式为研究重点，具体来说，本节主要研究桂滇黔的乡村庄园与中心村整合型协同模式。

本书从理论上对桂滇黔乡村庄园与中心村整合型进行了深入的分析和

阐释，为了使研究更为严谨，进一步识别出乡村庄园与中心村整合型的协同模式，采用定量分析方法对乡村庄园与中心村整合型治理协同模式进行数据验证。在方法的选取上，选取结构方程模型进行实证分析，其原因与上述休闲农牧场与中心村整合治理一致。为了收集到研究所需要的数据，研究设计了《桂滇黔乡村庄园对中心村整合型治理协同作用调查问卷》（简称“调查问卷”）。在问卷的设计中，重点把握乡村庄园、农村产业结构、创新能力、政策创新及中心村整合型五个方面，通过设置观测变量对潜变量进行解释，为最终分析乡村庄园与中心村整合型治理协同模式提供第一手数据。因此，在调查问卷的设计中，主要包括五个方面的内容。其中，第一部分是“乡村庄园的调查”；第二部分是“农村产业结构的调查”；第三部分是“创新能力的调查”；第四部分是“政策创新的调查”；第五部分是“中心村整合型治理的调查”（见附录2）。

在问卷设计的基础上，本书研究团队于2018年7月12日展开了预调研，以桂滇黔乡村庄园为主要调研目的地，如云南文山州普者黑乡村庄园，调查对象为乡村庄园的游客和居民。预调研的目的是获得桂滇黔乡村庄园与中心村整合型治理模式的基本情况和现实问题，对原定问卷题项、表述以及与现实相冲突的内容进行修改，为第二阶段的正式调研奠定基础。在对预调研的结果进行整理统计分析的基础上，于2018年11月至2019年1月开展正式调研，正式调研是在预调研的基础上进行有针对性的数据采集，为了取得桂滇黔乡村庄园与中心村整合型模式协同的数据，本书在问卷的设计中充分考虑了相关内容。

5.2.2　变量度量

本书对桂滇黔乡村庄园与中心村整合型进行结构方程实证分析，对研究假设HB1～HB8进行假设检验，首先需要解决的是关键变量的度量问题。在研究设计中，以乡村庄园、农村产业结构、创新能力、政策创新和中心村整合型为主要关键变量，通过对这5个关键变量进行度量，通过采用一系列观测变量对潜在变量进行定量分析，最终实现研究目的。其中，在这5个关键变量中，根据变量之间的相互关系和内在机制，乡村庄园是被解释变量，中心村整合型、政策创新、农村产业结构及创新能力是解释变量，分别对被解释变量和解释变量进行测度。

乡村庄园（country estate，CE）是乡村旅游业态创新的重要形态之一，乡村庄园的产生和发展既与当地的土地、农业、人口密切相关，也受到桂滇黔的城镇化水平的影响。从这个角度出发，本节从土地基础（CE1）、农业基础（CE2）、人口基础（CE3）及城镇化水平（CE4）四个方面对桂滇黔的乡村庄园进行测度，共设置了8个观测变量，具体情况见表5－13。

表5－13　　乡村庄园指标量表

土地基础（CE1）	CE11	乡村庄园的土地类型符合中心村整合型模式的要求程度
	CE12	乡村庄园的土地利用状况符合中心村整合型模式的要求程度
农业基础（CE2）	CE21	乡村庄园的农业发展状况符合中心村整合型模式的要求程度
	CE22	乡村庄园的非农化进程符合中心村整合型模式的要求程度
人口基础（CE3）	CE31	乡村庄园的人口数量符合中心村整合型模式的要求程度
	CE32	乡村庄园的人口构成符合中心村整合型模式的要求程度
城镇化水平（CE4）	CE41	乡村庄园的城镇化水平符合中心村整合型模式的要求程度
	CE42	乡村庄园的城镇化特征符合中心村整合型模式的要求程度

农村产业结构（ALS）既是研究设计中重要的解释变量，也是研究桂滇黔乡村庄园与中心村整合型模式协同的重要中间变量。从桂滇黔乡村旅游与空心村治理两个方面出发，结合相关文献成果，从游客需求（ALS1）、资源（ALS2）、经济效益（ALS3）和可持续发展能力（ALS4）四个方面出发，共设置了10个观测变量分别对这四个方面进行测度，具体见表5－14。

表5－14　　农村产业结构指标量表

游客需求（ALS1）	ALS11	游客需求数量与农业生产符合中心村整合型模式的要求程度
	ALS12	游客需求种类与农业发展符合中心村整合型模式的要求程度
	ALS13	游客需求趋势与农业规划符合中心村整合型模式的要求程度
资源（ALS2）	ALS21	农村的资源禀赋符合中心村整合型模式的要求程度
	ALS22	农村的资源开发利用符合中心村整合型模式的要求程度
经济效益（ALS3）	ALS31	农村产业的经济收益分配符合中心村整合型模式的要求程度
	ALS32	农村产业的未来经济收益符合中心村整合型模式的要求程度
	ALS33	农村产业的经济收益构成符合中心村整合型模式的要求程度
可持续发展能力（ALS4）	ALS41	农村产业发展规划状况符合中心村整合型模式的要求程度
	ALS42	农村产业结构成分符合中心村整合型模式的要求程度

桂滇黔空心村治理问题既是桂滇黔缓解城乡发展问题、破解土地供需矛盾的重大战略，也是促进新农村建设的题中之意。创新作为拉动区域经济的主导力量，从一定程度上说，创新能力（the innovation ability，TIA）决定空心村治理成败的关键因素。结合已有学者对空心村治理中创新能力的研究成果，创新能力应从资源配置、项目整合、正外部性等三个方面来构建。本节分别从资源配置（TIA1）、项目整合（TIA2）和正外部性（TIA3）三个方面对创新能力进行解释说明。其中，针对资源配置、项目整合和正外部性，分别设置3个观测变量进行变量度量，共9个观测变量，具体情况见表5－15。

表5－15　创新能力指标量表

资源配置（TIA1）	TIA11	资源分布特征符合中心村整合型模式的要求程度
	TIA12	资源利用总量符合中心村整合型模式的要求程度
	TIA13	资源规划状况符合中心村整合型模式的要求程度
项目整合（TIA2）	TIA21	项目整合方式符合中心村整合型模式的要求程度
	TIA22	项目创新能力符合中心村整合型模式的要求程度
	TIA23	项目分布与规划特征符合中心村整合型模式的要求程度
正外部性（TIA3）	TIA31	外部环境状况符合中心村整合型模式的要求程度
	TIA32	外部技术状况符合中心村整合型模式的要求程度
	TIA33	外部政策延伸情况符合中心村整合型模式的要求程度

政策创新（PI）既与桂滇黔土地产权制度息息相关，也与区域内典型的城乡二元体制相关联。在已有的相关文献基础上，从桂滇黔的实际情况出发，对土地产权制度（PI1）和城乡二元体制（PI2）两个方面进行变量的解释，分别设置了两个观测变量进行阐释，具体情况见表5－16。

表5－16　政策创新指标量表

土地产权制度（PI1）	PI11	土地产权制度内容符合中心村整合型模式的要求程度
	PI12	土地产权制度管理状况符合中心村整合型模式的要求程度
城乡二元体制（PI2）	PI21	城乡二元体制管理方式符合中心村整合型模式的要求程度
	PI22	城乡二元体制治理状况符合中心村整合型模式的要求程度

中心村整合型（CVI）是空心村治理的重要模式之一。结合空心村治理模式的特征和机制，设置了8个观测变量进行变量度量。其中，针对组织协调机制（CVI1）设置了3个观测变量，农户参与机制（CVI2）设置了3个观测变量，长效监督机制（CVI3）设置了2个观测变量，详细的情况见表5－17。

表5－17　　　　中心村整合型指标量表

组织协调机制（CVI1）	CVI11	组织协调机制力度符合中心村整合型模式的要求程度
	CVI12	组织协调机制内容符合中心村整合型模式的要求程度
	CVI13	组织协调机制构成符合中心村整合型模式的要求程度
农户参与机制（CVI2）	CVI21	农户参与机制内容符合中心村整合型模式的要求程度
	CVI22	农户参与机制力度符合中心村整合型模式的要求程度
	CVI23	农户参与机制构成符合中心村整合型模式的要求程度
长效监督机制（CVI3）	CVI31	长效监督机制内容符合中心村整合型模式的要求程度
	CVI32	长效监督机制实施符合中心村整合型模式的要求程度

5.2.3　样本数据分析

与研究桂滇黔休闲农牧场与中心村整合型一致，通过调查问卷获得第一手的数据资料，共发布问卷数量300份，收回问卷数量250份，回收率为83.3%，其中，由于在填写的过程中出现了不认真的状况，加之部分游客和居民只针对部分题项进行回答，导致回收的问卷中出现了一部分无效问卷。经过统计，在回收的250份问卷中，有效问卷为221份，有效率为88.4%。总体来说，有效问卷的数量符合结构方程所要求的样本数量，可以进行下一步实证分析。在进行实证分析以前，为了获得桂滇黔乡村庄园与中心村整合型模式的协同状况，需要对调查问卷获得的数据进行信度分析和效度分析。

在进行描述性统计时，从本书的研究设计出发，重点掌握乡村庄园、农村产业结构、创新能力、政策创新和中心村整合型五个方面的内容，同时对每个主要变量的观测指标进行均值和标准差的描述。通过SPSS计算各指标的均值和标准差，具体情况见表5－18。

表 5－18　　　　描述性统计

主要变量	潜在变量	观测变量	均值	标准差	最大值	最小值
乡村庄园（CE）	土地基础（CE1）	CE11	3.69	0.692	5	1
		CE12	3.72	0.727	5	1
	农业基础（CE2）	CE21	3.60	0.810	5	1
		CE22	3.64	0.813	5	1
	人口基础（CE3）	CE31	3.56	0.784	5	1
		CE32	3.55	0.737	5	1
	城镇化水平（CE4）	CE41	3.64	0.813	5	1
		CE42	3.60	0.764	5	1
农村产业结构（ALS）	游客需求（ALS1）	ALS11	3.15	0.694	5	1
		ALS12	3.25	0.712	5	1
		ALS13	3.15	0.661	5	1
	资源（ALS2）	ALS21	3.28	0.677	5	1
		ALS22	3.20	0.743	5	1
	经济效益（ALS3）	ALS31	3.19	0.780	5	1
		ALS32	3.15	0.746	5	1
		ALS33	3.10	0.701	5	1
	可持续发展能力（ALS4）	ALS41	3.39	0.763	5	1
		ALS42	3.18	0.684	5	1
创新能力（TIA）	资源配置（TIA1）	TIA11	3.25	0.751	5	1
		TIA12	3.21	0.678	5	1
		TIA13	3.01	0.680	5	1
	项目整合（TIA2）	TIA21	3.29	0.715	5	1
		TIA22	3.06	0.728	5	1
		TIA23	3.15	0.702	5	1
	正外部性（TIA3）	TIA31	3.23	0.738	5	1
		TIA32	3.10	0.689	5	1
		TIA33	3.20	0.731	5	1
政策创新（PI）	土地产权制度（PI1）	PI11	3.36	0.778	5	1
		PI12	3.37	0.819	5	1
	城乡二元体制（PI2）	PI21	3.40	0.754	5	1
		PI22	3.30	0.738	5	1

续表

主要变量	潜在变量	观测变量	均值	标准差	最大值	最小值
中心村整合型（CVI）	组织协调机制（CVI1）	CVI11	3.62	0.724	5	1
		CVI12	3.62	0.757	5	1
		CVI13	3.60	0.775	5	1
	农户参与机制（CVI2）	CVI21	3.62	0.746	5	1
		CVI22	3.62	0.777	5	1
		CVI23	3.70	0.733	5	1
	长效监督机制（CVI3）	CVI31	3.59	0.806	5	1
		CVI32	3.65	0.740	5	1

在对桂滇黔乡村庄园与中心村整合型协同模式的信度检验中，我们采用Kilne的信度检验标准，利用SPSS 19对乡村庄园与中心村整合型协同模式的量表数据进行信度检验，得到各变量的Cronbach's α系数值（见表5－19）。在量表数据进行信度检验的基础上，进一步对数据进行效度检验，目的是核验通过调查问卷量表获得的数据能否科学地反映出测度变量的真实架构，是否满足假设条件，结果见表5－19。

表5－19　信度和效度检验结果

变量	题项	α	因子载荷		KMO值	累计方差解释率	Bartlett's球形检验		
							X2	df	Sig.
乡村庄园（CE）	2	0.898	CE11	0.735	0.95	46.732	1981.429	28	0.000
			CE12	0.697					
	2	0.865	CE21	0.741					
			CE22	0.744					
	2	0.861	CE31	0.715					
			CE32	0.777					
	2	0.869	CE41	0.742					
			CE42	0.736					

续表

变量	题项	α	因子载荷		KMO值	累计方差解释率	Bartlett's 球形检验		
							X2	df	Sig.
农村产业结构（ALS）	3	0. 729	ALS11	0. 523	0. 939	51. 990	1059. 971	45	0. 000
			ALS12	0. 574					
			ALS13	0. 576					
	2	0. 771	ALS21	0. 636					
			ALS22	0. 707					
	3	0. 713	ALS31	0. 511					
			ALS32	0. 591					
			ALS33	0. 599					
	2	0. 482	ALS41	0. 578					
			ALS42	0. 533					
创新能力（TIA）	3	0. 695	TIA11	0. 600	0. 91	56. 857	707. 579	36	0. 000
			TIA12	0. 434					
			TIA13	0. 577					
	3	0. 647	TIA21	0. 538					
			TIA22	0. 596					
			TIA23	0. 612					
	3	0. 688	TIA31	0. 654					
			TIA32	0. 618					
			TIA33	0. 547					
政策创新（PI）	2	0. 802	PI11	0. 656	0. 823	60. 669	512. 683	6	0. 000
			PI12	0. 742					
	2	0. 792	PI21	0. 666					
			PI22	0. 754					
中心村整合型（CVI）	3	0. 857	CVI11	0. 679	0. 947	63. 855	1447. 161	28	0. 000
			CVI12	0. 627					
			CVI13	0. 736					
	3	0. 859	CVI21	0. 747					
			CVI22	0. 744					
			CVI23	0. 712					
	2	0. 821	CVI31	0. 736					
			CVI32	0. 686					

如表5－19所示，在桂滇黔乡村庄园与中心村整合型的信度和效度检验结果中，Cronbach's α 系数值均大于0.50，属于可接受的范围，由此可以看出量表数据具有较好的信度。在效度检验中，各指标的因子载荷均在0.50以上，KMO值在大于0.80，能很好地支持量表数据进行因子分析，Bartlett's 球形检验显著性水平均在0.000，我们可以认为本次问卷量表及各组成部分建构效度良好。

5.2.4　结构方程模型

由乡村庄园与中心村整合型治理协同模式的理论模型可以看出，乡村庄园、农村产业结构、创新能力、政策创新和中心村整合均是无法直接观测到的潜在变量，针对这五个变量设定的二级指标也是无法直接观测到的，也属于潜在变量。同时，显变量和潜变量中均存在内生变量和外生变量。在确定变量的性质以后，可以将乡村庄园与中心村整合型治理协同作用中的各项变量进行归类，其中，乡村庄园是内生变量，农村产业结构、创新能力、政策创新是中间变量，中心村整合型是外生变量。基于此，构建出桂滇黔乡村庄园与中心村整合型治理协同的初始结构方程模型（见图5－4）。

图5－4显示了乡村庄园与中心村整合型治理协同的初始结构方程模型，其中可以看出，乡村庄园与中心村整合型治理协同的初始结构方程中存在外生显变量8项，内生显变量31项，外生潜变量4项，内生潜变量12项。

外生显变量共有8项：CE11、CE12、CE21、CE22、CE31、CE32、CE41、CE42。

内生显变量共有31项：TIA11、TIA12、TIA13、TIA21、TIA22、TIA23、TIA31、TIA32、TIA33、PI11、PI12、PI21、PI22、ALS11、ALS12、ALS13、ALS21、ALS22、ALS31、ALS32、ALS33、ALS41、ALS42、CVI11、CVI12、CVI13、CVI21、CVI22、CVI23、CVI31、CVI32。

外生潜变量4项：CE1、CE2、CE3、CE4。

内生潜变量12项：TIA1、TIA2、TIA3、PI1、PI2、ALS1、ALS2、ALS3、ALS4、CVI1、CVI2、CVI3。

在进行桂滇黔乡村庄园与中心村整合治理协同模式数据验证中，为了构建观测变量的结构方程式，需要对相关的变量进行设定。根据本书所构建的初始结构方程模型中的相关内容，乡村庄园（CE）、土地基础（CE1）、农业基础（CE2）、人口基础（CE3）、城镇化（CE4）是外生潜变量，分别用ζ_{CE}、ζ_{CE1}、ζ_{CE2}、ζ_{CE3}、ζ_{CE4}来表示。农村产业结构（ALS）、游客需求（ALS1）、资源（ALS2）、经济效益（ALS3）、可持续发展能力（ALS4）、创新

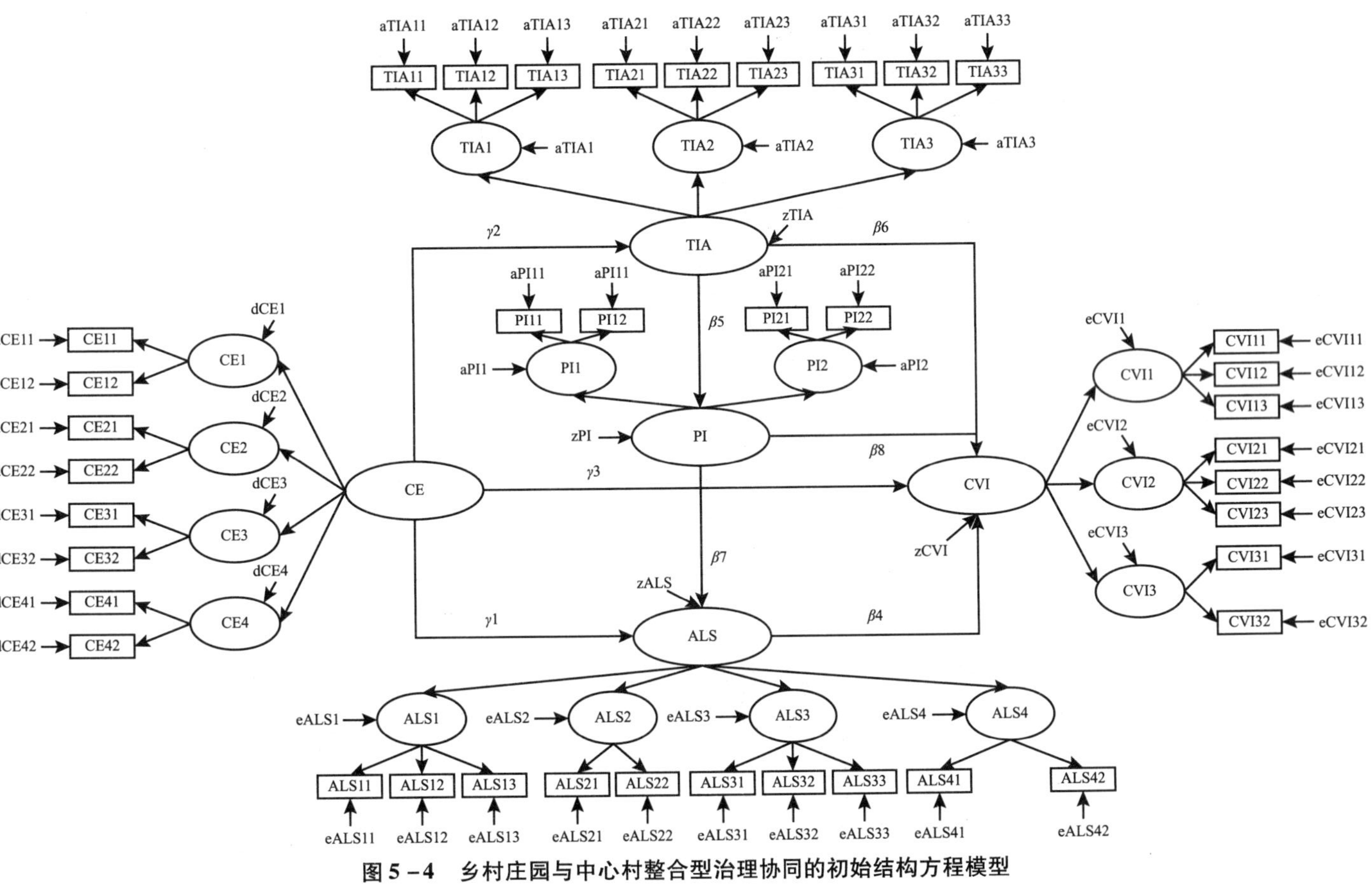

图5－4　乡村庄园与中心村整合型治理协同的初始结构方程模型

能力（TIA）、资源配置（TIA1）、项目整合（TIA2）、正外部性（TIA3）、政策创新（PI）、土地产权制度（PI1）、城乡二元体制（PI2）、中心村整合型（CVI）、组织协调机制（CVI1）、农户参与机制（CVI2）、长效监督机制（CVI3）是内生潜变量，分别用η_{ALS}、η_{ALS1}、η_{ALS2}、η_{ALS3}、η_{ALS4}、η_{TIA}、η_{TIA1}、η_{TIA2}、η_{TIA3}、η_{PI}、η_{PI1}、η_{PI2}、η_{CVI}、η_{CVI1}、η_{CVI2}、η_{CVI3}来表示。由此，构建出桂滇黔乡村庄园与中心村整合型治理协同模式的观测模型方程式：

$$
\begin{cases}
\chi_{LFP1}=\lambda_{LFP1}\xi_{LFP}+\delta_{LFP1},\ \chi_{LFP2}=\lambda_{LFP2}\xi_{LFP}+\delta_{LFP2},\ \chi_{LFP3}=\lambda_{LFP3}\xi_{LFP}+\delta_{LFP3},\\
\chi_{LFP4}=\lambda_{LFP4}\xi_{LFP}+\delta_{LFP4},\ \chi_{LFP11}=\lambda_{LFP11}\xi_{LFP1}+\delta_{LFP11},\ \chi_{LFP12}=\lambda_{LFP12}\xi_{LFP1}+\delta_{LFP12},\\
\chi_{LFP21}=\lambda_{LFP21}\xi_{LFP2}+\delta_{LFP21},\ \chi_{LFP22}=\lambda_{LFP22}\xi_{LFP2}+\delta_{LFP22},\\
\chi_{LFP31}=\lambda_{LFP31}\xi_{LFP3}+\delta_{LFP31},\ \chi_{LFP32}=\lambda_{LFP32}\xi_{LFP3}+\delta_{LFP32},\\
\chi_{LFP41}=\lambda_{LFP41}\xi_{LFP4}+\delta_{LFP41},\ \chi_{LFP42}=\lambda_{LFP42}\xi_{LFP4}+\delta_{LFP42},\\
Y_{PI1}=\lambda_{PI1}\eta_{PI}+\varepsilon_{PI1},\ Y_{PI2}=\lambda_{PI2}\eta_{PI}+\varepsilon_{PI2}\quad Y_{PI11}=\lambda_{PI11}\eta_{PI1}+\varepsilon_{PI11},\\
Y_{PI12}=\lambda_{PI12}\eta_{PI1}+\varepsilon_{PI12},\ Y_{PI21}=\lambda_{PI21}\eta_{PI2}+\varepsilon_{PI21},\ Y_{PI22}=\lambda_{PI22}\eta_{PI2}+\varepsilon_{PI22},\\
Y_{TWF1}=\lambda_{TWF1}\eta_{TWF}+\varepsilon_{TWF1},\ Y_{TWF2}=\lambda_{TWF2}\eta_{TWF}+\varepsilon_{TWF2},\ Y_{TWF3}=\lambda_{TWF3}\eta_{TWF}+\varepsilon_{TWF3},\\
Y_{TWF11}=\lambda_{TWF11}\eta_{TWF1}+\varepsilon_{TWF11},\ Y_{TWF12}=\lambda_{TWF12}\eta_{TWF1}+\varepsilon_{TWF12},\ Y_{TWF13}=\lambda_{TWF13}\eta_{TWF1}+\varepsilon_{TWF13},\\
Y_{TWF21}=\lambda_{TWF21}\eta_{TWF2}+\varepsilon_{TWF21},\ Y_{TWF22}=\lambda_{TWF22}\eta_{TWF2}+\varepsilon_{TWF22},\ Y_{TWF23}=\lambda_{TWF23}\eta_{TWF2}+\varepsilon_{TWF23},\\
Y_{TWF31}=\lambda_{TWF31}\eta_{TWF3}+\varepsilon_{TWF31},\ Y_{TWF32}=\lambda_{TWF32}\eta_{TWF3}+\varepsilon_{TWF32},\ Y_{TWF33}=\lambda_{TWF33}\eta_{TWF3}+\varepsilon_{TWF33},\\
Y_{ALS1}=\lambda_{ALS1}\eta_{ALS}+\varepsilon_{ALS1},\ Y_{ALS2}=\lambda_{ALS2}\eta_{ALS}+\varepsilon_{ALS2},\ Y_{ALS3}=\lambda_{ALS3}\eta_{ALS}+\varepsilon_{ALS3},\\
\quad Y_{ALS4}=\lambda_{ALS4}\eta_{ALS}+\varepsilon_{ALS4},\\
Y_{ALS11}=\lambda_{ALS11}\eta_{ALS1}+\varepsilon_{ALS11},\ Y_{ALS12}=\lambda_{ALS12}\eta_{ALS1}+\varepsilon_{ALS12},\ Y_{ALS13}=\lambda_{ALS13}\eta_{ALS1}+\varepsilon_{ALS13},\\
Y_{ALS21}=\lambda_{ALS21}\eta_{ALS2}+\varepsilon_{ALS21},\ Y_{ALS22}=\lambda_{ALS22}+\eta_{ALS2}+\varepsilon_{ALS22},\ Y_{ALS31}=\lambda_{ALS31}\eta_{ALS3}+\varepsilon_{ALS31},\\
Y_{ALS32}=\lambda_{ALS32}\eta_{ALS3}+\varepsilon_{ALS32},\ Y_{ALS33}=\lambda_{ALS33}\eta_{ALS3}+\varepsilon_{ALS33},\ Y_{ALS41}=\lambda_{ALS41}\eta_{ALS4}+\varepsilon_{ALS41},\\
\quad Y_{ALS42}=\lambda_{ALS42}\eta_{ALS4}+\varepsilon_{ALS42},\\
Y_{CVI1}=\lambda_{CVI1}\eta_{CVI}+\varepsilon_{CVI1},\ Y_{CVI2}=\lambda_{CVI2}\eta_{CVI}+\varepsilon_{CVI2},\ Y_{CVI3}=\lambda_{CVI3}\eta_{CVI}+\varepsilon_{CVI3},\\
Y_{CVI11}=\lambda_{CVI11}\eta_{CVI1}+\varepsilon_{CVI11},\ Y_{CVI12}=\lambda_{CVI12}\eta_{CVI1}+\varepsilon_{CVI12},\ Y_{CVI13}=\lambda_{CVI13}\eta_{CVI1}+\varepsilon_{CVI13},\\
Y_{CVI21}=\lambda_{CVI21}\eta_{CVI2}+\varepsilon_{CVI21},\ Y_{CVI22}=\lambda_{CVI22}\eta_{CVI2}+\varepsilon_{CVI22},\ Y_{CVI23}=\lambda_{CVI23}\eta_{CVI2}+\varepsilon_{CVI23},\\
Y_{CVI31}=\lambda_{CVI31}\eta_{CVI3}+\varepsilon_{CVI31},\ Y_{CVI32}=\lambda_{CVI32}\eta_{CVI3}+\varepsilon_{CVI32}.
\end{cases}
$$

在构建出观测模型方程式的基础上，根据结构模型的一般形式构建出乡村庄园与中心村整合型治理协同的结构方程式，表达如下：

$$
\begin{cases}
\eta_{TIA}=\gamma_2\xi_{CE}+\zeta_{TIA}\\
\eta_{PI}=\beta_5\eta_{TIA}+\zeta_{PI}\\
\eta_{ALS}=\gamma_1\xi_{CE}+\beta_7\eta_{PI}+\zeta_{ALS}\\
\eta_{CVI}=\gamma_3\xi_{CE}+\beta_4\eta_{ALS}+\beta_6\eta_{TIA}+\beta_8\eta_{PI}+\zeta_{CVI}
\end{cases}
$$

其中，用 γ_1、γ_2、γ_3 分别表示乡村庄园对农村产业结构、创新能力、中心村整合型的作用路径。用 β_4 表示农村产业结构对中心村整合型的作用路径，用 β_5、β_6 分别表示创新能力对政策创新与中心村整合型的作用路径，用 β_7、β_8 分别表示政策创新对农村产业结构与中心村整合型治理的作用路径。

在拟合指标检验的选取中，采用最常用的八种拟合指标检验方法，分别为 CMIN/DF、CFI、IFI、TLI、AGFI、PNFI、RMSEA、RMR。将构建的初始结构方程模型放入 AMOS 中，通过导入量表数据，获得了乡村庄园与中心村整合型协同模式的拟合指标值（见表 5－20）。

表 5－20　　初始结构方程模型适配度检验结果

拟合指标	CMIN/DF	CFI	IFI	TLI	AGFI	PNFI	RMSEA	RMR
观测值	1.460	0.953	0.954	0.949	0.818	0.793	0.043	0.023
拟合标准	<3.00	>0.90	>0.90	>0.90	>0.80	>0.50	<0.08	<0.05

由表 5－20 可以看出，在所得出的各项拟合指标检验值中，均达到了拟合标准，说明所构建的乡村庄园与中心村整合型治理协同的初始结构方程模型能较好地与问卷调查获得的量表数据进行拟合。因此，在进行拟合度检验的基础上，进一步对原始结构方程中各路径的系数进行测度（见表 5－21）。

表 5－21　　初始结构方程路径估计

路径	模型路径	路径系数	S. E.	C. R.	P
$\gamma1$	CE→ALS	0.401	0.050	8.030	***
$\gamma2$	CE→TIA	0.620	0.063	9.834	***
$\gamma3$	CE→CVI	0.291	0.092	3.178	0.001
$\beta4$	ALS→CVI	0.169	0.129	1.311	0.190
$\beta5$	TIA→PI	0.921	0.103	8.913	***
$\beta6$	TIA→CVI	0.235	0.134	1.757	0.079
$\beta7$	PI→ALS	0.344	0.054	6.432	***
$\beta8$	PI→CVI	0.251	0.102	2.475	0.013

注：*** 表示 $p<0.001$。

由表5-21可以看出，在乡村庄园与中心村整合型治理的初始结构方程模型路径估计结果中，ALS→CVI这条路径没有通过显著性检验。从结果上看，乡村庄园与中心村整合型治理协同的原始结构方程模型的构造思路基本正确，但其中的部分关系需要进行调整。因此，在初始结构方程模型中删除了农村产业结构对中心村整合型的直接作用关系路径，即ALS→CVI（见图5-5）。

图5-5展示了调整后的乡村庄园与中心村整合型治理协同的结构方程模型图，将调整后的结构方程模型放入AMOS中进行拟合度检验，其结果见表5-22。

表5-22　　调整后结构方程模型适配度检验结果

拟合指标	CMIN/DF	CFI	IFI	TLI	AGFI	PNFI	RMSEA	RMR
观测值	1.460	0.953	0.954	0.949	0.818	0.794	0.043	0.024
拟合标准	<3.00	>0.90	>0.90	>0.90	>0.80	>0.50	<0.08	<0.05

由表5-22可以看出，调整后的结构方程模型各项拟合指标检验值均达到了拟合标准，说明调整后的结构方程模型与原始数据量表之间依然是匹配的。在拟合度检验的基础上，再次将构建的调整后结构方程模型放入AMOS中进行路径估计，其结果见表5-23。

表5-23　　调整后的结构方程路径估计

路径	模型路径	非标准化路径系数	标准化路径系数	S. E.	C. R.	P
γ1	CE→ALS	0.398	0.520	0.050	8.007	***
γ2	CE→TIA	0.620	0.770	0.063	9.840	***
γ3	CE→CVI	0.349	0.370	0.074	4.717	***
β5	TIA→PI	0.919	0.780	0.103	8.914	***
β6	TIA→CVI	0.252	0.220	0.134	1.879	0.060
β7	PI→ALS	0.351	0.440	0.054	6.543	***
β8	PI→CVI	0.311	0.320	0.087	3.569	***

注：*** 表示 $p<0.001$。

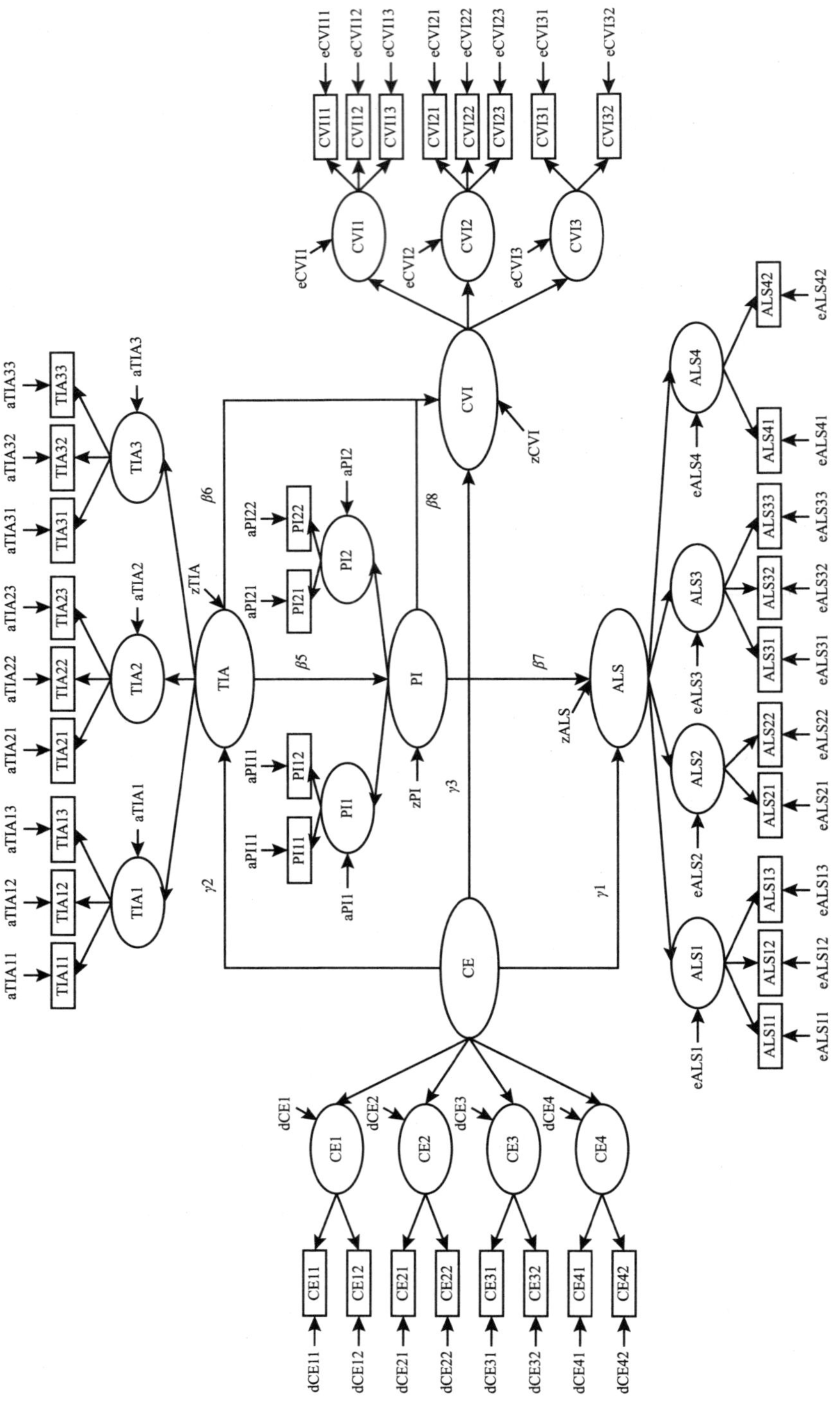

图5-5 调整后的乡村庄园与中心村整合型治理协同结构方程模型

由表5-23可以看出，调整后的结构方程模型各路径呈现出显著状态，其中表5-12中绝大多数都达到了0.001的显著性水平，较好地通过显著性检验。可以判定调整后的结构方程模型为较满意的结构方程，经过标准化处理之后，路径系数的数值都在-1至1的范围内，得出最终的结构方程模型，见图5-6。

5.2.5 结果讨论

根据以上结构方程实证结果，结合提出的研究假设与概念模型，桂滇黔乡村庄园与中心村整合型协同作用假设验证和路径系数进行了归纳总结，详情如下。

乡村庄园到农村产业结构的标准化路径系数为0.52，$p<0.001$，通过了显著性检验，由此，可以验证“乡村庄园对农村产业结构具有显著的直接正向作用”的假设，检验的结果支持了原假设HB1。

乡村庄园到创新能力的标准化路径系数为0.77，$p<0.001$，通过了显著性检验，由此，可以验证“乡村庄园对创新能力具有显著的直接正向作用”的假设，检验的结果支持了原假设HB2。

乡村庄园到中心村整合型的标准化路径系数为0.37，且在1%的水平上显著，较好地通过显著性检验，由此，“乡村庄园对中心村整合型治理具有显著的直接正向作用”的假设成立，检验的结果支持了原假设HB3。

农村产业结构到中心村整合型的作用路径在模型调整中被删除了，未能通过显著性检验，由此，可以看出“农村产业结构对中心村整合型具有显著的直接正向作用”的假设不成立，检验的结果拒绝了原假设HB4。

创新能力到政策创新的标准化路径系数为0.78，$p<0.001$，通过了显著性检验，由此，可以验证“创新能力对政策创新具有显著的直接正向作用”的假设，检验的结果支持了原假设HB5。

创新能力到中心村整合型的标准化路径系数为0.22，p值为0.060，在5%的水平上显著，通过了显著性检验，由此，可以验证“创新能力对中心村整合型具有显著的直接正向作用”的假设，检验的结果支持了原假设HB6。

政策创新到农村产业结构的标准化路径系数为0.44，$p<0.001$，通过了显著性检验，由此，可以验证“政策创新对农村产业结构具有显著的直接正向作用”的假设，检验的结果支持了原假设HB7。

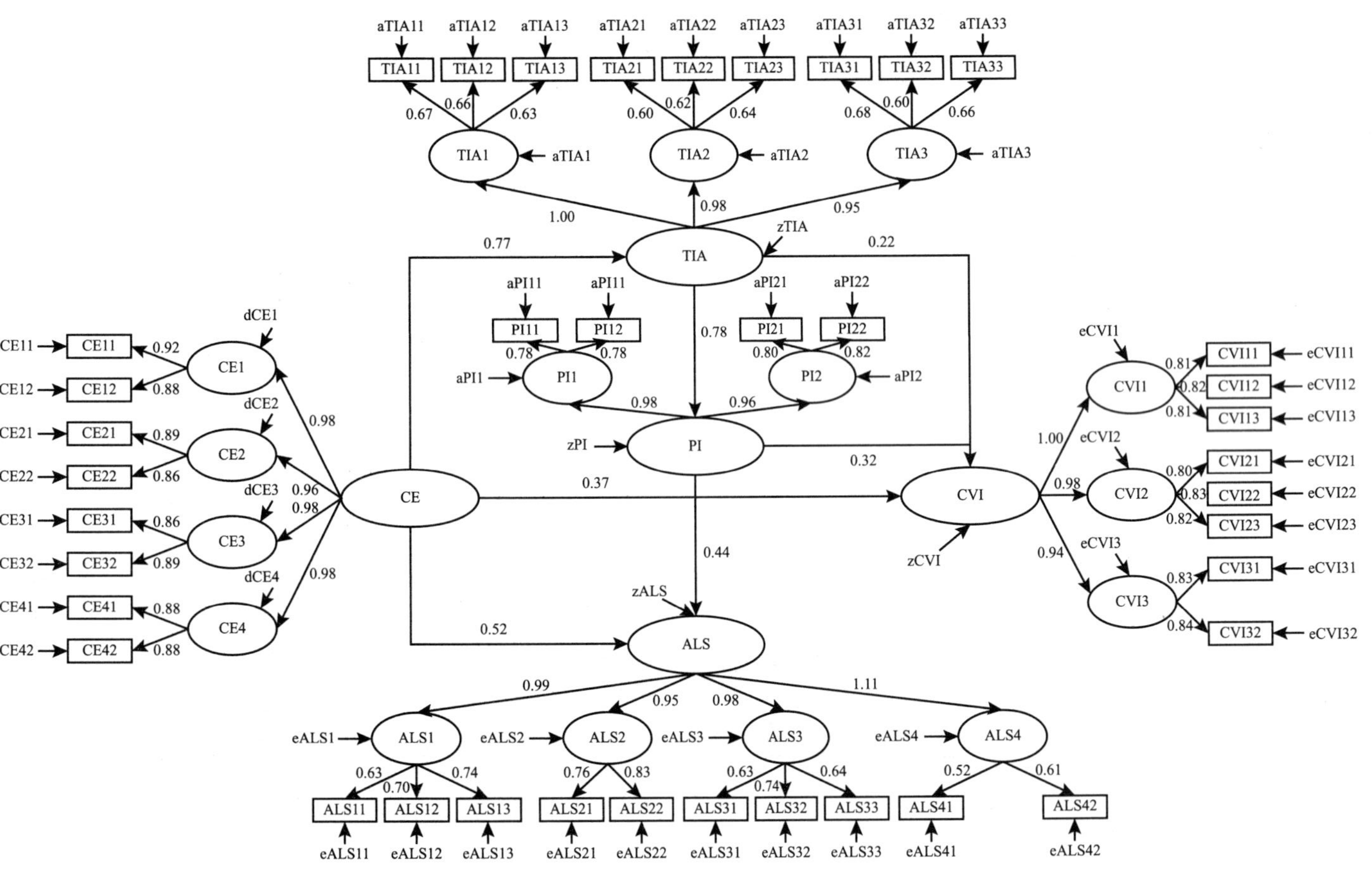

图 5-6 最终乡村庄园与中心村整合型治理协同的结构方程模型

政策创新到中心村整合型的标准化路径系数为0.32，p值小于0.001，通过了显著性检验，由此，可以验证“政策创新对中心村整合具有显著的直接正向作用”的假设，检验的结果支持了原假设HB8。

由此可以看出，桂滇黔乡村庄园对中心村整合型治理的结构方程模型较好地与量表数据进行了拟合，乡村庄园对中心村整合型不仅有着直接作用效应，其直接作用路径系数为0.37，还有较为显著的间接作用路径，其间接作用路径有两条，其间接作用效应分别为0.169（0.77×0.22）、0.192（0.77×0.78×0.32），总的间接作用效应为0.361。通过比较，可以看出，乡村庄园对中心村整合型的直接作用路径系数与间接作用路径系数是差不多的，农村产业结构、创新能力和政策创新是三个中间变量的重要作用不容忽视。

农村产业结构到中心村整合型的作用路径在模型调整中被删除了，究其原因，是与乡村庄园的发展现状分不开的。乡村庄园是集旅游、农业、服务、休闲等多种功能为一体的复合型乡村旅游创新类型，农村产业结构受到多种因素的影响，农村产业结构对在中心村整合型的影响均体现在各个要素中，其本身并没有直接的影响作用。

同时，在模型的调整中，尽管删除了农村产业结构对中心村整合型的直接作用路径，但农村产业结构依然是重要的中间变量之一，乡村庄园与政策创新两个变量分别对农村产业结构产生了0.52和0.44的路径系数，其产生的重要作用值得重视。

在确定的最终的乡村庄园对中心村整合型治理的结构方程模型中，乡村庄园与中心村整合协同作用既关系到乡村庄园的土地基础、农业基础、人口基础和城镇化水平，也与空心村治理中的组织协调、农户参与和长效监督有关。同时农村产业结构、创新能力与政策创新都是桂滇黔乡村庄园与中心村整合型协同的重要中间变量。在实践中，既要将乡村庄园与中心村整合型的直接作用放在突出位置，也要关注农村产业结构、创新能力与政策创新在乡村庄园发展中与空心村治理中的重要连接作用，将重点放在完善农村产业结构、提升区域创新能力与加强桂滇黔政策创新上来。

5.3　桂滇黔生态博物馆与城镇化引领型治理协同模式的数据验证

5.3.1　研究设计

本书以桂滇黔三个省级行政区作为研究范围，以乡村旅游业态创新和空心村治理模式作为研究对象，通过研究桂滇黔生态博物馆与城镇化引领型模式的协同，对乡村旅游业态创新与空心村治理协同模式进行实证分析。桂滇黔属于西南民族地区，区域内丰富的旅游资源和良好旅游经济基础为生态博物馆发展提供了有利条件，与此同时，桂滇黔三省（区）在城镇化进程中出现大量的空心化问题，发展乡村旅游业成为解决空心化问题的重要手段之一。基于此，以桂滇黔的乡村旅游业态创新与空心村治理模式为研究重点，具体来说，本节主要研究桂滇黔的生态博物馆与城镇化引领型协同模式。

尽管本书从理论上对桂滇黔生态博物馆与城镇化引领型进行了深入的分析和阐释，为了使研究更为严谨，进一步识别出生态博物馆与城镇化引领型的协同模式，采用定量分析方法对生态博物馆与城镇化引领型治理协同模式进行数据验证。在方法的选取上，选取结构方程模型进行实证分析，其原因与上述休闲农牧场与中心村整合治理一致。为了收集到研究所需要的数据，研究设计了《桂滇黔生态博物馆对城镇化引领型治理协同作用调查问卷》（简称“调查问卷”）。在问卷的设计中，重点把握生态博物馆、建设主体、农村产业结构及城镇化引领型四个方面，通过设置观测变量对潜在变量进行度量，为最终分析生态博物馆与城镇化引领型治理协同模式提供第一手数据。因此，在调查问卷的设计中，主要包括五个方面的内容。其中，第一部分是“生态博物馆的调查”；第二部分是“农村产业结构的调查”；第三部分是“建设主体的调查”；第四部分是“城镇化引领型治理的调查”（见附录3）。

在问卷设计的基础上，本书研究团队于2018年6月12日展开了预调研，以桂滇黔生态博物馆为主要调研目的地，如广西三江侗族生态博物馆，调查对象为生态博物馆的游客和居民。预调研的目的是获得桂滇黔生态博物馆与城镇化引领型治理模式的基本情况和现实问题，对原定问卷题项、表述以及与现实相冲突的内容进行修改，为第二阶段的正式调研奠定基础。在对预调研的结果进行整理统计分析的基础上，研究于2018年10月至2018年12月开展正式调研，正式调研是在预调研的基础上进行有针对性的数据采集，为了取得桂滇黔生态博物馆与城镇化引领型模式协同的数据，本书在问卷的设计中充分考虑了相关内容。

5.3.2 变量度量

本书对桂滇黔生态博物馆与城镇化引领型进行结构方程实证分析，对研究假设HC1～HC5进行假设检验，首先需要解决的是关键变量的度量问题。以生态博物馆、城镇化引领型、农村产业结构及建设主体为主要关键变量，通过对这四个关键变量进行度量，采用一系列观测变量对潜在变量进行定量分析，最终实现研究目的。其中，在这四个关键变量中，根据变量之间的相互关系和内在机制，生态博物馆是被解释变量，城镇化引领型、农村产业结构及创建设主体是解释变量，分别对被解释变量和解释变量进行测度。

生态博物馆（Eco－Museum，EM）作为乡村旅游业态创新的重要形态之一，其产生和发展既与当地的土地、农业、人口密切相关，也受到桂滇黔的城镇化水平的影响，同时相对于休闲农牧场与乡村庄园这两种乡村旅游类型，生态博物馆更加强调文化和生态的基础性作用。从这个角度出发，从土地基础（EM1）、生态基础（EM2）、文化基础（EM3）及城镇化水平（EM4）四个方面对桂滇黔的生态博物馆进行测度，共设置了9个观测变量，具体情况见表5－24。

表5－24 生态博物馆指标量表

土地基础（EM1）	EM11	生态博物馆的土地类型符合城镇化引领型模式的要求程度
	EM12	生态博物馆的土地利用状况符合城镇化引领型模式的要求程度
生态基础（EM2）	EM21	生态博物馆的生态保护状况符合城镇化引领型模式的要求程度
	EM22	生态博物馆的生态资源禀赋符合城镇化引领型模式的要求程度
	EM23	生态博物馆的生态发展潜力符合城镇化引领型模式的要求程度
文化基础（EM3）	EM31	生态博物馆的文化资源禀赋符合城镇化引领型模式的要求程度
	EM32	生态博物馆的文旅产业发展符合城镇化引领型模式的要求程度
城镇化水平（EM4）	EM41	生态博物馆的城镇化水平符合城镇化引领型模式的要求程度
	EM42	生态博物馆的城镇化特征符合城镇化引领型模式的要求程度

农村产业结构（ALS）既是研究设计中重要的解释变量，也是研究桂滇黔生态博物馆与城镇化引领型模式协同的重要中间变量。从桂滇黔乡村旅游与空心村治理两个方面出发，结合相关文献成果，在游客需求（ALS1）、资源（ALS2）、经济效益（ALS3）和可持续发展能力（ALS4）四个方面共设置了11个观测变量，分别对这四个方面进行测度，具体见表5－25。

表5－25 农村产业结构指标量表

游客需求（ALS1）	ALS11	游客需求数量与农业生产符合城镇化引领型模式的要求程度
	ALS12	游客需求种类与农业发展符合城镇化引领型模式的要求程度
	ALS13	游客需求趋势与农业规划符合城镇化引领型模式的要求程度
资源（ALS2）	ALS21	农村的资源禀赋符合城镇化引领型模式的要求程度
	ALS22	农村的资源开发利用符合城镇化引领型模式的要求程度
经济效益（ALS3）	ALS31	农村产业的经济收益分配符合城镇化引领型模式的要求程度
	ALS32	农村产业的未来经济收益符合城镇化引领型模式的要求程度
	ALS33	农村产业的经济收益构成符合城镇化引领型模式的要求程度
可持续发展能力（ALS4）	ALS41	农村产业发展规划状况符合城镇化引领型模式的要求程度
	ALS42	农村旅游产业结构符合城镇化引领型模式的要求程度
	ALS43	农村产业结构成分符合城镇化引领型模式的要求程度

桂滇黔空心村治理问题既是桂滇黔缓解城乡发展问题、破解土地供需矛盾的重大战略，也是促进新农村建设的题中之意。要实现桂滇黔生态博物馆与城镇化引领型模式治理的协同，建设主体（main body of construction，MBC）的支持和界定是空心村治理的关键。结合已有学者对空心村治理中创新能力的研究成果，本书分别从政府、专家和农民三个主体出发对建设主体进行解释说明。坚持政府主导（MBC1）、专家指导（MBC2）和农民参与（MBC3）的主体建设原则，分别设置3个观测变量进行变量度量，共9个观测变量，具体情况见表5－26。

表5－26 建设主体指标量表

政府主导（MBC1）	MBC11	政府主导职能符合城镇化引领型模式的要求程度
	MBC12	政府政策红利符合城镇化引领型模式的要求程度
	MBC13	政府官员偏好符合城镇化引领型模式的要求程度

续表

专家指导（MBC2）	MBC21	专家专业指导技能符合城镇化引领型模式的要求程度
	MBC22	专家指导意见特征符合城镇化引领型模式的要求程度
	MBC23	专家文化认知程度符合城镇化引领型模式的要求程度
农民参与（MBC3）	MBC31	农民主体特征符合城镇化引领型模式的要求程度
	MBC32	农民文化认知程度符合城镇化引领型模式的要求程度
	MBC33	农民家庭收入水平符合城镇化引领型模式的要求程度

城镇化引领型（urbanization leading type，ULT）是空心村治理的重要模式之一。结合空心村治理模式的特征和机制，设置了8个观测变量进行变量度量。其中，针对组织协调机制（ULT1）设置了3个观测变量，农户参与机制（ULT2）设置了3个观测变量，长效监督机制（ULT3）设置了2个观测变量，详细的情况见表5-27。

表5-27　　　　城镇化引领型指标量表

组织协调机制（ULT1）	ULT11	组织协调机制力度符合城镇化引领型模式的要求程度
	ULT12	组织协调机制内容符合城镇化引领型模式的要求程度
	ULT13	组织协调机制构成符合城镇化引领型模式的要求程度
农户参与机制（ULT2）	ULT21	农户参与机制内容符合城镇化引领型模式的要求程度
	ULT22	农户参与机制力度符合城镇化引领型模式的要求程度
	ULT23	农户参与机制构成符合城镇化引领型模式的要求程度
长效监督机制（ULT3）	ULT31	长效监督机制内容符合城镇化引领型模式的要求程度
	ULT32	长效监督机制实施符合城镇化引领型模式的要求程度

5.3.3　样本数据分析

通过调查问卷获得第一手的数据资料，共发布问卷数量320份，收回问卷数量270份，回收率为84.4%，其中，由于在填写的过程中出现了不认真的状况，加之部分游客和居民只针对部分题项进行回答，导致回收的问卷中出现了一部分无效问卷。经过统计，在回收的270份问卷中，有效问卷为253份，有效率为93.7%。总体来说，有效问卷的数量符合结构方程所要求的样本数量，可以进行下一步实证分析。在进行实证分析以前，为了获得桂滇黔生态博物馆与城镇化引领型模式的协同状况，需要对调查问卷获得的数据进行信度分析和效度分析。

在进行描述性统计时，重点掌握生态博物馆、农村产业结构、建设主体和城镇化引领型四个方面的内容，同时对每个主要变量的观测指标进行均值和标准差的描述。具体情况见表5－28。

表5－28　　描述性统计

主要变量	潜在变量	观测变量	均值	标准差	最大值	最小值
生态博物馆（EM）	土地基础（EM1）	EM11	3.70	0.677	5	1
		EM12	3.73	0.709	5	1
	生态基础（EM2）	EM21	3.68	0.740	5	1
		EM22	3.60	0.800	5	1
		EM23	3.65	0.799	5	2
	文化基础（EM3）	EM31	3.57	0.793	5	1
		EM32	3.58	0.746	5	1
	城镇化水平（EM4）	EM41	3.65	0.813	5	1
		EM42	3.60	0.765	5	1
农村产业结构（ALS）	游客需求（ALS1）	ALS11	3.16	0.696	5	1
		ALS12	3.25	0.712	5	1
		ALS13	3.15	0.662	5	1
	资源（ALS2）	ALS21	3.29	0.667	5	1
		ALS22	3.20	0.745	5	1
	经济效益（ALS3）	ALS31	3.20	0.775	5	1
		ALS32	3.15	0.742	5	1
		ALS33	3.10	0.702	5	1
	可持续发展能力（ALS4）	ALS41	3.39	0.764	5	1
		ALS42	3.18	0.684	5	1
		ALS43	3.20	0.728	5	1
建设主体（MBC）	政府主导（MBC1）	MBC11	3.26	0.754	5	1
		MBC12	3.20	0.680	5	1
		MBC13	3.01	0.684	5	1
	专家指导（MBC2）	MBC21	3.31	0.719	5	1
		MBC22	3.06	0.727	5	1
		MBC23	3.14	0.701	5	1

续表

主要变量	潜在变量	观测变量	均值	标准差	最大值	最小值
建设主体（MBC）	农民参与（MBC3）	MBC31	3.23	0.734	5	1
		MBC32	3.10	0.689	5	1
		MBC33	3.19	0.729	5	1
城镇化引领型（ULT）	组织协调机制（ULT1）	ULT11	3.62	0.724	5	1
		ULT12	3.61	0.753	5	1
		ULT13	3.59	0.771	5	1
	农户参与机制（ULT2）	ULT21	3.63	0.740	5	1
		ULT22	3.64	0.775	5	1
		ULT23	3.70	0.734	5	1
	长效监督机制（ULT3）	ULT31	3.59	0.812	5	1
		ULT32	3.66	0.744	5	1

在对桂滇黔生态博物馆与城镇化引领型协同模式的信度检验中，我们采用 Kilne 的信度检验标准，利用 SPSS 19 对生态博物馆与城镇化引领型协同模式的量表数据进行信度检验，得到各变量的 Cronbach's α 系数值（见表5－29）。在量表数据进行信度检验的基础上，进一步对数据进行效度检验，目的是核验通过调查问卷量表获得的数据能否科学地反映出测度变量的真实架构，是否满足假设条件，结果见表5－29。

表5－29　信度和效度检验结果

变量	题项	α	因子载荷		KMO值	累计方差解释率	Bartlett's 球形检验		
							X2	df	Sig.
生态博物馆（EM）	2	0.907	EM11	0.751	0.962	48.215	2514.822	36	0.000
			EM12	0.743					
	3	0.910	EM21	0.802					
			EM22	0.747					
			EM23	0.763					
	2	0.885	EM31	0.724					
			EM32	0.801					
	2	0.872	EM41	0.761					
			EM42	0.734					

续表

变量	题项	α	因子载荷		KMO值	累计方差解释率	Bartlett's 球形检验		
							X2	df	Sig.
农村产业结构（ALS）	3	0.730	ALS11	0.494	0.947	53.997	1217.673	55	0.000
			ALS12	0.573					
			ALS13	0.598					
	2	0.765	ALS21	0.687					
			ALS22	0.744					
	3	0.716	ALS31	0.427					
			ALS32	0.609					
			ALS33	0.570					
	3	0.675	ALS41	0.498					
			ALS42	0.615					
			ALS43	0.710					
建设主体（MBC）	3	0.705	MBC11	0.612	0.910	59.253	735.284	36	0.000
			MBC12	0.475					
			MBC13	0.587					
	3	0.661	MBC21	0.581					
			MBC22	0.614					
			MBC23	0.613					
	3	0.692	MBC31	0.662					
			MBC32	0.612					
			MBC33	0.564					
城镇化引领型（UTL）	3	0.857	UTL11	0.696	0.946	63.225	1487.948	28	0.000
			UTL12	0.664					
			UTL13	0.755					
	3	0.865	UTL21	0.763					
			UTL22	0.775					
			UTL23	0.728					
	2	0.829	UTL31	0.712					
			UTL32	0.712					

如表5－29所示，在桂滇黔生态博物馆与城镇化引领型的信度和效度

检验结果中，Cronbach's α 系数值均大于 0.50，属于可接受的范围，由此可以看出量表数据具有较好的信度。在效度检验中，各指标的因子载荷大多在 0.50 以上，KMO 值在大于 0.90，能很好地支持量表数据进行因子分析，Bartlett's 球形检验显著性水平均在 0.000，我们可以认为本次问卷量表及各组成部分建构效度良好。

5.3.4　结构方程模型

由生态博物馆与城镇化引领治理协同模式的理论模型可以看出，生态博物馆、农村产业结构、建设主体和城镇化引领型均是无法直接观测到的潜在变量，针对这四个变量设定的二级指标也是无法直接观测到的，也属于潜在变量。同时，显变量和潜变量中均存在内生变量和外生变量。在确定变量的性质以后，可以将生态博物馆与城镇化引领型治理协同作用中的各项变量进行归类，其中，生态博物馆是内生变量，农村产业结构和建设主体是中间变量，城镇化引领型是外生变量。基于此，构建出桂滇黔生态博物馆与城镇化引领型治理协同的初始结构方程模型（见图 5-7）。

图 5-7 显示了生态博物馆与城镇化引领型治理协同的初始结构方程模型，其中可以看出，生态博物馆与城镇化引领型治理协同的初始结构方程中存在外生显变量 9 项，内生显变量 28 项，外生潜变量 4 项，内生潜变量 10 项。

外生显变量共有 8 项：EM11、EM12、EM21、EM22、EM23、EM31、EM32、EM41、EM42。

内生显变量共有 28 项：MBC11、MBC12、MBC13、MBC21、MBC22、MBC23、MBC31、MBC32、MBC33、ALS11、ALS12、ALS13、ALS21、ALS22、ALS31、ALS32、ALS33、ALS41、ALS42、ALS43、ULT11、ULT12、ULT13、ULT21、ULT22、ULT23、ULT31、ULT32。

外生潜变量 4 项：EM1、EM2、EM3、EM4。

内生潜变量 10 项：MBC1、MBC2、MBC3、ALS1、ALS2、ALS3、ALS4、ULT1、ULT2、ULT3。

在进行桂滇黔生态博物馆与中心村整合治理协同模式数据验证中，为了构建观测变量的结构方程式，需要对相关的变量进行设定。根据构建初始结构方程模型中的相关内容，生态博物馆（EM）、土地基础（EM1）、生态基础（EM2）、文化基础（EM3）、城镇化（EM4）是外生潜变量，分别用 ζ_{EM}、ζ_{EM1}、ζ_{EM2}、ζ_{EM3}、ζ_{EM4} 来表示。农村产业结构（ALS）、游客需

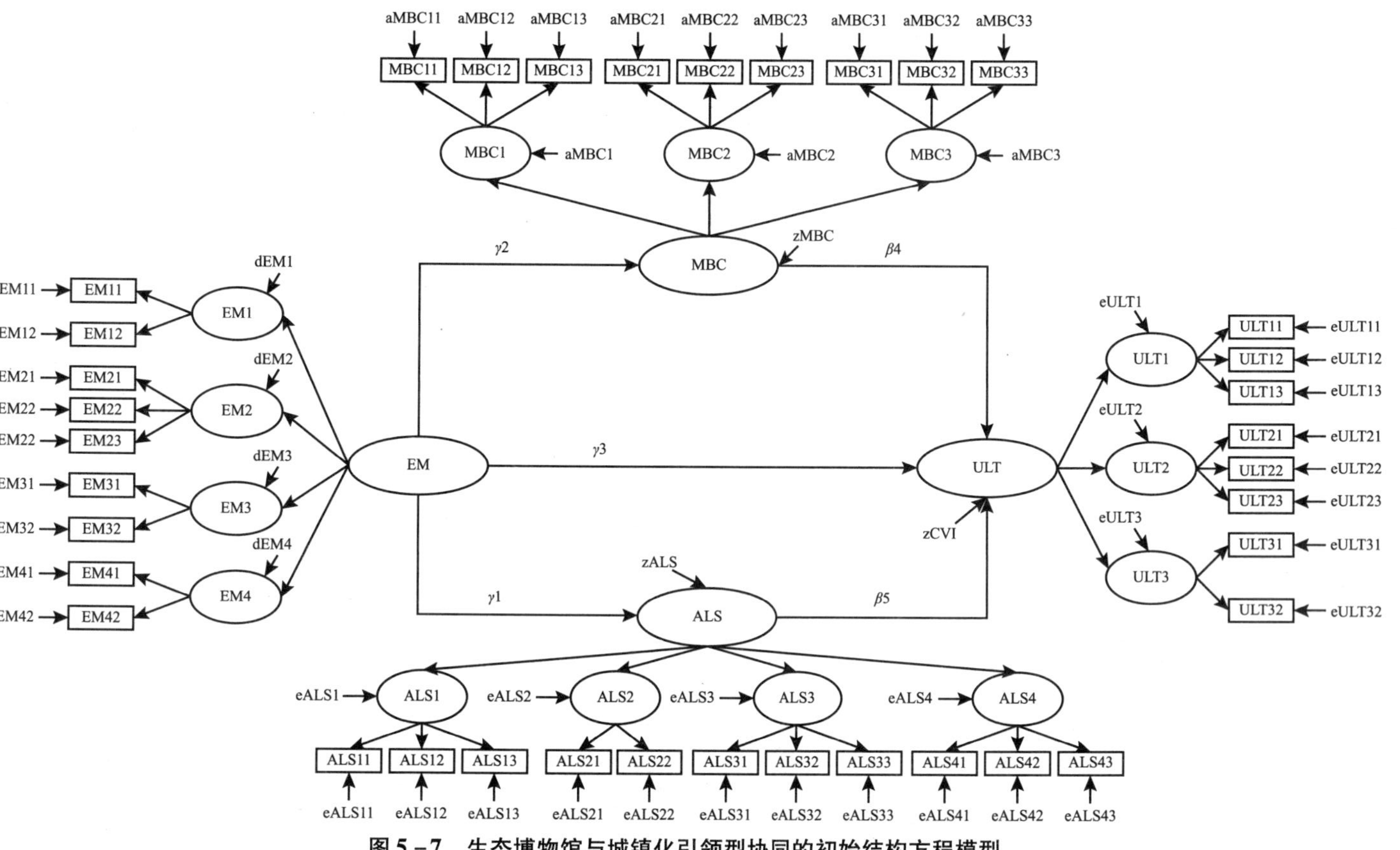

图 5-7 生态博物馆与城镇化引领型协同的初始结构方程模型

求（ALS1）、资源（ALS2）、经济效益（ALS3）、可持续发展能力（ALS4）、建设主体（MBC）、政府主导（MBC1）、专家指导（MBC2）、农民参与（MBC3）、城镇化引领型（ULT）、组织协调机制（ULT1）、农户参与机制（ULT2）、长效监督机制（ULT3）是内生潜变量，分别用 η_{ALS}、η_{ALS1}、η_{ALS2}、η_{ALS3}、η_{ALS4}、η_{MBC}、η_{MBC1}、η_{MBC2}、η_{MBC3}、η_{ULT}、η_{ULT1}、η_{ULT2}、η_{ULT3}来表示。由此，构建出桂滇黔生态博物馆与城镇化引领型治理协同模式的观测模型方程式：

$$
\begin{cases}
\chi_{EM1} = \lambda_{EM1}\xi_{EM} + \delta_{EM1}，\chi_{EM2} = \lambda_{EM2}\xi_{EM} + \delta_{EM2}，\chi_{EM3} = \lambda_{EM3}\xi_{EM} + \delta_{EM3}， \\
\chi_{EM4} = \lambda_{EM4}\xi_{EM} + \delta_{EM4}，\chi_{EM11} = \lambda_{EM11}\xi_{EM1} + \delta_{EM11}，\chi_{EM12} = \lambda_{EM12}\xi_{EM1} + \delta_{EM12}， \\
\chi_{EM21} = \lambda_{EM21}\xi_{EM2} + \delta_{EM21}，\chi_{EM22} = \lambda_{EM22}\xi_{EM2} + \delta_{EM22}，\chi_{EM23} = \lambda_{EM23}\xi_{EM2} + \delta_{EM23}， \\
\chi_{EM31} = \lambda_{EM31}\xi_{EM3} + \delta_{EM31}，\chi_{EM32} = \lambda_{EM32}\xi_{EM3} + \delta_{EM32}， \\
\chi_{EM41} = \lambda_{EM41}\xi_{EM4} + \delta_{EM41}，\chi_{EM42} = \lambda_{EM42}\xi_{EM4} + \delta_{EM42}， \\
Y_{MBC1} = \lambda_{MBC1}\eta_{MBC} + \varepsilon_{MBC1}，Y_{MBC2} = \lambda_{MBC2}\eta_{MBC} + \varepsilon_{MBC2}，Y_{MBC3} = \lambda_{MBC3}\eta_{MBC} + \varepsilon_{MBC3}， \\
Y_{MBC11} = \lambda_{MBC11}\eta_{MBC1} + \varepsilon_{MBC11}，Y_{MBC12} = \lambda_{MBC12}\eta_{MBC1} + \varepsilon_{MBC12}，Y_{MBC13} = \lambda_{MBC13}\eta_{MBC1} + \varepsilon_{MBC13}， \\
Y_{MBC21} = \lambda_{MBC21}\eta_{MBC2} + \varepsilon_{MBC21}，Y_{MBC22} = \lambda_{MBC22} + \eta_{MBC2} + \varepsilon_{MBC22}，Y_{MBC23} = \lambda_{MBC23}\eta_{MBC2} + \varepsilon_{MBC23}， \\
Y_{MBC31} = \lambda_{MBC31}\eta_{MBC3} + \varepsilon_{MBC31}，Y_{MBC32} = \lambda_{MBC32}\eta_{MBC3} + \varepsilon_{MBC32}，Y_{MBC33} = \lambda_{MBC33}\eta_{MBC3} + \varepsilon_{MBC33}， \\
Y_{ALS1} = \lambda_{ALS1}\eta_{ALS} + \varepsilon_{ALS1}，Y_{ALS2} = \lambda_{ALS2}\eta_{ALS} + \varepsilon_{ALS2}，Y_{ALS3} = \lambda_{ALS3}\eta_{ALS} + \varepsilon_{ALS3}， \\
\quad Y_{ALS4} = \lambda_{ALS4}\eta_{ALS} + \varepsilon_{ALS4}， \\
Y_{ALS11} = \lambda_{ALS11}\eta_{ALS1} + \varepsilon_{ALS11}，Y_{ALS12} = \lambda_{ALS12}\eta_{ALS1} + \varepsilon_{ALS12}，Y_{ALS13} = \lambda_{ALS13}\eta_{ALS1} + \varepsilon_{ALS13}， \\
Y_{ALS21} = \lambda_{ALS21}\eta_{ALS2} + \varepsilon_{ALS21}，Y_{ALS22} = \lambda_{ALS22}\eta_{ALS2} + \varepsilon_{ALS22}，Y_{ALS31} = \lambda_{ALS31}\eta_{ALS3} + \varepsilon_{ALS31}， \\
Y_{ALS32} = \lambda_{ALS32}\eta_{ALS3} + \varepsilon_{ALS32}，Y_{ALS33} = \lambda_{ALS33}\eta_{ALS3} + \varepsilon_{ALS33}，Y_{ALS41} = \lambda_{ALS41}\eta_{ALS4} + \varepsilon_{ALS41}， \\
Y_{ALS42} = \lambda_{ALS42}\eta_{ALS4} + \varepsilon_{ALS42}，Y_{ALS43} = \lambda_{ALS43}\eta_{ALS4} + \varepsilon_{ALS43}， \\
Y_{ULT1} = \lambda_{ULT1}\eta_{ULT} + \varepsilon_{ULT1}，Y_{ULT2} = \lambda_{ULT2}\eta_{ULT} + \varepsilon_{ULT2}，Y_{ULT3} = \lambda_{ULT3}\eta_{ULT} + \varepsilon_{ULT3}， \\
Y_{ULT11} = \lambda_{ULT11}\eta_{ULT1} + \varepsilon_{ULT11}，Y_{ULT12} = \lambda_{ULT12}\eta_{ULT1} + \varepsilon_{ULT12}，Y_{ULT13} = \lambda_{ULT13}\eta_{ULT1} + \varepsilon_{ULT13}， \\
Y_{ULT21} = \lambda_{ULT21}\eta_{ULT2} + \varepsilon_{ULT21}，Y_{ULT22} = \lambda_{ULT22}\eta_{ULT2} + \varepsilon_{ULT22}，Y_{ULT23} = \lambda_{ULT23}\eta_{ULT2} + \varepsilon_{ULT23}， \\
Y_{ULT31} = \lambda_{ULT31}\eta_{ULT3} + \varepsilon_{ULT31}，Y_{ULT32} = \lambda_{ULT32}\eta_{ULT3} + \varepsilon_{ULT32}.
\end{cases}
$$

在构建出观测模型方程式的基础上，根据结构模型的一般形式构建出生态博物馆与城镇化引领型治理协同的结构方程式，表达如下：

$$
\begin{cases}
\eta_{ALS} = \gamma_1\xi_{EM} + \zeta_{ALS} \\
\eta_{MBC} = \gamma_2\xi_{EM} + \zeta_{MBC} \\
\eta_{ULT} = \gamma_3\xi_{EM} + \beta_4\eta_{MBC} + \beta_5\eta_{ALS} + \zeta_{ULT}
\end{cases}
$$

其中，用 γ_1、γ_2、γ_3 分别表示生态博物馆对农村产业结构、建设主体、城镇化引领型的作用路径。用 β_4 表示建设主体对中心村整合型的作用路径，用β_5表示农村产业结构对城镇化引领型的作用路径。

在拟合指标检验的选取中，采用最常用的八种拟合指标检验方法，分别为 CMIN/DF、CFI、IFI、TLI、AGFI、PNFI、RMSEA、RMR。将构建的初始结构方程模型放入 AMOS 中，通过导入研究的量表数据，获得了生态博物馆与城镇化引领型协同模式的拟合指标值（见表 5－30）。

表 5－30　初始结构方程模型适配度检验结果

拟合指标	CMIN/DF	CFI	IFI	TLI	AGFI	PNFI	RMSEA	RMR
观测值	1.515	0.953	0.953	0.949	0.819	0.801	0.045	0.028
拟合标准	<3.00	>0.90	>0.90	>0.90	>0.80	>0.50	<0.08	<0.05

由表 5－30 可以看出，在所得出的各项拟合指标检验值中，均达到了拟合标准，说明构建的生态博物馆与城镇化引领型治理协同的初始结构方程模型能较好地与通过问卷调查所获得的量表数据进行拟合。因此，在进行拟合度检验的基础上，进一步对原始结构方程中各路径的系数进行测度（见表 5－31）。

表 5－31　初始结构方程路径估计

路径	模型路径	非标准化路径系数	标准化路径系数	S. E.	C. R.	P
γ1	EM→ALS	0.602	0.800	0.052	11.514	***
γ2	EM→MBC	0.597	0.740	0.061	9.817	***
γ3	EM→ULT	0.271	0.300	0.094	2.873	0.004
β4	MBC→ULT	0.346	0.310	0.092	3.743	***
β5	ALS→ULT	0.327	0.270	0.104	3.139	0.002

注：*** 表示 $p<0.001$。

由表 5－31 可以看出，构建的结构方程模型各路径呈现出显著状态，根据标准化路径系数的测度标准，其中表 5－31 中绝大多数都达到了 0.001 的显著性水平，较好地通过显著性检验。生态博物馆到城镇化引领型作用路径 p 值为 0.004，在 5% 的水平上显著，农村产业结构到城镇化引领型的作用路径 p 值为 0.002，也在 5% 的水平上显著。由此可以判定研究所构建的结构方程模型为满意的结构方程，经过标准化处理之后，路径系数的数值都在 －1 至 1 的范围内，得出最终的结构方程模型，见图 5－8。

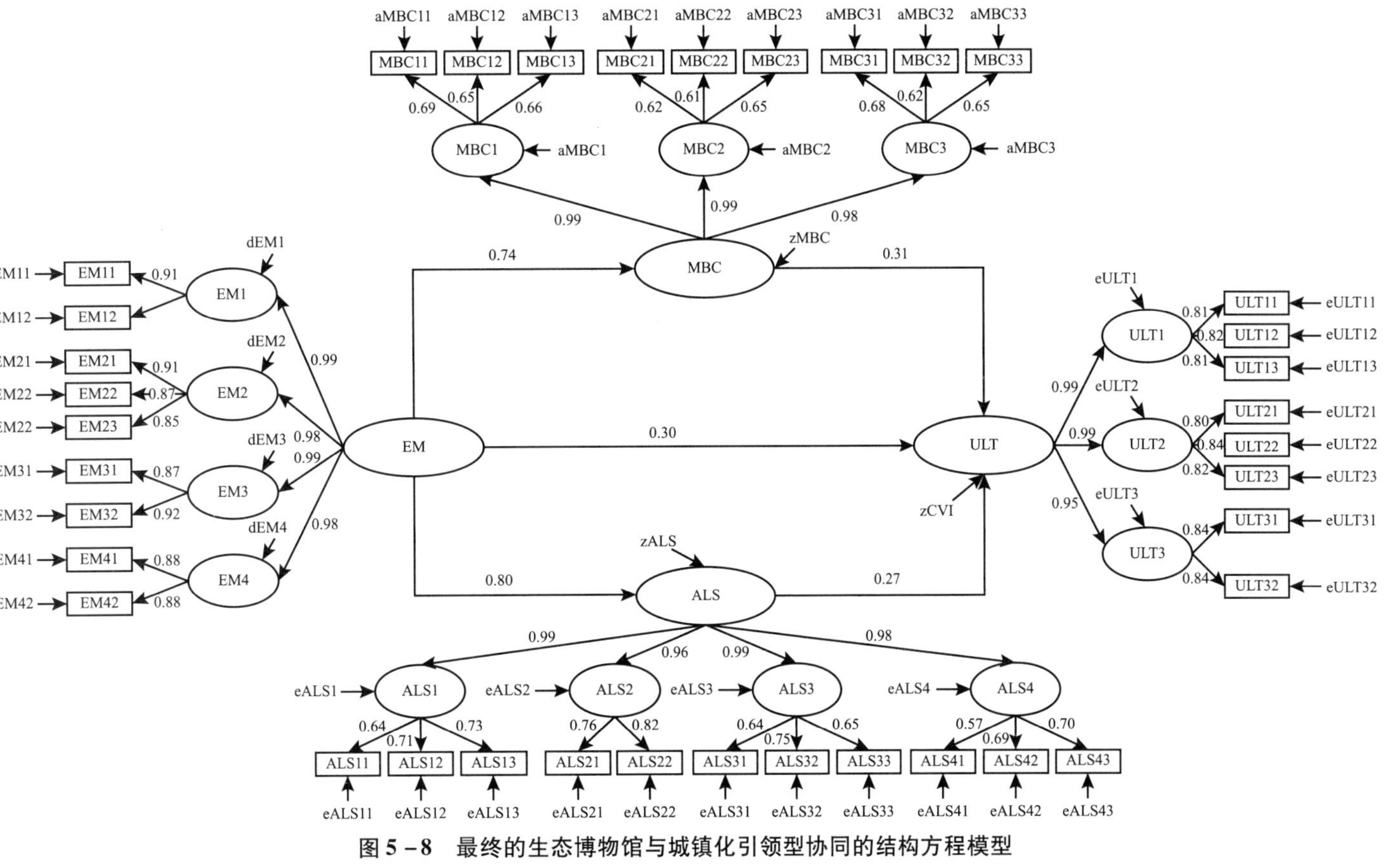

图5-8　最终的生态博物馆与城镇化引领型协同的结构方程模型

5.3.5 结果讨论

根据以上结构方程实证结果，结合研究假设与概念模型，对桂滇黔生态博物馆与城镇化引领型协同作用假设验证和路径系数进行了归纳总结，详情如下。

生态博物馆到农村产业结构的标准化路径系数为0.80，$p<0.001$，通过了显著性检验，由此，可以验证“生态博物馆对农村产业结构具有显著的直接正向作用”的假设，检验的结果支持了原假设HC1。

生态博物馆到建设主体的标准化路径系数为0.74，$p<0.001$，通过了显著性检验，由此，可以验证“生态博物馆对建设主体具有显著的直接正向作用”的假设，检验的结果支持了原假设HC2。

生态博物馆到城镇化引领型的标准化路径系数为0.30，且在5%的水平上显著，较好地通过显著性检验，由此，“生态博物馆对城镇化引领型治理具有显著的直接正向作用”的假设成立，检验的结果支持了原假设HC3。

建设主体到城镇化引领型的标准化路径系数为0.31，$p<0.001$，通过了显著性检验，由此，可以验证“建设主体对城镇化引领型具有显著的直接正向作用”的假设，检验的结果支持了原假设HC4。

农村产业结构到城镇化引领型的标准化路径系数为0.27，p值为0.002，在5%的水平上显著，较好地通过了显著性检验，由此，可以验证“农村产业结构对城镇化引领型具有显著的直接正向作用”的假设，检验的结果支持了原假设HC5。

由此可以看出，在桂滇黔生态博物馆与城镇化引领型治理协同的结构方程中，农村产业结构与建设主体是两个十分重要的中间变量，生态博物馆分别对农村产业结构和建设主体产生了0.80和0.74的直接作用效应，远远高于结构方程模型中的其他作用路径，说明生态博物馆的兴起和发展离不开农村产业结构的不断调整。只有旅游业尤其是文化旅游产业在乡村旅游的产业结构中占有一席之地时，生态博物馆才有了产业基础和发展的支撑。同时生态博物馆的建设不仅仅是乡村旅游业态创新的重要内容，也是桂滇黔实现空心村治理的重要路径，通过在乡村发展生态博物馆，缓解桂滇黔人地空心化、文化空心化和产业空心化的严峻态势。

建设主体作为研究的主要变量之一，既与生态博物馆有着直接的作用效应，其本身也对城镇化引领型的治理模式产生了0.31的直接作用效应，其直接作用效应十分显著。建设主体要始终坚持政府主导、专家指导、农民参与的建设方针，将政府的领导力、专家的指导力与农民的执行力结合起来，综合多方力量，使生态博物馆与空心村治理能够相协同，实现桂滇黔乡村旅游与农村发展实现健康、统一、可持续。

针对以上研究结果，可以获得两个十分重要的启示：一是生态博物馆作为桂滇黔乡村旅游业态创新的重要类型之一，其与空心村治理有着十分显著的协同作用，在未来的空心村治理中，既要充分重视生态博物馆在旅游产业中的拉动作用，也要注意与空心村治理相协同。二是农村产业结构和建设主体都是影响桂滇黔乡村旅游业态创新与空心村治理的重要中间变量，桂滇黔空心村治理的重点要放在优化农村产业结构和规范建设主体上来。

5.4　桂滇黔文化创意农业园与城镇化引领型治理协同模式的数据验证

5.4.1　研究设计

本书以桂滇黔三个省级行政区作为研究范围，以乡村旅游业态创新和空心村治理模式作为研究对象，通过研究桂滇黔文化创意农业园与城镇化引领型模式的协同，对乡村旅游业态创新与空心村治理协同模式进行实证分析。桂滇黔属于西南民族地区，区域内丰富的旅游资源、良好旅游经济基础及多样化的民族风情为文化创意农业园发展提供了有利条件，与此同时，桂滇黔三省（区）在城镇化进程中出现大量的空心化问题，发展乡村旅游业成为解决空心化问题的重要手段之一。基于此，本书以桂滇黔的乡村旅游业态创新与空心村治理模式为研究重点，具体来说，本节主要研究桂滇黔的文化创意农业园与城镇化引领型协同模式。

尽管本书从理论上对桂滇黔文化创意农业园与城镇化引领型进行了深入的分析和阐释，为了使研究更为严谨，进一步识别出文化创意农业园与城镇化引领型的协同模式，采用定量分析方法对文化创意农业园与城镇化引领型治理协同模式进行数据验证。在方法的选取上，选取结构方程模型进行实证分析，其原因与上述休闲农牧场与中心村整合治理一致。为了收集到研究所需要的数据，研究设计了《桂滇黔文化创意农业园对城镇化引领型治理协同作用调查问卷》（简称“调查问卷”）。在问卷的设计中，重点把握文化创意农业园、产业基础、农村产业结构及城镇化引领型四个方面，通过设置观测变量对潜在变量进行测度，为最终分析文化创意农业园与城镇化引领型治理协同模式提供第一手数据。因此，在调查问卷的设计中，主要包括五个方面的内容。其中，第一部分是“文化创意农业园的调查”；第二部分是“农村产业结构的调查”；第三部分是“产业基础的调查”；第四部分是“城镇化引领型治理的调查”（见附录4）。

在问卷设计的基础上，本书研究团队于2018年6月25日展开了预调研，以桂滇黔文化创意农业园为主要调研目的地，如贵州天山河谷农业园，调查对象为文化创意农业园的游客和居民。预调研的目的是获得桂滇黔文化创意农业园与城镇化引领型治理模式的基本情况和现实问题，对原定问卷题项、表述以及与现实相冲突的内容进行修改，为第二阶段的正式调研奠定基础。在对预调研的结果进行整理统计分析的基础上，于2018年10月至2018年12月开展新一轮的正式调研，正式调研是在预调研的基础上进行有针对性的数据采集，为了取得桂滇黔文化创意农业园与城镇化引领型模式协同的数据，本书在问卷的设计中充分考虑了相关内容。

5.4.2　变量度量

本节对桂滇黔文化创意农业园与城镇化引领型进行结构方程实证分析，对研究假设HD1～HD5进行假设检验，首先需要解决的是关键变量的度量问题。以文化创意农业园、农村产业结构、产业基础和城镇化引领型为主要关键变量，通过对这四个关键变量进行度量，采用一系列观测变量对潜在变量进行定量分析，最终实现研究目的。其中，在这四个关键变量中，根据变量之间的相互关系和内在机制，文化创意农业园是被解释变量，城镇化引领型、农村产业结构及产业基础是解释变量，分别对被解释变量和解释变量进行测度。

文化创意农业园（cultural and creative agricultural park，CAP）作为乡村旅游业态创新的重要形态之一，其产生和发展既与当地的土地、农业、人口密切相关，也受到桂滇黔的城镇化水平的影响，同时相对于休闲农牧场与乡村庄园这两种乡村旅游类型，文化创意农业园更加强调文化和生态的基础性作用。从这个角度出发，在土地基础（CAP1）、生态基础（CAP2）、文化基础（CAP3）及城镇化水平（CAP4）四个方面对桂滇黔的文化创意农业园进行测度，共设置了9个观测变量，具体情况见表5－32。

表5－32　　　　文化创意农业园指标量表

土地基础（CAP1）	CAP11	文化创意农业园的土地类型符合城镇化引领型模式的要求程度
	CAP12	文化创意农业园的土地利用状况符合城镇化引领型模式的要求程度
生态基础（CAP2）	CAP21	文化创意农业园的生态保护状况符合城镇化引领型模式的要求程度
	CAP22	文化创意农业园的生态资源禀赋符合城镇化引领型模式的要求程度
	CAP23	文化创意农业园的生态发展潜力符合城镇化引领型模式的要求程度
文化基础（CAP3）	CAP31	文化创意农业园的文化资源禀赋符合城镇化引领型模式的要求程度
	CAP32	文化创意农业园的文旅产业发展符合城镇化引领型模式的要求程度
城镇化（CAP4）	CAP41	文化创意农业园的城镇化水平符合城镇化引领型模式的要求程度
	CAP42	文化创意农业园的城镇化特征符合城镇化引领型模式的要求程度

农村产业结构（ALS）既是重要的解释变量，也是研究桂滇黔文化创意农业园与城镇化引领型模式协同的重要中间变量。从桂滇黔乡村旅游与空心村治理两个方面出发，结合相关文献成果，在游客需求（ALS1）、资源（ALS2）、经济效益（ALS3）和可持续发展能力（ALS4）四个方面共设置了11个观测变量，具体见表5－33。

表5－33　　　　农村产业结构指标量表

游客需求（ALS1）	ALS11	游客需求数量与农业生产符合城镇化引领型模式的要求程度
	ALS12	游客需求种类与农业发展符合城镇化引领型模式的要求程度
	ALS13	游客需求趋势与农业规划符合城镇化引领型模式的要求程度
资源（ALS2）	ALS21	农村的资源禀赋符合城镇化引领型模式的要求程度
	ALS22	农村的资源开发利用符合城镇化引领型模式的要求程度
经济效益（ALS3）	ALS31	农村产业的经济收益分配符合城镇化引领型模式的要求程度
	ALS32	农村产业的未来经济收益符合城镇化引领型模式的要求程度
	ALS33	农村产业的经济收益构成符合城镇化引领型模式的要求程度
可持续发展能力（ALS4）	ALS41	农村产业发展规划状况符合城镇化引领型模式的要求程度
	ALS42	农村旅游产业结构符合城镇化引领型模式的要求程度
	ALS43	农村产业结构成分符合城镇化引领型模式的要求程度

桂滇黔空心村治理问题既是桂滇黔缓解城乡发展问题、破解土地供需矛盾的重大战略，也是促进新农村建设的题中之意。旅游业作为国民经济发展的支柱型产业，对桂滇黔区域经济的发展、产业结构优化及空心村治理都具有不可替代的作用。要促进旅游经济的发展，其产业基础是重中之重。产业基础（industrial foundation，IF）是桂滇黔发展文化创意农业园的重要内容，包括创意农业基础、创意旅游基础、创意文化基础三个部分，是“农业 + 旅游 + 文化”的田园子综合体。基于此，分别从这三个方面出发，设置创意农业（IF1）、创意旅游（IF2）和创意文化（IF3）三个二级指标，针对二级指标分别设置 3 个观测变量进行测量，共 9 个观测变量，具体度量情况见表 5 - 34。

表 5 - 34　　产业基础指标量表

创意农业（IF1）	IF11	农业发展状况符合城镇化引领型模式的要求程度
	IF12	农业发展与创意结合符合城镇化引领型模式的要求程度
	IF13	农业创新技术符合城镇化引领型模式的要求程度
创意旅游（IF2）	IF21	旅游业的发展现状符合城镇化引领型模式的要求程度
	IF22	旅游业与创意结合符合城镇化引领型模式的要求程度
	IF23	旅游创新技术符合城镇化引领型模式的要求程度
创意文化（IF3）	IF31	文化构成和保护现状符合城镇化引领型模式的要求程度
	IF32	文化的可延伸性符合城镇化引领型模式的要求程度
	IF33	文化发展的创新技术符合城镇化引领型模式的要求程度

城镇化引领型（ULT）是空心村治理的重要模式之一。结合空心村治理模式的特征和机制，设置了 8 个观测变量进行变量度量。其中，针对组织协调机制（ULT1）设置了 3 个观测变量，农户参与机制（ULT2）设置了 3 个观测变量，长效监督机制（ULT3）设置了 2 个观测变量，详细的情况见表 5 - 35。

表 5 - 35　　城镇化引领型指标量表

组织协调机制（ULT1）	ULT11	组织协调机制力度符合城镇化引领型模式的要求程度
	ULT12	组织协调机制内容符合城镇化引领型模式的要求程度
	ULT13	组织协调机制构成符合城镇化引领型模式的要求程度

续表

农户参与机制（ULT2）	ULT21	农户参与机制内容符合城镇化引领型模式的要求程度
	ULT22	农户参与机制力度符合城镇化引领型模式的要求程度
	ULT23	农户参与机制构成符合城镇化引领型模式的要求程度
长效监督机制（ULT3）	ULT31	长效监督机制内容符合城镇化引领型模式的要求程度
	ULT32	长效监督机制实施符合城镇化引领型模式的要求程度

5.4.3　样本数据分析

通过调查问卷获得第一手的数据资料，共发布问卷数量 330 份，收回问卷数量 275 份，回收率为 83.3%，其中，由于在填写的过程中出现了不认真的状况，加之部分游客和居民只针对部分题项进行回答，导致回收的问卷中出现了一部分无效问卷。经过统计，在回收的 275 份问卷中，有效问卷为 243 份，有效率为 88.4%。总体来说，有效问卷的数量符合结构方程所要求的样本数量，可以进行下一步实证分析。在进行实证分析以前，为了获得桂滇黔文化创意农业园与城镇化引领型模式的协同状况，需要对调查问卷获得的数据进行信度分析和效度分析。

在进行描述性统计时，重点掌握文化创意农业园、农村产业结构、产业基础和城镇化引领型四个方面的内容，同时对每个主要变量的观测指标进行均值和标准差的描述。具体情况见表 5－36。

表 5－36　描述性统计

主要变量	潜在变量	观测变量	均值	标准差	最大值	最小值
文化创意农业园（CAP）	土地基础（CAP1）	CAP11	3.69	0.716	5	1
		CAP12	3.74	0.702	5	2
	生态基础（CAP2）	CAP21	3.69	0.739	5	1
		CAP22	3.62	0.796	5	2
		CAP23	3.66	0.799	5	2
	文化基础（CAP3）	CAP31	3.60	0.778	5	1
		CAP32	3.59	0.746	5	1
	城镇化（CAP4）	CAP41	3.66	0.829	5	1
		CAP42	3.62	0.769	5	1

续表

主要变量	潜在变量	观测变量	均值	标准差	最大值	最小值
农村产业结构（ALS）	游客需求（ALS1）	ALS11	3.16	0.702	5	1
		ALS12	3.26	0.723	5	1
		ALS13	3.16	0.672	5	1
	资源（ALS2）	ALS21	3.29	0.669	5	1
		ALS22	3.21	0.734	5	1
	经济效益（ALS3）	ALS31	3.19	0.782	5	1
		ALS32	3.16	0.744	5	1
		ALS33	3.11	0.702	5	1
	可持续发展能力（ALS4）	ALS41	3.38	0.764	5	1
		ALS42	3.19	0.684	5	1
		ALS43	3.20	0.730	5	1
产业基础（IF）	创意农业（IF1）	IF11	3.26	0.758	5	1
		IF12	3.19	0.682	5	1
		IF13	3.01	0.680	5	1
	创意旅游（IF2）	IF21	3.30	0.720	5	1
		IF22	3.06	0.736	5	1
		IF23	3.15	0.690	5	1
	创意文化（IF3）	IF31	3.23	0.729	5	1
		IF32	3.12	0.681	5	1
		IF33	3.19	0.737	5	1
城镇化引领型（ULT）	组织协调机制（ULT1）	ULT11	3.62	0.731	5	1
		ULT12	3.61	0.754	5	1
		ULT13	3.60	0.772	5	1
	农户参与机制（ULT2）	ULT21	3.62	0.736	5	1
		ULT22	3.64	0.777	5	1
		ULT23	3.70	0.736	5	1
	长效监督机制（ULT3）	ULT31	3.56	0.813	5	1
		ULT32	3.63	0.740	5	1

在对桂滇黔文化创意农业园与城镇化引领型协同模式的信度检验中，我们采用 Kilne 的信度检验标准，利用 SPSS 19.0 对文化创意农业园与城镇化引领型协同模式的量表数据进行信度检验，得到各变量的 Cronbach's α 系数值（见表 5－37）。在量表数据进行信度检验的基础上，进一步对数据进行效度检验，目的是核验调查问卷量表获得的数据能否科学地反映出测度变量的真实架构，是否满足假设条件，结果见表 5－37。

表 5－37　信度和效度检验结果

<table>
<tr><th rowspan="2">变量</th><th rowspan="2">题项</th><th rowspan="2">α</th><th rowspan="2" colspan="2">因子载荷</th><th rowspan="2">KMO 值</th><th rowspan="2">累计方差解释率</th><th colspan="3">Bartlett's 球形检验</th></tr>
<tr><th>X2</th><th>df</th><th>Sig.</th></tr>
<tr><td rowspan="9">文化创意农业园（CAP）</td><td rowspan="2">2</td><td rowspan="2">0.902</td><td>CAP11</td><td>0.767</td><td rowspan="9">0.961</td><td rowspan="9">48.415</td><td rowspan="9">2397.295</td><td rowspan="9">36</td><td rowspan="9">0.000</td></tr>
<tr><td>CAP12</td><td>0.747</td></tr>
<tr><td rowspan="3">3</td><td rowspan="3">0.908</td><td>CAP21</td><td>0.777</td></tr>
<tr><td>CAP22</td><td>0.758</td></tr>
<tr><td>CAP23</td><td>0.764</td></tr>
<tr><td rowspan="2">2</td><td rowspan="2">0.883</td><td>CAP31</td><td>0.710</td></tr>
<tr><td>CAP32</td><td>0.785</td></tr>
<tr><td rowspan="2">2</td><td rowspan="2">0.869</td><td>CAP41</td><td>0.745</td></tr>
<tr><td>CAP42</td><td>0.707</td></tr>
<tr><td rowspan="11">农村产业结构（ALS）</td><td rowspan="3">3</td><td rowspan="3">0.743</td><td>ALS11</td><td>0.487</td><td rowspan="11">0.941</td><td rowspan="11">53.770</td><td rowspan="11">1197.276</td><td rowspan="11">55</td><td rowspan="11">0.000</td></tr>
<tr><td>ALS12</td><td>0.607</td></tr>
<tr><td>ALS13</td><td>0.610</td></tr>
<tr><td rowspan="2">2</td><td rowspan="2">0.760</td><td>ALS21</td><td>0.685</td></tr>
<tr><td>ALS22</td><td>0.718</td></tr>
<tr><td rowspan="3">3</td><td rowspan="3">0.717</td><td>ALS31</td><td>0.427</td></tr>
<tr><td>ALS32</td><td>0.625</td></tr>
<tr><td>ALS33</td><td>0.571</td></tr>
<tr><td rowspan="3">3</td><td rowspan="3">0.676</td><td>ALS41</td><td>0.478</td></tr>
<tr><td>ALS42</td><td>0.619</td></tr>
<tr><td>ALS43</td><td>0.708</td></tr>
</table>

续表

变量	题项	α	因子载荷		KMO值	累计方差解释率	Bartlett's 球形检验		
							X2	df	Sig.
产业基础（IF）	3	0.709	IF11	0.583	0.914	58.834	728.171	36	0.000
			IF12	0.485					
			IF13	0.579					
	3	0.663	IF21	0.580					
			IF22	0.629					
			IF23	0.644					
	3	0.696	IF31	0.662					
			IF32	0.625					
			IF33	0.572					
城镇化引领型（ULT）	3	0.857	ULT11	0.693	0.942	63.003	1360.824	28	0.000
			ULT12	0.642					
			ULT13	0.744					
	3	0.856	ULT21	0.721					
			ULT22	0.754					
			ULT23	0.724					
	2	0.831	ULT31	0.703					
			ULT32	0.672					

如表5-37所示，在桂滇黔文化创意农业园与城镇化引领型的信度和效度检验结果中，Cronbach's α 系数值均大于0.50，属于可接受的范围，由此可以看出量表数据具有较好的信度。在效度检验中，各指标的因子载荷大多在0.50以上，KMO值在大于0.90，能很好地支持量表数据进行因子分析，Bartlett's 球形检验显著性水平均在0.000，我们可以认为本次问卷量表及各组成部分建构效度良好。

5.4.4 结构方程模型

由文化创意农业园与城镇化引领治理协同模式的理论模型可以看出，文化创意农业园、农村产业结构、产业基础和城镇化引领型均是无法直接观测到的潜在变量，针对这四个变量设定的二级指标也是无法直接观测到的，也属于潜在变量。同时，显变量和潜变量中均存在内生变量和外生变量。在确定变量的性质以后，可以将文化创意农业园与城镇化引领型治理协同作用中的各项变量进行归类，其中，文化创意农业园是内生变量，农村产业结构和产业基础是中间变量，城镇化引领型是外生变量。基于此，构建出桂滇黔文化创意农业园与城镇化引领型治理协同的初始结构方程模型（见图5-9）。

图5-9显示了文化创意农业园与城镇化引领型治理协同的初始结构方程模型，可以看出，文化创意农业园与城镇化引领型治理协同的初始结构方程中存在外生显变量9项，内生显变量28项，外生潜变量4项，内生潜变量10项。

外生显变量共有9项：CAP11、CAP12、CAP21、CAP22、CAP23、CAP31、CAP32、CAP41、CAP42。

内生显变量共有28项：IF11、IF12、IF13、IF21、IF22、IF23、IF31、IF32、IF33、ALS11、ALS12、ALS13、ALS21、ALS22、ALS31、ALS32、ALS33、ALS41、ALS42、ALS43、ULT11、ULT12、ULT13、ULT21、ULT22、ULT23、ULT31、ULT32。

外生潜变量4项：CAP1、CAP2、CAP3、CAP4。

内生潜变量10项：IF1、IF2、IF3、ALS1、ALS2、ALS3、ALS4、ULT1、ULT2、ULT3。

在进行桂滇黔文化创意农业园与中心村整合治理协同模式数据验证中，为了构建观测变量的结构方程式，需要对相关的变量进行设定。根据构建的初始结构方程模型中的相关内容，文化创意农业园（CAP）、土地基础（CAP1）、生态基础（CAP2）、文化基础（CAP3）、城镇化（CAP4）是外生潜变量，分别用ζ_{CAP}、ζ_{CAP1}、ζ_{CAP2}、ζ_{CAP3}、ζ_{CAP4}来表示。农村产业结构（ALS）、游客需求（ALS1）、资源（ALS2）、经济效益（ALS3）、可持续发展能力（ALS4）、产业基础（IF）、创意农业（IF1）、创意旅游（IF2）、创意文化（IF3）、城镇化引领型（ULT）、组织协调机制（ULT1）、农户参与机制（ULT2）、长效监督机制（ULT3）是内生潜变量，分别用η_{ALS}、η_{ALS1}、η_{ALS2}、η_{ALS3}、η_{ALS4}、η_{IF}、η_{IF1}、η_{IF2}、η_{IF3}、η_{ULT}、η_{ULT1}、η_{ULT2}、η_{ULT3}来表示。由此，构建出桂滇黔文化创意农业园与城镇化引领型治理协同模式的观测模型方程式：

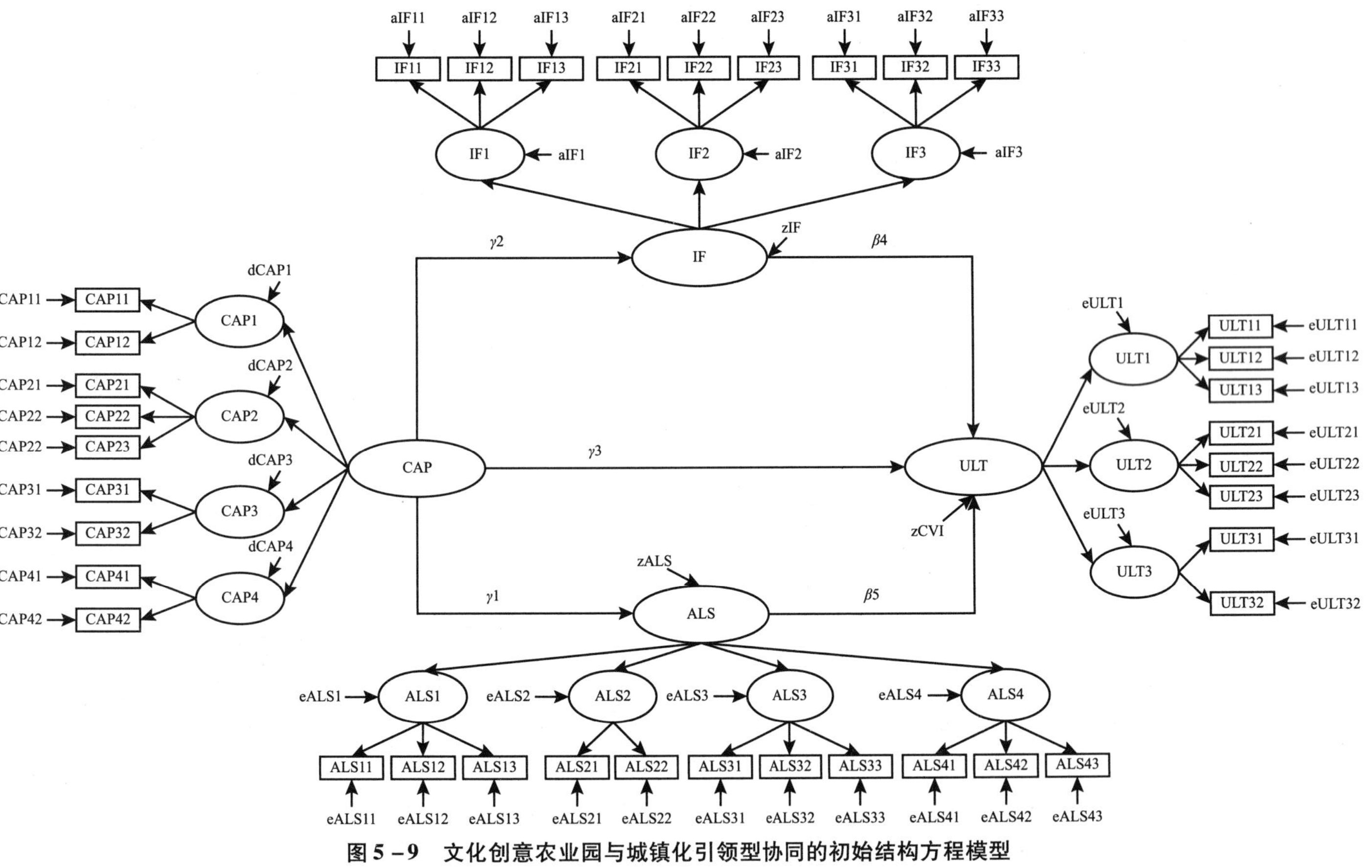

图 5－9　文化创意农业园与城镇化引领型协同的初始结构方程模型

$$
\begin{cases}
\chi_{CAP1} = \lambda_{CAP1}\xi_{CAP} + \delta_{CAP1}, \chi_{CAP2} = \lambda_{CAP2}\xi_{CAP} + \delta_{CAP2}, \chi_{CAP3} = \lambda_{CAP3}\xi_{CAP} + \delta_{CAP3}, \\
\chi_{CAP4} = \lambda_{CAP4}\xi_{CAP} + \delta_{CAP4}, \chi_{CAP11} = \lambda_{CAP11}\xi_{CAP1} + \delta_{CAP11}, \chi_{CAP12} = \lambda_{CAP12}\xi_{CAP1} + \delta_{CAP12}, \\
\chi_{CAP21} = \lambda_{CAP21}\xi_{CAP2} + \delta_{CAP21}, \chi_{CAP22} = \lambda_{CAP22}\xi_{CAP2} + \delta_{CAP22}, \chi_{CAP23} = \lambda_{CAP23}\xi_{CAP2} + \delta_{CAP23}, \\
\chi_{CAP31} = \lambda_{CAP31}\xi_{CAP3} + \delta_{CAP31}, \chi_{CAP32} = \lambda_{CAP32}\xi_{CAP3} + \delta_{CAP32}, \\
\chi_{CAP41} = \lambda_{CAP41}\xi_{CAP4} + \delta_{CAP41}, \chi_{CAP42} = \lambda_{CAP42}\xi_{CAP4} + \delta_{CAP42}, \\
Y_{IF1} = \lambda_{IF1}\eta_{IF} + \varepsilon_{IF1}, Y_{IF2} = \lambda_{IF2}\eta_{IF} + \varepsilon_{IF2}, Y_{IF3} = \lambda_{IF3}\eta_{IF} + \varepsilon_{IF3}, \\
Y_{IF11} = \lambda_{IF11}\eta_{IF1} + \varepsilon_{IF11}, Y_{IF12} = \lambda_{IF12}\eta_{IF1} + \varepsilon_{IF12}, Y_{IF13} = \lambda_{IF13}\eta_{IF1} + \varepsilon_{IF13}, \\
Y_{IF21} = \lambda_{IF21}\eta_{IF2} + \varepsilon_{IF21}, Y_{IF22} = \lambda_{IF22}\eta_{IF2} + \varepsilon_{IF22}, Y_{IF23} = \lambda_{IF23}\eta_{IF2} + \varepsilon_{IF23}, \\
Y_{IF31} = \lambda_{IF31}\eta_{IF3} + \varepsilon_{IF31}, Y_{IF32} = \lambda_{IF32}\eta_{IF3} + \varepsilon_{IF32}, Y_{IF33} = \lambda_{IF33}\eta_{IF3} + \varepsilon_{IF33}, \\
Y_{ALS1} = \lambda_{ALS1}\eta_{ALS} + \varepsilon_{ALS1}, Y_{ALS2} = \lambda_{ALS2}\eta_{ALS} + \varepsilon_{ALS2}, Y_{ALS3} = \lambda_{ALS3}\eta_{ALS} + \varepsilon_{ALS3}, \\
\quad Y_{ALS4} = \lambda_{ALS4}\eta_{ALS} + \varepsilon_{ALS4}, \\
Y_{ALS11} = \lambda_{ALS11}\eta_{ALS1} + \varepsilon_{ALS11}, Y_{ALS12} = \lambda_{ALS12}\eta_{ALS1} + \varepsilon_{ALS12}, Y_{ALS13} = \lambda_{ALS13}\eta_{ALS1} + \varepsilon_{ALS13}, \\
Y_{ALS21} = \lambda_{ALS21}\eta_{ALS2} + \varepsilon_{ALS21}, Y_{ALS22} = \lambda_{ALS22}\eta_{ALS2} + \varepsilon_{ALS22}, Y_{ALS31} = \lambda_{ALS31}\eta_{ALS3} + \varepsilon_{ALS31}, \\
Y_{ALS32} = \lambda_{ALS32}\eta_{ALS3} + \varepsilon_{ALS32}, Y_{ALS33} = \lambda_{ALS33}\eta_{ALS3} + \varepsilon_{ALS33}, Y_{ALS41} = \lambda_{ALS41}\eta_{ALS4} + \varepsilon_{ALS41}, \\
Y_{ALS42} = \lambda_{ALS42}\eta_{ALS4} + \varepsilon_{ALS42}, Y_{ALS43} = \lambda_{ALS43}\eta_{ALS4} + \varepsilon_{ALS43}, \\
Y_{ULT1} = \lambda_{ULT1}\eta_{ULT} + \varepsilon_{ULT1}, Y_{ULT2} = \lambda_{ULT2}\eta_{ULT} + \varepsilon_{ULT2}, Y_{ULT3} = \lambda_{ULT3}\eta_{ULT} + \varepsilon_{ULT3}, \\
Y_{ULT11} = \lambda_{ULT11}\eta_{ULT1} + \varepsilon_{ULT11}, Y_{ULT12} = \lambda_{ULT12}\eta_{ULT1} + \varepsilon_{ULT12}, Y_{ULT13} = \lambda_{ULT13}\eta_{ULT1} + \varepsilon_{ULT13}, \\
Y_{ULT21} = \lambda_{ULT21}\eta_{ULT2} + \varepsilon_{ULT21}, Y_{ULT22} = \lambda_{ULT22}\eta_{ULT2} + \varepsilon_{ULT22}, Y_{ULT23} = \lambda_{ULT23}\eta_{ULT2} + \varepsilon_{ULT23}, \\
Y_{ULT31} = \lambda_{ULT31}\eta_{ULT3} + \varepsilon_{ULT31}, Y_{ULT32} = \lambda_{ULT32}\eta_{ULT3} + \varepsilon_{ULT32}.
\end{cases}
$$

在构建出观测模型方程式的基础上，根据结构模型的一般形式构建出文化创意农业园与城镇化引领型治理协同的结构方程式，表达如下：

$$
\begin{cases}
\eta_{ALS} = \gamma_1\xi_{CAP} + \zeta_{ALS} \\
\eta_{IF} = \gamma_2\xi_{CAP} + \zeta_{IF} \\
\eta_{ULT} = \gamma_3\xi_{CAP} + \beta_4\eta_{IF} + \beta_5\eta_{ALS} + \zeta_{ULT}
\end{cases}
$$

其中，用 γ_1、γ_2、γ_3 分别表示文化创意农业园对农村产业结构、产业基础、城镇化引领型的作用路径。用 β_4 表示产业基础对中心村整合型的作用路径，用 β_5 表示农村产业结构对城镇化引领型的作用路径。

在拟合指标检验的选取中，采用最常用的八种拟合指标检验方法，分别为 CMIN/DF、CFI、IFI、TLI、AGFI、PNFI、RMSEA、RMR。将构建的初始结构方程模型放入 AMOS 中，通过导入量表数据，获得了文化创意农业园与城镇化引领型协同模式的拟合指标值（见表 5 – 38）。

表 5-38 初始结构方程模型适配度检验结果

拟合指标	CMIN/DF	CFI	IFI	TLI	AGFI	PNFI	RMSEA	RMR
观测值	1.469	0.955	0.956	0.951	0.819	0.800	0.044	0.028
拟合标准	<3.00	>0.90	>0.90	>0.90	>0.80	>0.50	<0.08	<0.05

由表5-38可以看出，在所得出的各项拟合指标检验值中，均达到了拟合标准，说明所构建的文化创意农业园与城镇化引领型治理协同的初始结构方程模型能够较好地与问卷调查所获得的量表数据进行拟合。因此，在进行拟合度检验的基础上，进一步对原始结构方程中各路径的系数进行测度（见表5-39）。

表 5-39 初始结构方程路径估计

路径	模型路径	非标准化路径系数	标准化路径系数	S. E.	C. R.	P
$\gamma 1$	CAP→ALS	0.617	0.80	0.054	11.413	***
$\gamma 2$	CAP→IF	0.591	0.75	0.062	9.514	***
$\gamma 3$	CAP→ULT	0.304	0.33	0.097	3.117	0.002
$\beta 4$	IF→ULT	0.320	0.27	0.096	3.328	***
$\beta 5$	ALS→ULT	0.354	0.29	0.105	3.359	***

注：*** 表示 $p<0.001$。

由表5-39可以看出，构建的结构方程模型各路径呈现出显著状态，根据标准化路径系数的测度标准，其中表5-39中绝大多数都达到了0.001的显著性水平，较好地通过显著性检验。文化创意农业园到城镇化引领型作用路径p值为0.002，在5%的水平上显著。由此可以判定构建的结构方程模型为满意的结构方程，经过标准化处理之后，路径系数的数值都在-1至1的范围内，得出最终的结构方程模型，见图5-10。

5.4.5 结果讨论

根据以上结构方程实证结果，结合研究假设与概念模型，桂滇黔文化创意农业园与城镇化引领型协同作用假设验证和路径系数进行了归纳总结。

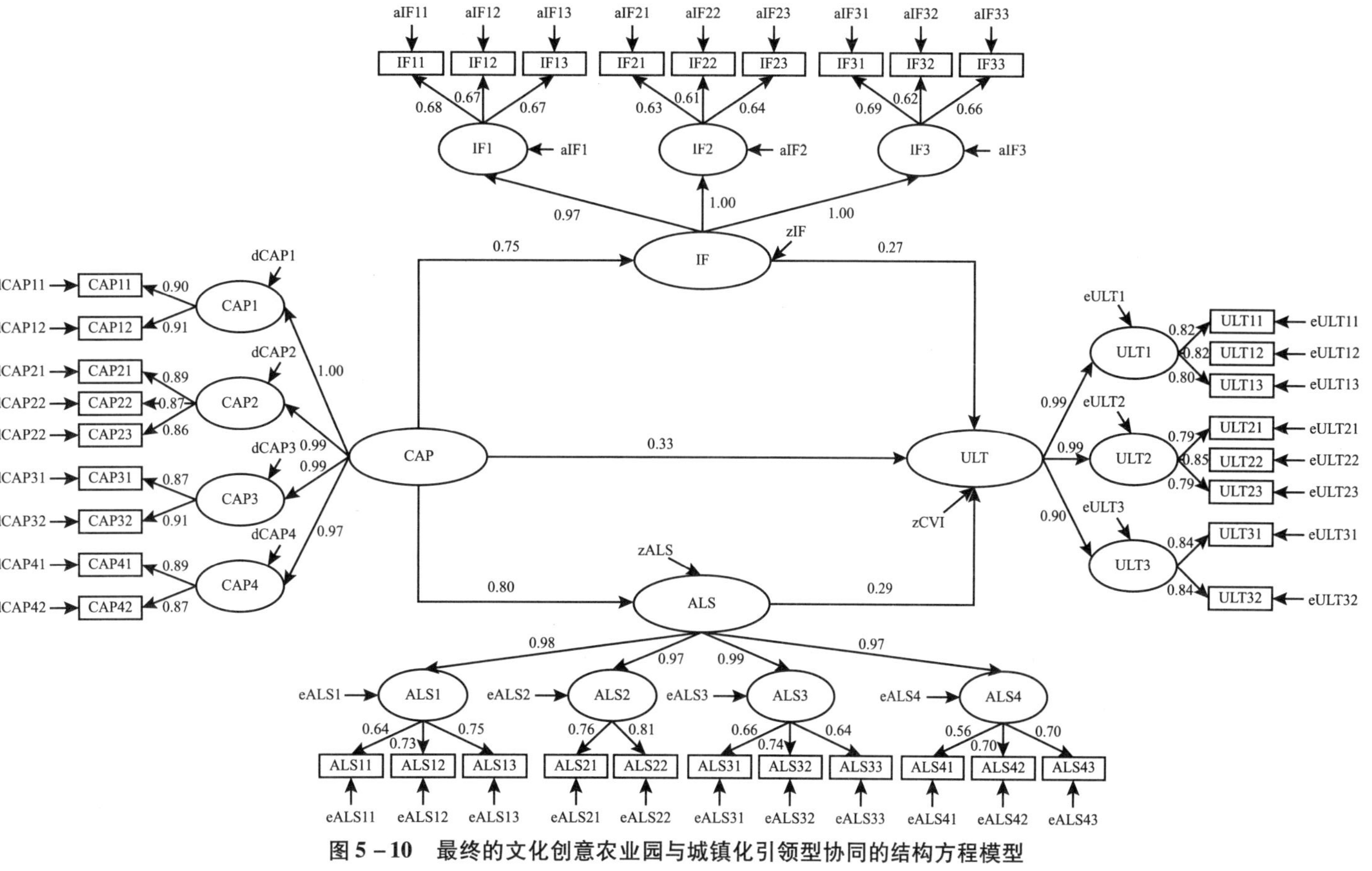

图 5-10　最终的文化创意农业园与城镇化引领型协同的结构方程模型

文化创意农业园到农村产业结构的标准化路径系数为 0.80，$p<0.001$，通过了显著性检验，由此，可以验证“文化创意农业园对农村产业结构具有显著的直接正向作用”的假设，检验的结果支持了原假设 HD1。

文化创意农业园到产业基础的标准化路径系数为 0.75，$p<0.001$，通过了显著性检验，由此，可以验证“文化创意农业园对产业基础具有显著的直接正向作用”的假设，检验的结果支持了原假设 HD2。

文化创意农业园到城镇化引领型的标准化路径系数为 0.33，p 值为 0.002，且在 5% 的水平上显著，较好地通过显著性检验，由此，“文化创意农业园对城镇化引领型治理具有显著的直接正向作用”的假设成立，检验的结果支持了原假设 HD3。

产业基础到城镇化引领型的标准化路径系数为 0.27，$p<0.001$，通过了显著性检验，由此，可以验证“产业基础对城镇化引领型具有显著的直接正向作用”的假设，检验的结果支持了原假设 HD4。

农村产业结构到城镇化引领型的标准化路径系数为 0.29，在 1% 的水平上显著，较好地通过了显著性检验，由此，可以验证“农村产业结构对城镇化引领型具有显著的直接正向作用”的假设，检验的结果支持了原假设 HD5。

由此可以看出，在桂滇黔文化创意农业园与城镇化引领型治理协同的结构方程中，农村产业结构与产业基础是两个十分重要的中间变量，文化创意农业园分别对农村产业结构和产业基础产生了 0.80 和 0.75 的直接作用效应，远远高于结构方程模型中其他作用路径。说明文化创意农业园的兴起和发展离不开农村产业结构的不断调整，只有旅游业，尤其是文化旅游产业在乡村旅游的产业结构中占有一席之地时，文化创意农业园才有了产业基础和发展支撑。同时文化创意农业园的建设不仅是乡村旅游业态创新的重要内容，也是桂滇黔实现空心村治理的重要路径，在乡村发展文化创意农业园，能够缓解桂滇黔人地空心化、文化空心化和产业空心化的严峻态势。

文化创意农业园到城镇化引领型的直接作用效应，其直接作用效应为 0.33，除了直接影响效应，文化创意农业园也对城镇化引领型产生间接影响，其间接作用路径有两条：一是文化创意农业园通过影响产业基础对城镇化引领型产生作用效应，其间接作用效应为 0.202（0.75×0.27）；二是文化创意农业园通过影响农村产业结构对城镇化引领型产生间接作用效应，其间接作用效应为 0.232（0.80×0.29）。总的来说，文化创意农业园对城镇化引领型产生了效应为0.434的间接作用。

在文化创意农业园与城镇化引领型协同的结构方程模型实证结果中，可以发现，文化创意农业园到城镇化引领型的间接作用效应高于直接作用效应。在实际的空心村治理中，要充分重视农村产业结构和产业基础两个变量，以创新为核心，注重一二三产业之间的平衡，以旅游为拉动力，创新农业发展模式，实现文化创意农业园与城镇化引领型之间的协同发展。

5.5 桂滇黔洋家乐与村内集约型治理协同模式的数据验证

5.5.1 研究设计

本书以桂滇黔三个省级行政区作为研究范围，以乡村旅游业态创新和空心村治理模式作为研究对象，通过研究桂滇黔洋家乐与村内集约型模式的协同，对乡村旅游业态创新与空心村治理协同模式进行实证分析。桂滇黔属于西南民族地区，区域内丰富的旅游资源、良好旅游经济基础、多样化的民族风情及外来资本不断增长为洋家乐兴起提供了强有力的条件，与此同时，桂滇黔三省（区）在城镇化进程中出现大量的空心化问题，发展乡村旅游业成为解决空心化问题的重要手段之一。基于此，以桂滇黔的乡村旅游业态创新与空心村治理模式为研究重点，具体来说，本节主要研究桂滇黔的洋家乐与村内集约型协同模式。

尽管本书从理论上对桂滇黔洋家乐与村内集约型进行了深入的分析和阐释，为了使研究更为严谨，进一步识别出洋家乐与村内集约型的协同模式，采用定量分析方法对洋家乐与村内集约型治理协同模式进行数据验证。在方法的选取上，选取结构方程模型进行实证分析，其原因与上述休闲农牧场与中心村整合治理一致。为了收集研究所需要的数据，研究设计了《桂滇黔洋家乐对村内集约型治理协同作用调查问卷》（简称“调查问卷”）。在问卷的设计中，重点把握洋家乐、游客行为、乡村消费空间及村内集约型四个方面，通过设置观测变量对潜在变量进行测度，为最终分析洋家乐与村内集约型治理协同模式提供第一手数据。因此，在调查问卷的设计中，主要包括五个方面的内容。其中，第一部分是“洋家乐的调查”；第二部分是“乡村消费空间的调查”；第三部分是“游客行为的调查”；

第四部分是“村内集约型治理的调查”（见附录5）。

在问卷设计的基础上，本书研究团队于2018年7月25日展开了预调研，以桂滇黔洋家乐为主要调研目的地，如广西阳朔洋家乐，调查对象为洋家乐的居民和游客。预调研的目的是获得桂滇黔洋家乐与村内集约型治理模式的基本情况和现实问题，对原定问卷题项、表述以及与现实相冲突的内容进行修改，为第二阶段的正式调研奠定了基础。在对预调研的结果进行整理统计分析的基础上，于2018年11月至2019年2月开展新一轮的正式调研，正式调研是在预调研的基础上进行有针对性的数据采集，为了取得桂滇黔洋家乐与村内集约型模式协同的数据，在问卷的设计中充分考虑了相关内容。

5.5.2　变量度量

本节对桂滇黔洋家乐与村内集约型进行结构方程实证分析，对研究假设HE1～HE5进行假设检验，首先需要解决的是关键变量的度量问题。以洋家乐、乡村消费空间、游客行为和村内集约型为主要关键变量，通过对这四个关键变量进行度量，采用一系列观测变量对潜在变量进行定量分析，最终实现研究目的。其中，在这四个关键变量中，根据变量之间的相互关系和内在机制，洋家乐是被解释变量，村内集约型、乡村消费空间及创游客行为是解释变量，分别对被解释变量和解释变量进行测度。

洋家乐（Hill Station，HS）作为乡村旅游业态创新的重要形态之一，是民宿经济在现代的创新产品，并逐渐成为促进农民增收、实现乡村复兴的有效途径。洋家乐的产生和发展与其区位条件是密不可分的，包括地理位置、交通条件、气候等，优良的自然风光为其招徕游客提供了有利条件，独特的人文环境满足了游客求新求异的心理。因此，将区位（HS1）、自然环境（HS2）、人文环境（HS3）作为洋家乐的三个解释变量。同时，洋家乐作为高端民宿，其发展依赖于游客市场，游客市场的结构和大小直接关系到洋家乐的经营质量，将游客市场（HS4）也作为洋家乐的一个解释变量。因此，针对以上变量，共设置了9个观测变量，具体情况见表5－40。

表5－40　　洋家乐指标量表

区位条件（HS1）	HS11	洋家乐的地理位置符合村内集约型模式的要求程度
	HS12	洋家乐的交通状况符合村内集约型模式的要求程度

续表

自然条件（HS2）	HS21	洋家乐的生态保护状况符合村内集约型模式的要求程度
	HS22	洋家乐的生态资源禀赋符合村内集约型模式的要求程度
	HS23	洋家乐的自然发展潜力符合村内集约型模式的要求程度
人文环境（HS3）	HS31	洋家乐的文化底蕴符合村内集约型模式的要求程度
	HS32	洋家乐的人文景观符合村内集约型模式的要求程度
游客市场（HS4）	HS41	洋家乐的游客市场规模符合村内集约型模式的要求程度
	HS42	洋家乐的游客市场构成符合村内集约型模式的要求程度

乡村消费空间（Rural Consumption Space，RCS）既是研究设计中重要的解释变量，也是研究桂滇黔洋家乐与村内集约型模式协同的重要中间变量。乡村消费空间是洋家乐兴起和得以发展的重要因素，究其原因，与外来资本的进入、自媒体的无形推动和区域政策红利相关。因此，在外来资本（RCS1）、自媒体（RCS2）、政策红利（RCS3）三个方面共设置了 8 个观测变量，分别对这四个方面进行测度，具体见表 5－41。

表 5－41　　乡村消费空间指标量表

外来资本（RCS1）	RCS11	外来资本方式符合村内集约型模式的要求程度
	RCS12	外来资本规模符合村内集约型模式的要求程度
	RCS13	外来资本投入与报酬符合村内集约型模式的要求程度
自媒体（RCS2）	RCS21	自媒体平台构成符合村内集约型模式的要求程度
	RCS22	自媒体主流方式符合村内集约型模式的要求程度
政策红利（RCS3）	RCS31	政策规则与乡村旅游结合符合村内集约型模式的要求程度
	RCS32	政府领导人偏好符合村内集约型模式的要求程度
	RCS33	政策执行情况符合村内集约型模式的要求程度

游客作为旅游三大要素之一，是旅游经济发展的重要组成部分。桂滇黔地区发展洋家乐，要紧密地结合市场趋势和游客行为，只有牢牢掌握游客的旅游偏好和旅游动机，才能对症下药地进行旅游产品开发，进而提升游客满意度，促进洋家乐健康持续发展。基于此，在对游客行为（Tourist Behavior，TB）进行解释的过程中，分别设置了旅游动机（TB1）、感知价值（TB2）、满意度（TB3）三个二级指标，共设置了 9 个观测变量对游客行为进行测量，详细情况见表 5－42。

表 5 -42 游客行为指标量表

旅游动机（TB1）	TB11	游客旅游目的地偏好符合村内集约型模式的要求程度
	TB12	游客旅游产品选择符合村内集约型模式的要求程度
	TB13	游客主体特征符合村内集约型模式的要求程度
感知价值（TB2）	TB21	游客感知价值构成符合村内集约型模式的要求程度
	TB22	游客感知价值质量符合村内集约型模式的要求程度
	TB23	游客感知价值延续性符合村内集约型模式的要求程度
满意度（TB3）	TB31	游客满意度行为偏好符合村内集约型模式的要求程度
	TB32	游客满意度影响因素符合村内集约型模式的要求程度
	TB33	游客满意度现状符合村内集约型模式的要求程度

村内集约型（Village Intensive Type，VIT）是空心村治理的重要模式之一。结合空心村治理模式的特征和机制，设置了 8 个观测变量进行变量度量。其中，针对组织协调机制（VIT1）设置了 3 个观测变量，农户参与机制（VIT2）设置了 3 个观测变量，长效监督机制（VIT3）设置了 2 个观测变量，详细的情况见表 5 -43。

表 5 -43 村内集约型指标量表

组织协调机制（VIT1）	VIT11	组织协调机制力度符合村内集约型模式的要求程度
	VIT12	组织协调机制内容符合村内集约型模式的要求程度
	VIT13	组织协调机制构成符合村内集约型模式的要求程度
农户参与机制（VIT2）	VIT21	农户参与机制内容符合村内集约型模式的要求程度
	VIT22	农户参与机制力度符合村内集约型模式的要求程度
	VIT23	农户参与机制构成符合村内集约型模式的要求程度
长效监督机制（VIT3）	VIT31	长效监督机制内容符合村内集约型模式的要求程度
	VIT32	长效监督机制实施符合村内集约型模式的要求程度

5.5.3 样本数据分析

通过调查问卷获得第一手的数据资料，共发布问卷数量 330 份，收回问卷数量 270 份，回收率为 81.8%，其中，由于在填写的过程中出现了不认真的状况，加之部分游客和居民只针对部分题项进行回答，导致回收的问卷中出现了一部分无效问卷。经过统计，在回收的 270 份问卷中，有效问卷为252份，有效率为93.3%。总体来说，有效问卷的数量符合结构方程所要求的样本数量，可以进行下一步实证分析。在进行实证分析以前，为了获得桂滇黔洋家乐与村内集约型模式的协同状况，需要对调查问卷获得的数据进行信度分析和效度分析。

在进行描述性统计时，重点掌握洋家乐、乡村消费空间、游客行为和村内集约型四个方面的内容，同时对每个主要变量的观测指标进行均值和标准差的描述。具体情况见表5-44。

表5-44　描述性统计

主要变量	潜在变量	观测变量	均值	标准差	最大值	最小值
洋家乐（HS）	区位条件（HS1）	HS11	3.71	0.671	5	1
		HS12	3.73	0.702	5	1
	自然条件（HS2）	HS21	3.69	0.736	5	1
		HS22	3.61	0.797	5	1
		HS23	3.66	0.794	5	2
	人文环境（HS3）	HS31	3.59	0.786	5	1
		HS32	3.58	0.740	5	1
	游客市场（HS4）	HS41	3.66	0.808	5	1
		HS42	3.62	0.766	5	1
乡村消费空间（RCS）	外来资本（RCS1）	RCS11	3.15	0.686	5	1
		RCS12	3.26	0.710	5	1
		RCS13	3.15	0.655	5	1
	自媒体（RCS2）	RCS21	3.28	0.661	5	1
		RCS22	3.20	0.737	5	1
	政策红利（RCS3）	RCS31	3.21	0.771	5	1
		RCS32	3.15	0.736	5	1
		RCS33	3.10	0.693	5	1
游客行为（TB）	旅游动机（TB1）	TB11	3.27	0.750	5	1
		TB12	3.21	0.678	5	1
		TB13	3.01	0.675	5	1
	感知价值（TB2）	TB21	3.32	0.717	5	1
		TB22	3.07	0.726	5	1
		TB23	3.14	0.692	5	1

续表

<table>
<tr><th>主要变量</th><th>潜在变量</th><th>观测变量</th><th>均值</th><th>标准差</th><th>最大值</th><th>最小值</th></tr>
<tr><td rowspan="3">游客行为（TB）</td><td rowspan="3">满意度（TB3）</td><td>TB31</td><td>3.23</td><td>0.728</td><td>5</td><td>1</td></tr>
<tr><td>TB32</td><td>3.11</td><td>0.688</td><td>5</td><td>1</td></tr>
<tr><td>TB33</td><td>3.19</td><td>0.721</td><td>5</td><td>1</td></tr>
<tr><td rowspan="8">村内集约型（VIT）</td><td rowspan="3">组织协调机制（VIT1）</td><td>VIT11</td><td>3.62</td><td>0.719</td><td>5</td><td>1</td></tr>
<tr><td>VIT12</td><td>3.60</td><td>0.748</td><td>5</td><td>1</td></tr>
<tr><td>VIT13</td><td>3.59</td><td>0.766</td><td>5</td><td>1</td></tr>
<tr><td rowspan="3">农户参与机制（VIT2）</td><td>VIT21</td><td>3.62</td><td>0.734</td><td>5</td><td>1</td></tr>
<tr><td>VIT22</td><td>3.63</td><td>0.769</td><td>5</td><td>1</td></tr>
<tr><td>VIT23</td><td>3.70</td><td>0.734</td><td>5</td><td>1</td></tr>
<tr><td rowspan="2">长效监督机制（VIT3）</td><td>VIT31</td><td>3.59</td><td>0.805</td><td>5</td><td>1</td></tr>
<tr><td>VIT32</td><td>3.66</td><td>0.738</td><td>5</td><td>1</td></tr>
</table>

在对桂滇黔洋家乐与村内集约型协同模式的信度检验中，我们采用Kilne的信度检验标准，利用SPSS 19.0对洋家乐与村内集约型协同模式的量表数据进行信度检验，得到各变量的Cronbach's α 系数值（见表5－45）。在量表数据进行信度检验的基础上，进一步对数据进行效度检验，目的是核验通过调查问卷量表获得的数据能否科学地反映出测度变量的真实架构，是否满足假设条件，结果见表5－45。

表5－45　　　　信度和效度检验结果

<table>
<tr><th rowspan="2">变量</th><th rowspan="2">题项</th><th rowspan="2">α</th><th rowspan="2" colspan="2">因子载荷</th><th rowspan="2">KMO值</th><th rowspan="2">累计方差解释率</th><th colspan="3">Bartlett's 球形检验</th></tr>
<tr><th>X2</th><th>df</th><th>Sig.</th></tr>
<tr><td rowspan="9">洋家乐（HS）</td><td rowspan="2">2</td><td rowspan="2">0.908</td><td>HS11</td><td>0.755</td><td rowspan="9">0.962</td><td rowspan="9">48.986</td><td rowspan="9">2543.081</td><td rowspan="9">36</td><td rowspan="9">0.000</td></tr>
<tr><td>HS12</td><td>0.735</td></tr>
<tr><td rowspan="3">3</td><td rowspan="3">0.906</td><td>HS21</td><td>0.807</td></tr>
<tr><td>HS22</td><td>0.742</td></tr>
<tr><td>HS23</td><td>0.761</td></tr>
<tr><td rowspan="2">2</td><td rowspan="2">0.882</td><td>HS31</td><td>0.732</td></tr>
<tr><td>HS32</td><td>0.790</td></tr>
<tr><td rowspan="2">2</td><td rowspan="2">0.873</td><td>HS41</td><td>0.761</td></tr>
<tr><td>HS42</td><td>0.747</td></tr>
</table>

续表

变量	题项	α	因子载荷		KMO值	累计方差解释率	Bartlett's 球形检验		
							X2	df	Sig.
乡村消费空间（RCS）	3	0.724	RCS11	0.491	0.929	55.328	834.013	28	0.000
			RCS12	0.588					
			RCS13	0.625					
	2	0.767	RCS21	0.675					
			RCS22	0.728					
	3	0.710	RCS31	0.430					
			RCS32	0.656					
			RCS33	0.635					
游客行为（TB）	3	0.698	TB11	0.621	0.910	60.482	740.411	36	0.000
			TB12	0.471					
			TB13	0.592					
	3	0.654	TB21	0.573					
			TB22	0.630					
			TB23	0.616					
	3	0.682	TB31	0.659					
			TB32	0.609					
			TB33	0.569					
村内集约型（VIT）	3	0.854	VIT11	0.708	0.945	64.307	1488.433	28	0.000
			VIT12	0.669					
			VIT13	0.764					
	3	0.856	VIT21	0.762					
			VIT22	0.777					
			VIT23	0.742					
	2	0.820	VIT31	0.706					
			VIT32	0.706					

如表 5－45 所示，在桂滇黔洋家乐与村内集约型的信度和效度检验结果中，Cronbach's α 系数值均大于 0.50，属于可接受的范围，由此可以看出量表数据具有较好的信度。在效度检验中，各指标的因子载荷大多在 0.50 以上，KMO 值在大于 0.90，能很好地支持量表数据进行因子分析，

Bartlett's 球形检验显著性水平均在 0.000，我们可以认为本次问卷量表及各组成部分建构效度良好。

5.5.4 结构方程模型

由洋家乐与城镇化引领治理协同模式的理论模型可以看出，洋家乐、乡村消费空间、游客行为和村内集约型均是无法直接观测到的潜在变量，针对这四个变量设定的二级指标也是无法直接观测到的，也属于潜在变量。同时，显变量和潜变量中均存在内生变量和外生变量。在确定变量的性质以后，可以将洋家乐与村内集约型治理协同作用中的各项变量进行归类，其中，洋家乐是内生变量，乡村消费空间和游客行为是中间变量，村内集约型是外生变量。基于此，构建出桂滇黔洋家乐与村内集约型治理协同的初始结构方程模型（见图 5－11）。

图 5－11 显示了洋家乐与村内集约型治理协同的初始结构方程模型，可以看出，洋家乐与村内集约型治理协同的初始结构方程中存在外生显变量 9 项，内生显变量 25 项，外生潜变量 4 项，内生潜变量 9 项。

外生显变量共有 9 项：HS11、HS12、HS21、HS22、HS23、HS31、HS32、HS41、HS42；

内生显变量共有 25 项：TB11、TB12、TB13、TB21、TB22、TB23、TB31、TB32、TB33、RCS11、RCS12、RCS13、RCS21、RCS22、RCS31、RCS32、RCS33、VIT11、VIT12、VIT13、VIT21、VIT22、VIT23、VIT31、VIT32；

外生潜变量 4 项：HS1、HS2、HS3、HS4；

内生潜变量 9 项：TB1、TB2、TB3、RCS1、RCS2、RCS3、VIT1、VIT2、VIT3。

在进行桂滇黔洋家乐与中心村整合治理协同模式数据验证中，为了构建观测变量的结构方程式，需要对相关的变量进行设定。根据构建的初始结构方程模型的相关内容，洋家乐（HS）、区位条件（HS1）、自然条件（HS2）、人文环境（HS3）、客源市场（HS4）是外生潜变量，分别用 ζ_{HS}、ζ_{HS1}、ζ_{HS2}、ζ_{HS3}、ζ_{HS4}来表示。乡村消费空间（RCS）、外来资本（RCS1）、自媒体（RCS2）、政策红利（RCS3）、游客行为（TB）、旅游动机（TB1）、感知价值（TB2）、满意度（TB3）、村内集约型（VIT）、组织协调机制（VIT1）、农户参与机制（VIT2）、长效监督机制（VIT3）是内生潜变量，分别用 η_{RCS}、η_{RCS1}、η_{RCS2}、η_{RCS3}、η_{TB}、η_{TB1}、η_{TB2}、η_{TB3}、η_{VIT}、η_{VIT1}、η_{VIT2}、η_{VIT3}来表示。由此，构建出桂滇黔洋家乐与村内集约型治理协同模式的观测模型方程式：

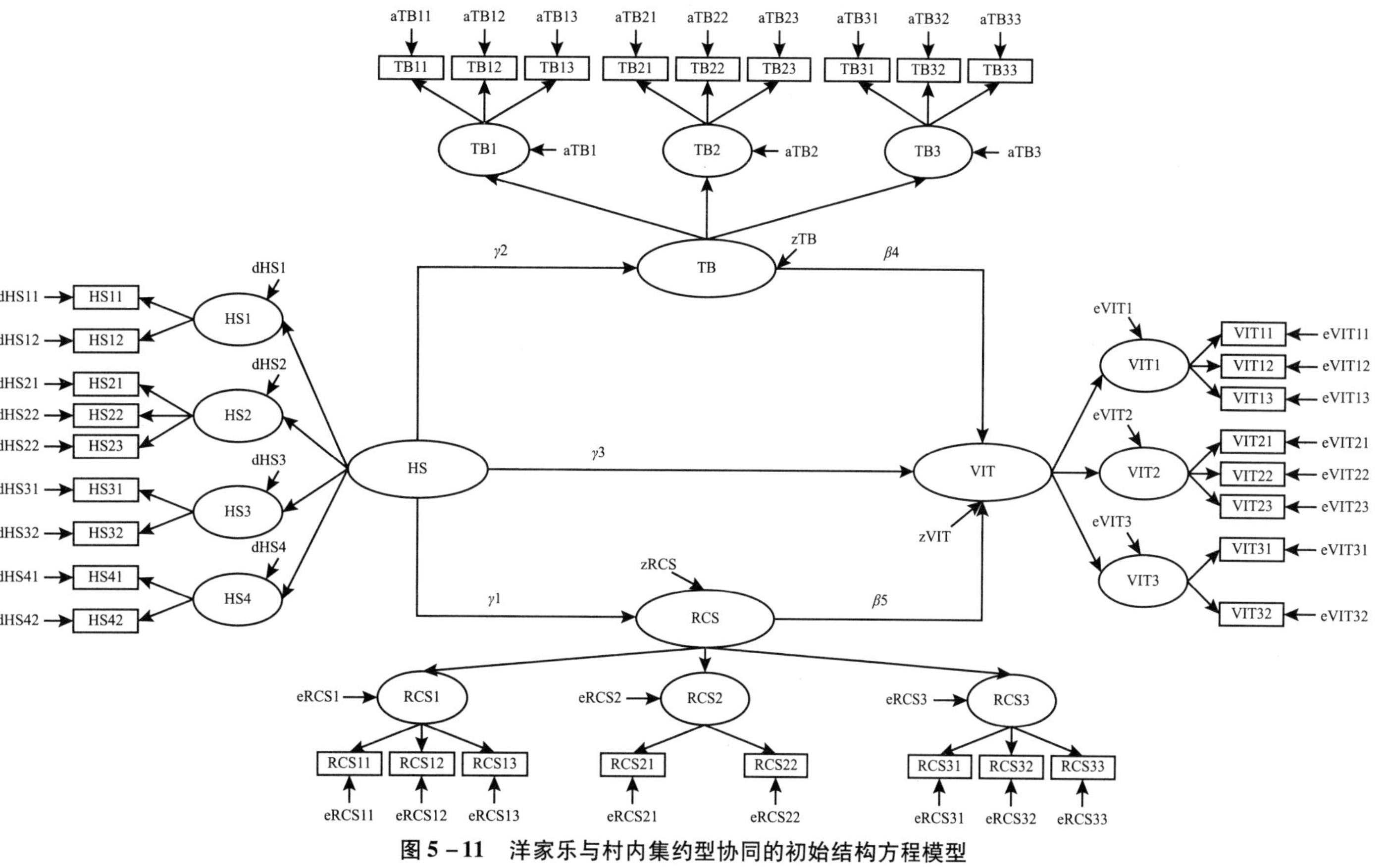

图5－11　洋家乐与村内集约型协同的初始结构方程模型

$$\begin{cases}
\chi_{HS1}=\lambda_{HS1}\xi_{HS}+\delta_{HS1}，\chi_{HS2}=\lambda_{HS2}\xi_{HS}+\delta_{HS2}，\chi_{HS3}=\lambda_{HS3}\xi_{HS}+\delta_{HS3}，\\
\chi_{HS4}=\lambda_{HS4}\xi_{HS}+\delta_{HS4}，\chi_{HS11}=\lambda_{HS11}\xi_{HS1}+\delta_{HS11}，\chi_{HS12}=\lambda_{HS12}\xi_{HS1}+\delta_{HS12}，\\
\chi_{HS21}=\lambda_{HS21}\xi_{HS2}+\delta_{HS21}，\chi_{HS22}=\lambda_{HS22}\xi_{HS2}+\delta_{HS22}，\chi_{HS23}=\lambda_{HS23}\xi_{HS2}+\delta_{HS23}，\\
\chi_{HS31}=\lambda_{HS31}\xi_{HS3}+\delta_{HS31}，\chi_{HS32}=\lambda_{HS32}\xi_{HS3}+\delta_{HS32}，\\
\chi_{HS41}=\lambda_{HS41}\xi_{HS4}+\delta_{HS41}，\chi_{HS42}=\lambda_{HS42}\xi_{HS4}+\delta_{HS42}，\\
Y_{TB1}=\lambda_{TB1}\eta_{TB}+\varepsilon_{TB1}，Y_{TB2}=\lambda_{TB2}\eta_{TB}+\varepsilon_{TB2}，Y_{TB3}=\lambda_{TB3}\eta_{TB}+\varepsilon_{TB3}，\\
Y_{TB11}=\lambda_{TB11}\eta_{TB1}+\varepsilon_{TB11}，Y_{TB12}=\lambda_{TB12}\eta_{TB1}+\varepsilon_{TB12}，Y_{TB13}=\lambda_{TB13}\eta_{TB1}+\varepsilon_{TB13}，\\
Y_{TB21}=\lambda_{TB21}\eta_{TB2}+\varepsilon_{TB21}，Y_{TB22}=\lambda_{TB22}\eta_{TB2}+\varepsilon_{TB22}，Y_{TB23}=\lambda_{TB23}\eta_{TB2}+\varepsilon_{TB23}，\\
Y_{TB31}=\lambda_{TB31}\eta_{TB3}+\varepsilon_{TB31}，Y_{TB32}=\lambda_{TB32}\eta_{TB3}+\varepsilon_{TB32}，Y_{TB33}=\lambda_{TB33}\eta_{TB3}+\varepsilon_{TB33}，\\
Y_{RCS1}=\lambda_{RCS1}\eta_{RCS}+\varepsilon_{RCS1}，Y_{RCS2}=\lambda_{RCS2}\eta_{RCS}+\varepsilon_{RCS2}，Y_{RCS3}=\lambda_{RCS3}\eta_{RCS}+\varepsilon_{RCS3}，\\
Y_{RCS11}=\lambda_{RCS11}\eta_{RCS1}+\varepsilon_{RCS11}，Y_{RCS12}=\lambda_{RCS12}\eta_{RCS1}+\varepsilon_{RCS12}，Y_{RCS13}=\lambda_{RCS13}\eta_{RCS1}+\varepsilon_{RCS13}，\\
Y_{RCS21}=\lambda_{RCS21}\eta_{RCS2}+\varepsilon_{RCS21}，Y_{RCS22}=\lambda_{RCS22}\eta_{RCS2}+\varepsilon_{RCS22}，\\
Y_{RCS31}=\lambda_{RCS31}\eta_{RCS3}+\varepsilon_{RCS31}，Y_{RCS32}=\lambda_{RCS32}\eta_{RCS3}+\varepsilon_{RCS32}，Y_{RCS33}=\lambda_{RCS33}\eta_{RCS3}+\varepsilon_{RCS33}，\\
Y_{VIT1}=\lambda_{VIT1}\eta_{VIT}+\varepsilon_{VIT1}，Y_{VIT2}=\lambda_{VIT2}\eta_{VIT}+\varepsilon_{VIT2}，Y_{VIT3}=\lambda_{VIT3}\eta_{VIT}+\varepsilon_{VIT3}，\\
Y_{VIT11}=\lambda_{VIT11}\eta_{VIT1}+\varepsilon_{VIT11}，Y_{VIT12}=\lambda_{VIT12}\eta_{VIT1}+\varepsilon_{VIT12}，Y_{VIT13}=\lambda_{VIT13}\eta_{VIT1}+\varepsilon_{VIT13}，\\
Y_{VIT21}=\lambda_{VIT21}\eta_{VIT2}+\varepsilon_{VIT21}，Y_{VIT22}=\lambda_{VIT22}\eta_{VIT2}+\varepsilon_{VIT22}，Y_{VIT23}=\lambda_{VIT23}\eta_{VIT2}+\varepsilon_{VIT23}，\\
Y_{VIT31}=\lambda_{VIT31}\eta_{VIT3}+\varepsilon_{VIT31}，Y_{VIT32}=\lambda_{VIT32}\eta_{VIT3}+\varepsilon_{VIT32}.
\end{cases}$$

在构建出观测模型方程式的基础上，根据结构模型的一般形式构建出洋家乐与村内集约型治理协同的结构方程式，表达如下：

$$\begin{cases}
\eta_{RCS}=\gamma_1\xi_{HS}+\zeta_{RCS}\\
\eta_{TB}=\gamma_2\xi_{HS}+\zeta_{TB}\\
\eta_{VIT}=\gamma_3\xi_{HS}+\beta_4\eta_{TB}+\beta_5\eta_{RCS}+\zeta_{VIT}
\end{cases}$$

其中，用 γ_1、γ_2、γ_3 分别表示洋家乐对乡村消费空间、游客行为、村内集约型的作用路径。用 β_4 表示游客行为对中心村整合型的作用路径，用 β_5 表示乡村消费空间对村内集约型的作用路径。

在拟合指标检验的选取中，采用最常用的八种拟合指标检验方法，分别为 CMIN/DF、CFI、IFI、TLI、AGFI、PNFI、RMSEA、RMR。将构建的初始结构方程模型放入 AMOS 中，通过导入量表数据，获得了洋家乐与村内集约型协同模式的拟合指标值（见表 5－46）。

表 5－46　　初始结构方程模型适配度检验结果

拟合指标	CMIN/DF	CFI	IFI	TLI	AGFI	PNFI	RMSEA	RMR
观测值	1.450	0.964	0.964	0.960	0.841	0.810	0.042	0.025
拟合标准	<3.00	>0.90	>0.90	>0.90	>0.80	>0.50	<0.08	<0.05

由表5-46可以看出，在所得出的各项拟合指标检验值中，均达到了拟合标准，说明构建的洋家乐与村内集约型治理协同的初始结构方程模型能很好地与通过问卷调查所获得的量表数据进行拟合。因此，在进行拟合度检验的基础上，进一步对原始结构方程中各路径的系数进行测度（见表5-47）。

表5-47　　初始结构方程路径估计

路径	模型路径	非标准化路径系数	标准化路径系数	S. E.	C. R.	P
$\gamma1$	HS→RCS	0.623	0.82	0.053	11.831	***
$\gamma2$	HS→TB	0.600	0.74	0.061	9.888	***
$\gamma3$	HS→VIT	0.249	0.27	0.100	2.479	0.013
$\beta4$	TB→VIT	0.362	0.27	0.093	3.869	***
$\beta5$	RCS→VIT	0.326	0.32	0.113	2.882	0.004

注：*** 表示 $p<0.001$。

由表5-47可以看出，结构方程模型各路径呈现出显著状态，根据标准化路径系数的测度标准，绝大多数都达到了0.001的显著性水平，较好地通过显著性检验。洋家乐到村内集约型作用路径p值为0.002，在5%的水平上显著。由此可以判定研究所构建的结构方程模型为最满意的结构方程，经过标准化处理之后，路径系数的数值都在-1至1的范围内，得出最终的结构方程模型，见图5-12。

5.5.5 结果讨论

根据以上结构方程实证结果，结合研究假设与概念模型，桂滇黔洋家乐与村内集约型协同作用假设验证和路径系数进行了归纳总结。

洋家乐到乡村消费空间的标准化路径系数为0.82，$p<0.001$，通过了显著性检验，由此，可以验证“洋家乐对乡村消费空间具有显著的直接正向作用”的假设，检验的结果支持了原假设HE1。

洋家乐到游客行为的标准化路径系数为0.74，$p<0.001$，通过了显著性检验，由此，可以验证“洋家乐对游客行为具有显著的直接正向作用”的假设，检验的结果支持了原假设HE2。

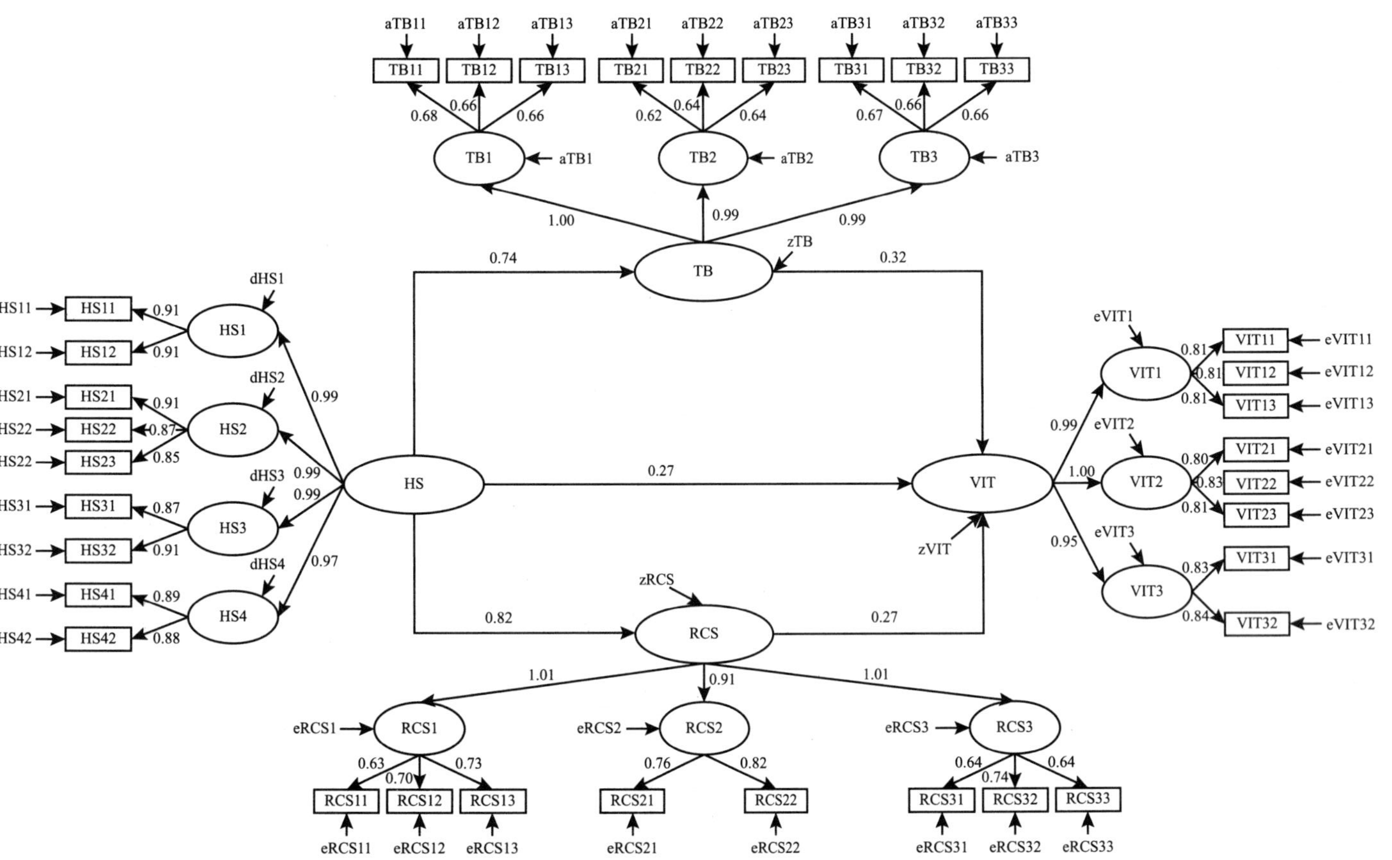

图 5-12 最终的洋家乐与村内集约型协同的结构方程模型

洋家乐到村内集约型的标准化路径系数为0.27，p值为0.013，且在5%的水平上显著，较好地通过显著性检验，由此，“洋家乐对村内集约型治理具有显著的直接正向作用”的假设成立，检验的结果支持了原假设HE3。

游客行为到村内集约型的标准化路径系数为0.27，$p<0.001$，通过了显著性检验，由此，可以验证“游客行为对村内集约型具有显著的直接正向作用”的假设，检验的结果支持了原假设HE4。

乡村消费空间到村内集约型的标准化路径系数为0.32，在5%的水平上显著，较好地通过了显著性检验，由此，可以验证“乡村消费空间对村内集约型具有显著的直接正向作用”的假设，检验的结果支持了原假设HE5。

在桂滇黔洋家乐与村内集约型的结构方程实证结果中，我们不难发现，乡村消费空间和游客行为作为两个中间变量，在结构方程模型中有着举足轻重的作用。一方面，洋家乐对乡村消费空间形成了路径系数为0.82的直接作用路径，其作用路径系数是模型中最高的，集中体现了乡村消费空间的形成是桂滇黔形成洋家乐的重要推动力，为洋家乐的形成和发展提供了资本、宣传平台和政策保障。另一方面，游客作为旅游发展的主体，游客行为偏好和选择是洋家乐不断扩大消费市场的决定因素，洋家乐对游客行为产生了0.74的直接作用效应。

在实现桂滇黔洋家乐与村内集约型治理模式协同的过程中，洋家乐既对村内集约型产生直接作用效应，其直接作用效应为0.27；也对村内集约型产生间接作用效应，其间接路径主要通过游客行为和乡村消费空间两个中间变量得以实现，通过乡村消费空间产生的间接作用效应为0.221（0.82×0.27），通过游客行为产生的间接作用效应为0.237（0.74×0.32），总的间接效应为0.458。可以看出，洋家乐对村内集约型的间接作用效应高于直接作用效应。

因此，根据洋家乐与村内集约型治理模式协同的结构方程实证结果，我们得出以下三点启示：一是要通过引导游客行为来扩展乡村消费空间，注重游客体验效果，积极为游客营造良好的基础环境。尽管洋家乐提倡极简主义行为，但是在旅游引导上还是要加强相关设施设备的引进，增强游客的好感。二是不断扩展乡村消费空间，积极利用现代互联网平台进行宣传，提升洋家乐的知名度，塑造名牌效应，保持旅游可持续发展活力。三是树立牢固的市场导向，洋家乐是以概念和理念的创新为核心竞争力，要实现洋家乐的规模化、市场化发展，必须牢牢把控市场导向，将市场偏好与自身主题现结合起来，不断创新旅游营销点，增强旅游吸引力。

5.6 桂滇黔乡村民宿与村内集约型治理协同模式的数据验证

5.6.1 研究设计

本书以桂滇黔三个省级行政区作为研究范围，以乡村旅游业态创新和空心村治理模式作为研究对象，通过研究桂滇黔乡村民宿与村内集约型模式的协同，对乡村旅游业态创新与空心村治理协同模式进行实证分析。桂滇黔属于西南民族地区，区域内丰富的旅游资源、良好的旅游经济基础、多样化的民族风情为乡村民宿兴起提供了强有力的条件，与此同时，桂滇黔三省（区）在城镇化进程中出现大量的空心化问题，发展乡村旅游业成为解决空心化问题的重要手段之一。基于此，以桂滇黔的乡村旅游业态创新与空心村治理模式为研究重点，具体来说，本节主要研究桂滇黔的乡村民宿与村内集约型协同模式。

尽管本书从理论上对桂滇黔乡村民宿与村内集约型进行的深入的分析和阐释，为了使研究更为严谨，进一步识别出乡村民宿与村内集约型的协同模式，采用定量分析方法对乡村民宿与村内集约型治理协同模式进行数据验证。在方法的选取上，选取结构方程模型进行实证分析，其原因与上述休闲农牧场与中心村整合治理一致。为了收集到研究所需要的数据，研究设计了《桂滇黔乡村民宿对村内集约型治理协同作用调查问卷》（简称"调查问卷"）。在问卷的设计中，重点把握乡村民宿、游客行为、乡村发展模式及村内集约型四个方面，通过设置观测变量对潜在变量进行说明，为最终分析乡村民宿与村内集约型治理协同模式提供第一手数据。因此，在调查问卷的设计中，主要包括四个部分的内容。其中，第一部分是"乡村民宿的调查"；第二部分是"乡村发展模式的调查"；第三部分是"游客行为的调查"；第四部分是"村内集约型治理的调查"（见附录6）。

在问卷设计的基础上，本书研究团队于2018年7月22日展开了预调研，以桂滇黔乡村民宿为主要调研目的地，如贵州兴义纳灰村，调查对象为乡村民宿的游客和居民。预调研的目的是获得桂滇黔乡村民宿与村内集约型治理模式的基本情况和现实问题，对原定问卷题项、表述以及与现实相冲突的内容进行修改，为第二阶段的正式调研奠定了基础。在对预调研的结果进行整理统计分析的基础上，于2018年11月至2019年2月开展新一轮的正式调研，正式调研是在预调研的基础上进行有针对性的数据采集，为了取得桂滇黔乡村民宿与村内集约型模式协同的数据，本书在问卷的设计中充分考虑了相关内容。

5.6.2 变量度量

本节对桂滇黔乡村民宿与村内集约型进行结构方程实证分析，对研究假设HE1~HE5进行假设检验，首先需要解决的是关键变量的度量问题。以乡村民宿、乡村发展模式、游客行为和村内集约型为主要关键变量，通过对这四个关键变量进行度量，采用一系列观测变量对潜在变量进行定量分析，最终实现研究目的。在这四个关键变量中，根据变量之间的相互关系和内在机制，乡村民宿是被解释变量，村内集约型、乡村发展模式及创游客行为是解释变量，分别对被解释变量和解释变量进行测度。

乡村民宿（The Village Homestay y，TVH）作为乡村旅游业态创新的重要形态之一，是民宿经济在现代的创新产品，并逐渐成为促进农民增收，实现乡村复兴的有效途径。乡村民宿的产生和发展与其区位条件是密不可分的，包括地理位置、交通条件、气候等，优良的自然风光为其招徕游客提供了有利条件，独特的人文环境满足了游客求新求异的心理。因此，将区位（TVH1）、自然环境（TVH2）、人文环境（TVH3）作为乡村民宿的三个解释变量。同时，乡村民宿作为高端民宿，其发展依赖于游客市场，游客市场的结构和大小直接关系到乡村民宿的经营质量，游客市场（TVH4）也作为乡村民宿的一个解释变量。因此，针对以上变量，共设置了9个观测变量，具体情况见表5-48。

表5-48　　乡村民宿指标量表

区位条件（TVH1）	TVH11	乡村民宿的地理位置符合村内集约型模式的要求程度
	TVH12	乡村民宿的交通状况符合村内集约型模式的要求程度
自然条件（TVH2）	TVH21	乡村民宿的生态保护状况符合村内集约型模式的要求程度
	TVH22	乡村民宿的生态资源禀赋符合村内集约型模式的要求程度
	TVH23	乡村民宿的自然发展潜力符合村内集约型模式的要求程度

续表

人文环境（TVH3）	TVH31	乡村民宿的文化底蕴符合村内集约型模式的要求程度
	TVH32	乡村民宿的人文景观符合村内集约型模式的要求程度
游客市场（TVH4）	TVH41	乡村民宿的游客市场规模符合村内集约型模式的要求程度
	TVH42	乡村民宿的游客市场构成符合村内集约型模式的要求程度

乡村发展模式（Rural Development Model，RDM）既是重要的解释变量，也是研究桂滇黔乡村民宿与村内集约型模式协同的重要中间变量。乡村发展模式是乡村民宿兴起和得以发展的重要因素，良好的产业基础、丰富的人口资源以及日趋完善的基础设施都是其重要的推动力量。因此，从产业基础（RDM1）、人口资源（RDM2）、基础设施（RDM3）三个方面出发，共设置了8个观测变量分别对这四个方面进行测度，具体见表5－49。

表5－49　乡村发展模式指标量表

产业基础（RDM1）	RDM11	乡村旅游产业发展状况符合村内集约型模式的要求程度
	RDM12	乡村泛旅游产业发展状况符合村内集约型模式的要求程度
	RDM13	乡村产业集聚程度符合村内集约型模式的要求程度
人口资源（RDM2）	RDM21	乡村流动人口数量符合村内集约型模式的要求程度
	RDM22	乡村非农劳动力人口符合村内集约型模式的要求程度
基础设施（RDM3）	RDM31	旅游服务设施建设符合村内集约型模式的要求程度
	RDM32	农业设施建设符合村内集约型模式的要求程度
	RDM33	乡村公共服务设施建设符合村内集约型模式的要求程度

游客作为旅游三大要素之一，是旅游经济发展的重要组成部分。桂滇黔地区发展乡村民宿，要紧密地结合市场趋势和游客行为，只有牢牢掌握游客的旅游偏好和旅游动机，才能对症下药地进行旅游产品开发，进而提升游客满意度，促进乡村民宿健康持续发展。基于此，在对游客行为（Tourist Behavior，TB）进行解释的过程中，分别设置了旅游动机（TB1）、感知价值（TB2）、满意度（TB3）三个二级指标，共设置了9个观测变量对游客行为进行测量，详细情况见表5－50。

表5-50 游客行为指标量表

旅游动机（TB1）	TB11	游客旅游目的地偏好符合村内集约型模式的要求程度
	TB12	游客旅游产品选择符合村内集约型模式的要求程度
	TB13	游客主体特征符合村内集约型模式的要求程度
感知价值（TB2）	TB21	游客感知价值构成符合村内集约型模式的要求程度
	TB22	游客感知价值质量符合村内集约型模式的要求程度
	TB23	游客感知价值延续性符合村内集约型模式的要求程度
满意度（TB3）	TB31	游客满意度行为偏好符合村内集约型模式的要求程度
	TB32	游客满意度影响因素符合村内集约型模式的要求程度
	TB33	游客满意度现状符合村内集约型模式的要求程度

村内集约型（VIT）是空心村治理的重要模式之一。结合空心村治理模式的特征和机制，设置了8个观测变量进行变量度量。其中，针对组织协调机制（VIT1）设置了3个观测变量，农户参与机制（VIT2）设置了3个观测变量，长效监督机制（VIT3）设置了2个观测变量，详细的情况见表5-51。

表5-51 村内集约型指标量表

组织协调机制（VIT1）	VIT11	组织协调机制力度符合村内集约型模式的要求程度
	VIT12	组织协调机制内容符合村内集约型模式的要求程度
	VIT13	组织协调机制构成符合村内集约型模式的要求程度
农户参与机制（VIT2）	VIT21	农户参与机制内容符合村内集约型模式的要求程度
	VIT22	农户参与机制力度符合村内集约型模式的要求程度
	VIT23	农户参与机制构成符合村内集约型模式的要求程度
长效监督机制（VIT3）	VIT31	长效监督机制内容符合村内集约型模式的要求程度
	VIT32	长效监督机制实施符合村内集约型模式的要求程度

5.6.3 样本数据分析

通过调查问卷获得第一手的数据资料，共发布问卷数量345份，收回问卷数量270份，回收率为78.3%，其中，由于在填写的过程中出现了不认真的状况，加之部分游客和居民只针对部分题项进行回答，导致回收的问卷中出现了一部分无效问卷。经过统计，在回收的270份问卷中，有效问卷为245份，有效率为90.7%。总体来说，有效问卷的数量符合结构方程所要求的样本数量，可以进行下一步实证分析。在进行实证分析以前，为了获得桂滇黔乡村民宿与村内集约型模式的协同状况，需要对调查问卷获得的数据进行信度分析和效度分析。

在进行描述性统计时，重点掌握乡村民宿、乡村发展模式、游客行为和村内集约型四个方面的内容，同时对每个主要变量的观测指标进行均值和标准差的描述。具体情况见表5－52。

表5－52　描述性统计

主要变量	潜在变量	观测变量	均值	标准差	最大值	最小值
乡村民宿（TVH）	区位条件（TVH1）	TVH11	3.66	0.716	5	1
		TVH12	3.73	0.675	5	1
	自然条件（TVH2）	TVH21	3.70	0.734	5	1
		TVH22	3.59	0.798	5	1
		TVH23	3.67	0.763	5	2
	人文环境（TVH3）	TVH31	3.56	0.806	5	1
		TVH32	3.58	0.768	5	1
	游客市场（TVH4）	TVH41	3.64	0.806	5	1
		TVH42	3.61	0.764	5	1
乡村发展模式（RDM）	产业基础（RDM1）	RDM11	3.19	0.671	5	1
		RDM12	3.27	0.697	5	2
		RDM13	3.18	0.647	5	1
	人口资源（RDM2）	RDM21	3.29	0.668	5	1
		RDM22	3.19	0.714	5	1
	基础设施（RDM3）	RDM31	3.22	0.772	5	1
		RDM32	3.18	0.693	5	1
		RDM33	3.10	0.670	5	1
游客行为（TB）	旅游动机（TB1）	TB11	3.25	0.746	5	1
		TB12	3.22	0.679	5	1
		TB13	3.04	0.687	5	1
	感知价值（TB2）	TB21	3.33	0.714	5	1
		TB22	3.07	0.730	5	1
		TB23	3.14	0.683	5	1

续表

主要变量	潜在变量	观测变量	均值	标准差	最大值	最小值
游客行为（TB）	满意度（TB3）	TB31	3.31	0.743	5	1
		TB32	3.15	0.699	5	1
		TB33	3.23	0.723	5	1
村内集约型（VIT）	组织协调机制（VIT1）	VIT11	3.60	0.706	5	1
		VIT12	3.56	0.800	5	1
		VIT13	3.52	0.767	5	1
	农户参与机制（VIT2）	VIT21	3.68	0.729	5	2
		VIT22	3.65	0.774	5	1
		VIT23	3.68	0.717	5	1
	长效监督机制（VIT3）	VIT31	3.57	0.810	5	1
		VIT32	3.64	0.760	5	1

在对桂滇黔乡村民宿与村内集约型协同模式的信度检验中，我们采用Kilne的信度检验标准，利用SPSS 19.0对乡村民宿与村内集约型协同模式的量表数据进行信度检验，得到各变量的Cronbach's α系数值（见表5-53）。在量表数据进行信度检验的基础上，进一步对数据进行效度检验，目的是核验通过调查问卷量表获得的数据能否科学地反映出测度变量的真实架构，是否满足假设条件，结果见表5-53。

表5-53　　　　信度和效度检验结果

变量	题项	α	因子载荷		KMO值	累计方差解释率	Bartlett's 球形检验		
							X2	df	Sig.
乡村民宿（TVH）	2	0.866	TVH11	0.683	0.955	46.002	2008.824	36	0.000
			TVH12	0.676					
	3	0.883	TVH21	0.800					
			TVH22	0.729					
			TVH23	0.742					
	2	0.849	TVH31	0.726					
			TVH32	0.756					
	2	0.868	TVH41	0.748					
			TVH42	0.750					

续表

变量	题项	α	因子载荷		KMO值	累计方差解释率	Bartlett's 球形检验		
							X2	df	Sig.
乡村发展模式（RDM）	3	0. 659	RDM11	0. 497	0. 912	52. 272	787. 174	28	0. 000
			RDM12	0. 588					
			RDM13	0. 614					
	2	0. 701	RDM21	0. 636					
			RDM22	0. 707					
	3	0. 658	RDM31	0. 546					
			RDM32	0. 614					
			RDM33	0. 560					
游客行为（TB）	3	0. 680	TB11	0. 625	0. 907	57. 377	720. 460	36	0. 000
			TB12	0. 472					
			TB13	0. 589					
	3	0. 651	TB21	0. 587					
			TB22	0. 649					
			TB23	0. 611					
	3	0. 647	TB31	0. 653					
			TB32	0. 561					
			TB33	0. 570					
村内集约型（VIT）	3	0. 799	VIT11	0. 626	0. 938	60. 797	1097. 254	28	0. 000
			VIT12	0. 649					
			VIT13	0. 746					
	3	0. 820	VIT21	0. 745					
			VIT22	0. 736					
			VIT23	0. 714					
	2	0. 718	VIT31	0. 674					
			VIT32	0. 648					

如表 5－53 所示，在桂滇黔乡村民宿与村内集约型的信度和效度检验结果中，Cronbach's α 系数值均大于 0. 50，属于可接受的范围，由此可以看出量表数据具有较好的信度。在效度检验中，各指标的因子载荷大多在 0. 50 以上，KMO 值在大于 0. 90，能很好地支持量表数据进行因子分析，

Bartlett's 球形检验显著性水平均在 0.000，我们可以认为本次问卷量表及各组成部分建构效度良好。

5.6.4　结构方程模型

由乡村民宿与城镇化引领治理协同模式的理论模型可以看出，乡村民宿、乡村发展模式、游客行为和村内集约型均是无法直接观测到的潜在变量，针对这四个变量设定的二级指标也是无法直接观测到的，也属于潜在变量。同时，显变量和潜变量中均存在内生变量和外生变量。在确定变量的性质以后，可以将乡村民宿与村内集约型治理协同作用中的各项变量进行归类，其中，乡村民宿是内生变量，乡村发展模式和游客行为是中间变量，村内集约型是外生变量。基于此，构建出桂滇黔乡村民宿与村内集约型治理协同的初始结构方程模型，见图 5 - 13。

图 5 - 13 显示了乡村民宿与村内集约型治理协同的初始结构方程模型，可以看出，乡村民宿与村内集约型治理协同的初始结构方程中存在外生显变量 9 项，内生显变量 25 项，外生潜变量 4 项，内生潜变量 9 项。

外生显变量共有 9 项：TVH11、TVH12、TVH21、TVH22、TVH23、TVH31、TVH32、TVH41、TVH42；

内生显变量共有 25 项：TB11、TB12、TB13、TB21、TB22、TB23、TB31、TB32、TB33、RDM11、RDM12、RDM13、RDM21、RDM22、RDM31、RDM32、RDM33、VIT11、VIT12、VIT13、VIT21、VIT22、VIT23、VIT31、VIT32；

外生潜变量 4 项：TVH1、TVH2、TVH3、TVH4；

内生潜变量 9 项：TB1、TB2、TB3、RDM1、RDM2、RDM3、VIT1、VIT2、VIT3。

在进行桂滇黔乡村民宿与中心村整合治理协同模式数据验证中，为了构建观测变量的结构方程式，需要对相关的变量进行设定。根据构建的初始结构方程模型中的相关内容，乡村民宿（TVH）、区位条件（TVH1）、自然条件（TVH2）、人文环境（TVH3）、客源市场（TVH4）是外生潜变量，分别用 ζ_{TVH}、ζ_{TVH1}、ζ_{TVH2}、ζ_{TVH3}、ζ_{TVH4} 来表示。乡村发展模式（RDM）、产业基础（RDM1）、人口资源（RDM2）、基础设施（RDM3）、游客行为（TB）、旅游动机（TB1）、感知价值（TB2）、满意度（TB3）、村内集约型（VIT）、组织协调机制（VIT1）、农户参与机制（VIT2）、长效监督机制（VIT3）是内生潜变量，分别用 η_{RDM}、η_{RDM1}、η_{RDM2}、η_{RDM3}、η_{TB}、η_{TB1}、η_{TB2}、η_{TB3}、η_{VIT}、η_{VIT1}、η_{VIT2}、η_{VIT3} 来表示。由此，构建出桂滇黔乡村民宿与村内集约型治理协同模式的观测模型方程式：

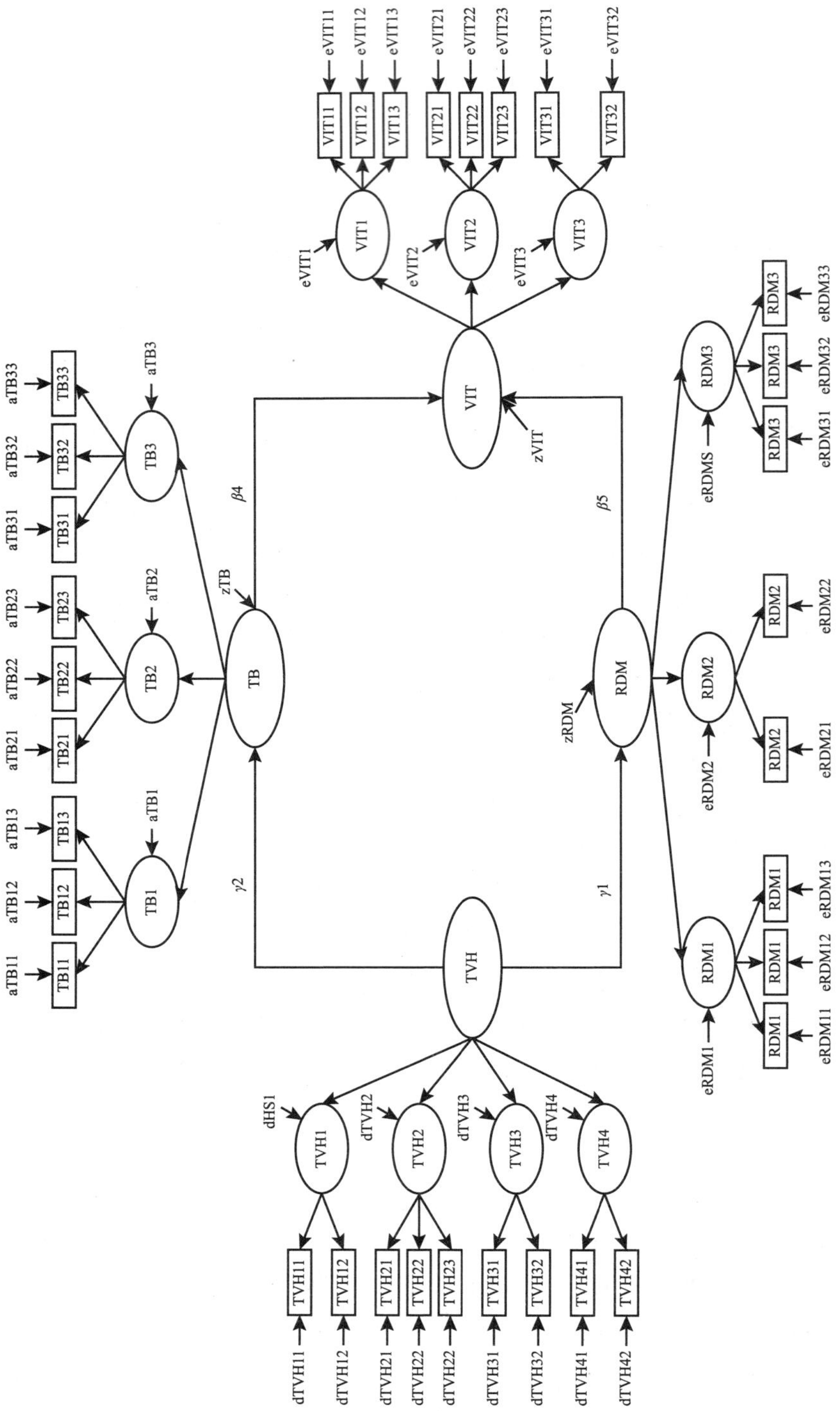

图 5－13 乡村民宿与村内集约型协同的初始结构方程模型

$$
\begin{cases}
\chi_{TVH1} = \lambda_{TVH1}\xi_{TVH} + \delta_{TVH1}, \ \chi_{TVH2} = \lambda_{TVH2}\xi_{TVH} + \delta_{TVH2}, \ \chi_{TVH3} = \lambda_{TVH3}\xi_{TVH} + \delta_{TVH3}, \\
\chi_{TVH4} = \lambda_{TVH4}\xi_{TVH} + \delta_{TVH4}, \ \chi_{TVH11} = \lambda_{TVH11}\xi_{TVH1} + \delta_{TVH11}, \ \chi_{TVH12} = \lambda_{TVH12}\xi_{TVH1} + \delta_{TVH12}, \\
\chi_{TVH21} = \lambda_{TVH21}\xi_{TVH2} + \delta_{TVH21}, \ \chi_{TVH22} = \lambda_{TVH22}\xi_{TVH2} + \delta_{TVH22}, \ \chi_{TVH23} = \lambda_{TVH23}\xi_{TVH2} + \delta_{TVH23}, \\
\chi_{TVH31} = \lambda_{TVH31}\xi_{TVH3} + \delta_{TVH31}, \ \chi_{TVH32} = \lambda_{TVH32}\xi_{TVH3} + \delta_{TVH32}, \\
\chi_{TVH41} = \lambda_{TVH41}\xi_{TVH4} + \delta_{TVH41}, \ \chi_{TVH42} = \lambda_{TVH42}\xi_{TVH4} + \delta_{TVH42}, \\
\chi_{TB1} = \lambda_{TB1}\eta_{TB} + \varepsilon_{TB1}, \ Y_{TB2} = \lambda_{TB2}\eta_{TB} + \varepsilon_{TB2}, \ Y_{TB3} = \lambda_{TB3}\eta_{TB} + \varepsilon_{TB3}, \\
T_{TB11} = \lambda_{TB11}\eta_{TB1} + \varepsilon_{TB11}, \ Y_{TB12} = \lambda_{TB12}\eta_{TB1} + \varepsilon_{TB12}, \ Y_{TB13} = \lambda_{TB13}\eta_{TB1} + \varepsilon_{TB13}, \\
Y_{TB21} = \lambda_{TB21}\eta_{TB2} + \varepsilon_{TB21}, \ Y_{TB22} = \lambda_{TB22}\eta_{TB2} + \varepsilon_{TB22}, \ Y_{TB23} = \lambda_{TB23}\eta_{TB2} + \varepsilon_{TB23}, \\
Y_{TB31} = \lambda_{TB31}\eta_{TB3} + \varepsilon_{TB31}, \ Y_{TB32} = \lambda_{TB32}\eta_{TB3} + \varepsilon_{TB32}, \ Y_{TB33} = \lambda_{TB33}\eta_{TB3} + \varepsilon_{TB33}, \\
Y_{RDM1} = \lambda_{RDM1}\eta_{RDM} + \varepsilon_{RDM1}, \ Y_{RDM2} = \lambda_{RDM2}\eta_{RDM} + \varepsilon_{RDM2}, \ Y_{RDM3} = \lambda_{RDM3}\eta_{RDM} + \varepsilon_{RDM3}, \\
Y_{RDM11} = \lambda_{RDM11}\eta_{RDM1} + \varepsilon_{RDM11}, \ Y_{RDM12} = \lambda_{RDM12}\eta_{RDM1} + \varepsilon_{RDM12}, \ Y_{RDM13} = \lambda_{RDM13}\eta_{RDM1} + \varepsilon_{RDM13}, \\
Y_{RDM21} = \lambda_{RDM21}\eta_{RDM2} + \varepsilon_{RDM21}, \ Y_{RDM22} = \lambda_{RDM22}\eta_{RDM2} + \varepsilon_{RDM22}, \\
Y_{RDM31} = \lambda_{RDM31}\eta_{RDM3} + \varepsilon_{RDM31}, \ Y_{RDM32} = \lambda_{RDM32}\eta_{RDM3} + \varepsilon_{RDM32}, \ Y_{RDM33} = \lambda_{RDM33}\eta_{RDM3} + \varepsilon_{RDM33}, \\
Y_{VIT1} = \lambda_{VIT1}\eta_{VIT} + \varepsilon_{VIT1}, \ Y_{VIT2} = \lambda_{VIT2}\eta_{VIT} + \varepsilon_{VIT2}, \ Y_{VIT3} = \lambda_{VIT3}\eta_{VIT} + \varepsilon_{VIT3}, \\
Y_{VIT11} = \lambda_{VIT11}\eta_{VIT1} + \varepsilon_{VIT11}, \ Y_{VIT12} = \lambda_{VIT12}\eta_{VIT1} + \varepsilon_{VIT12}, \ Y_{VIT13} = \lambda_{VIT13}\eta_{VIT1} + \varepsilon_{VIT13}, \\
Y_{VIT21} = \lambda_{VIT21}\eta_{VIT2} + \varepsilon_{VIT21}, \ Y_{VIT22} = \lambda_{VIT22}\eta_{VIT2} + \varepsilon_{VIT22}, \ Y_{VIT23} = \lambda_{VIT23}\eta_{VIT2} + \varepsilon_{VIT23}, \\
Y_{VIT31} = \lambda_{VIT31}\eta_{VIT3} + \varepsilon_{VIT31}, \ Y_{VIT32} = \lambda_{VIT32}\eta_{VIT3} + \varepsilon_{VIT32}.
\end{cases}
$$

在构建观测模型方程式的基础上，根据结构模型的一般形式构建乡村民宿与村内集约型治理协同的结构方程式，表达如下：

$$
\begin{cases}
\eta_{RDM} = \gamma_1\xi_{TVH} + \zeta_{RDM} \\
\eta_{TB} = \gamma_2\xi_{TVH} + \zeta_{TB} \\
\eta_{VIT} = \beta_3\eta_{TB} + \beta_4\eta_{RDM} + \zeta_{VIT}
\end{cases}
$$

其中，用 γ_1、γ_2 分别表示乡村民宿对乡村发展模式、游客行为的作用路径。用 β_3 表示游客行为对中心村整合型的作用路径，用 β_4 表示乡村发展模式对村内集约型的作用路径。

在拟合指标检验的选取中，采用最常用的八种拟合指标检验方法，分别为 CMIN/DF、CFI、IFI、TLI、AGFI、PNFI、RMSEA、RMR。将构建的初始结构方程模型放入 AMOS 中，通过导入研究的量表数据，获得了乡村民宿与村内集约型协同模式的拟合指标值（见表 5－54）。

表 5－54　　　　初始结构方程模型适配度检验结果

拟合指标	CMIN/DF	CFI	IFI	TLI	AGFI	PNFI	RMSEA	RMR
观测值	1.445	0.957	0.957	0.953	0.839	0.794	0.042	0.027
拟合标准	<3.00	>0.90	>0.90	>0.90	>0.80	>0.50	<0.08	<0.05

由表5－54可以看出，在所得出的各项拟合指标检验值中，均达到了拟合标准，说明构建的乡村民宿与村内集约型治理协同的初始结构方程模型能很好地与通过问卷调查所获得的量表数据进行拟合。因此，在进行拟合度检验的基础上，进一步对原始结构方程中各路径的系数进行测度（见表5－55）。

表5－55　　初始结构方程路径估计

路径	模型路径	非标准化路径系数	标准化路径系数	S. E.	C. R.	P
$\gamma1$	TVH→TB	0.689	0.82	0.074	9.322	***
$\gamma2$	TVH→RDM	0.691	0.75	0.065	10.679	***
$\beta3$	RDM→VIT	0.520	0.46	0.088	5.923	***
$\beta4$ Q	TB→VIT	0.408	0.39	0.080	5.097	***

注：*** 表示 $p < 0.001$。

由表5－55可以看出，构建的结构方程模型各路径呈现出显著状态，根据标准化路径系数的测度标准，所有路径都较好地通过显著性检验。由此可以判定构建的结构方程模型为满意的结构方程，经过标准化处理之后，路径系数的数值都在－1至1的范围内，得出最终的结构方程模型，见图5－14。

5.6.5　结果讨论

根据以上结构方程实证结果，结合研究假设与概念模型，桂滇黔乡村民宿与村内集约型协同作用假设验证和路径系数进行了归纳总结。

乡村民宿到乡村发展模式的标准化路径系数为0.82，$p < 0.001$，通过了显著性检验，由此，可以验证“乡村民宿对乡村发展模式具有显著的直接正向作用”的假设，检验的结果支持了原假设HF1。

乡村民宿到游客行为的标准化路径系数为0.75，$p < 0.001$，通过了显著性检验，由此，可以验证“乡村民宿对游客行为具有显著的直接正向作用”的假设，检验的结果支持了原假设HF2。

乡村民宿到村内集约型的标准化路径在构建结构方程模型中被删除了，没有通过显著性检验，由此，“乡村民宿对村内集约型治理具有显著的直接正向作用”的假设不成立，检验的结果拒绝了原假设HF3。

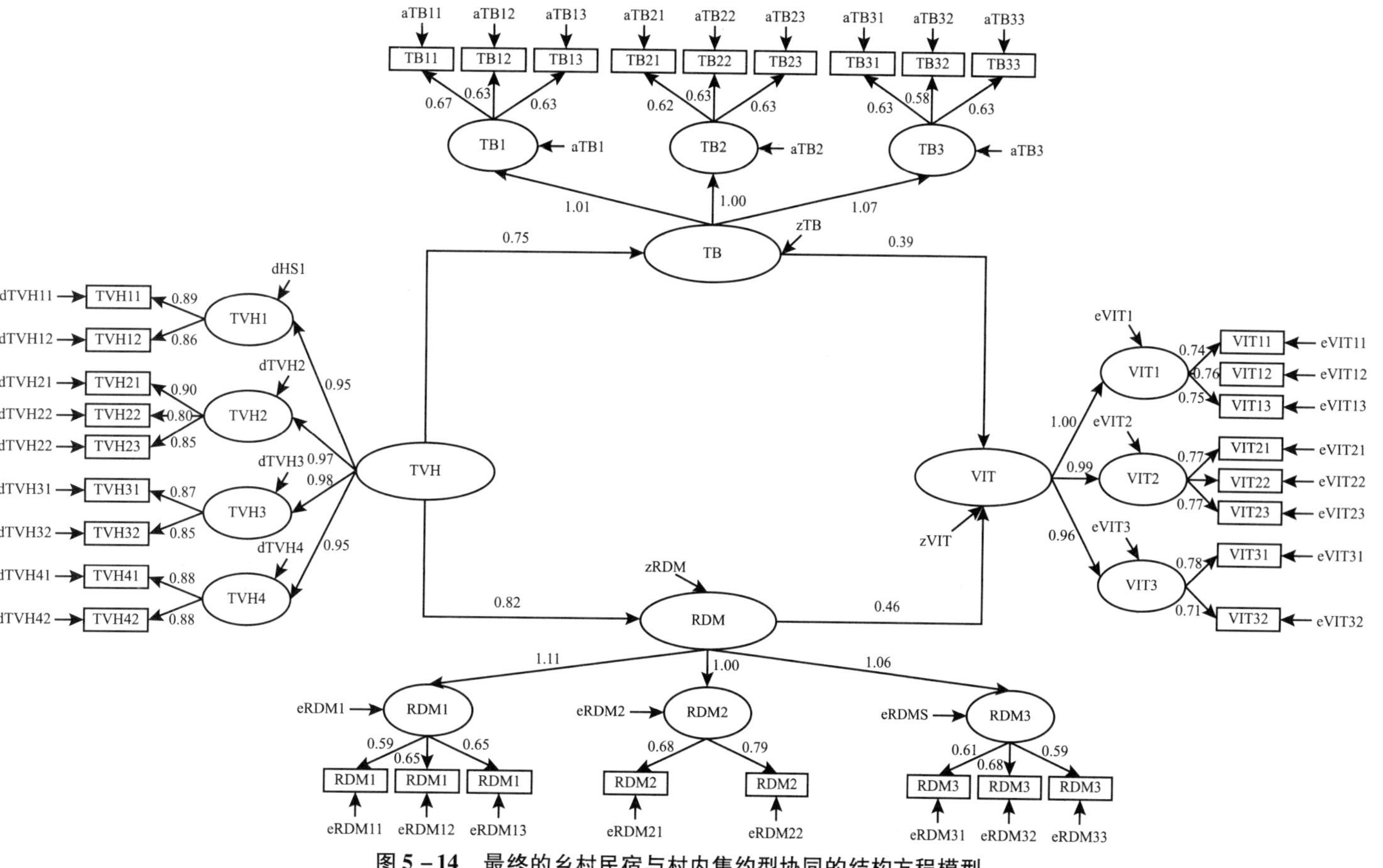

图 5－14　最终的乡村民宿与村内集约型协同的结构方程模型

游客行为到村内集约型的标准化路径系数为0.39，$p<0.001$，通过了显著性检验，由此，可以验证“游客行为对村内集约型具有显著的直接正向作用”的假设，检验的结果支持了原假设HF4。

乡村发展模式到村内集约型的标准化路径系数为0.46，在5%的水平上显著，较好地通过了显著性检验，由此，可以验证“乡村发展模式对村内集约型具有显著的直接正向作用”的假设，检验的结果支持了原假设HF5。

在桂滇黔乡村民宿与村内集约型的结构方程实证结果中，我们不难发现，乡村发展模式和游客行为作为两个中间变量，在结构方程模型中有着举足轻重的作用。一方面，乡村民宿对乡村发展模式形成了路径系数为0.82的直接作用路径，其作用路径系数是模型中最高的，集中体现了乡村发展模式的形成是桂滇黔形成乡村民宿的重要推动力，为乡村民宿的形成和发展提供了产业基础、劳动力资源和基础设施服务。另一方面，游客作为旅游发展的主体，游客行为偏好和选择是乡村民宿不断扩大消费市场的决定因素，乡村民宿对游客行为产生了0.75的直接作用效应。

在实现桂滇黔乡村民宿与村内集约型治理模式协同的过程中，尽管乡村民宿到村内集约型的直接作用路径在模型构建中被删除了，但是乡村民宿对村内集约型依然产生间接作用，其间接路径主要通过游客行为和乡村发展模式两个中间变量得以实现。其中，通过乡村发展模式产生的间接作用效应为0.377（0.82×0.46），通过游客行为产生的间接作用效应为0.293（0.75×0.39），总的间接效应为0.67。可以看出，乡村民宿对村内集约型的间接作用效应是较大的，作用较为显著。

基于乡村民宿与村内集约型治理的结构方程实证结果，我们得出以下四个启示：一是不断转变乡村发展模式，发展模式的创新关系着乡村旅游经济发展的根本，在实际的执行过程中要注重相关旅游专业人才的引进，积极借鉴西方乡村民宿发展的成功案例，不断为旅游经济发展注入新鲜活力；二是要注重游客行为的引导，游客作为乡村民宿发展的消费主体，游客行为选择和偏好关系着乡村民宿可持续发展，在乡村民宿的发展中，既要注重尊重游客行为，以游客的偏好来进行产品的创新，同时也要坚持自身的主题色彩，在激烈的市场竞争中保持鲜明的特点；三是乡村民宿作为一种起步较早的乡村旅游业态创新类型，要实现乡村旅游与空心村治理的协同，必须要充分利用潜在的乡村旅游资源，通过不断开发新的旅游资源和对已开发的旅游资源进行创新，保持乡村民宿的活力；四是重视政府在乡村民宿与空心村治理中的作用，不管是乡村发展模式的转变还是游客行为的引导，都需要政府的相关政策作为保障和支撑。现阶段，乡村振兴战略的提出为乡村民宿的发展提供了机会，旅游成为拉动农村经济发展重要力量，要充分重视政府的宏观政策，争取政策红利。

第6章　桂滇黔乡村旅游业态创新与空心村治理协同模式的SPS案例验证

6.1　休闲农牧场与中心村整合型治理协同模式：以云南弥勒东风农场为例

6.1.1　SPS案例研究方法

SPS（Structured - Pragmatic - Situational）案例研究方法是由潘善琳教授创立，在其出版的《SPS案例研究方法：流程、建模与范例》一书中对SPS案例研究方法的使用进行了深入、翔实的阐述，包括三个基本原则、八个步骤、六种案例设计逻辑和八种结果模型。SPS是一种新型案例研究方法论，强调的是将案例进行结构化、实用化及情景化分析，通过有效的系统操作流程与基于理论的模型构建方法，发掘案例中的特色与理论创新点，解决了众多从事案例研究的学者们在案例研究中出现的根本性问题，缓解了国内学者在案例研究中无从下手的困境。

SPS作为一种社会研究方法，焦点在于理解某种单一情境下的动态过程，SPS分析要求在案例描述中尽可能地还原案例情景，生动、形象地使读者能够进入案例的情境，因此被广泛地应用于教学与研究。案例研究的宗旨是以案例为基础从中归纳产生理论，通过收集到的数据资料深入分析事件之间的内在关系和逻辑，从而构建出理论。案例分析所提出的筹划学习及数据分析方式被认为是理想的。与经典的研究方法相比，SPS案例研究方法更倾向于结构化、实效化和情景化。所以，SPS案例研究的目的不是为了验证理论，而是为了发展理论，要求选取的案例具有典型性和代表性，构建的理论具有可推广性和外部效度。

6.1.2 案例选取与材料收集

本次案例研究选取的是云南弥勒东风农场，弥勒东风农场享有“高原葡萄之乡”之美誉，是全国生态农业示范基地，拥有无公害农产品（葡萄）产地认定证书。除此以外，东风农场柑橘种植面积达5000亩，年产量10000余吨，产品销往全国各地，并在不断地发展中逐渐形成了以葡萄为支柱柑橘为补充的产业格局。随着葡萄、柑橘两大产业的不断发展，现代化农业初步形成，2004年被列为全国生态农业旅游示范基地。2006年开始每年六月末七月初举办葡萄节，来农场参观、考察、学习的各界人士逐年增多，近年来，随着云南旅游二次创业发展战略的实施和弥勒县委、县政府对旅游的不断重视，致力于将东风农场打造成为“高原农场上的红酒小镇”，为东风农场的旅游发展带来了千载难逢的机会。

东风农场将旅游与农业完美地融合在了一起，既有利于推进乡村旅游业态创新进程，也有利于优化云南省农业发展供给条件，有利于打造一个世界高原独一无二的适合观光、休闲、度假、养生、康体的宜居、宜游、宜养的高品位葡萄酒休闲农场。本节以东风农场为案例研究对象，东风农场地处桂滇黔地区，符合研究区域的定位，其发展历程和特征具有一定的特色和代表性，同时也在休闲农牧场业具有一定的可比性与适应性。

SPS案例研究范式，需要通过收集案例相关资料数据来获取基础材料。一手资料是本书研究团队经过收集整理和直接经验所得，具有实证性、生动性和可读性的特点，准确性和科学性较强。二手资料是研究团队成员按照研究的目的所收集、整理的各种现成的资料，二手资料的收集可以帮助我们更好地定义问题和寻找处理问题的途径，也能更加深刻地理解原始数据。一手材料和二手材料相互之间取长补短，相互依存、相互补充，通过将一手和二手资料整理并建立资料库，为进一步进行案例描述和分析奠定基础。

一手资料的收集包括实地调研所获得的资料、访谈、观察记录、数据等，在一手资料的获取中，研究团队紧紧按照研究计划书有目的、有计划地进行资料收集和展开访谈。二手资料的获得除中国知网中的期刊外，Elsevier，Web of Science，JCR，Taylor & Francis，Springer等相关海外期刊作为最主要的文献参考，同时通过知乎、新浪网、人民网、中央政府门户网站、云南政府网、东风农场官网以及网络新媒体对弥勒东风农场的最新报道，期刊论文，媒体文章，人物访谈记录以及新闻评论信息进行查询和资料的整合。

6.1.3 案例描述分析

第一阶段：困境催生变革。

2010年后，东风农场全面进行深化改革，推行全员式普遍家庭承包，农场丧失了生产经营权，维持农场正常运转的完整资金链断裂，加之橡胶价格持续低迷，东风农场入不敷出，盈利情况不容乐观。在如此严峻的情形下，很多职工一年的收入在除去资源承包费、养老保险、医疗保险费以后，家庭收入十分低下，在企业效益很差的时候，甚至出现自己掏腰包的情况。东风农场出现资金短缺，产业单一，整体发展不充分、不平衡的情况，农场运行效益十分低下，发展前景也不容乐观。

困难催生变革。为寻求解决东风农场存在的问题，加强农场国有资产监管，积极探索土地资本化运作，东风农场进行了一系列的改革探索。一是东风农场全面启动推进产业结构调整，发展优质特色热带果蔬种植业，打造绿色产业，推动实施优质特色热带果蔬种植业、养殖加工业并进发展。二是为了解决资金匮乏的问题，农场出让部分土地，将市场化手段引入农场发展中，以土地经营权入股，将资源转换为资本，占总投资的60%，实现了土地资本化运作。三是提高农产品的销售量，提高经济效益。

第二阶段：围绕优势产业 促进品牌发展。

云南省弥勒市东风农场地处海拔1350米的红河干热河谷地带，阳光充足，昼夜温差较大，全面无霜期较长，良好的自然环境为葡萄生长提供了良好的区位条件。东风农场的葡萄既是鲜食葡萄中的上等佳品，也是酿酒的优质原料。通过对葡萄及葡萄相关产业的大力挖掘，并对国外相关案例的研究分析，东风农场对当地资源的特征及开发潜力的研究，提出“依托葡萄产业，聚焦多重产业，整合多种资源，紧跟休闲需求”的发展策略。

一是积极地进行葡萄品牌建设。依托“东风源”和“云南红”葡萄酒品牌优势资源，围绕葡萄产业，促进现代生态农业旅游观光产业链发展。创建农业生态庄园7个，其余小型酒庄20余个，葡萄系列加工产品年产值达1.6亿余元①。

二是积极利用平台优势。东风农场紧紧抓住“互联网+”模式，改变传统的销售方式，增加葡萄产业销售渠道，创新销售模式，拓展以葡萄产

① 张雁，谢伟凡，吴冕．围绕特色建庄园 谋划发展新蓝图［J］．中国农垦，2017（2）：42-43.

业为主要支撑的产业链，用好农村电子商务平台，打造农产品线上销售新渠道。为了更好地利用互联网信息平台，创新葡萄酒的销售模式和方法，利用平台的广泛性和普遍性，使更多的企业和消费者关注东风农场的产业发展，同时在宣传中不断地关注同类型农场的发展。通过不断借鉴成功经验和反省自身，东风农庄引导酒庄产业发展转型，扩大销售渠道。

三是紧紧抓住政府政策。首先，根据《弥勒市 2013 年城乡居民收入倍增行动实施方案的通知》，东风农场将其所有的农庄进行再次转型升级，根据市场情况和自身资源状况，将不同的农场进行不同的目标发展地定位。其次，根据《弥勒市 2013 年非烟工业跨越发展行动实施方案的通知》，协调解决项目的规划论证、土地征用等具体困难和问题。最后，创新农场的管理模式，提出“农场 + 社区 + 小组 + 信息员 + 种植户”管理模式，加强外来科技手段、信息技术的引入，不断优化现有的管理体制，注重管理人才的培养，东风农场在农垦农产品质量中采用了追溯系统，引入追溯条码、追溯标签、追溯查询等信息化手段。

第三阶段：全面推动庄园经济全面健康可持续发展。

随着东风农场优势产业不断发展，葡萄酒品牌和酒庄建设占据的市场份额不断扩大，庄园经济优势凸显。为了全面推动庄园经济全面健康可持续发展，东风农场紧紧依靠国家政策，不断创新庄园经济模式和产业，在规模、投资、建造风格、经营模式、经营内容、受众等诸多方面进行创新。同时，随着庄园经济发展和管理模式的转变，休闲观光旅游逐渐兴起并得到快速发展，东风农场成为休闲观光旅游点的代表。以利润型产业为核心，以产业化发展为目标，多产业组合全面发展。

基于以上定位，在全面可持续发展的目标下，东风农场制定了自己的发展策略。一是有效地进行市场定位，重点突出庄园特色。准确把握市场消费需求，结合自身优势资源和特色，充分开发具有传统地域特色的名优特产，通过精品化和高端化有核心竞争力的产品来开拓市场，发展庄园经济。二是拓宽资金渠道，加大支撑力度。积极把握政策红利，拓宽投资渠道，积极进行招商引资，通过引进先进技术和手段获得更多的支持，提升庄园的管理水平，强化旅游服务。三是实现产业集聚，发展规模效益。东风农场总面积 196929 亩，良好的土地基础为东风农场产业化发展提供了优势条件，实现产业化是东风农场发展的长远的目标，只有实现规模化经营，才能获得更好的经济效益。四是为产品销售创造条件。东风农场规模化经营和发展生产了大量的产品，为了获得更好的经济效益和搞活流通环节，必须要将重点放在加大庄园产品的外销方面。

6.1.4 案例发现与讨论

在东风农场的发展过程中，农民是基础条件，资本是活力源泉，人才科技力量是关键要素，政策创新是主要推动力量。通过对各方要素的综合考量，将案例分析重点放在农民、资本、政策及产业等方面，提炼出农户意愿、政策创新、农村产业结构三个关键构念，并通过对这三个方面进行条理化、结构化的分析，构建出东风农场建设中农户意愿的作用模型、东风农场建设中政策创新的作用模型、东风农场建设中农村产业结构的作用模型，为讨论农户意愿、政策创新以及农村产业结构在休闲农牧场与空心村治理的协同中的作用进行案例分析。

第一，东风农场建设中农户意愿的作用模型。

东风农场始建于1958年，通过不断发展建设成为我国著名的葡萄酒生产基地，其改革和升级与当地的居民是分不开的，居民是东风农场取得发展和不断进步的力量源泉。基于上述分析，结合休闲农牧场与中心村整合型治理模式协同的结构方程实证结果，本节较为合理地模拟出东风农场建设中农户意愿的作用模型，见图6－1。

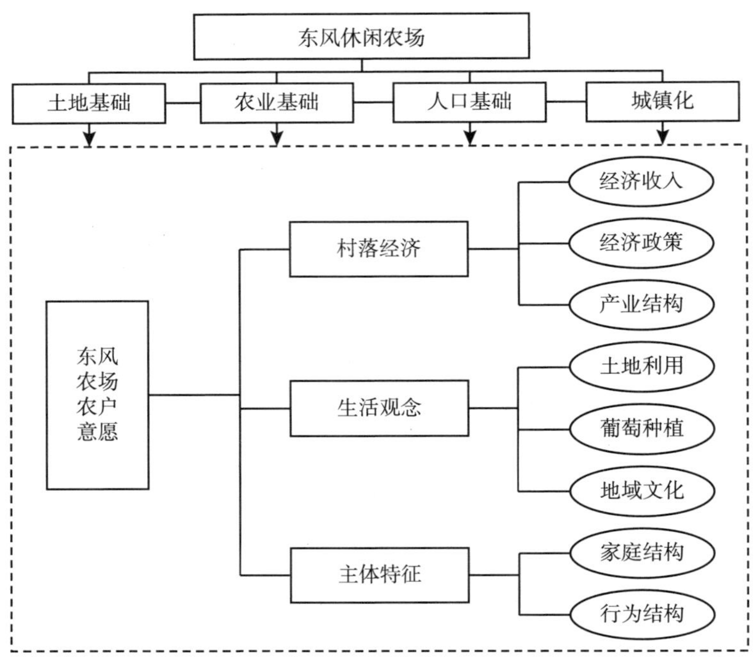

图6－1　东风农场建设中农户意愿的作用模型

图6－1展示了东风农场建设中农户意愿的作用模型，可以看出，东风农场土地基础、农业基础、人口基础、城镇化程度均与农户意愿息息相关，具体可以从以下四个方面来进行解释。

在东风农场的土地基础方面，东风农场有着良好的土地资源，不但面积大，而且土质肥沃，在发展种植业方面具有天然优势。东风农场是弥勒几万亩土地千家万户农民脱贫致富的希望，农民是东风农场土地的主人。在东风农场产业转型的过程中，面临着资金不足、产业单一、整体发展不平衡的困境，为了解决诸多困难，在科学研究、技术有保障的前提下，东风农场借力社会资本，将农场的部分土地进行出让，以土地作为资本与社会投资人合作发展种植业。通过改变土地利用方式，有效地凝聚人心、形成合力，提升了农村的经济收益。

在东风农场的农业基础方面，农业基础是农村经济发展、促进农业和农村现代化的重要因素之一。农业是人类得以生存的根本，是国民经济中最基本的物质生产部门，也是农村经济发展基础。东风农场的农业发展是种植业生产的基础，关系着农村产业结构的优劣，只有当地的农业能够满足人们物质生活的需要时，东风农场人民的生活才会安定，生产才会发展。

在东风农场的人口基础方面，东风农场居民勤劳忠厚，在东风农场的土地上历经几代，对土地有着深厚的情感，这是东风农场得以发展的重要支柱力量。在东风农场的发展过程中，当地居民积极配合农场的政策方针，对建设现代化的葡萄酒产业集团予以较高的支持，展现出了较高的观念认知水平和改变生活状态的迫切愿望。同时，东风农场本土农村居民在人口数量上达到一定规模，为葡萄种植和其他种植业发展提供了良好的人口数量。

在东风农场的城镇化方面，当东风农场产业得到发展，一方面，农场开始重视场部小城镇发展规划，城镇街道建设、商业设施建设、居民小区建设、文化设施建设、公共服务设施建设、大型市场建设、生态环境建设都是东风农场的建设重点，推进了当地的城镇化进程。另一方面，领导者真诚地维护农民利益，生活不断富裕起来，农民的精神面貌发生了翻天覆地的变化，传统的落后思想观念逐渐被摒弃，现代化思想深入人心，促进了人的城镇化的实现。

第二，东风农场建设中政策创新的作用模型。

东风农场的政策创新主要指国家或云南省地方政府营造创新环境、规范创新主体行为而制定的政策和措施的总和，政策创新涉及税收、金融、人才、产业等各个方面的政策，尤其是土地产权制度的创新和城乡二元体制的变化，两者为东风农场的发展提供了强大的助力。基于此，从土地产权制度和城乡二元体制两个方面出发，构建出东风农场建设中政策创新的作用模型（见图6－2）。

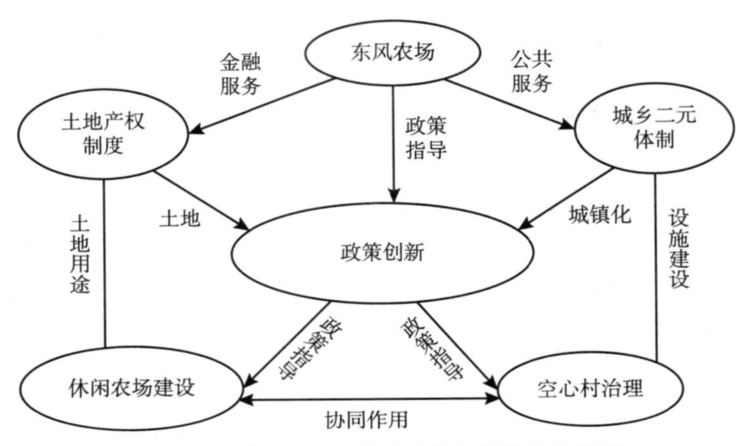

图6－2　东风农场建设中政策创新的作用模型

由图6－2可以看出，东风农场的政策创新既是休闲农场建设的重要举措，也是缓解城乡二元体制、加速城乡一体化进程的主要推动力，有利于东风农场的现代化建设，改变了农村原有的土地利用方式和城镇布局，吸引了大量的劳动力，为治理农村空心化提供了有利条件。结合东风农场政策创新的实践过程，对其政策创新的作用做以下分析。

一是国家和地区政策的改变为东风农场的发展建设提供了历史性的机遇。在1979年，党中央把工作重心转移到经济建设上来，改革开放的热潮为东风农场带去了希望，传统的观念和政策认为必须在开垦出来的农地上进行农业生产，不能用作其他用途。到了80年代，农业部提出建设4个葡萄酒定点生产基地，东风农场作为其中之一，是长江以南唯一的葡萄酒生产企业，政策上的支持给东风农场带去了新的希望。1978年以后，东风农场的经济也开始复苏，农场的商贸业发展有了生机。

二是人才的引进使政策得以创新，为东风农场的发展提供助力。经济学家武克钢投身祖国经济建设热潮，投入了大量的精力和资金，同时注重专业人才的引进，切实做好两个方面的工作：一方面，他将科研引入葡萄种植中，原料的质量就是品牌的生命，展开了轰轰烈烈的研发工作；另一方面，展开对葡萄酒文化内涵的挖掘，确立一种新的中国红酒文化，把重点放在葡萄酒的质量提升上。打造出融合中西方风情的“云南红”，并迅速成长为国内知名品牌，以迅猛之势成为葡萄酒行业内的新贵。

三是科学规划东风农场场部小城镇建设，把东风小城镇建设成具有东风文化特色的城镇。随着城镇化步伐的不断推进，东风农场借此机会，精心打造百年文化城镇形象，进一步实现城乡一体化发展。一方面，对原东风俱乐部进行了功能档次升级改造，使东风俱乐部成为东风城镇主要文化场所。另一方面，积极建设东风博物馆，展示东风农场建场50年艰苦创业的历程，不断提升东风农场的社会知名度。

第三，东风农场建设中农村产业结构的作用模型。

东风农场的农村产业结构集中反映了东风农场各产业部门之间以及各产业部门内部的构成情况，东风农场的游客需求、资源基础、经济效益及可持续发展情况均对产业结构的变动产生直接的或间接的影响。结合东风农场产业结构调整过程，重点把握游客需求、资源基础、经济效益及可持续发展四个方面的内容，较为合理地模拟出东风农场建设中农村产业结构的作用模型（见图6－3）。

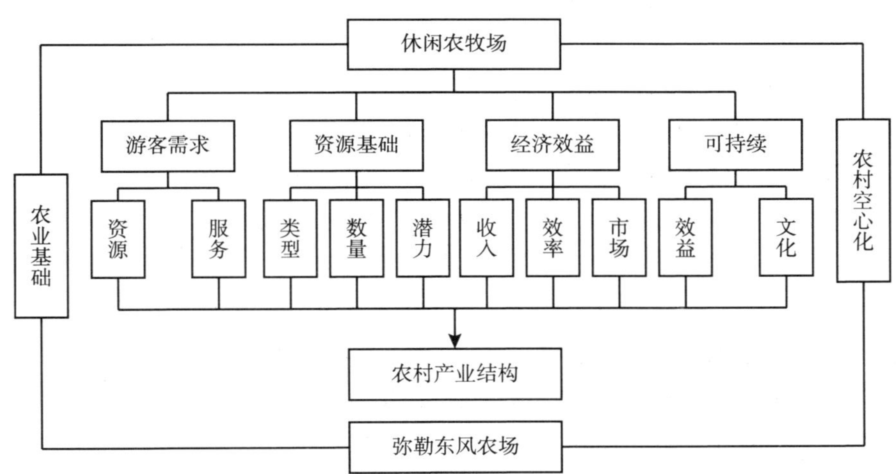

图6－3　东风农场建设中农村产业结构的作用模型

图6－3展示了东风农场建设中农村产业结构的作用模型，弥勒东风农场的产业结构调整影响着当地的资源质量种类、服务质量、资源类型、资源数量、资源开发潜力、经济收入、劳动效率、市场占有率、企业经营效益及文化品牌，具体来说，其产业结构调整表现为以下几个方面：

一是东风农场在建设中，发展绿色产业，打造葡萄酒知名品牌，把东风农场建设成为一个现代化企业，加大农业种植业的发展规模，提升资源利用率，坚持可持续发展。

二是在实践中积极探索，不断引进人才，加大员工培训，培训一支高素质的产业队伍。推广新科技，不断进行技术攻坚，从国外引进生产线、新设备，在不断的实践中总结出一套优质的葡萄种植管理办法。

三是增加设备，增加东风农场的储藏能力，东风农场不断增大投资，致力于扩大规模，使葡萄园能够迅速地成长起来，葡萄种植面积逐年扩大，葡萄园的加工能力也得到不断提升，建设和完善为农民服务的信息网络等社会基础设施，东风农场社会图书馆、科普中心已经建成。

四是增加可持续增长能力，“云南红”将获得的利润都用于再生产和基地建设，同时对“云南红”的质量提出更高的要求，在质量上严格要求，保证质量，也就是保障红酒的市场，保住农民的利益。

6.1.5 案例验证结果

案例研究选取云南弥勒东风农场为例，研究团队通过进行实地调研获得原始资料，对东风农场有更加深入深刻的影响，同时保证了资料来源的真实性和可靠性。为了展开对休闲农牧场与中心村整合型治理的案例验证研究，首先解释了以东风农场作为案例地的选题依据，本章对案例进行描述，将东风农场的建设和发展分为三个阶段：第一阶段是困境催生变革；第二阶段是围绕优势产业和促进品牌发展；第三阶段是全面推动庄园经济全面健康可持续发展阶段，通过对这三个阶段进行深入的分析，识别出东风农场发展困境及解决办法。其中，根据前文构建的休闲农牧场与中心村整合型协同模式的结构方程实证结果，在案例讨论和发展中重点把握农户意愿、政策创新及农村产业结构三个方面的内容，构建出东风农场建设中农户意愿的作用模型、东风农场建设中政策创新的作用模型、东风农场建设中农村产业结构的作用模型。

运用 SPS 案例研究方法进行单案例研究，选取桂滇黔云南弥勒东风农场为案例对休闲农牧场与中心村整合型治理协同模式进行验证。结合前文构建的休闲农牧场与中心村整合型治理协同模式的分析框架、研究假设和结构方程实证分析相关内容，基于弥勒东风农场的发展现状，重点把握农户意愿、政策创新、农村产业结构对休闲农场转型升级以及空心村治理当中的作用，用单案例验证了桂滇黔休闲农牧场与中心村整合型治理的协同过程中的影响因素，进一步验证了休闲农牧场与中心村整合型治理的协同模式。

6.2　乡村庄园与中心村整合型治理协同模式：以云南文山州普者黑玫瑰庄园为例

6.2.1　案例选取与材料收集

本次案例研究选取云南文山州普者黑玫瑰庄园，普者黑玫瑰庄园位于云南文山州普者黑景区内，拥有 1000 余亩玫瑰，庄园除千亩“墨红”食用玫瑰外，还拥有由数十个品种组成的“七彩玫瑰园”。整个玫瑰园有 1200 亩，主要种植高原木红玫瑰，其他一些观赏性的玫瑰有 200 多个品种，以 120 个品种玫瑰月季组成花带，环岛最中心以当地特有的野玫瑰嫁接而成的老桩为精品。精品园于 2018 年 4 月正式开放接待游客，在每年长达 6 个月花期内，吸引了全国各地的游客前来观光欣赏，并获得了一致好评。据普者黑景区统计，2017 年，普者黑玫瑰庄园游客接待量达 30 万人次，到 2018 年 5 月，普者黑玫瑰庄园每天游客达到 4000 多人次。到 2019 年 4 月，玫瑰企业最多的一天销售玫瑰花茶、玫瑰糖等系列产品营业额近万元，普者黑玫瑰园游客量与前几年同比翻了近 10 倍。

普者黑玫瑰庄园集玫瑰种植、加工与旅游为一体，丰富了丘北县旅游业态，被评为“全国休闲农业与乡村旅游示范点”科普惠农示范点、中国科协、财政部“科普惠农兴村计划示范点”“云南省农业科技示范园”。玫瑰花种植有力地促进了乡村旅游与当地农业的发展，改变了当地居民的生产生活方式，增加了当地居民的经济收入，带动了当地 400 多户农民脱贫增收。本节以云南文山州普者黑玫瑰庄园为案例研究对象，云南文山州普者黑玫瑰庄园地处桂滇黔地区，符合研究区域的定位，其发展历程和特征具有一定的特色和代表性，同时也在乡村庄园具有一定的可比性与适应性。

SPS 案例研究范式，需要通过收集案例相关资料数据来获取课题基础材料。一手资料是研究小组经过收集整理和直接经验所得，具有实证性、生动性和可读性的特点，准确性和科学性较强。二手资料是研究团队成员按照研究的目的所进行的收集、整理的各种现成的资料，二手资料的收集可以帮助我们更好地定义问题和寻找处理问题的途径，也能更加深刻地理解原始数据。一手材料和二手材料相互之间取长补短，相互依存、相互补充，通过将一手和二手资料整理并建立资料库，为进一步进行案例描述和分析奠定了基础。

一手资料的收集包括实地调研所获得的资料、访谈、观察记录、数据等，在一手资料的获取中，研究团队紧紧按照研究计划书有目的、有计划地进行资料收集和展开访谈。二手资料的获得除中国知网中的期刊外，Elsevier，Web of Science，JCR，Taylor & Francis，Springer 等相关海外期刊作为最主要的文献参考，同时通过知乎、新浪网、人民网、中央政府门户网站、云南政府网、文山州官网以及网络新媒体对普者黑景区玫瑰庄园的最新报道，期刊论文，媒体文章，人物访谈记录以及新闻评论信息进行查询和资料的整合。

6.2.2　案例描述分析

第一阶段：农村土地的流转。

云南文山州传统种植业主要是发展粮食（谷物）生产，丘北县位于云南省东南部、文山州西北部，长期以来主要从事传统的农业生产。随着社会化大生产时代的到来，人们的物质生活得到极大满足，简单的粮食生产已不能满足人们的日常需要。尤其在加快推进农业现代化的今天，推动传统种植业转变发展方式显得更为迫切。

为了顺应时代要求，改变丘北县落后的经济面貌。云南土禾科技有限公司自 2012 年以来，在云南省境内各地实地考察食用玫瑰花种植区域，同时加速种植业可持续发展理念普及，推动传统种植业的发展。2012 年普者黑景区阿诺村村民以土地流转的方式，把土地流转给政府，政府再流转给企业，把一千多亩农地出租给企业用以玫瑰花种植，这不仅为普者黑景区增添了一道亮丽的风景，也为当地村民带来了经济收入。农户土地被流转后，放下手中的农活，成为玫瑰庄园劳务工人，赚取劳务费用，村民通过土地流转获得双收入，玫瑰花产业助力于精准扶贫。

第二阶段：玫瑰花种植产业的发展。

玫瑰被称为天国之花，在希腊神话中，玫瑰既是美神的化身，又溶进了爱神的鲜血，红玫瑰因此成了爱情的信物，有着广泛的吸引力。同时，玫瑰也是集观赏、药用、美食于一身的速生花木，其市场潜力巨大，经济价值极高。文山州丘北县境内属低纬季风区，年平均气温 16.4 摄氏度，年无霜期 265 天，年平均日照 1993 小时，非常适宜食用玫瑰长日照、开花期无霜冻的生长要求。2013 年，云南土禾科技有限公司在文山州丘北县普者黑景区建立食用玫瑰花种植基地。基于食用玫瑰种植基础，不断引入新的发展产业和方式，通过“种植+加工+旅游”一二三产业相互联动，对普者黑景区旅游业态进行了创新，游客来到普者黑玫瑰庄园不仅能欣赏到醉人浪漫的花海，还能体验钓鱼捉虾等农事活动，成为丘北县的一支新型特色支柱产业。

近年来，丘北县紧紧围绕“丰富多样、安全优质”的发展思路，以玫瑰庄园为基础，不断改进种植技术和提升观光服务措施，采取“合作社+农民+基地+销售”的运作模式，发展集种植、研发、生产、加工、销售为一体的企业，并不断地改善企业发展的观光条件和服务措施，多举措地推进玫瑰花产业稳步发展。2015年，全县种植玫瑰花总面积6000余亩，平均每亩收入6000余元，并有效带动了周边群众打工致富。2015年，普者黑玫瑰庄园被农业部和（原）国家旅游局（现国家文化和旅游部）评为全国休闲农业与乡村旅游示范点。2017年5月，普者黑玫瑰庄园被农业部、（原）国家旅游局批准为全国休闲农业和乡村旅游示范点。2018年7月30日，普者黑玫瑰庄园专场活动在千亩玫瑰花海之间隆重举行，此次活动吸引了各地游客近五千人走进普者黑玫瑰庄园体验娱乐休闲活动。

第三阶段：品牌建设与精准扶贫。

丘北县自2013年引进食用鲜花玫瑰种植以来，几年来不断得到了州、县党委政府和业务部门的高度重视，不断完善玫瑰庄园发展的基础设施条件，在政府的支持下已修建1个停车场和观光道千余米，普者黑玫瑰庄园紧邻公路，交通便利，庄园内将千余亩玫瑰花精心布置后，打造出若干块风格各异的观光园，沿着庄园内观光道路，可欣赏到不同景致，渐渐地展示出普者黑玫瑰花独特魅力，庄园已成为市民和游客赏花旅游、体验田园农耕乐趣的好去处。尤其是2017年浙江卫视《高能少年团》栏目明星秀节目的录制和播放，王俊凯、刘昊然、王大陆等明星来到普者黑玫瑰庄园，向全国展示了普者黑玫瑰花的浪漫情调，致使普者黑玫瑰花观光游客络绎不绝，黑玫瑰花的观光影响力得到提升，一度造成玫瑰园客满为患，形成一道人群与花海共荣的美丽风景线。

普者黑玫瑰庄园在发展过程中，通过“公司+基地+农户”的形式，玫瑰庄园工人大多来自玫瑰庄园周边乡镇，农户参与玫瑰种植、加工、销售等工作流程中，玫瑰产业已成为促进农民增收的主要途径，每年普者黑玫瑰庄园将固定支付给周边农户土地流转费用100多万元，成为种植区农民的主要收入来源。诺香花卉农业科技开发有限公司通过发展玫瑰产业，不仅促进了传统农业转型升级，还帮助丘北县八道哨乡53户精准扶贫户实现脱贫，带领当地多个村寨的401户农民走上了增收致富之路。

6.2.3 案例发现与讨论

在普者黑玫瑰庄园的发展过程中，农民是基础条件，资本是活力源泉，人才科技力量是关键要素，政策创新是主要推动力量。通过对各方要素的综合考量，将案例分析重点放在创新、资本、政策及产业等方面，提炼出创新能力、政策创新、农村产业结构三个关键构念，并通过对这三个方面进行条理化、结构化的分析，构建出普者黑玫瑰庄园建设中创新能力的作用模型、普者黑玫瑰庄园建设中政策创新的作用模型、普者黑玫瑰庄园建设中农村产业结构的作用模型，为讨论创新能力、政策创新以及农村产业结构在乡村庄园与空心村治理的协同中的作用进行案例分析。

第一，普者黑玫瑰庄园建设中创新能力的作用模型。

普者黑玫瑰庄园的创新能力是指在技术和各种实践活动领域中，具有经济价值、社会价值、生态价值的新方法和新发明的能力。普者黑的玫瑰庄园创新能力主要体现在资源配置、项目整合、正外部性三个方面，通过优化资源配置、加速项目整合和强化正外部性改变了普者黑玫瑰庄园的土地基础、农业基础、人口基础和城镇化进程。基于以上内容，构建出普者黑玫瑰庄园建设中创新能力的作用模型，见图6－4。

图6－4展示了普者黑玫瑰庄园建设中创新能力的作用模型，结合普者黑旅游景区实际，从土地基础、农业基础、人口基础、城镇化程度四个方面出发，研究普者黑玫瑰园的创新能力作用。

首先，普者黑玫瑰庄园创新能力表现在资源配置的不断优化上。随着玫瑰产品的研发日益深化，玫瑰的经济价值越来越高，经济收入也呈现大幅度上升趋势，为丘北玫瑰产业化提供了广阔的发展前景。云南土禾科技有限公司不断推进玫瑰产业深加工，积极发挥普者黑景区优势，致力于打造一片上规模、上档次的蜡梅园和花期长、品种好的樱花精品园，营造春赏樱花、夏秋赏玫瑰、冬赏蜡梅的乡村旅游美景。

其次，普者黑玫瑰庄园创新能力表现在不断加强项目整合上。玫瑰产业发展是促进县域经济的重要举措，可赏可食，食用玫瑰的双重属性正让它逐渐成为普者黑致富的好帮手。玫瑰产业涵盖多个领域，主要的客源依托普者黑景区，是一个关联度较大、延伸性较长的产业，被列为丘北县重要的旅游景点布局项目。

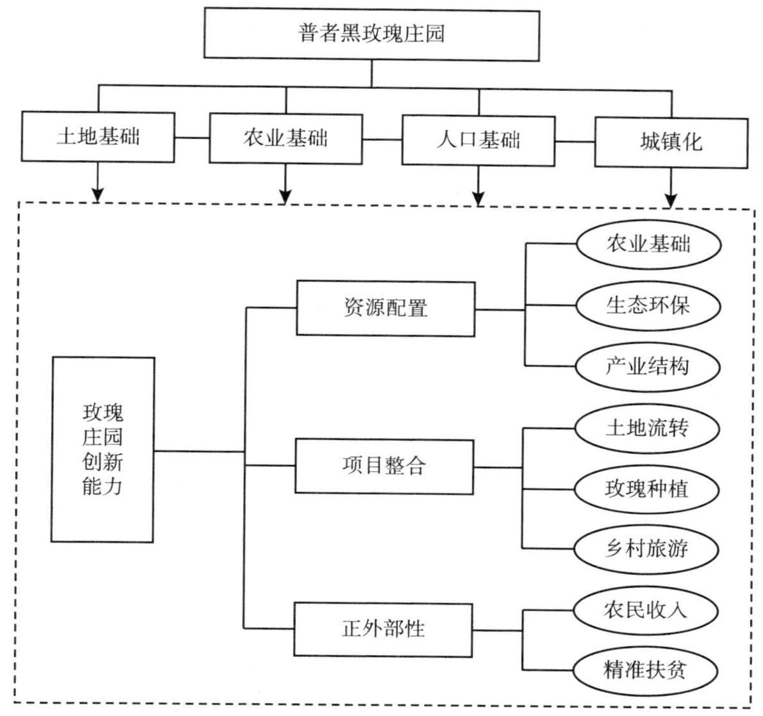

图6-4　普者黑玫瑰庄园建设中创新能力的作用模型

最后，普者黑玫瑰庄园创新能力表现在不断提升正外部性上。加大丘北玫瑰产业的发展和转型升级，将会对普者黑景区带来各方面的优势。附近村民除了能获得地租之外，还能在种植基地参与日常管理、采摘玫瑰花，获取收入，有力地促进了地方经济的发展。

第二，普者黑玫瑰庄园建设中政策创新的作用模型。

普者黑玫瑰庄园的政策创新主要指国家或云南省地方政府营造一个良好的创新环境，政策创新涉及税收、金融、人才、产业等各个方面的政策。尤其是土地产权制度的创新和城乡二元体制的变化，两者为普者黑玫瑰庄园的发展提供了强大的助力。基于此，从土地产权制度和城乡二元体制两个方面出发，构建出普者黑玫瑰庄园建设中政策创新的作用模型（见图6-5）。

由图6-5展现了普者黑玫瑰庄园建设中政策创新的作用模型，可以看出，政策创新既为乡村庄园建设提供了正确的政策指导，也为缓解当地农村空心化提供了较大的助力。结合普者黑玫瑰庄园的实际情况，且政策创新的作用可以从以下几个方面来进行阐述。

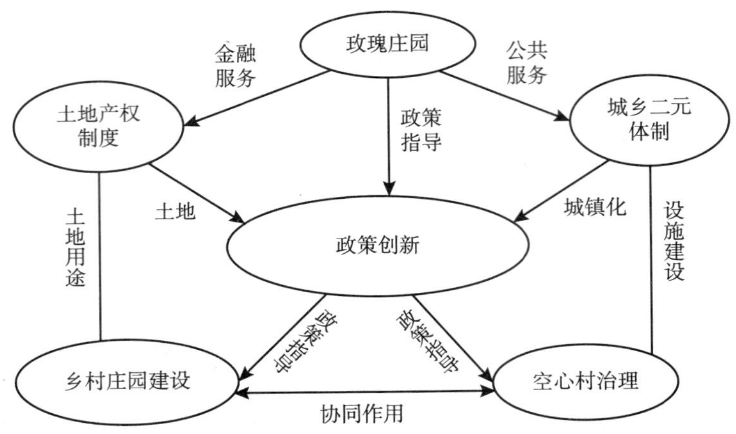

图6－5　普者黑玫瑰庄园建设中政策创新的作用模型

首先，丘北为了达到农业增效、农村繁荣、农民富裕的目的，由政府牵头，对接强强合作，激活传统产业生命力，积极与当地及附近的大学或者科研机构合作，加大普者黑玫瑰的产品创新，将产学研合作作为提高企业科技创新能力的重要途径和突破口，实现玫瑰科研主体化，提高企业核心竞争力。

其次，进一步推动丘北产业规模化发展，实现产业链向高端延伸。在具体政策上表现为加大对龙头企业的培育，深入开展对标行动，促进产业升级和产品换代。延伸玫瑰产业链条与普者黑玫瑰旅游相结合，依靠普者黑玫瑰景区成熟的管理模式，吸引客源。实现玫瑰产品系列化，不断占领和开拓新的旅游旅游市场，充分挖掘玫瑰独有的文化，满足人民群众个性化、多元化、差异化消费需求。

最后，富裕当地百姓，缓解城乡二元体制。玫瑰花产业的发展能够满足当地居民生产生活发展的需要，为农户带来固定的家庭收益，实现玫瑰农户富裕化。同时，玫瑰庄园的发展有力地促进了当地旅游服务设施的建设，交通更为便利，公共服务设施种类和数量明显增多，城镇化进程被推进，城乡差距逐渐缩小。

第三，普者黑玫瑰庄园建设中农村产业结构的作用模型。

普者黑玫瑰庄园的农村产业结构集中反映了普者黑玫瑰庄园各产业部门之间以及各产业部门内部的构成情况，普者黑玫瑰庄园的游客需求、资源基础、经济效益及可持续发展情况均对产业结构的变动产生直接的或间接的影响。结合普者黑玫瑰庄园产业结构调整过程，重点把握游客需求、资源基础、经济效益及可持续发展四个方面的内容，较为合理地模拟出普者黑景区玫瑰庄园建设中农村产业结构的作用模型（见图6－6）。

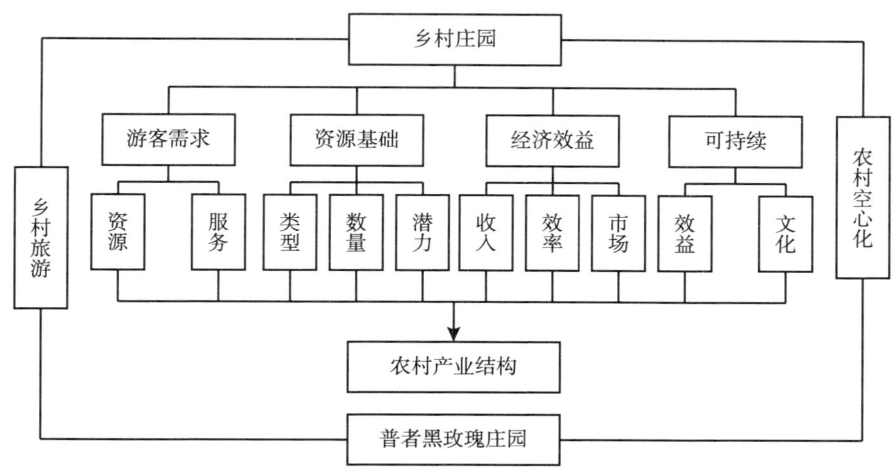

图 6－6　普者黑玫瑰庄园建设中农村产业结构的作用模型

图 6－6 展示了普者黑玫瑰庄园建设中农村产业结构的作用模型，普者黑玫瑰庄园的产业结构调整影响着当地的资源质量种类、服务质量、资源类型、资源数量、资源开发潜力、经济收入、劳动效率、市场占有率、企业经营效益及文化品牌。结合普者黑玫瑰庄园的产业结构现状，具体来说，其产业结构调整表现为以下几个方面：

首先，传统的丘北县以农业生产为主要生产方式，随着玫瑰种植和加工，在地方经济中的位置越来越重要，玫瑰的市场效益也逐渐上升，成为地方居民转变经济发展方式、增加家庭收入的主要经济来源，扩大玫瑰种植和繁育面积成为必要选择。随着玫瑰产业的不断发展，玫瑰种植面积也在不断扩大，普者黑玫瑰景区实现玫瑰种植规模化，提升玫瑰产量，改变了传统的农业产业结构。

其次，旅游具有季节性特征，鲜花观光旅游不可避免地受季节花期制约，为了克服季节性带来的损失。普者黑玫瑰庄园依托玫瑰种植基地，延伸玫瑰花产业链，积极发展玫瑰花精深加工产业。通过充分发挥可食用玫瑰特性，研发出玫瑰鲜花饼、玫瑰原浆、玫瑰冻干茶、玫瑰精油等，进一步丰富旅游产品的多样性，满足游客多种旅游需求。同时加入玫瑰花采摘、玫瑰花饼制作等体验活动，带动当地乡村旅游发展，推动一二三产业深度融合发展，促进传统农业转型升级，将玫瑰花玩出“新花样”。

最后，为了获得普者黑玫瑰庄园的可持续发展，进一步完善农村产业结构，实现旅游与玫瑰文化的统一是玫瑰庄园文化建设的重要选择。改变传统种植模式，使玫瑰庄园具有文化性和艺术性，借鉴日本农田稻田艺术，积极发展特色高效农业，通过改变玫瑰种植方式，做活特色文章，做大做强普者黑玫瑰文化游，进一步促进农业种植与旅游的深度融合，打造农业新亮点。

6.2.4 案例验证结果

案例研究选取云南文山州普者黑玫瑰庄园为例，研究团队通过进行实地调研以获得原始资料，对普者黑玫瑰庄园有更加深入的影响，同时保证了资料来源的真实性和可靠性。为了展开对乡村庄园与中心村整合型治理的案例验证研究，首先解释了以普者黑玫瑰庄园作为案例地的选题依据，本章对案例进行描述，将普者黑玫瑰庄园的建设和发展分为三个阶段，第一阶段是农村土地流转；第二阶段是玫瑰花种植产业的发展；第三阶段是品牌建设与精准扶贫阶段。通过对这三个阶段进行深入分析，识别出普者黑玫瑰庄园发展困境及解决办法。其中，根据前文构建的乡村庄园与中心村整合型协同模式的结构方程实证结果，在案例讨论和发展中重点把握创新能力、政策创新及农村产业结构三个方面的内容，构建出普者黑玫瑰庄园建设中创新能力的作用模型、普者黑玫瑰庄园建设中政策创新的作用模型、普者黑玫瑰庄园建设中农村产业结构的作用模型。

运用 SPS 案例研究方法进行单案例研究，选取桂滇黔云南文山州普者黑玫瑰庄园为案例，对乡村庄园与中心村整合型治理协同模式进行验证。结合前文构建的乡村庄园与中心村整合型治理协同模式的分析框架、研究假设和结构方程实证分析相关内容，基于文山州普者黑玫瑰庄园的发展现状，重点把握创新能力、政策创新、农村产业结构对乡村庄园转型升级以及空心村治理中的作用，用单案例验证了桂滇黔乡村庄园与中心村整合型治理的协同过程中的影响因素，进一步验证了乡村庄园与中心村整合型治理的协同模式。

6.3 生态博物馆与城镇化引领型治理协同模式：以广西三江侗族生态博物馆为例

6.3.1 案例选取与材料收集

本次案例选取广西三江侗族生态博物馆，三江侗族自治县位于广西北部，是全国侗族自治县里人口最多的县，古老侗寨的古朴习俗和侗乡文艺广泛存在，具有“侗族香格里拉”之称。三江侗族生态博物馆是广西民族博物馆侗族研究工作站，是“侗族大文化圈”的重要组成部分，山水奇秀，环境优美。包括侗族的寨门、鼓楼、风雨桥等侗族景点，现存风雨桥13座，鼓楼26座，流域范围内的侗族保存着很完好的民族文化，是生动有效地收藏、保护、研究、传承、展示与开发广西民族传统文化的博物馆网络建成的重要一环，是南部侗族文化的典型代表。

三江侗族生态博物馆是广西民族博物馆“1+10”的成功典范，是广西第一批生态博物馆群之一，于2004年开始对外开放。侗族建筑、服饰、民歌、节庆、剪纸、绘画等文化独具特色，自然环境优美。自然风光与多彩的民族文化完美结合，形成了独具特色的旅游资源，引来了越来越多的国内外游客、专家、学者前往该县进行民俗旅游、文化旅游及学术研究。三江侗族生态博物馆采用“馆村结合、村馆互动”的形式，被称为“三江模式”，这是对国内外生态博物馆的一种模式创新，动态保护并展示独特的侗族文化。三江侗族生态博物馆将三江北部苗江上游流域沿岸15千米范围内九座村寨列入生态博物馆保护范围，整个辐射面内有人口15.8万多人。

SPS案例研究范式，需要通过收集案例相关资料数据来获取课题基础材料。在广西三江侗族生态博物馆的研究中，采用的资料收集方法是一手和二手资料的共同收集。为了深入展开对三江侗族生态博物馆的了解，在收集具体材料前，先制订了一份研究计划书，对三江侗族生态博物馆的数据收集进行整体把握。一手资料是研究团队经过收集整理和直接经验所得，具有实证性、生动性和可读性的特点，准确性和科学性较强。二手资料是研究团队成员按照研究的目的所进行的收集、整理的各种现成的资料，二手资料的收集可以帮助我们更好地定义问题和寻找处理问题的途径，也能更加深刻地理解原始数据。一手材料和二手材料相互之间取长补短，相互依存、相互补充，通过将一手和二手资料整理并建立资料库，为进一步对三江侗族生态博物馆案例描述和分析奠定基础。

一手资料的收集包括实地调研所获得的资料、访谈、观察记录、数据等，在一手资料的获取中，研究团队按照研究计划书有目的、有计划地进行资料收集和展开访谈，重点把握三江侗族生态博物馆的民族性和地域性。二手资料的获得除中国知网中的期刊外，Elsevier，Web of Science，JCR，Taylor & Francis，Springer等相关海外期刊作为最主要的文献参考，同时通过知乎、新浪网、人民网、中央政府门户网站、广西县域经济网、广西民族博物馆官网以及网络新媒体对三江侗族生态博物馆的最新报道，期刊论文，媒体文章，人物访谈记录以及新闻评论信息进行查询和资料的整合。

6.3.2 案例描述分析

第一阶段：民族旅游的萌芽与兴起。

三江侗族自治县位于桂黔湘三省（区）的交界地带，是中国南部侗族聚集的中心地域。县域内有侗族、苗族、瑶族、仫佬族等7个民族，因为地势阻隔，各民族之间相互交流较少，也在很大程度上保留了民族的原真性和独特性，使三江侗族自治县拥有大量的原生态民族文化资源，包括丰富多彩的民族节日、多样化的民族风情、别具一格的民族建筑等。除此以外，三江自治县河流较多，水资源丰富，森林覆盖率较高，自然环境优美，为发展旅游产业提供了良好的自然环境基础。

三江侗族生态博物馆是三江侗族自治县发展的一张重要名片，见证了当地侗族的历史发展与演进，集中展示了侗族人民世代传承的文化血脉，是侗族独特的手工技艺、民俗节庆、传统戏剧等文化表现形式和文化空间，是整个侗族社会的一个缩影。三江侗族生态博物馆在传统静物博物馆的基础上，挖掘非物质文化内涵，将现代化的技术手段应用到展览中，如博物馆虚拟展示设计。以旅游地居民的日常生产、生活为核心，使游客能够亲身参与民族文化，增加游客体验感的同时全面而真实地展示当地的侗族民族文化，集中体现在建筑风格、节事活动、当地居民的日常劳作、生产生活、男女恋爱方式等多方面，为民族旅游的兴起提供了良好的社会环境和资源基础。

改革开放以后，三江大地改革春潮涌动，经济社会发展速度得到显著提升。三江地方政府立足三江经济发展现状，充分利用三江良好的自然环境基础和优质的旅游资源，提出了“农业稳县、旅游活县、文化名县”的经济方略。农业是基础，工业是动力，旅游是源泉，文化是活力，如何在传统农业发展的基础上促进旅游产业发展、传承三江侗族文化成为三江县委和县政府经济社会发展的着力点，三江县旅游产业开始萌芽，民族旅游逐步兴起。

第二阶段：利益相关者的利益冲突。

随着三江侗族博物馆的旅游经济的逐渐起步，旅游者、当地居民、政府、企业均积极地参与到生态博物馆的经营和管理中。由于各利益相关者的利益需求重点不同，导致利益相关者之间出现冲突，不利于经济文化的发展和建设。这种冲突主要存在于旅游者、当地居民、政府、企业之间。

一是旅游者与当地居民的利益冲突。旅游者既是三江侗族生态博物馆得以生存和发展的客源基础，也对当地的文化氛围、生态环境造成了一定的影响。旅游业的异地性特征使旅游者必须融入旅游目的地的生存环境中，并与当地的景观环境、旅游服务、文化符号、语言文明、风土人情等要素形成关系。而屈颖和赵秉琨（2007）在旅游伦理研究中提出，离开"熟人环境"常常会出现道德弱化现象，旅游者也不例外。当外来旅游者对三江侗族生态博物馆的生态环境、文化、文明状况等方面造成不良的影响后。由于旅游的短暂性使旅游者必须离开旅游目的地回到自己的住所，旅游者对于自己所造成的不良影响便能很快脱离，而当地居民却要在很长一段时间内承受这种后果。

二是旅游企业与当地居民的利益冲突。旅游企业与当地居民之间的利益冲突主要表现在两个方面：第一，二者的经济地位不对等；第二，旅游企业的开发和建设对当地居民造成了诸多负面影响。在三江侗族生态博物馆的旅游经济发展中，家庭中的手工、房屋建筑、节日里的欢歌等本来是当地居民的社区资源，却成为旅游企业兜售的旅游产品。同时，旅游企业对三江侗族生态博物馆旅游经营中出现的资源过度利用、管理不当等现象，均会对当地居民的生态和人文环境产生消极的影响。

三是地方政府与当地居民的利益冲突。公共选择理论认为，政府管理和行政管理也会追逐自身利益的最大化。地方政府官员为了加速当地经济增长速度，获得更快的晋升通道，将三江生态博物馆的经济效益作为首要考虑因素，对当地居民的生态环境、人文环境等切实相关的要素漠不关心，给当地居民造成了一定的困扰。同时，广西文化厅和三江县政府投资建设的旅游接待站正在积极地运营，填补了三江生态博物馆的经费空缺。但由于政策的不明确性，造成了旅游投资者及当地居民争抢顾客的局面。

四是地方政府与旅游企业的利益冲突。三江侗族生态博物馆要进行旅游开发，需要投入大量的资金，当地政府由于财政困难没有办法独立地进行旅游资源开发和配套设施建设，引入旅游投资企业便成了政府的重要选择。政府作为区域经济的引导者，既要关注三江侗族生态博物馆的经济效益，也要注重当地的环境、民宿、文化保护等方面，坚持可持续发展、协调发展。而旅游投资企业往往是以利益最大化为目标，投资者希望在最短的时间内获得投资报酬，实现利润最大化，两者的不同诉求使政府和企业之间存在着利益不协调的矛盾。

第三阶段：民族旅游产业可持续发展。

三江侗族生态博物馆民族旅游产业起步较早，通过协同相关利益者之间的矛盾，满足不同利益者的诉求，三江侗族生态博物馆旅游产业发展迅速，三江县致力打造中国最大的侗族生态博物馆，在旅游发展中合理引导民族文化保护与传承工作，实现民族旅游产业的可持续发展。

一是交通条件得到显著提升。硬件基础设施建设是旅游产业的基础性条件，其中，民族旅游产业发展对交通基础设施的依赖性最大。随着"高铁时代"的到来，三江发展民族风情旅游和生态休闲养生迎来了巨大商机。2014 年，随着贵广高铁全线通车，三江侗族自治县交通区位优势更加凸显，完善的道路交通环境给民族旅游业发展创造了良好的基础条件，使三江县逐步形成了西进贵阳、东连广州、南下北海、北接长沙交通路网的新格局，加速了千年侗寨与多彩贵州以及珠三角地区的同城化步伐，提升了当地的交通通达度，带动了区域经济增长。

二是"大旅游"时代的到来为旅游产业带来了新的旅游契机。随着旅游产业的拉动效果越来越明显，三江县政府对旅游的重视程度显著提升，牢牢牵住旅游这个"牛鼻子"，促进旅游与侗族聚居区内文化的融合。积极推进硬件基础设施的建设，着力打造以县城为中心的大侗寨旅游综合服务功能区，在开发中坚持可持续发展的原则。注重生态环境的保护，合理有度地进行旅游资源开发，坚持旅游资源的合理开发与利用，特色民族文化旅游产业持续升温。

三是深入实施"富民兴旅三年行动计划"。充分发挥三江侗族生态博物馆的"馆村结合、村馆互动"创新模式，通过打造休闲旅游度假区带动当地居民的经济增长和收入增加，创建广西特色旅游名县。通过发展旅游产业增加当地的就业岗位，减少外出打工者，缓解侗乡老小居多的现象，提升当地居民的生活水平和幸福感。

6.3.3 案例发现与讨论

为了进一步分析三江侗族生态博物馆建设中旅游发展与空心村治理的协同模式，通过对各方要素的综合考量，将案例分析重点放在政府、居民、资本、政策及产业等方面，提炼出建设主体和农村产业结构两个关键构念，并通过对这两个方面进行条理化、结构化的分析，构建出三江侗族生态博物馆建设主体的作用模型、三江侗族生态博物馆农村产业结构的作用模型，为讨论建设主体和农村产业结构在生态博物馆与空心村治理的协同中的作用进行案例分析。

第一，三江侗族生态博物馆的建设主体分析。

广西壮族自治区是一个多民族聚居的边疆地区，民族文化遗产丰厚。城镇化进程的推进促进了广西壮族自治区的现代化建设，与此同时也出现发展不均衡、民族文化流失等诸多问题，现代文明对传统文化的侵袭加速。广西地方政府为了切实推进民族文化保护，采用以广西民族博物馆为核心，辐射广西各地的民族生态博物馆“1+10”建设模式，坚持政府主导、专家指导、农民参与的原则，构筑起独具广西特色的生态博物馆群。基于上述背景，结合本书研究重心，构建出三江侗族生态博物馆的建设主体作用模型，见图6-7。

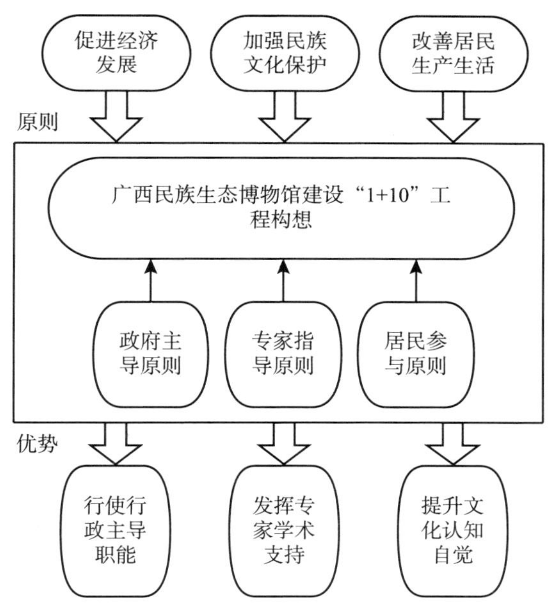

图6-7　三江侗族生态博物馆的建设主体作用模型

图6-7展示了三江侗族生态博物馆的建设主体作用模型，从三江侗族生态博物馆的建设主体出发，坚持政府主导原则、专家指导原则及居民参与原则，切实发挥不同建设主体的作用。

“政府主导”指结合三江侗族生态博物馆的实际情况，政府文化主管部门行使行政主导职能，这里的政府主体主要是指广西壮族自治区文化厅以及各市县文化局。坚持政府主导原则，文化厅和各市县文化局要加强合作交流，各部门有效协作是顺利开展生态博物馆建设的有效保障，更有效地配置现有资源，促进三江侗族生态博物馆的经济建设，加强当地生态环境的保护，提升区域经济发展水平，坚持乡村旅游开发中民族文化传承与保护。

“专家指导”指通过自治区级专业博物馆即广西民族博物馆发挥专家学术支持方面的作用，通过引入更多的专家技术力量，产生学术成果或经济效益。将政府主导职能和专家学术指导紧密结合，最大限度地弥补三江生态博物馆自身的不足，保障生态博物馆顺利建设并可持续发展。

“居民参与”是社区居民积极参与三江侗族生态博物馆建设事务、表达自身意见的保障，生态博物馆的理念就是原地保护和村民自己保护。三江侗族文化的保护、传承和发展是三江侗族生态博物馆旅游产业的灵魂。而当地居民世世代代生活在这里，其本身就是侗族文化的一部分，加强居民参与有利于保护三江的侗族文化。其中，最主要的目的是提升当地居民的文化认知自觉程度，让他们去了解、传习自己的民族文化，提升把民族文化资源发展成为促进经济发展的重要资本的意识，保证让居民在生态博物馆的建设实施中获得实惠。

第二，三江侗族生态博物馆的农村产业结构分析。

三江侗族生态博物馆的农村产业结构集中反映了三江侗族生态博物馆各产业部门之间以及各产业部门内部的构成情况，三江侗族生态博物馆的游客需求、资源基础、经济效益及可持续发展情况均对产业结构的变动产生直接或间接的影响。结合三江侗族生态博物馆产业结构调整过程，重点把握游客需求、资源基础、经济效益及可持续发展四个方面的内容，较为合理地模拟出三江侗族生态博物馆中农村产业结构的作用模型（见图6－8）。

由图6－8可以看出，三江侗族生态博物馆的农村产业结构既是发展民族旅游的基础因素，也是影响当地空心村治理的重要条件，重点体现在游客需求、资源基础、经济效益及可持续性四个方面。

在游客需求方面，三江侗族生态博物馆的资源特质、服务类型、服务质量、资源多样性都影响着游客需求。旅游市场化使游客需求逐渐多样化，对旅游服务也呈现出多元化的状态。三江侗族生态博物馆是侗族专属的文化，在一定程度上限制了其多元化扩展的可能性，如何在多元化的游客求中展现侗族文化的独特性，是三江农村产业结构调整的重要方向。

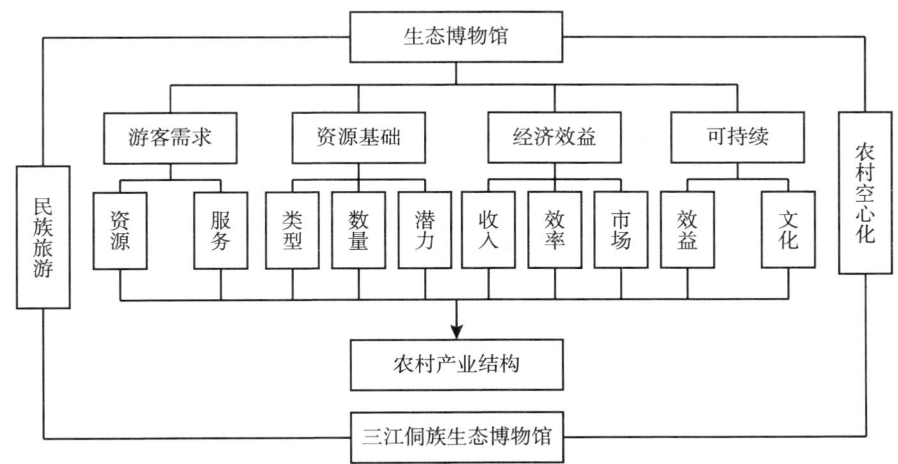

图6-8　三江侗族生态博物馆的农村产业结构作用模型

在资源基础方面，资源基础类型、资源数量及资源开发潜力都是影响产业结构优劣的重要方面。三江侗族生态博物馆以文化为核心来进行旅游产品生产，资源基础决定着旅游商品和工艺品种类，也影响着产品的吸引力和游客的重游率，是缓解当地空心化的基础条件。

在经济效益方面，三江侗族生态博物馆旅游投资企业的首要目的是获取经济效益，这是旅游投资企业的出发点。只有经济效益提升，才能获得更广阔的消费市场和再生产建设的资本。当地居民作为三江侗族生态博物馆发展民族旅游的参与者，经济效益的好坏直接关系着当地居民的家庭收入和生活水平。

在可持续性方面，三江侗族生态博物馆要实现可持续发展，既要实现良好的经济效益、社会效益的可持续，也要注重民族文化的可持续。在全球化背景下，少数民族传统的封闭生活状态被打破，侗族文化与外来文明产生了碰撞，民族文化资源的保护与传承关系到民族自主性生存。因此，在三江侗族生态博物馆实现可持续性发展，既要保证良好的经济效益和社会效益，提升当地的经济发展水平和居民收入，也要注重文化的保护和传承。

6.3.4　案例验证结果

案例研究选取广西壮族自治区三江侗族生态博物馆为例，研究团队通过进行实地调研以获得原始资料，保证了资料来源的真实性和可靠性。为了展开对生态博物馆与城镇化引领型治理的案例验证研究，首先解释了以三江侗族生态博物馆作为案例地的选题依据。本章对案例进行描述，将三江侗族生态博物馆的建设和发展分为三个阶段，第一阶段是民族旅游的萌芽与兴起、第二阶段是利益相关者利益冲突，第三阶段是民族旅游产业可持续发展阶段，通过对这三个阶段进行深入分析，识别出三江侗族生态博物馆发展困境及解决办法。其中，根据前文构建的生态博物馆与城镇化引领型协同模式的结构方程实证结果，在案例讨论和发展中重点把握建设主体和农村产业结构两个方面的内容，构建出三江侗族生态博物馆的建设主体作用模型、三江侗族生态博物馆建设中农村产业结构的作用模型。

运用 SPS 案例研究方法进行单案例研究，选取桂滇黔广西壮族自治区三江侗族生态博物馆为案例，对生态博物馆与城镇化引领型治理协同模式进行验证。结合前文构建的生态博物馆与城镇化引领型治理协同模式的分析框架、研究假设和结构方程实证分析相关内容，基于广西三江侗族生态博物馆的发展现状，重点把握建设主体、农村产业结构对生态博物馆转型升级以及空心村治理中的作用，用单案例验证了桂滇黔生态博物馆与城镇化引领型治理的协同过程中的影响因素，进一步验证了生态博物馆与城镇化引领型治理的协同模式。

6.4 文化创意农业园与城镇化引领型治理协同模式：以贵州铜仁市九丰农业博览园为例

6.4.1 案例选取与材料收集

本次案例选取贵州铜仁市九丰农业博览园，九丰农业博览园地处贵州铜仁市高楼坪乡，面积达 2000 亩以上，被评定为 AAAA 级景区。九丰农业博览园是典型的山地高效特色农业示范，以现代化科技为支撑，依靠先进的科学技术改进传统的农业生产方式，是技术一流、规模一流的高效生态农业园，是西南片区最大的蔬菜集散中心。在农业生产上，九丰农业园集蔬菜种植、精深加工、技术研发为一体，形成集设施蔬菜种植、农产品精深加工、新品种实验示范、集约化育苗、技术研发与示范推广等为一体的生态农业循环经济产业链。

九丰农业博览园不仅是国内一流高端山地特色生态农业示范园区，也是农旅文一体化的旅游景区和精准扶贫项目示范点。按照“园区景区化，农旅文一体化”思路，将观光旅游融入农业生产中，以当地的产业特色、民宿特征、乡村风貌为基础，以科技化、体验化、生态化为手段，强化旅游观光功能，实现农旅一体化，立足山地资源优势，打造高端精致的农业休闲观光旅游区和山地高效农业综合体。

SPS 案例研究范式，需要通过收集案例相关资料数据来获取课题基础材料。在贵州铜仁市九丰农业博览园的研究中，采用的资料收集方法是一手和二手资料的共同收集。为了深入展开对九丰农业博览园的了解，在搜集具体材料前，先制定了一份研究计划书。一手资料是研究团队经过搜集整理和直接经验所得，具有实证性、生动性和可读性的特点，准确性和科学性较强。二手资料是研究团队成员按照研究的目的所进行的收集、整理各种现有的资料，二手资料的收集可以帮助我们更好地定义问题和寻找处理问题的途径，也能更加深刻地理解原始数据。一手材料和二手材料相互之间取长补短，相互依存、相互补充，通过将一手和二手资料整理并建立资料库，为进一步对九丰农业博览园案例描述和分析奠定基础。

一手资料的收集包括实地调研所获得的资料、访谈、观察记录、数据等，在一手资料的获取中，研究团队按照研究计划书有目的、有计划地进行资料收集和展开访谈，重点把握九丰农业博览园的转型过程。二手资料的获得除中国知网中的期刊外，Elsevier，Web of Science，JCR，Taylor & Francis，Springer 等相关海外期刊作为最主要的文献参考，同时通过知乎、万山网、中央政府门户网站、铜仁市人民政府官方网站、新浪网、人民网以及网络新媒体对九丰农业博览园的最新报道，期刊论文，媒体文章，人物访谈记录以及新闻评论信息进行查询和资料的整合。查阅回顾管理学、社会学、新闻学、农村社会学、民族学、旅游学和传播学相关知识以加深对案例研究主题的深刻全面理解。

6.4.2　案例描述分析

第一阶段：万山特区列为全国第二批资源枯竭型城市。

贵州省铜仁市万山特区位于武陵山脉深处，天然的地理位置给万山特区带来了丰富的矿石，区域内资源丰富，初步探明的矿种就有 20 多种。其中朱砂储量名列亚洲第一、世界第三，被誉为“丹砂王国”，汞的开采已有 630 余年的历史，有“中国汞都”之城。由于长期过度开采矿石，加之产业结构不合理、技术落后等因素。工业化进入中后期阶段，万山的资源逐渐面临枯竭，这给依靠矿产发展的万山区发展带来了极大的困难，经济开始滑坡，2009 年被国务院列为第二批全国资源枯竭型城市。

万山特区由于汞的开采，冶建公司、金属公司、贵州汞矿等企业林立，当地经济繁荣。但是数百年来对汞的过度开采，汞矿资源枯竭，原来的企业都搬离了万山特区。根据万山区的统计数据，20 世纪 50 年代到 80 年代期间，万山进行了大规模的开采冶炼，由于当时没有明确的环保要求，肆意开采和堆放，排放含汞废气、汞废水、废渣数量惊人。这种粗放式的开采严重地破坏了当地的生态环境，受汞污染的耕地土壤高达 10 万亩。甚至一遇到暴雨天气，汞矿渣随山洪而下，淤塞河道，导致敖寨河、下溪河两岸部分农民因无地可种失去生产、生活条件。在这样的背景下，生态修复与城市转型迫在眉睫，探索资源枯竭区转型发展新路成为了万山特区突出重围、找到新的发展支柱的首要任务。

第二阶段：致力于打造九丰山地高效农业综合体。

2011 年，万山特区被国务院列为武陵山片区区域发展与扶贫攻坚规划（2011 ~ 2020 年）中心城市，为万山特区的生态修复和经济发展提供了政策支持，万山的土壤修复和重金属污染防治有了专项资金，享受国家连片特困地区特定的扶贫开发政策。贵州省地方政府积极地对万山特区转型升级进行了多方探讨，在研究国内和国际资源型城市转型模式的基础上，积极探索适合自身的转型发展道路。但是万山的转型是一个复杂的系统工程，涉及资金、产业、生态、保障、民生等多方内容的平衡，地方政府面临着巨大的困难。

在万山转型发展最困难也最关键的时刻，习近平总书记对万山转型发展作出肯定性的重要批示，要求万山用好用活国家政策，加快推动转型可持续发展。万山区按照“五步工作法”，实施“旅游活区”战略，围绕“建成山地高效农业示范区”目标，紧紧依靠科技支撑进行旅游开发，引进专业技术人才队伍，改进农业园区运营模式和管理机制，积极搭建技术平台，转变农业发展方式，由“卖资源”向“卖旅游”转型，整合各种资源，打造九丰山地高效农业综合体。

在科技的带领下，传统农业转变为现代农业，特色优质农产品迅速发展起来。2018 年，九丰农业园的技术人员培育出了一个重达 799 斤的巨型南瓜，引起了国内媒体的关注和争相报道。九丰农业草莓园紧紧依靠旅游带动的优势，农产品增加了稳定的销售渠道，丰富了九丰农业的旅游和休闲娱乐项目。九丰农业博览园全力打造“九丰农业 +”的模式，打造蔬菜智能观光区、采摘体验区、科研培训区、生态度假区等多个板块，昔日的荒山变成了如今休闲观光的“花园”。

第三阶段：现代农业园区带富一方百姓。

九丰农业博览园打破传统由政府主导园区建设的模式，积极发挥企业技术人才优势，将园区发展与群众脱贫挂钩，不断创新发展模式，让地方居民获得租金、工资和技术，实现在参与中共享、共享中共建，真正地带富一方百姓。

一是通过土地流转，居民获得租金分红。九丰农业博览园的建成打破了万山传统的农耕思维，现代化技术的应用大幅度地提升了土地利用率和产出率。通过政府引导，紧紧围绕土地做文章，农民除了获得日常工资，公司通过土地流转使农民每年都有分红，贫困户入股产业基地参与分红，让地方居民积极参与九丰园区经营发展中，居民的家庭收入显著增多，贫困户得到了实惠。

二是通过参与园区经营，居民获得工资收入。九丰农业博览园“公司 + 基地 + 农户”合作共赢模式，由九丰农业公司免费提供蔬菜种苗和种植、管理技术支持，脱贫攻坚计划制定以后，地方政府在每个乡镇规划建设蔬菜种植示范试点基地。雷山县积极发挥“九丰农业”龙头带动示范效应，提出在各个乡镇、贫困村至少建立一个蔬菜大棚。随着现代化大棚的建设和开展，当地居民和周边城镇的居民在蔬菜基地务工，产品由公司统一收购在市场销售。就业岗位的增加使原本在外务工的居民回到本地发展，积极参与到蔬菜种植和旅游发展中去，农村又有了“人气”。

三是通过科技的带动使地方居民真正从中受益。园区采用现代化高效农业种植技术，居民跟着技术员学习蔬菜养殖技术，免费接受技能培训，不断提升农业技能，将农户转化为农业产业工人，在科技的带领下让当地的农户享受到科技带来的实惠。很多人学习到了蔬菜种植技术以后，自己开始进行蔬菜种植，家庭人均收入实现了跨越式的提升。

6.4.3　案例发现与讨论

为了进一步分析九丰农业博览园建设中旅游发展与空心村治理的协同模式，通过对各方要素的综合考量，将案例分析重点放在政府、居民、资本、政策及产业等方面，提炼出产业基础和农村产业结构两个关键构念，并通过对这两个方面进行条理化、结构化的分析，构建出九丰农业博览园产业基础的作用模型、九丰农业博览园农村产业结构的作用模型，为讨论产业基础和农村产业结构在文化创意农业园与空心村治理的协同中的作用进行案例分析。

第一，九丰农业博览园的产业基础分析。

九丰农业博览园以科技为手段，运用现代化技术改变传统农业种植方式，融合休闲观光旅游，培育现代化、科技化的农业文化，打造集蔬果观赏、休闲住宿、科技农业等为一体的大型农业博览园。九丰农业博物园的建成既是农业综合体的突破性转变，也是发展模式的重大创新。将农业、旅游、文化融合在一起，创建出集创意农业、创意旅游和创意文化为一体的产业基础。通过结合九丰农业博览园产业基础实际情况，构建出九丰农业博览园的产业基础作用模型，见图6－9。

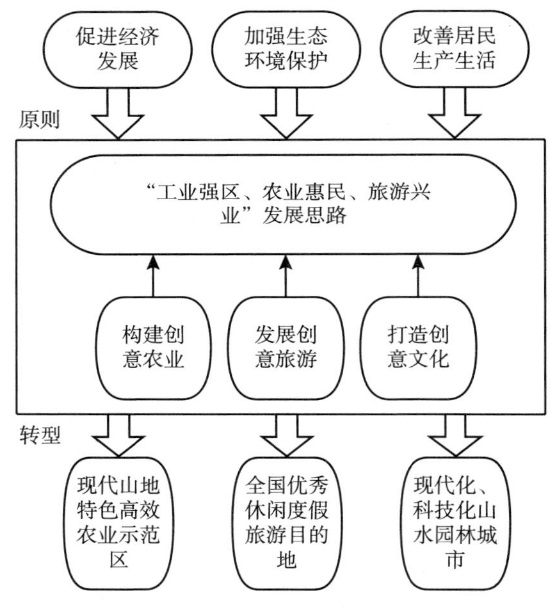

图6－9　九丰农业博览园的产业基础作用模型

图6－9展示了九丰农业博览园的产业基础作用模型，九丰农业博览园是休闲农业、乡村旅游的创新业态，包括创意农业、创意旅游、创意文化，三者共同构成了九丰农业博览园的创意产业基础。

在创意农业方面，九丰农业博览园积极构建产前技术引进、培训，创建全国最大、科技含量最高的智能观光大棚，运用现代化科学基础创新了很多新奇特品种，改变农作物的生态、生物学特征，如巨型南瓜。新的农业品种吸引了全国各地的游客前来观光游览，大大地提升了九丰农业博物园的知名度。同时，建设现代农业观光区、成果展示区、农产品精深加工区、集约化育苗区等，打造创意农业产业链。

在创意旅游方面，通过有效地将科技和人文要素融入农业生产，九丰生态农业综合体让农产品由实用功能型消费向文化审美型消费转变，推动园区与乡村旅游融合发展。九丰农业博览园利用现代科技手段对农业生产方式进行创意，赋予了农业园区观赏功能和休闲功能，生态停车场、蔬菜雕塑、万亩葵花、候鸟小木屋养老中心等景点已经建成，创意旅游配套设施也在不断完善中。

在创意文化方面，九丰农业博览园逐渐成为区域经济发展的引擎，带动着万山整体实力提升，以科技为动力的创意旅游迅速发展起来，逐渐发展成为具有鲜明文化形象并对外界产生一定吸引力的多功能园区。科技文化在创意农业和创意旅游融合中不断得到衍生和发展，逐渐形成九丰农业博览园的创意文化。

第二，九丰农业博览园的农村产业结构分析。

九丰农业博览园的农村产业结构集中反映了九丰农业博览园各产业部门之间以及各产业部门内部的构成情况，九丰农业博览园的游客需求、资源基础、经济效益及可持续发展情况均对产业结构的变动产生直接的或间接的影响。结合九丰农业博览园产业结构调整过程，重点把握游客需求、资源基础、经济效益及可持续发展四个方面的内容，较为合理地模拟出九丰农业博览园的农村产业结构作用模型（见图6－10）。

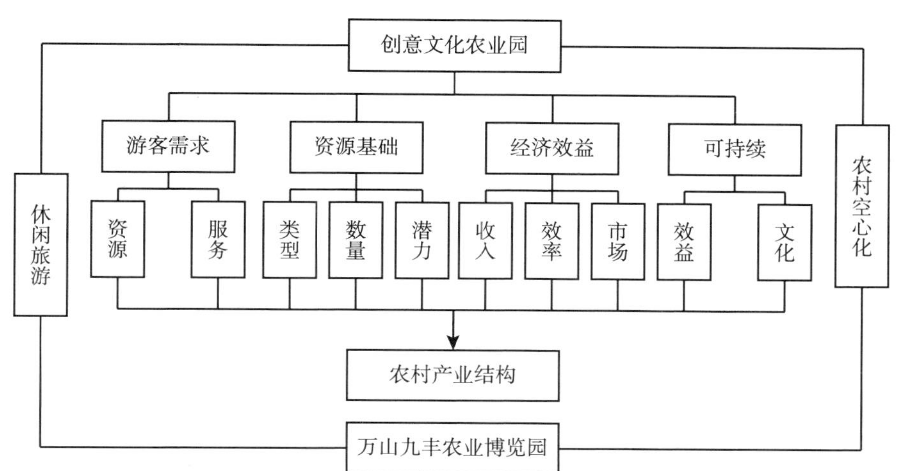

图6－10　九丰农业博览园的农村产业结构作用模型

由图6－10可以看出，九丰农业博览园的农村产业结构既是发展科技旅游的基础因素，也是影响当地空心村治理的重要条件，重点体现在游客需求、资源基础、经济效益及可持续性四个方面。

在游客需求方面，九丰农业博览园的资源特质、服务类型、服务质量、资源多样性都影响着游客需求。旅游市场化使游客需求逐渐多样化，对旅游服务也呈现出多元化的状态。九丰农业博览园积极地应对多元化的消费市场，构建旅游服务设施，通过不断提升自身的文化吸引力满足游客需求。

在资源基础方面，资源基础类型、资源数量及资源开发潜力都是影响产业结构优劣的重要方面。九丰农业博览园致力于建设高端化的农旅融合示范园区，地方政府和企业投入了大量的物力、人力和财力，积极引进农业科技技术人才专家，务实农业发展基础，不断丰富资源种类。

在经济效益方面，九丰农业博览园旅游投资企业的首要目的便是获得良好的经济效益，这是旅游投资企业的出发点，只有把经济效益提升上去，才能获得更广阔的消费市场和再生产建设的资本。当地居民作为九丰农业博览园发展农业旅游的参与者，经济效益的好坏直接关系着当地居民的家庭收入和生活水平。

在可持续方面，九丰农业博览园要实现可持续发展，既要实现良好的经济效益、社会效益的可持续，也要注重园区文化的可持续。九丰农业博览园打造优质农产品，改善当地农产品种植结构，通过不断进行土壤治理，改善当地的生态环境，保护当地的自然风光。

6.4.4 案例验证结果

案例研究选取万山九丰农业博览园为例，研究团队通过进行实地调研以获得原始资料，对九丰农业博览园有更加深入深刻的影响，同时保证了资料来源的真实性和可靠性。为了展开对文化创意农业园与城镇化引领型治理的案例验证研究，首先解释了以九丰农业博览园作为案例地的选题依据，本章对案例进行描述，将九丰农业博览园的建设和发展分为三个阶段，第一阶段是万山特区列为全国第二批资源枯竭型城市、第二阶段是致力于打造九丰山地高效农业综合体阶段，第三阶段是现代农业园区带富一方百姓阶段，通过对这三个阶段进行深入分析，识别出九丰农业博览园发展困境及解决办法。其中，根据前文构建的文化创意农业园与城镇化引领型协同模式的结构方程实证结果，在案例讨论和发展中重点把握产业基础和农村产业结构两个方面的内容，构建出九丰农业博览园的产业基础作用模型、九丰农业博览园建设中农村产业结构的作用模型。

运用 SPS 案例研究方法进行单案例研究，选取桂滇黔万山九丰农业博览园为案例，对文化创意农业园与城镇化引领型治理协同模式进行验证。结合前文构建的文化创意农业园与城镇化引领型治理协同模式的分析框架、研究假设和结构方程实证分析相关内容，基于万山九丰农业博览园的发展现状，重点把握产业基础、农村产业结构对文化创意农业园转型升级以及空心村治理中的作用，用单案例验证了桂滇黔文化创意农业园与城镇化引领型治理的协同过程中的影响因素，进一步验证了文化创意农业园与城镇化引领型治理的协同模式。

6.5　洋家乐与村内集约型治理协同模式：以广西桂林阳朔洋家乐为例

6.5.1　案例选取与材料收集

随着旅游业的转型升级和市场需求的日益多样化对旅游目的地的经济、文化、社会、城乡建设等都提出了更高的要求，乡村旅游和休闲度假逐渐成为旅游市场的重要部分，传统型乡村旅游的营业形态被打破，乡村旅游新业态应运而生。在这样的背景下，集乡村旅游特征与休闲度假功能的洋家乐便应运而生。洋家乐作为一种新型的乡村旅游业态类型，兴起于浙江湖州德清县莫干山。本书以桂滇黔乡村旅游业态创新为出发点，在案例选取上定位与广西壮族自治区、云南省和贵州省，因此选取广西桂林阳朔洋家乐为例。桂林市作为国际旅游胜地，每年吸引了一大批来自国外的旅游者。近年来，不少外国人租下阳朔当地老宅，并开始在阳朔扎根，追寻自己的梦想。洋家乐的创建便产生于外来旅游者之中，其经营参与者来自世界不同的国家。

他们在保护原有房屋框架结构的前提下，加入自己的理解和诠释，通过对房屋进行合理适当的旅游策划，自己出资对老化的房屋进行修缮，在修缮中对原有的房屋进行重新设计，保留原有的乡村文化的氛围，使洋家乐具有传统的文化特性，同时在家具设计中融入西方文化。因此，阳朔洋家乐融中西元素于一体，外表看起来十分简朴，走进去之后别具风味。广西阳朔洋家乐开放经营以后便吸引了大批前来阳朔观光旅游的外国游客，成为阳朔发展旅游业的特有魅力，数十家“洋家乐”逐渐成为阳朔乃至广西旅游的新品牌，如由荷兰人创建的格格树旅馆、比利时人创建的柚子山庄、石板桥客栈等诸多品牌。洋家乐低碳环保的经营理念，促进了当地人更加注重环保，推动了阳朔旅游向高端、生态、精致、特色的方向发展。

SPS 案例研究范式，需要通过收集案例相关资料数据来获取课题基础材料。在广西桂林市阳朔洋家乐的研究中，采用的资料收集方法是一手和二手资料的共同收集。为了深入展开对阳朔洋家乐的了解，在搜集具体材料前，先制定了一份研究计划书，对阳朔洋家乐数据收集的整体情况进行说明和安排。一手资料是研究团队经过搜集整理和直接经验所得，具有实证性、生动性和可读性的特点，准确性和科学性较强。二手资料是研究团队成员按照研究目的收集、整理的各种现成的资料，二手资料的收集可以帮助我们更好地定义问题和寻找处理问题的途径，也能更加深刻地理解原始数据。一手材料和二手材料相互之间取长补短，相互依存、相互补充，通过将一手和二手资料整理并建立资料库，为进一步进行阳朔洋家乐案例描述和分析奠定基础。

一手资料的收集包括实地调研所获得的资料、访谈、观察记录、数据等，在一手资料的获取中，研究团队紧紧按照研究计划书有目的、有计划地进行资料收集和展开访谈，重点把握阳朔洋家乐的模式和经营理念。二手资料的获得除中国知网中的期刊外，Elsevier，Web of Science，JCR，Taylor & Francis，Springer 等相关海外期刊作为最主要的文献参考，同时通过知乎、广西新闻网、中央政府门户网站、桂林市人民政府官方网站、新浪网、人民网以及网络新媒体对阳朔洋家乐的最新报道，期刊论文，媒体文章，人物访谈记录以及新闻评论信息进行查询和资料的整合。

6.5.2　案例描述分析

第一阶段：广西阳朔洋家乐纷纷落户。

2002 年，荷兰夫妻鲍琳夫妇来到中国，被中国秀丽的山川美景深深吸引。从那以后，夫妇俩多次担任领队，带领外国旅游团队到中国旅游，十分喜爱中国的自然风光和多彩文化。2006 年，鲍琳夫妇来到桂林，桂林的喀斯特地貌、奇山秀水和悠然自得的生活方式使夫妇俩深深地爱上了这方土地。与此同时，鲍琳的丈夫名字叫卡斯特，与桂林的“喀斯特”读音一致，夫妇俩觉得与桂林有着深厚的缘分，因此决定留在中国，在桂林阳朔长久地生活下来。

之后，鲍琳夫妇在阳朔县城以西约5公里的矮山门村买下一处院落，这是当地农民的农家院，青瓦黄泥墙，具有典型的桂北农家小院特色。院落门口有一棵大樟树，每当风吹过，樟树上的叶子发出声响，好像是咯咯地在笑，因此夫妇俩给饭店取名为“Giggling Tree”，翻译成中文就是“格格树”。鲍琳夫妇保留了农家院桂北民居的特色，房屋的外形没有什么变化，在院落内部按欧洲人的家居标准布置，将西方文化融入传统的桂北民居中，使整个院落别具特色。同时鲍琳夫妇还在原来的基础上增设了游泳池，在院外垒起了观景台，一个由外国人打造的兼具中西文化的洋家乐因此诞生了。

格格树饭店的运营很快就吸引了前往阳朔的外来游客们，通过在网上发布住房信息，外国游客通过网上订房。相对于传统酒店热衷开在交通便利的繁华地段，格格树地处偏僻的乡下，周遭环境十分幽静，为前来的游客们提供了一个十分休闲的度假场所，洋家乐的名头得到广泛宣传。从2000年开始，阳朔县已经有了数十家洋家乐顺利开业，经营者来自各个国家，其洋家乐的风格也是迥异。如格格树主打中西合璧，而荷兰人罗兰开办的月舞度假酒店则更偏向于欧洲田园风。

第二阶段：广西阳朔洋家乐生态环保管理理念。

阳朔县洋家乐的创办不仅吸引了诸多的国外游客前来休闲度假，越来越多的中国游客也开始喜欢这种休闲的生活方式，与当地普通酒店、农家乐相比，洋家乐客源丰富，慕名而来的人络绎不绝。洋家乐不仅成为休闲住宿的场所，也是阳朔旅游的特色景点之一。究其原因，不仅因为洋家乐的经营者是外国人，重要的是他们传达出的生态、环保、极简的生活理念。洋家乐主张极简的生活理念，对旧房屋的修缮和改造，一定要保持发扬其原有的韵味，在装修中绝不破坏自然的东西，与着力精简的客房相比，洋家乐的住宿更讲究一种极简主义风格。如阳朔的石板桥客栈，客房都没有装电视机，也不主动为游客提供毛巾和洗浴品。

同时，阳朔的洋家乐十分注重低碳意识，他们要求前来的游客最好不要开车，客人还被要求节约用电、用水，禁止游客吸烟。柚子山庄就明确规定禁止游客在室内吸烟，曾经有游客偷偷在房内吸烟，被柚子山庄老板知道后，完全不留情面地给赶了出去。除此以外，为了减少碳排放，尽量不从外面带家具和建材进来，洋家乐的家具也都是店主四处“淘”来的宝贝，拆房剩下的雕花木梁、石礅、马槽都成了他们的装修材料。在格格树，主人还特地设置了饭店的污水处理设施，饭店产生的生活污水排入处理池后，经过微生物处理转变为干净的清水，再通过专门的管道排入遇龙河，避免了对河水水质造成污染，促进了当地人养成更加注重生态环保的意识。

第三阶段：广西阳朔洋家乐无景点度假休闲旅游模式。

洋家乐旨在打造高端度假旅游区，传统的农家乐依附景点而存在，通过景点的旅游资源吸引游客，通过为游客提供吃住行取得收入实现发展。洋家乐的经营者不愿向住户推荐旅游景点，突破传统景区景点的藩篱。他们更推崇一种无景点度假休闲旅游模式，鼓励游客去感受洋家乐自己的文化和主题，享受最简单原始的生活，广西阳朔洋家乐无景点度假休闲旅游模式也成为阳朔旅游的新的发展趋势。

同时，无论是格格树，还是柚子山庄、石板桥客栈、月舞酒店、秘密花园酒店等其他洋家乐，他们都有自己的文化、自己的主题，从而也有自己的一批独特的客源。通过提供优质独特的服务，通过提供优质的服务实现口碑营销，从而不断地吸引新客源。

6.5.3　案例发现与讨论

为了进一步分析阳朔洋家乐建设中旅游发展与空心村治理的协同模式，通过对各方要素的综合考量，研究将案例重点放在游客、居民、资本、政策及消费等方面，提炼出游客行为和乡村消费空间两个关键构念，并通过对这两个方面进行条理化、结构化的分析，构建出阳朔洋家乐游客行为的作用模型、阳朔洋家乐乡村消费空间的作用模型，分析游客行为和乡村消费空间在洋家乐与空心村治理的协同中的作用。

第一，阳朔洋家乐的游客行为分析。

阳朔洋家乐的兴起和快速发展给桂林乡村旅游发展注入了新活力，从格格树的开始经营到数十座洋家乐的落户，阳朔的洋家乐吸引了国内外的大批游客，通过为游客提供优质的服务开辟了新的旅游市场。游客行为作为影响阳朔洋家乐发展的重要因素，关系着阳朔洋家乐的经营状况和可持续发展能力。结合阳朔洋家乐发展的实际情况，模拟出阳朔洋家乐发展中游客行为的作用模型，见图 6－11。

由图 6－11 可以看出，游客行为既是阳朔洋家乐发展的关键因素，也是当地空心村治理不容忽视的一环。从洋家乐的区位条件、自然环境、人文环境和客源市场四个方面出发，对游客的旅游动机、感知价值和满意度产生影响，进而影响阳朔村内集约型治理过程。

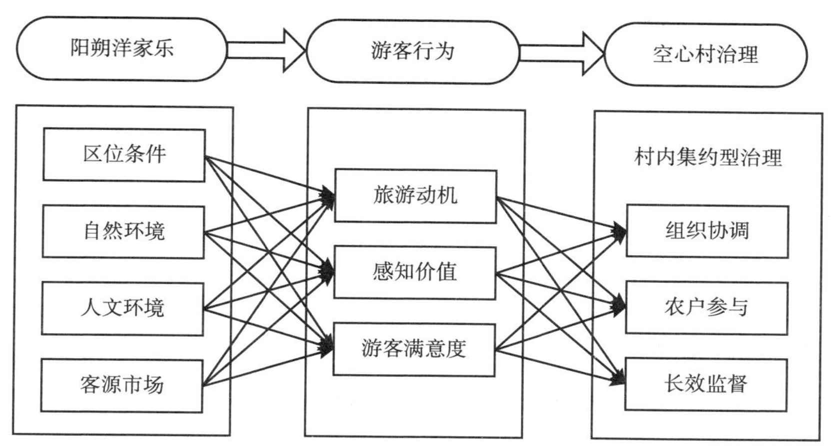

图6-11 阳朔洋家乐的游客行为作用模型

一方面，洋家乐的区位条件、自然环境、人文环境和客源市场对游客行为选择有着直接的影响。阳朔旅游资源丰富，山水相依，旅游经济开始较早，旅游经济基础较好，当地旅游服务设施完善，交通便利，为游客提供了良好的区位条件。同时，阳朔县旅游景点分布广泛，地域文化突出，人文风貌引人入胜，为游客提供了旅游动机。加之当地政府致力于打造桂林国际旅游胜地，当地的旅游服务水平逐渐上升，为游客满意度的提升创造了条件，影响着游客的重游率。

另一方面，游客动机、感知价值和游客满意度对村内集约型空心村治理模式有着直接的影响。阳朔洋家乐的兴起和发展有效地带动了当地第一三产业联动发展，为了提供更为高端、精致的旅游产品，加大对当地资源的深加工成为阳朔发展的必经之路。这就提供了更多的就业岗位，吸纳了就业人员，增加了农民收入，吸引了外出打工的农民回家乡就业，缓解了当地人口空心化。

第二，阳朔洋家乐的乡村消费空间分析。

全球化进程的推进和现代文明的不断进步，城市发展趋于饱和，我国逐渐由生产型社会向消费型社会转型，乡村逐渐成为承接城市消费转移的新空间。这与当地不断提升的社会经济发展水平是密不可分的，消费空间的形成导致了乡村要素发生了改变，助推了乡村重构。通过对阳朔进行实地调研，获得阳朔消费空间兴起的要素，模拟出阳朔洋家乐的乡村消费空间作用模型，见图6-12。

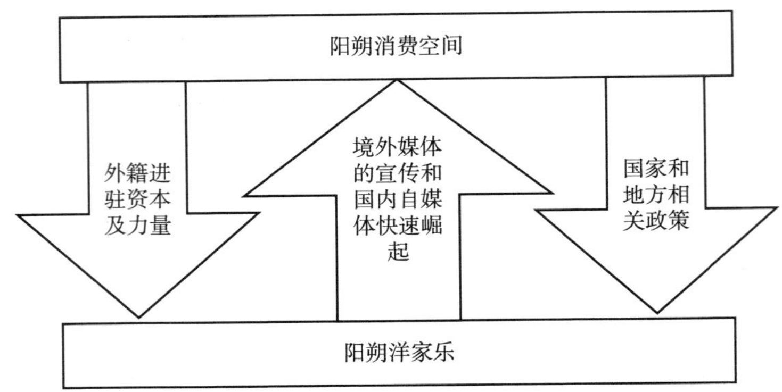

图 6-12　阳朔洋家乐的乡村消费空间作用模型

图 6-12 展示了阳朔洋家乐的乡村消费空间作用模型，可以看出，阳朔消费空间的产生和逐渐扩大与外来资本、自媒体、政策三个方面息息相关，通过对这三个方面进行分析，有利于揭示阳朔乡村消费空间构建背后的乡土社会价值。

一是外籍进驻资本及力量。洋家乐是在全球化的大背景下，以发展度假休闲旅游为主的新型旅游业态，由于阳朔良好的自然条件和风光，外来游客选择在阳朔创建洋家乐，洋家乐初步形成便有了资本。

二是自媒体的宣传。由于外资的注入，阳朔洋家乐发展初期打造的新型乡村消费空间引起了外国媒体的关注，诸多境外媒体争相报道，为阳朔洋家乐的消费空间迎来了传播红利期，形成了巨大的宣传效应。随着洋家乐的不断发展，恰逢国内自媒体快速崛起，为了提升新闻的时效性和知名度，快速占领新媒体市场，由外资主导的洋家乐成为各家免费推广的素材，推动了洋家乐的发展。

三是国家和地方政策。在洋家乐发展初期，当地政府给予了多方支持，尤其是在土地签批、行业规范引导等方面，给阳朔洋家乐的形成和发展提供了重要的推动力。随着洋家乐的发展，国家和地区出台了助推洋家乐发展的政策，其中重要一项是资本投入进入多元化阶段，扩大了乡村消费空间规模。

6.5.4　案例验证结果

案例研究选取桂林阳朔洋家乐为例，研究团队通过进行实地调研以获得原始资料，保证了资料来源的真实性和可靠性。为了展开对洋家乐与村内集约型治理的案例验证研究，首先解释了以阳朔洋家乐作为案例地的选题依据，本章对案例进行描述，将阳朔洋家乐的建设和发展分为三个阶段，第一阶段是广西阳朔洋家乐纷纷落户阶段，第二阶段是广西阳朔洋家乐生态环保管理理念阶段，第三阶段是广西阳朔洋家乐无景点度假休闲旅游模式阶段。通过对这三个阶段进行深入分析，识别出阳朔洋家乐发展特色与理念。其中，根据前文构建的洋家乐与村内集约型协同模式的结构方程实证结果，在案例讨论和发展中重点把握游客行为和乡村消费空间两个方面，构建出阳朔洋家乐的游客行为作用模型、阳朔洋家乐乡村消费空间的作用模型。

运用 SPS 案例研究方法进行单案例研究，选取桂滇黔桂林阳朔洋家乐为案例，对洋家乐与村内集约型治理协同模式进行验证。结合前文构建的洋家乐与村内集约型治理协同模式的分析框架、研究假设和结构方程实证分析相关内容，基于桂林阳朔洋家乐的发展现状，重点把握游客行为、乡村消费空间对洋家乐升级以及空心村治理中的作用，用单案例验证了桂滇黔洋家乐与村内集约型治理的协同过程中的影响因素，进一步验证了洋家乐与村内集约型治理的协同模式。

6.6　乡村民宿与村内集约型治理协同模式：以贵州兴义纳灰村为例

6.6.1　案例选取与材料收集

在乡村民宿与村内集约型治理协同模式的案例研究中，立足桂滇黔地区，以贵州兴义纳灰村为例。纳灰村位于贵州省兴义市下五屯街道，地处国家 4A 级旅游景区万峰林腹地，是万峰林峰林环抱中的一个民族风情浓郁、发展历史悠久的布依族村寨。纳灰村田园风光优美，喀斯特岩溶地貌突出，河流、田园、山峰、古树都别具风格。300 多年前，徐霞客游历至此，赞其“磅礴数千里，为西南形胜”。2005 年，胡锦涛到纳灰村视察，对纳灰村经济发展作出了重要指示，为纳灰村的发展注入了强大的精神动力。2013 年，纳灰村代表在“中国美丽乡村 · 万峰林峰会”上加入“中国美丽乡村联盟”。2017 年，纳灰村入选“中国十大最美乡村”，系贵州唯一入选村庄。

近年来，纳灰村加快了农业结构调整的步伐，强化措施落实，促进农业生产与市场需求相协调，推进农业产业化经营步伐，发展纳灰村特色优势产业，以科技进步为支撑，实行农业专业化生产，积极培育新的产业，加快纳灰村经济发展步伐，实现村民生活富裕。在村两委班子的带领下，以中央和地方政府领导重要指示为方向，依托当地优美的自然景点、良好的乡村生态、淳朴的农家风情，优化组合各种生产要素，在传统种植业、养殖业发展的基础上着力发展旅游业，提升乡村旅游服务质量，做活乡村农家乐。2003 年，第一家农家乐开张实现对外经营，凭借优美的自然环境和浓厚的民族风情，农家乐吸引了大批游客前来观光游览，农家乐生意红火。地方政府通过政策推动、部门联动、农民行动等多种形式，不断推进当地农家乐的发展，并制定相关政策对农家乐市场进行规范，确定了在纳灰村发展以农家乐为主的乡村旅游政策指导意见，促进乡村面貌的改善和地方农民的增收。

SPS 案例研究范式，需要通过收集案例相关资料数据来获取课题基础材料。在贵州兴义纳灰村的研究中，采用的资料收集方法是一手和二手资料的共同收集。一手资料是研究团队经过搜集整理和直接经验所得，具有实证性、生动性和可读性的特点，准确性和科学性较强。二手资料是研究团队成员按照研究目的所进行的收集、整理的各种现成的资料，二手资料的收集可以帮助我们更好地定义问题和寻找处理问题的途径，也能更加深刻地理解原始数据。一手材料和二手材料之间相互取长补短，相互依存、相互补充，通过将一手和二手资料整理并建立资料库，为进一步对兴义纳灰村案例描述和分析奠定基础。

一手资料的收集包括实地调研所获得的资料、访谈、观察记录、数据等，在一手资料的获取中，研究团队紧紧按照研究计划书有目的、有计划地进行资料收集和展开访谈，重点把握兴义纳灰村的民族性。二手资料的获得除中国知网中的期刊外，Elsevier，Web of Science，JCR，Taylor & Francis，Springer 等相关海外期刊作为最主要的文献参考，同时通过知乎、贵州新闻网、中央政府门户网站、人民论坛网、新华网贵州频道、新浪网、人民网以及网络新媒体对兴义纳灰村的最新报道，期刊论文，媒体文章，人物访谈记录以及新闻评论信息进行查询和资料的整合。

6.6.2 案例描述分析

第一阶段：农家乐——乐了游客富了农家。

纳灰村旅游资源十分丰富，峰林水秀、喀斯特地貌奇观、布依族民族风情、纳灰村特色美食等别具特色，具有良好的旅游资源基础。但是，由于村落经济发展落后，基础设施建设滞后，许多的青壮年劳动力为了支撑家庭开支选择外出打工，使当地的土地、人口、住房均出现空心化问题，丰富的旅游资源也没有得到有效开发，经济效益十分低下。为了缓解纳灰村的经济发展困境，地方政府和农民积极探索适合自身发展的道路，2005年，纳灰村确定了“依托万峰林，发展旅游业”的发展思路，旅游经济获得了初步发展，部分资源得到有效利用，农家乐逐渐在纳灰村兴起。但是，由于当时基础设施条件差，交通不便利，旅游服务质量较低，农家乐的生意并不乐观。

自从黔西南州和兴义市大力开发万峰林景区以来，纳灰村迎来了新的发展契机。交通道路条件得到了很大改善，先后新修了穿村而过的观峰大道提高了纳灰村的交通通达度，较大幅度地解决了村民进出不变的问题，促进了纳灰村与周边城镇的交流。为了进一步建设旅游服务基础设施，全面推进乡村旅游发展，村内还修建了广场，实施了民居改造亮化，使纳灰村重新焕发出时代的气息。

随着交通通达度的提升，纳灰村的基础设施不断完善，乡村旅游发展有了良好的基础条件。通过依托万峰林景区，地方政府有意识地引导、鼓励农户开办农家乐，为前来旅游的游客提供住宿和餐饮服务。这一举动吸引了不少外出打工的村民，农家乐和乡村客栈数量越来越多，规模也在逐渐扩大，纳灰村居民凭借诚信经营和两掺饭、腊肉、土鸡、嫩豆腐等特色家常菜，吸引了众多客人，家庭收入获得了显著提升。随着纳灰村农家乐生意的火爆，旅游经济得到快速推进，吸引了许多外来商客来村里通过租用纳灰村民用房屋开办农家乐，吸引了纳灰村内部及周边城镇的农村劳动力。同时，为了进一步丰富旅游产品，增加游客体验，外来商客以市场为导向，对村内的特色商品进行开发，创办了村里特色旅游商品一条街的发展和经营，旅游经济进一步商业化、规模化发展。

第二阶段：调结构——观光农业为旅游添彩。

伴随万峰林景区旅游服务设施的不断完善，前来万峰林的旅游观光人数显著增加，纳灰村集森林——村庄——梯田——水系为一体，构成了一个具有生命力的生态系统，吸引了国内外的广大游客前来观光游览。同时，在乡村旅游发展的大势头下，纳灰村将传统的农业生产与乡村旅游结合起来，变自然生态为农业生态，大力发展集蔬菜、水果、花卉、水稻等为一体的高效精品农业、观光农业。

在发展模式方面，为了进一步扩大旅游规模，纳灰村居民积极主动地参加到土地流转中，按照“公司＋合作社＋农户”的发展模式，公司制定发展规划，为旅游基础设施建设和旅游再生产投入资金。合作社负责落实相关农业生产技术和培训工作，让农户成员尽可能掌握最新生产技术，同时在农产品统一收购、销售等方面起着重要的调节作用。农户作为生产的主体，在合作社的统一指导下，农户进行农业生产和旅游经营，优化产业结构。

经过几年的培育和经营，纳灰村从农产品种植到技工再生产，以保证高质量为核心，突出一个“精”字。通过建立“万峰林”牌优质大米，纳灰村逐渐形成了自己的本土品牌。农户养殖的土鸡、土鸭、土鹅成为当地农家乐的招牌菜，特色农产品的自然、生态、安全特征获得广大外来游客的喜爱，每年可为养殖户直接创收 50 余万元。同时，对于纳灰村种植的农产品，企业进行统一收购、统一加工，保证了农产品质量的同时，也为农户农产品的销售提供了稳定的销路，形成了自己的市场，增加了纳灰村居民的经济收入，让农业增效、农民增收，为乡村旅游添彩。

第三阶段：重传承——民间文艺为旅游赋魂。

纳灰村是布依族世代居住的故乡，在那片高山深谷之中，藏着布依族人的故事，记录着布依族世代相传的民族特色。为了进一步挖掘纳灰村的旅游资源，文化作为旅游的灵魂，纳灰村的布依族文化成为旅游经济发展的重中之重。为了不断为乡村旅游增添新内容，把纳灰村打造成为布依族的艺术圣地，纳灰村“两委”充分利用自身的文化优势。通过组建文艺队的方式搭建平台，精心打造一批独具特色的布依族民间文艺节目，最典型的是布依族的八音表演，给游客无论是视觉还是听觉都获得了美的享受。

纳灰村组织了多种多样的文艺队，专门展示当代深厚的布依族文化。除专门为游客演出展示自身特色以获得旅游收入以外，文艺队平时还经常深入学校、村寨宣传表演。在城镇周边宣传自身文化，让更多人的感受布依族的文化特色，进行传授技艺、采风整理。一方面及时宣传党的方针和政策，推进少数民族的城镇化进程，促进民族团结，推进社会主义新农村建设。另一方面积极为民族文化的利用提供平台，使民族文化成为当地不可替代的独具特色的旅游文化，不仅丰富了群众的精神文化生活，有利于打造乡村旅游文化品牌，并且深受广大群众和游客的欢迎。

6.6.3 案例发现与讨论

为了进一步分析兴义纳灰村建设中旅游发展与空心村治理的协同模

式，通过对各方要素的综合考量，将案例分析重点放在游客、居民、资本、政策及发展模式等方面，提炼出游客行为和乡村发展模式两个关键构念，并通过对这两个方面进行条理化、结构化的分析，构建出兴义纳灰村游客行为的作用模型、兴义纳灰村乡村发展模式的作用模型，分析游客行为和乡村发展模式在洋家乐与空心村治理协同中的作用。

第一，兴义纳灰村的游客行为分析。

游客行为是旅游目的地形象建设的关键因素，包括游客行为意向、游客认知形象感知和游客满意度三个方面，纳灰村的乡村民宿发展影响游客行为选择，游客旅游行为也影响着纳灰村的品牌建设和可持续发展能力。本节从纳灰村的实际情况出发，基于相关研究基础，对纳灰村的游客行为进行分析，构建出纳灰村的游客行为作用模型（见图6－13）。

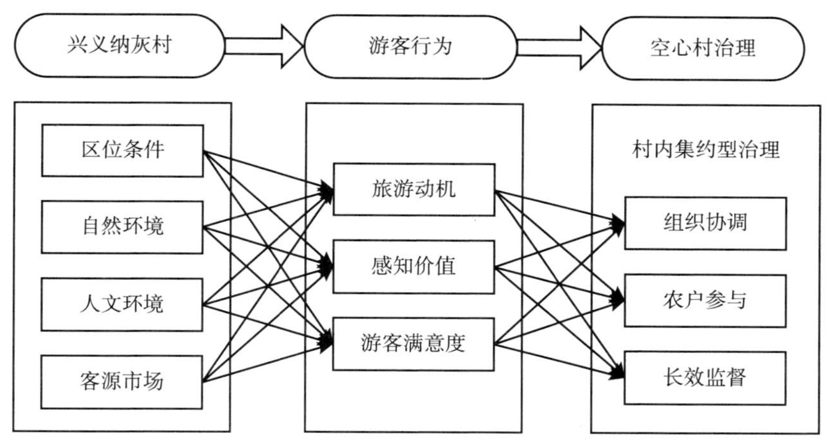

图6－13　兴义纳灰村的游客行为作用模型

由图6－13可以看出，纳灰村的区位条件、自然环境、人文环境和客源市场这四个方面，对游客的旅游动机、感知价值和满意度产生影响，进而影响到纳灰村村内集约型治理过程。纳灰村作为为旅游者提供住宿、餐饮等旅游服务的场所，游客的选择关系着纳灰村的旅游服务质量评价和重游率，是纳灰村发展乡村旅游和乡村民宿的重要因素。

在旅游动机方面，不同特征的游客有着不同的旅游需求，其旅游动机也大相径庭。研究消费者的旅游动机有利于纳灰村旅游企业全面了解消费者的需求，明确旅游者更倾向于观光游览还是体验当地的布依族风情，了解他们的主观愿望，划定目标群体，提供多层次、多样化的旅游产品，满足不同的游客需求，有针对性地提升旅游服务质量，提高市场占有率。

在感知价值方面，游客感知价值是游客受让价值的主观认知的结果，纳灰村的乡村民宿是在休闲度假旅游时代中发展起来的，是布依族传统特征与新乡土结合的产物。民宿游客感知价值可以划分为经济价值、享乐价值、美学价值、情感价值四个方面，经济价值是指游客从产品和服务的属性中所获得的感知效用，享乐价值则是主观的和任意的，美学价值是指传统的乡村民宿融入了美学元素，强化了游客对纳灰村内在环境和外在环境的感受，情感价值的获得有利于强化游客的认同感和精神象征，形成一种充满记忆的情感体验。

在游客满意度方面，游客满意度是游客的需求被满足后的愉悦感，与乡村旅游的吸引力与服务质量紧密相关。一般来说，游客的感知质量与旅游目的地自然风景、人文风景、活动的趣味性等是正向的关系，旅游目的地的自然风光越优美，活动越具有趣味性，游客的满意度也就越高。同时，纳灰村作为以发展乡村民宿为主要支柱的乡村旅游类型，旅游服务质量往往是影响游客满意度的关键。

第二，兴义纳灰村的乡村发展模式分析。

伴随着工业化和城镇化进程的加快，乡村旅游日渐成为旅游经济新的增长点，也越来越受到游客的青睐。乡村旅游发展模式的形成和选择关系着区域乡村发展的强度和可持续性，基于纳灰村乡村旅游发展模式现状，模拟出纳灰村乡村旅游发展模式的作用模型，见图6－14。

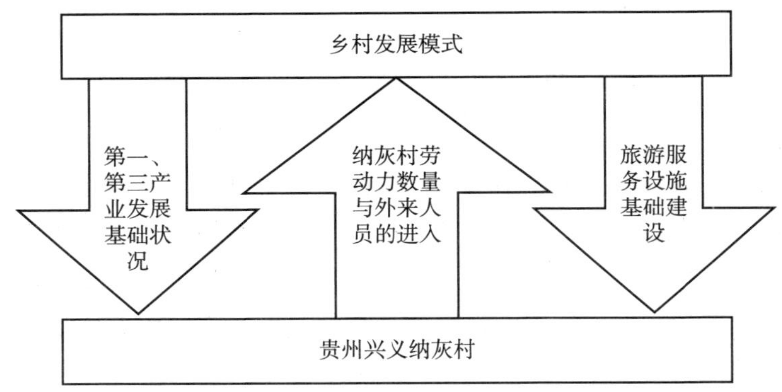

图6－14　兴义纳灰村的乡村发展模式作用模型

图6－14展示了兴义纳灰村的乡村发展模式作用模型，可以看出，在纳灰村乡村旅游发展模式当中，产业基础、人口基础和旅游服务设施三个

方面起着至关重要的作用。

在产业基础方面，纳灰村长久依靠传统的农业生产发展种植业，形成了一定的农业基础，纳灰村是农业与旅游结合的乡村旅游发展模式，是“农业 + 旅游”的一种新型形式，实质上是农旅互动、农旅合一模式。围绕本地特色农产品及美食，开发不同主题的旅游餐饮系列，打造纳灰村特色美食农乡品牌，构建特色餐饮系统、开发特色住宿系统、特色购物系统，深入地促进第一、第三产业的融合，构建“农业 + 旅游”的产业基础。

在人口资源方面，当地居民是乡村民宿的主要参与者和经营者。随着纳灰村旅游的不断升温，乡村民宿从家庭副业逐渐转变为家庭主业，这给当地贫困户带来了脱贫增收的希望，在外打工的村民们纷纷返乡创业。乡村民宿具有增强农村造血及人口吸附功能，有利于乡村振兴。外来商家的进驻则为纳灰村的乡村旅游发展注入了新鲜的血液，提高了纳灰村的市场认知，制定了合理的区域规划，增加了旅游产品的多样性，大幅度地提升了居民收入。

在旅游基础设施建设方面，纳灰村的基础设施不仅包括道路、水电、网络、停车场、厕所等常用设施，也包括社会服务体系，以及政府的法律法规的完善。乡村民宿作为一个集群性非常强的产业，同一区域共享基础设施，要实现乡村民宿的发展，区域内公共设施建设必须要加强。加强必需的旅游基础设施和旅游服务设施配套建设，助推乡村旅游发展，构建智慧旅游基础支撑体系。

6.6.4　案例验证结果

案例研究选取桂林兴义纳灰村为例，研究团队通过进行实地调研以获得原始资料，保证了资料来源的真实性和可靠性。为了展开对乡村民宿与村内集约型治理的案例验证研究，首先解释了以兴义纳灰村作为案例地的选题依据，本章对案例进行描述，将兴义纳灰村的建设和发展分为三个阶段：第一阶段是农家乐——乐了游客富了农家；第二阶段是调结构——观光农业为旅游添彩；第三阶段是重传承——民间文艺为旅游赋魂，通过对这三个阶段进行深入的分析，识别出兴义纳灰村发展特色与理念。其中，根据前文构建的乡村民宿与村内集约型协同模式的结构方程实证结果，在案例讨论和发展中重点把握游客行为和乡村发展模式两个方面的内容，构建出兴义纳灰村的游客行为作用模型、兴义纳灰村乡村发展模式的作用模型。

运用 SPS 案例研究方法进行单案例研究，选取桂滇黔桂林兴义纳灰村为案例，对乡村民宿与村内集约型治理协同模式进行验证。结合前文构建的乡村民宿与村内集约型治理协同模式的分析框架、研究假设和结构方程实证分析相关内容。基于兴义纳灰村的发展现状，重点把握游客行为、乡村发展模式对乡村民宿发展以及空心村治理中的作用，用单案例验证了桂滇黔乡村民宿与村内集约型治理的协同过程中的影响因素，进一步验证了乡村民宿与村内集约型治理的协同模式。

第7章　桂滇黔乡村旅游业态创新与空心村治理协同模式的实现路径

7.1　桂滇黔休闲农牧场与中心村整合型治理协同模式的实现路径

7.1.1　宏观层面：推进美丽乡村建设，实施乡村振兴战略

第一，积极发挥基层党组织的作用。首先，强化村级党组织的先锋作用，不断夯实基层组织的政治引领作用，为桂滇黔美丽乡村建设提供基层保障。不断探索基层干部管理的新模式，根据美丽乡村建设的实际需要建立职能部门，定期进行思想汇报，提升办公的公开化、透明化水平。再次，重视非公企业区域化党建工作，以党中央政策方针为指导，加强党员干部队伍建设，稳步推进村级社建设全覆盖，充分发挥非公党组织的经济辐射带动作用。再次，对乡村经济发展进行科学规划，基于桂滇黔乡村资源禀赋，确定乡村产业的增收点，确定桂滇黔农村发展路径，充分发挥乡村的资源特色，打造立体式的管理模式，不断挖掘本地的传统技艺和文化内涵，提升乡村旅游产品文化内涵。最后，全面夯实农村的经济基础，鼓励功能相近的行政村探索设立片区联村党委，大力发展农民专业合作，提升农民参与乡村建设的积极性，深入推进供销社综合改革，全面提升农村金融服务能力，促进农民增收。

第二，做大做强绿色农业产业。随着城镇化和工业化对城市环境造成了一定的负面影响，乡村的农业资源利用出现不合理的状况，绿色农业成为了美丽乡村建设的产业支撑。在桂滇黔地区积极推进绿色农业发展，可以从以下几个方面来进行：一是通过加快产业融合促进乡村农业专业转型

升级，制定桂滇黔绿色农业产业发展的行业标准、地方标准和企业标准，提升农产品质量安全水平，以标准化生产保证农产品的市场竞争力。同时，加快农业、工业、信息服务业、休闲观光旅游业等产业的融合，将不同行业的生产要素进行结合，延伸农业产业链，实现绿色农业规模化生产。二是充分利用互联网平台，充分利用先进科学技术和管理理念，增加农业产品销售渠道，促进农产品数量安全、质量安全，提升绿色产业的知名度，为做大做强绿色农业产业提供良好的平台。三是培育“三农”创新创业队伍，在农民方面，提升农民的绿色环保意识，深入贯彻生态理念，提升食品安全意识，积极参与到绿色农业产业发展中去；在农村方面，注意保持区域内自然生态平衡，坚持人与自然和谐发展，积极推进农村创业培训；在农业方面，建立经济高效的现代化农业发展模式，大力推进绿色农业发展，加快健全绿色农业技术推广机制，结合农户实际，有针对性地制定技术实施方案，协调人地关系，促进现代农业建设的健康发展。

第三，积极发挥乡村旅游的带动作用。首先，以市场为引导，开发桂滇黔特色化的旅游产品，重视桂滇黔独特的乡土气息、良好的生态环境、多样化的民族风情、质朴的民风民俗等旅游资源，立足当地旅游资源开发具有区域特色的旅游产品。同时，注重旅游者在乡村旅游中的体验性，开发一批能够提升游客参与度的乡村旅游项目，使游客能够身临其境地感受当地的文化，提升游客体验。其次，打造多元化的融资渠道，积极引入民间资本，桂滇黔地方政府加大对乡村旅游发展的政策支持，为发展乡村旅游提供专项资金，同时强化建设法律法规体系，为乡村旅游的发展提供法律保障，健全乡村旅游相关标准体系。最后，活化乡土文化，对本地区的乡土文化进行解析，把握最为鲜明的地方文化特色，针对地方文化特色进行相关旅游项目的开发和旅游产品设计，运用科技力量提升旅游产品文化品位，以旅游项目带动乡土文化的活化，积极推动乡村旅游发展。

第四，推动乡村产业融合。一是积极打造乡村新产业，紧紧依托桂滇黔乡村龙头企业，加快不同产业企业之间的信息交流、技术合作、资源共享，积极推进产业基地建设，建立人才引进制度，培养当地农户的基本知识、文化能力、经济意识和设备技能，依靠科学技术，打造出附加值高、产业融合度高的乡村新产业。二是不断进行乡村产业业态创新，在传统的农业生产基础上，结合市场需求对农业的多功能性进行开发，加快第一二三产业的深度融合，使产业朝着多元化方向发展。特别是农业与旅游业、农业与科技信息、农业与生态产业等相结合，拓展乡村旅游业态范围。三是积极创造乡村产业的发展模式，创新乡村产业发展经营模式，重视农民、企业、政府等不同主体在产业发展中的作用，不断完善乡村产业的创新模式，积极将科学技术应用到产业生产和加工中，提升产业技术含量和附加值，培育出更多以创新为主的引导力量。

7.1.2　中观层面：促进城乡要素融合，实现城乡一体化

第一，激活乡村发展要素。首先，把解决突出生态环境问题作为民生优先领域，着力改善农村人居环境，减少城乡之间的景观差异，以建设美丽宜居乡村为目标，持续开展农村人居环境整治行动。结合桂滇黔人居环境的现状，主要集中在生活垃圾治理、厕所革命、农村污水处理等方面，积极借鉴其他城市的成功经验，从整体上提升乡村的村容村貌，实现农村产业融合发展与人居环境改善互促互进。其次，创新多元化投融资机制，实现新旧动能转换，确保公共财政向乡村发展倾斜，积极引入社会资本，保障农业农村发展投入。同时，对乡村发展专项资金进行专项规划，紧紧围绕脱贫攻坚、人居环境整治、农业产业科技发展等乡村产业发展的薄弱环节，有倾向性地抓住重点建设项目，提高资金利用率。其次，分类推进农村土地制度改革，稳慎推进农村宅基地制度改革，优先满足“三农”发展要素配置，缓解城乡二元体制，加快城乡要素流动，利用城市发展优势为农村注入巨大的发展活力。在乡村宅基地制度改革中，实行“三权分置”，适度放活宅基地和农民房屋使用权，激发农村发展活力。最后，高度重视基层组织建设，加强农村基层基础工作，深入贯彻实行党中央的强农惠农富农政策，选拔培养有战斗力的村干部，加强乡村人才队伍建设，健全自治、法治、德治相结合的乡村治理体系。

第二，促进城乡要素融合。首先，对城市的产业布局进行调整，对功能相近、地域相邻的过度集聚的产业进行空间布局的重新划分，具体来说就是将部分产业积极向中小城镇转移。通过产业扩散使城市部分产业资源转移到农村，既缓解了城市产业布局不合理的状况，也有利于中小城镇的产业发展。通过产业转移形成示范效应，引导城市更多的公共资源向城镇转移，如教育、医院等，促进农村的发展。其次，紧紧抓住人口这个瓶颈性因素，积极发展乡村居住产业，完善乡村基础设施建设，让更多向往乡村自然环境的城市人向农村流动，加速城市人口向农村流动。城市人口向农村扩散，这是城市发展中的一种“逆城市化”现象，一方面缓解城市人口过度集聚的压力，有利于生态环境保护和城市建设。另一方面，城市人

口向城镇流动能够缓解城镇中人口空心化的问题，农村建设需要更多的劳动力人口，闲置的土地资源也能够得到盘活，促进农村土地空心化的治理。最后，打破土地财政模式，逐步取消城乡二元体制，重点促进部分城市人口向农村流动，如需要养老的城市人群，通过乡村优美的田园风光和良好的生态环境系统吸引这部分人群，使他们能够在农村长期居住下来。在农村土地利用方面，入市的农村建设用地实施不动产税模式，为乡村稳定输入资本。在取消城乡二元体制的过程中，农村入市的土地要逐渐形成管理，针对少量的入市土地征收不动产税，防止短期内对土地财政造成较大冲击。

第三，实现城乡一体化发展。一是增强桂滇黔基层党组织的作用，创新社会管理模式，深化实施“政经分离”战略，让农村基层组织的政治功能与经济功能相互分离，完善农村基层党组织领导的村民自治组织，加强桂滇黔农村居民治理，推动集体经济组织系统治理。选举要实现透明化、公开化，强化村党组织对集体经济的监督和领导等举措。二是逐步推进，实施试点先行，在全区范围内有针对性地选取试点单位，通过针对试点单位制定科学合理的规划，编制试点实施方案和规划，不断促进经济发展、文化建设、人居环境治理，集聚全区力量对试点单位进行全程指导帮助。重点把握桂滇黔实现乡村高质量发展与地方特色保护之间的关系，实现产业兴、乡村美，增加项目投资，为试点单位的成果提供后备力量。坚持边试点边总结，推广乡村经济试点示范中形成的典型经验，在推广中将典型经验和乡村发展的实际情况进行有机结合，把握经济发展的共性并不断地加以总结，为乡村振兴全面铺开提供样板。三是加快农民市民化的角色转变，结合桂滇黔的实际情况，全面普及法律知识，不断提升农村居民的法制意识，同时培养农村居民的专业技能，积极拓展农村社区教育新空间，提升农村居民的观念认知和文化意识。加强农村土地制度的完善，落实和完善失地农民保障政策，实行户籍管理制度改革，建立社区服务管理平台，实现社区资源的规范管理和统筹协调。

7.1.3 微观层面：创新农业产业模式，积极发展休闲农牧场

第一，规划乡村旅游范围。桂滇黔乡村旅游是将农业与旅游业进行融合的过程，旅游经营者除了旅游企业以外，还包括当地农村居民。促进乡村旅游平衡稳定发展，需要科学规划旅游经营范围，确立核心吸引力中心、休闲集聚中心和居民居住中心。核心吸引力中心包括桂滇黔休闲农牧

场的核心资源和核心吸引力要素聚集，是主题特色和核心竞争力塑造的关键，没有核心吸引力的旅游目的地是无法获得较强的市场竞争力的。结合桂滇黔地区的旅游资源现状，其核心吸引力中心主要包括本土文化特别是民俗文化的创意挖掘，多样化地展示桂滇黔少数民族文化和地域文化，同时重视田园观光、农业互动体验和农业游乐体验等活动，提升游客的体验参与性，延伸农旅产业链。休闲集聚中心是农牧场发展乡村旅游的关键，是留住游客并扩大其消费的载体，打造农业牧场的休闲集聚中心，重点在于开发旅游接待、民俗休闲、民俗主题休闲商街、文化主题演绎等项目活动，为核心吸引力资源的展示提供平台和服务，增加当地居民的经济收入。居民居住中心既要满足居民的正常生活，也要积极开发其旅游功能。桂滇黔当地居民的房屋建筑、生活方式、生产工具等具有悠久的历史，是当地风土人情的表现形式，是旅游资源的一部分。打造居民居住中心，其建筑风格、社区布局、社区风貌、社区设施等方面要凸显主题和氛围，使居民居住中心的整体风貌与当地景区相一致，提升旅游目的地的旅游吸引力。

第二，创新乡村旅游农业产业发展模式。由于社会经济发展水平、经济发展模式、旅游基础、旅游资源、客源市场定位的不同，桂滇黔农业产业与旅游产业相结合的发展模式也有自己的特点。在农业产业发展模式的创新中，应该从当地的实际情况出发，因地制宜地进行桂滇黔乡村旅游农业产业发展模式的创新，具体来讲，可以从以下三个方面来进行。一是实现生活产业化，根据因地制宜的原则，桂滇黔地区是少数民族的聚居地，居民在长期的历史生活中形成了自身的文化特色，体现在居民生活的房屋建筑、饮食文化、生产方式等方面。实现当地居民生活产业化，要立足现有资源，对现有资源加以整合和规划，形成纵横产业链，对沿街农户进行旅游业态的引导植入，实现生活产业化。二是实现生产服务化，一方面，实现桂滇黔农作物产品化，紧紧把握市场消费需求，把零碎的产品集中起来形成产业集聚化，有目的地进行农作物加工，增加农产品的销售渠道。另一方面，实现土特产纪念品化也是重要途径，通过发展乡村旅游带动传统的农业生产，赋予农产品文化内涵，大幅度提高农业附加价值，提升旅游纪念品的文化品位，刺激游客消费欲望。三是实现主题景观化，突出桂滇黔休闲农牧场发展乡村旅游的独特性，以文化为基础，不断创新旅游产品，加大旅游产品的辨识度，构建别人无法复制的竞争优势。同时，为了增加游客的立体感知，打造主题景观，使文化主题有展现的平台，凸显休闲农牧场的文化主题。

第三，盘活产业项目和土地资源。产业项目是休闲农牧场发展的核心，是土地资源休闲农牧场再建设的关键。不管是休闲农场还是休闲牧场，都需要广阔的土地面积来发展农业生产和养殖。因此，如何通过休闲农牧场的企业改革来盘活产业项目和土地资源成为发展休闲农牧场的重中之重。具体来说，可以采用多种形式的项目和土地承包，或者组建联合经营实体，增强农场内生动力和发展活力。在产业项目和土地承包方法上，一是可以采用“农场 + 基地 + 家庭农场”的形式，采用双层经营体制，家庭和农场都是经营的主体。家庭通过组建小农场，承包一部分农场生产，其生产的品种和出产的质量应当与农场整体保持一致，以便统一管理和销售。在财务上，承包的家庭按生产投入期和生产效益期分别计算缴纳土地使用费，定期或者不定期地与农场进行财务结算；在管理上，承包的家庭负责农场资产的管理和维护，家庭对承包的农场具有绝对的管理权力，农场不干涉承包方的所有正常经营活动。二是允许农场以外的资本进驻，为了进一步缓解休闲农牧场建设中的资金问题，完善休闲农牧场的基础设施建设，休闲农牧场可以采取对外公开招租的办法实现对产业的管理。通过招标选定管理企业，逐年缴纳承包费用，中标以后场外企业负责休闲农牧场的管理和经营活动，农场对其管理定期进行检查。

7.2 桂滇黔乡村庄园与中心村整合型治理协同模式的实现路径

7.2.1 宏观层面：推进旅游城市化，促进城乡形态演化

第一，加强城市与旅游互动发展。首先，正确处理城市规划与旅游规划之间的关系，保证两种规划在口径布局上的协调。旅游规划立足于城市发展，在城市景观形态、文化氛围营造、功能分区布局等方面放眼全局，充分考虑城市规划的全局性。城市规划也应该尽可能地考虑未来城市旅游的发展方向，提高旅游在城市功能中的地位与作用，积极寻求城市与旅游平衡发展的良性互动模式。其次，加强对城市资源环境的维护，以生态环境保护为理念，完善生态环境保护责任制和问责制，坚持旅游资源的合理开发与应用，注重旅游资源的附加值和功能性提升，兼顾城市社会经济发

展与生态环境保护，杜绝旅游经济增长与资源环境恶化同步发生。再次，加强城市流动人口管理，以城市的环境承载力为基础，限定城市旅游人口数量，严格控制外来低素质人口机械性流入，保证城市区域良好的文明状况。对外来游客要进行行为规范和文明教育，坚决抵制游客在旅游过程中产生的危害城市公共服务建设的行为。对城市旅游从业人员进行规范，制定景区管理模式和发展机制，杜绝随意摆摊、拉客、私自兜售门票等不良行为。加强旅游从业人员的素质教育和专业技能培训，不断提升城市旅游质量。最后，不断提升旅游管理水平，对城市旅游发展实施统一高效的全面管理，多途径优化城市文化、历史、民俗资源系统，明确城市用地功能，注重城市景区化发展。相关部门针对城市发展和经济建设要加强旅游建设项目审批，建立公平、开放、规范、高效的旅游市场体制，为旅游发展营造良好的市场环境，不断提升城市旅游管理水平。

第二，重视旅游业在城市化进程中的推动作用。一是加强顶层设计，旅游业作为桂滇黔城市化进程中的重要推动力量之一，在推进桂滇黔地区经济增长速度、加快产生融合发展、解决失业人口问题、改善生态环境等方面起着重要的作用。加强旅游业与城市化发展的顶层设计，引导区域内城镇发展与旅游业的竞争与合作，打造一批具有桂滇黔少数民族文化、生态环境良好的特色旅游小城镇。二是实施旅城融合发展人才工程，提升桂滇黔旅游产业核心竞争力，持续践行旅游与城市融合的发展战略，重视旅城融合发展人才的培训与引进，出台旅城融合引进与培养政策，建立人才激励机制，不断优化人才结构，促进高层次人才的培养工作。在政府方面，政府制定相应的补贴政策和激励政策，鼓励城市企业的人才到桂滇黔乡镇旅游企业从事旅游行业，对乡镇微小企业的旅游发展进行驻点指导，做好旅游开发和推广工作，提升乡镇旅游发展的专业能力与综合素质。三是实施中心城区全域城市化，一方面，将城市作为一个整体的旅游景区来进行打造，重点提升城市整体的文化内涵、城市风貌、生态建设等方面，打造慢生活方式的旅游圈，促进城市景区化的发展。另一方面，注重旅游目的地多项功能的建设，尤其是在基础服务设施建设方面，科学规划景区，优化景区空间结构布局，提升景区整体质量，促进景区城市化发展。四是打造优质旅游产品，充分利用桂滇黔丰富的旅游资源优势，重点打造一至两项旅游新业态的优质旅游产品，实现旅游业与城镇化良性互动、高质量发展。

第三，促进城乡形态演化。城市和乡村作为两种稳定的聚落形态，随着新型城镇化的推进，城市和乡村的范围逐渐边缘化，涌现出新型的城乡形态，包括城镇化农村、城郊化农村、新农村、都市圈及城中村五种形态。促进桂滇黔城乡形态演化，可以从以下三个方面入手：一是推进新型城镇化进程，积极发挥政府的主导作用，加强乡村新型产业扶持力度，以金融扶持、人才扶持为核心，引入更多的企业和投资主体投入到乡村建设中，完善农村公共服务体系，缩小城乡景观差异，进一步推动桂滇黔新型城镇化步伐。二是深化新型城乡形态的改革，以改革体制和创新机制为根本目标，全面规范土地承包管理，制定农村土地流转的规范文件，结合桂滇黔地区的实际情况，不断进行管理机制的创新，推进农村保障机制建设。三是重视旅游产业在新型城乡形态演化中的作用，桂滇黔地区旅游资源十分丰富，旅游发展基础较好，西南民族地区政府扶持力度较大，旅游产业是拉动桂滇黔地区经济增长和城市发展的重要力量。新型城乡形态的演化是建立在产业发展的基础之上的，以旅游产业为支柱的新型城乡形态演化将具有持久的动力。

7.2.2 中观层面：加强区域协作，引入区域竞争机制

第一，加强与周边产业的合作。深入贯彻实施乡村振兴战略，通过促进农业新业态的发展加快推进农业农村现代化，以重塑城乡关系、缓解城乡二元体制为目标，加速推进农业产业发展、基础设施建设、农村文化发展，促进社会主义新农村建设。重视旅游业在桂滇黔农村地区的经济带动作用。同时正视旅游业的资源—环境依托属性，旅游经济的发展离不开周边行业提供的资源供给，建立旅游流网络，强化旅游服务设施建设和景区硬件设施建设。加强桂滇黔乡村旅游产业与餐饮、住宿、娱乐、消费、康体等相关行业之间的联结，促进旅游、创意与农业的融合创新。地方政府和旅游企业积极营造不同行业之间深度融合的环境，加强桂滇黔乡村旅游产业与周边地区实现资源共享、优势互补，在科技、人才、信息、招商等多个方面实现深度合作，形成彼此助益的生态链。在合作中，注重乡村旅游发展模式的创新，创设宽松自由的产业融合社会环境，培育具有地方特色的旅游产业类型。注重不同行业之间的联合创新，加强区域间、产业之间的人才交流，为乡村旅游产业的发展提供智力支持。在合作中实现共赢，提升整体的经济收益水平。

第二，建立区域旅游联盟。桂滇黔地处西南民族地区，文化历史悠久，民族风情多种多样，自然风光秀美，旅游资源十分丰富。但是由于地

形条件制约，经济基础较差，其文化旅游产业发展的起点较低、基础较差，虽然广西、云南、贵州三省（区）各自形成了自身的旅游品牌和客源市场，但是其整体的市场竞争力依然不强。在桂滇黔地区建立区域旅游联盟，通过加强内部交流，形成资源、信息、基础共享，依托其他地区的旅游知名度来提升自身类似的旅游产品名气，以促进自身获得快速发展。在桂滇黔建立区域旅游联盟，加强政府与市场的沟通协调，与当地的国有旅游企业、知名的民营旅游企业、旅游相关专业的高等院校、金融投资机构、品牌策划机构、媒体宣传机构等进行充分沟通，打造一个集广泛性、专业性和代表性于一体的非社团旅游联盟组织。桂滇黔旅游联盟统筹整合全省（区）旅游资源。优化配置产业要素，挖掘桂滇黔少数民族文化旅游资源。加强生态环境保护，推进文旅产业深度融合，实现旅游产业区域合作、优势互补、资源共享、市场共建、资本合作，推动旅游产业健康发展。

第三，塑造区域旅游品牌形象。旅游品牌形象是现代化区域旅游竞争中一种持续性的竞争优势，良好的区域旅游品牌形象不仅能够给旅游者留下深刻的印象，提高旅游传播率和重游率，更代表一种特有的经营模式，体现了旅游目的地对游客的持久性利益承诺。结合桂滇黔的实际发展情况，可以从以下三个方面来塑造区域旅游品牌：一是积极开发特色旅游产品，统筹规划桂滇黔的特色旅游资源。通过运用科学技术大力开发特色旅游产品，提升旅游产品的独特性和文化内涵，使旅游产品成为桂滇黔乡村旅游的一个名片。紧密结合旅游市场需求，分析现代化旅游市场中游客个体特征和旅游偏好，有针对性、层次性地开发不同类型的特色旅游产品。满足游客个性化、多元化的消费需求。二是加强整合营销传播，通过整合桂滇黔各种资源，与消费者建立长期稳定关系，整合各方力量，运用好电视、网络、自媒体及报纸等媒体，全方位、宽领域地宣传旅游产品，提升旅游品牌的知名度，实现区域旅游资源价值与旅游者需求价值之间的互换。三是创造积极的外部环境，桂滇黔区域旅游品牌的塑造离不开优越的外部环境。要充分整合区域内的各项资源，积极推动旅游业的发展，地方政府必须制定相关的政策制度，保护桂滇黔优良的生态环境，促进当地经济社会发展水平的提升，促进民族文化多样性的保护和传承。同时，吸纳旅游企业进入旅游建设中，鼓励当地居民参与区域品牌形象塑造过程，引进专业的旅游管理人才和技术人才，积极为区域品牌形象的塑造创造良好的外部环境。

7.2.3　微观层面：发展农业庄园经济，助推“三农”问题解决

第一，促进现代农业庄园经济发展。一是提高产业化经营水平，加强桂滇黔地区农业现代庄园经济的组织领导，成立现代农业庄园建设工作领导小组。领导小组成员对桂滇黔农业庄园经济的生产、经营和发展负责，实行责任制领导。加大对农业庄园经济的扶持力度，简化办事程序，提高办公效率，在政府的支持下积极发展桂滇黔农业庄园经济发展的龙头产业，通过发展龙头产业对区域发展实现积极的带动作用，优化配置资源。二是品牌化经营，以桂滇黔现代农业庄园经济为引领，打造特色产业聚集区，把地域相近、功能互补的相关产业重新进行空间布局，形成规模化的庄园经济发展优势，促进优势农业资源向产业聚集区汇聚。同时注重庄园经济特色产品的开发，运用现代技术提升庄园经济特色产品的附加值和科技含量，制定产品质量标准，鼓励企业积极创新市场营销手段，加大网络营销力度，提升庄园经济的市场占有率，加强与国外企业的合作，积极开拓国外市场。三是提升农业庄园品味，在坚持经济效益、社会效益、生态效益并重的指导思想下，对桂滇黔农业庄园经济发展进行科学规划。把建设美丽乡村与发展庄园经济相结合，重视地域特色和民族特色的融合，注入多元化的文化因素，依托优势资源，积极引进战略投资者参与现代农业庄园开发，提升桂滇黔农业庄园的品位。

第二，建立“三农”工作队伍。党的十九大报告指出建立“三农”工作队伍是实现乡村振兴的重要组成部分，打造一支懂农业、爱农村、爱农民的“三农”队伍是解决桂滇黔“三农”问题的重要途径。一是增强“三农”工作队伍的能力培训，深刻了解桂滇黔现阶段农业农村发展出现的关键问题，增强生态环境保护、农业企业管理、农村建设模式创新方面的技能培训，积极探索农村发展道路。二是促进优质劳动力回流，贯彻精准扶贫重大战略，地方政府制定专项人才计划促进优质人才回流，为促进农村建设、农业发展、农民增收提供后备力量。三是增强队伍服务农村的时间安排，现阶段桂滇黔的乡村旅游扶贫中，无论是高校人员，还是政府官员，都是短时间地在农村进行任职，当完成一定的指标任务之后，他们就要返回原来的工作岗位，这样短期的任职安排不利于农村长期的发展，应该进行完整的制度安排，最大限度地减少人才流失带来的损失。

第三，推进桂滇黔“三农”问题的解决。一是推动实现农村稳定。建立健全政策体系，形成对现行政策的有效监管，大力推进农村法制化的进

程；加大农业资金投入力度，深化农村改革，加强基层党组织与群众之间的沟通和联系，注重培养农村基层干部的服务意识。促进农村土地合理流转，使农民认识到农村土地流转的重要性，明确所有权、放活经营权。根据各村不同条件进行分类指导，加大农业产业化经营力度，强化农村农民保障机制。二是促进农业发展。充分利用农业科技来提高农业发展水平，加强县级以下农业技术推广机构建设，积极与科研院所、相关高等院校和涉农企业联手，集中优势力量来解决农业产业发展中的重点问题。实施新型职业农民培育工程，以市场为导向，推广农业技术。大力推进农业品牌化建设，制订区域品牌中长期发展战略实施规划，加强对国家级和省级农业产业化龙头企业的培育，开发具有鲜明特色和良好品质的不同类型产品。加强农业与电子商务的合作，提高特色农产品品牌信誉。三是提升农民收入，改善农民生活。加大农业补贴力度，结合桂滇黔的农业发展的实际情况，不断对农业补贴政策进行修改，加大农产品出口渠道。政府建立农产品国际贸易保护新体系，保护本国农产品价格，增加农产品收入。同时，做好桂滇黔三省（区）农民的民生保障工作，因地制宜地规划民生支出项目，真正做到用之于民，加快统一城乡居民最低生活保障标准，提高农村居民的生活保障水平。继续提高农民医疗保障水平，解决农民“看病难”的问题，提升农民医疗报销比例，减少因为疾病而给农村家庭带来的巨大困难，提升居民幸福感。

7.3　桂滇黔生态博物馆与城镇化引领型治理协同模式的实现路径

7.3.1　宏观层面：促进生态文明建设，坚持可持续发展

第一，坚持走可持续发展道路。可持续发展战略是我国经济和社会发展的长远规划的重要内容，是实现自然、社会、经济、人口、环境多方协调的理论和战略。在桂滇黔地区进行生态博物馆建设，需要对当地的旅游资源进行开发，这样或多或少都会对所在地区的生态环境造成一定的影响。为了保证生态博物馆的建设和发展与当地的人文环境、经济增长及环境建设相统一，我们必须坚持生态开发理念和可持续开发理念，坚持可持续发展的原则。具体来讲，在生态博物馆的旅游资源开发中，既要满足当

前乡村旅游经济发展需要，也要考虑后续的影响。坚持经济与环境两不误的原则，制定相关的景区制度来规范游客的行为，在资源开发中做到合理、适当，不以牺牲环境为代价来获取经济发展，坚持人与自然和平相处。在生态博物馆的经营中，既要看到当前的利益，提高生态博物馆的经济效益和市场占有率，也要考虑长远利益，发展循环经济。基于此，在桂滇黔地区建设生态博物馆，必须要注重民族旅游资源文化的保护和建设，保护当地良好的生态环境，科学规划与合理开发当地的旅游资源，坚定不移地走可持续发展道路。

第二，加强农村生态环境保护与修复。首先，制定生态修复规划，通过对桂滇黔地区农村生态环境进行调查，运用现代科技和农业数据了解现有农村生态环境状况，提高农业农村生态环境保护工作的科学性有效性，针对生态环境出现的问题划定核心保护区和修复区。其次，创新建设理念，转变传统的广而泛的乡村发展模式，在保护乡村生态环境的前提下，结合市场消费需求，定制小而精的乡村发展模式，打造乡村微田园。其次，注重人与自然和谐共生的生态价值观，鼓励农村居民尊重自然、顺应自然、保护自然，坚定不移走生态优先、绿色发展新道路。最后，加快构建农业农村生态环境保护制度体系，落实农业功能区制度，对桂滇黔现有的人居环境出现的问题进行治理，加快补齐农村生态环境保护出现的短板，完善农业补贴制度，完善生态补偿政策。

第三，改革生态环境监管体制。加大桂滇黔地区的土地空间规划监管，以节约资源、保护环境为指导，构建土地空间开发保护制度，对土地开发和土地用途进行法律监管，同时积极引进市场机制，建立土地开发保护监管体系。根据土地利用类型对桂滇黔农村的土地进行功能分区，建立相关的指标体系，完善主体功能区配套政策，以最大限度地优化土地结构为原则，加大配套设施的资金投入力度，制定完善的环境监管制度。适当地降低资本进入门槛，保证主体功能区制度有效落实。考虑到桂滇黔良好的自然环境和生态原真性，建立生态系统自然保护区，划定以保护种源为主的核心区、环绕核心区的周围地区的缓冲区、缓冲区周围的外围区。设置自然保护区、风景名胜区、森林公园、地质公园等，保护生物资源，为拯救濒危生物物种提供庇护所。同时在保护区开展科研、教育，为进一步高水平的科研论文发表提供试验场所，形成中国特色的自然保护地体系。

第四，打造桂滇黔生态旅游新品牌。首先，依托桂滇黔积极发展生态旅游相关政策，通过引入政府和民间企业资本，有步骤地开发生态旅游项目，加强对旅游从业人员的生态旅游的培训，把生态保护意识融入宣传教育、观光旅游、度假休闲中，提升旅游发展内涵。其次，充分借鉴国外成功经验。我国的生态旅游起步较晚，在理论建设和发展模式方面还存在许多不足。美国、加拿大、澳大利亚等国家发展生态旅游较早，在发展的过程中涌现出一批较为成功的典型。在桂滇黔发展生态旅游中可以充分地借鉴国外成果的经验，把国外生态旅游的发展模式、管理经验和项目规划引入自身当中，结合自身的资源特色和城市定位，开创出桂滇黔特有的生态旅游发展模式。最后，积极推动特色旅游小城镇建设，基于生态旅游资源，结合桂滇黔少数民族文化资源，培育富有民族地区特色的生态旅游，打造一批集生态保护、文化传承、旅游体验为一体的特色生态旅游小城镇，创新桂滇黔的乡村旅游业态。

7.3.2　中观层面：实现人与自然和谐共生的现代化

第一，科学规划桂滇黔的自然保护区。首先，根据桂滇黔农村土地利用现状和自然环境发展实际，合理划定自然保护区的边界。对经济建设中出现的环境破坏情况进行修补，改造人工林、建立生物资源栖息地、退耕还林还草、湿地生态修复、建设生态廊道等措施，组建统一的保护管理机构，形成桂滇黔特色生态保护体系，全面修复自然生态系统。其次，创新特色保护区的管理体制，根据保护区内容划定管理机构，健全自然资源管理体制，明确各类自然资源权属边界，按照功能的不同对保护区进行功能划分。分别针对不同的功能区设置生态保护设施，安排专业的管理人员。最后，以保持生态系统原真性和完整性为原则，以环境承载力的最大限度为标准，对旅游人数进行限制，注重保护区的可持续发展。同时加强科技创新和管理体制探索，选定符合条件的地区作为试验点，加强对试验过程的记录和总结，不断解决实验中出现的问题，在总结试点经验的基础上，加强公园内生态环境保护督察。

第二，建立桂滇黔人与自然的共建共享机制。首先，以保护桂滇黔的自然生态环境为原则，积极探索自然资源的多功能开发，全面统筹生态格局，不断完善桂滇黔的旅游、生态、交通、信息等设施建设，开发出具有休闲、观光、度假、教育、文化等功能的生态旅游新业态。其次，在自然生态保护区内建立社会保障制度，设置草木维修、生态监护、监督观测等工作岗位，提升桂滇黔就业率，提升更多人的生态环保意识，优先支持当地居民及其企业，积极调整桂滇黔生态产业结构，积极发展民族文化、生态旅游，促进无污染的特色农林产品生产。最后，着力实施科学保护，在桂滇黔建立生态自然试验区，积极与广西大学、云南大学、贵州大学等高校以及高等研究院展开合作。建立桂滇黔自然生态保护团队，针对少数珍贵物种和生态保护开展重点科研课题研究，利用现代技术提升管理水平，搭建国际组织的交流合作平台，用科研成果引领自然生态环境保护事业。

第三，牢固树立人与自然和谐共生的生态理念。首先，提升建设生态文明的价值地位，树立和践行“绿水青山就是金山银山”的生态理念，促进中国生态治理及环境保护理念的重大创新，辩证地看待桂滇黔经济社会发展与自然环境发展之间的关系。尊重自然伦理，构建绿色低碳的特色产业体系，创新系统完整的制度体系，积极探索利用生态自然理念来促进经济社会发展的路径。积极发展低碳绿色经济，坚持环保生态旅游。其次，深入贯彻绿色发展的生产生活理念，从思想上认识到绿色生态发展的重要性，尊重自然发展规律，坚持新发展理念，把桂滇黔经济基点放到科技、管理等绿色驱动上来，加强土地、空气、水源防治污染，培育对历史、人与自然负责的行为观念，加快完善生态文明理论创新体系。最后，完善和实施最严格的生态环保法律法规，积极发挥法律法规的引导、规制、激励和约束功能，打击和遏制环保违法犯罪行为，加大环境治理监管力度，明确政府、环保等部门的职能，主动向社会公众公开其执法依据和司法情况。重视桂滇黔生态企业的社会责任，倡导企业在注重自身经济效益的同时，积极为社会环境保护作出贡献，重视对地方居民环保意识的培养和教育。

7.3.3 微观层面：促进农民文化觉醒，积极发展民族旅游

第一，挖掘地方文脉。桂滇黔地区发展历史悠久，少数民族风情多种多样，地域文化突出。在桂滇黔地区发展民族旅游，就要深入挖掘桂滇黔地区的旅游资源，包括地方的人文历史、风土人情和生活习俗，通过有针对性地进行相关旅游项目的开发，将地方文化融入乡村旅游活动“食、住、行、游、购、娱”的各个环节之中。通过不断开发新的旅游产品和休闲体验活动，增加旅游者的参与感和丰富旅游者乡村体验，提升旅游者的文化感知价值。具体来讲，在饮食方面，对当地乡土特色饮食文化的挖掘，包括桂滇黔地区特色美食的文化背景、历史渊源和民间传说等资料，赋予桂滇黔特色美食文化内涵，不断提升旅游目的地的游客感知。让游客边听动人故事边品尝美味佳肴，增加区域特色美食附加值，全方面提高旅

游者的饮食享受，使游客对特色美食记忆深刻，提升目的地重游率。在住宿方面，充分发挥区域内老宅的历史感和文化内涵，建立特色民俗体验餐饮住宿接待中心，使游客在传统的老宅中享受到现代的服务，提升整体的文化感知。充分发挥农家乐的作用，丰富旅游者的体验。在娱乐方面，在传统的观光旅游基础上，旅游目的地应该开发更多的旅游体验项目，让游客亲身参与到旅游项目中去，包括传统的手工艺、农业生产等多种活动，增加游客旅游趣味，也更好地感受地方文化。

第二，保护人文资源景观。生态博物馆是以历史人文元素、生态环境资源为基础、通过人文资源景观展现出来的一种新型的乡村旅游业态。人文资源景观既是构成生态博物馆核心旅游吸引力的关键要素，也是桂滇黔地区进行空心村治理的重点。生态博物馆文化景观的保护与开发包括村落空间形态与格局、古建筑艺术、传统工艺、民风民俗等方面。这些非物质文化遗产是在悠长的历史长河中保留下来的，见证了当地文化的传承和传播，并随着工业化和城镇化的推进不断地被外界所感知和认识。与此同时也会随着时间的流逝而消失。因此，发展生态博物馆的重要途径就是进行古建筑艺术的保护，在保留它们自身完整性和文化性的前提下进行修缮。具体来说，对于已损毁的建筑，在修缮的过程中坚持“整旧如故，以存其真”的原则。为了保存原有的历史遗存和历史风貌，尽量使用原材料、原工艺、原式原样，最大限度地保留古建筑的原真性，减少修复的痕迹。对于不适应现代发展需要或局部损毁的建筑，根据生态博物馆整体的景观风貌特征进行局部修缮。

第三，积极推进交通基础设施的建设。桂滇黔地区地处西南一隅，山地面积较大，交通设施建设难度较大。乡村旅游是以旅游服务和体验为核心产品的一种旅游形式。要在桂滇黔地区积极发展乡村旅游，必须要推进硬件基础设施建设，改善当地的旅游服务质量。生态博物馆与其他产业一样，旅游产业的发展离不开相关基础设施的建设，尤其是道路交通设施的建设，表现在交通基础设施的改善有利于更好地对生态博物馆进行旅游资源开发。加强生态博物馆与周边城镇的信息、技术、文化交流，更好地进行招商引资，为生态博物馆提供再生产建设的资本。因此，在桂滇黔地区促进生态博物馆的开发和建设，必须要重视交通基础设施建设在旅游经济中的作用，为游客提供更加便捷的交通条件。以交通基础设施建设为着力点，不断调整当地的产业结构。通过促进高铁、公路、服务区等道路基础建设，降低桂滇黔区域之间的运输成本，减少产业集聚的阻力。通过提升运输服务质量，建立桂滇黔现代化交通体系。

第四，促进农民文化觉醒。人是重要人文景观资源，桂滇黔地区的居民世代生活在生态博物馆的村落里，其本身就是人文景观资源的一部分，兼顾着文化的传承和保护的责任，是桂滇黔民族地域文化的“解读者”。但是由于当地居民长期封闭的生活环境，其现代化文明和思想普及不够，对自身文化的价值认知不够，在实际中经常不允许“外族人”的干预。要促进居民思想观念的改变，提升文化认知程度。在政府和经营商方面，可以将部分的经营权交给当地农民，在经营的过程中，地方居民拥有自身的管理权，政府制定相关的制度来保障居民的权益，并不得干预居民的正常经营活动，让他们参与到生态博物馆的日常经营中来。明白生态博物馆开发和建设的重点，体会到保护民族文化给他们所带来的生活条件、质量、环境等方面的改善。同时，农民自身素质的高低既关系着生态博物馆的资源种类，也关系着生态博物馆的经营状况。政府应该通过宣传、教育等多种手段，致力于改变居民传统的落后的思想观念，提高村民的文化素质。通过现代化经营理念的灌输和教育，积极引导农民保护当地的历史文物和生态环境，坚决抵制粗放式、低水平的开发行为，坚持社会、经济、文化、生态等多方均衡发展，避免只顾眼前利益，忽略长远利益，积极自觉地保护古村落的自然风貌和资源。

7.4 桂滇黔文化创意农业园与城镇化引领型治理协同模式的实现路径

7.4.1 宏观层面：扎实推进脱贫攻坚，强化空心村治理

第一，加强空心化农村文化建设。农村作为稳定的城乡形态之一，对中国社会整体发展具有战略意义。文化作为桂滇黔乡村旅游与空心村治理协同模式的重要组成部分，实现农村文化建设的良性运行既有利于乡村旅游文化景观建设，也有助于缓解农村文化建设空心化问题，逐步全面推进社会主义新农村建设。结合桂滇黔空心化农村建设的现状，提出如下两种实现路径：一是加大资金投入和政府组织支持等方面的力度，地方政府出台的扶持政策要进一步向桂滇黔农村空心化严重的区域倾斜，推进公共服务均等化。真正发挥乡镇文化服务中心文化供给职能，加强相关公告服务

设施的投入力度，引导政策向文化方向倾斜，积极推进基层综合性文化服务中心建设。另外，加大乡镇文化服务中心与村级组织的协作，村组织积极推进基层公共文化设施建设，扩大优秀公共文化产品供给，进而形成组织合力，发挥出农村文化建设的整体效益，满足广大人民群众的实际需要，克服当前空心化村庄文化组织供给乏力的问题。二是充分激活和发挥农民阶层的文化建设功能，积极吸纳农民进入村级组织。在村组织的文化项目开展中，积极主动地征集农民的意见和建议，使地方政府的文化建设工作能够得到农民的认可和支持。同时在农村举办文化活动，通过歌唱比赛、文艺队表演等形式提高农民参与文化建设的积极性，从而推动农村文化建设在村庄有效开展。

第二，深入开展桂滇黔扶贫工作。一是加强教育扶贫工作，桂滇黔三省（区）教育较为落后，贫困生较多，要改变桂滇黔经济落后的局面，必须要从长远着手，实施雨露计划，组织乡、镇、村干部积极走访失学儿童家庭，对贫困生加大生活补贴，解决贫困户子女上学困难的问题。二是加强健康扶贫工作，建立健康扶贫相关工作制度，加大农村居民医疗保险的比例，定期定点免费对乡镇居民进行健康检查，加大对健康扶贫政策的宣传力度，使更多的农民能够了解地区医疗政策，减少因疾病而带来的家庭经济危机。三是对桂滇黔的城中村进行改造，尤其是城中村的危房改造，重点向经济最贫困、住房最危险的特困人员家庭发放危房改造款，制定相关的工程条款将危房款用在实处，确保困难群众住房安全。四是加大桂滇黔社会保障，积极推进民生事业发展，落实各项补助保障政策。通过发放补助金保障贫困人员达到最低生活标准，减少区域贫富差距，真正做到使困难群众逐渐富裕起来。五是加强桂滇黔的精神扶贫工作，充分发挥精神扶贫的动力和引导作用，注重乡风文明建设，挖掘农村传统道德教育资源，引导农民树立起科学的世界观，推动文化基础设施向农村延伸，以春风化雨的方式改造村民思想观念，将精神扶贫和经济扶贫相结合。

第三，消弭桂滇黔精准脱贫效果持续性阻碍。一是注重脱贫内生动力的激发，运用先进的科学思想引导农民改变陈旧落后的价值观念，培养农民生产发展、脱贫攻坚的积极向上意识，提高贫困群众的思想觉悟。建立“扶贫 + 扶智 + 扶志”的平台，营造自立自强、争先脱贫的精神风貌，培育一批贫困地区职业教育人才。加强桂滇黔地区农民职业教育，提升农民脱贫致富的能力，补齐贫困地区教育水平的短板，充分激发贫困群众的主观能动性。二是建立整体推进的精准脱贫效果长效机制，建立科学合理的精准扶贫考核体系，统筹推进沿边地区扶贫大数据平台建设。通过精准识别扶贫对象，注重扶贫效果的持续性、长期性影响，进行脱贫创业扶持，提高家庭为单位的经济收入持续性，确定重点扶贫对象，实现扶贫资金多倾斜、扶贫项目多布置。加快推进贫困户信用体系建设，提高资金使用效率，采取因人而异的再次抗贫措施，实现脱贫效果的持续性。三是吸纳多元主体参与的扶贫模式，重视外部力量的支持和拉动作用，进一步发挥社会组织、公益企业在电商与展会中的扶贫作用，同时鼓励社会组织开发乡村公益性岗位创建就业扶贫基地。四是增强桂滇黔自我抗贫能力，重视旅游扶贫的经济带动效应，建设一批特色文化产业城镇，为民族村落的特色文化价值提供转换的场所。同时不断探索具有沿边特色的边贸扶贫新路子，将扶贫和边境贸易相结合，实现脱贫效果的可持续性。

7.4.2 中观层面：转变农业发展方式，促进农业产业转型升级

第一，转变桂滇黔农业发展方式。一是充分调动桂滇黔农民农业发展的积极性，在现有农业产出的基础上，加大对基础农业的初加工和再加工，延伸农业产业链，加快推进农业产业化发展，保证农产品价格对生产者的吸引力。针对不同区域的比较优势，建设优势特色农业产业带，同时注重农村产业风险机制的完善，增强农业地域风险的能力。二是积极发挥农业集群优势，加大农业原材料生产厂区、加工工业区和销售企业的联系。打造桂滇黔规模化、特色化、集群化的农业生产、加工和销售园区。注重休闲农业、创意农业、观光农业、康体农业的发展，发展创意农业和精细农业，使桂滇黔农业逐渐向高端化、精细化和品质化方向发展。推动农业的品牌化经营，增强地区竞争力。三是鼓励农村产业经营模式的创新，严格把握农产品品牌的生命周期特征，通过提升文化品位和建立口碑，不断地积累品牌资产，提高农产品质量搭建科技培训平台。增加农户获取市场信息的渠道，加强摊位管理，不断进行农村产业模式的创新。四是加强桂滇黔与东部、中部地区的合作交流，通过设立农业创意园扩大农业交流空间，推动知识性人才的吸纳。鼓励生态农业、绿色农业、创意农业的项目开发，增强桂滇黔创意农业的发展。

第二，创新桂滇黔农业发展模式。一是以市场需求为引导，积极发挥桂滇黔的资源优势，积极推进有机农业的发展。不断培育新型农业业态，将农业与旅游、生态、康体、养老等多方面相结合，不断进行桂滇黔乡村农业业态创新。引入自有电商平台、支付体系、物流配送的大型企业入驻

桂滇黔，加强县、乡、村三级电商服务体系建设，大力推进新型农业的发展。二是突破物流瓶颈，桂滇黔地区山地分布广泛，交通成为各区域加强交流与合作的重要限制性因素。为了克服交通带来的不便，地方政府在制定税收优惠政策时应该重点投向物流业务环节，适时调整收费标准。加大对农村基础设施建设的投资，发挥村级组织发展经济的功能，建立人才培养机制，运用高新技术提高配送效能，广泛运用科技手段提高工作成效。三是创新农业发展机制，在土地流转机制上，谨慎处理城市资本下乡的土地流转，以土地入股模式流转，按照农民入股比例进行分红，加快农村土地流转效率，充分保证农民收益。在扶贫资金使用机制方面，结合桂滇黔扶贫资金现状，制定扶贫生产项目，以农户名义累积小额贷款，统一由合作社使用和偿还。在惠农资金使用机制方面，提高村民的参与度，解决桂滇黔农村发展的关键问题，包括公路道路、环境治理、产业支撑等问题，提高扶贫资金的使用效率。

第三，深入推进农业产业转型升级。一是实现农业生产规模化。树立产业发展的统筹思维，紧密结合桂滇黔自然地理特征和已有经验，完善承包地“三权”分置制度，积极引导农业经营主体明晰产权，创新土地经营权流转的利益联结模式，推动桂滇黔农业向规模化、集约化、产业化发展，提升农业产业整体发展规模。二是凸显桂滇黔农业特色和品质。立足桂滇黔农业资源开发现状和经济社会发展水平，顺应市场规律和满足市场需求，结合各地农业文化的底蕴，发展适应本土独具特色的农业产业，构筑高效特色现代农业产业体系。推动农业由增产导向转向提质导向，推动农业品质升级、农业内涵升级，打造乡土差异化品牌。三是坚持创新驱动。依靠科技进步扩大农村优质资源要素的供给，解决产业升级的技术需求。以农业科技进步带动农业生产进步，推广应用实用农业机器和普及先进技术，加强农业生产与现代农业信息化建设的统一，创新农机服务模式，实现农业生产一体化，促进农业技术模式转变，通过加强农业科技创新不断促进农业结构优化升级。

7.4.3　微观层面：依托农业科技，创新文创农业发展模式

第一，提高农业技术应用和建立人才机制。文化创意农业园是以农业科技为支撑，将创意与农业相结合，通过拓展农业多种功能以提升农产品附加值的新型农业业态。文化创意农业园要做强、做大，在区域竞争中获得优势地位，关键在于拥有强大的技术支撑。一方面，文化创意农业园要

不断引进农业新技术设备，提升农业机械生产率，促进引进技术的吸收消化和创新，提升科技创新能力和企业创意水平。通过引进设备推广农业种植新品种，建设创意农业集聚区，延伸农业产业链，建设现代农业模式的新型创意农场，实现外部一体化。另一方面，建立企业招用人才机制，积极引进相关技术人才，地方政府和企业要重视人才队伍建设，为人才引进提供政策条件。尊重市场规律，对于不同层次的人才制定不同的福利待遇政策，着重引进战略性的高层次人才、战术层面的技术人才、管理人才。注重人才与企业发展成果共享，把企业价值和个人价值联系在一起，调动他们的积极性，为优秀人才提供发挥才能的舞台，除了物质性的奖励，更注重精神激励，鼓励推荐人才申报各类先进荣誉，切实增强人才的归属感和凝聚力。

第二，用文化和创意手段去改造农业。一是注重桂滇黔本土文化的传承，包括建筑文化、少数民族风情、喀斯特地貌文化、地域饮食文化等方面，文化是文创产业发展的核心要素和根本支撑，重视桂滇黔的本土文化，并通过项目策划和农业产品创新将本土文化融入农业产业之中，提升农业产品的文化内涵。二是突显产品个性，立足特色农业，通过对特色农产品的挖掘，通过引进先进的农业科技不断进行农产品的功能开发，通过深度加工和精细化生产将特色农业产品做到极致。打造特色化的农业产品品牌，让一个品牌融入多重产业，促进文化用品、器材、设备等制造业的发展，不断延伸农业产业链，形成独具特色的产业文化。三是创意产品包装，农产品要与本土文化相结合。包装是农产品特色形象设计的重要展现，企业应该在细节上做文章，加大产品包装的文化性和个性，增大产品的辨识度。在传统的农业文化中加入创意点，增加产品的故事性，实现文化再生。四是创造更多消费价值，文创产业不仅具有传统的农业功能，还具有文化、旅游等多重属性。要提高桂滇黔文化创意农业的发展，在保证传统农业功能的基础上，还要积极探索其他消费功能。追求“一鱼多吃”，提升产品的独特性和功能性，提升桂滇黔文化创意农业的经济效益和市场占有率。

第三，促进文化创意农业与乡村旅游的结合。首先，重视桂滇黔乡村文化的保护。通过挖掘乡村文化、增加乡村文化的表现形式，深度开发乡村文化的各种资源，不断对原有文化进行丰富。通过主题创意策划和规划设计，大力挖掘桂滇黔农业的旅游休闲体验价值，积极开展休闲农业旅游，重视乡村文化体验和产品建设，加大农业生产和服务业发展力度。其次，加强休闲农业旅游基础设施建设。将桂滇黔文化创意农业建设与乡村旅游发展相结合，重视新农村房屋、交通干道、景区周围环境治理等方面的工作内容。地方政府加大对桂滇黔文化休闲旅游产业发展的支持，通过制定相关政策为创意休闲旅游提供政策保障。开通连接各旅游景点的观光大巴，完善当地的旅游网络，使各旅游节点能包含在旅游网络之中，逐步完善自驾旅游服务系统，在公路沿线、乡镇干道设置服务设施。重视沿线旅游景点的打造，发展全域旅游，培育体验消费新亮点，促进乡村休闲旅游可持续发展。最后，加大培养创意人才和旅游从业者。建立专业机构与培训专业人员，桂滇黔地方政府加大对乡村休闲旅游的宣传和管理工作，重视培养具有专业知识的旅游从业人员，积极培养创意农业人才，通过优惠政策引进具有旅游专业知识的市场营销管理人才，为创意农业发展提供智力支持。

7.5　桂滇黔洋家乐与村内集约型治理协同模式的实现路径

7.5.1　宏观层面：农村土地市场化，推动要素市场化改革

第一，完善农村土地使用权市场化流转机制。首先，建立健全农村土地流转的市场机制，针对桂滇黔土地流转价格制定统一标准，为土地出让价格提供清晰的定价依据。考虑到桂滇黔地区的实际情况，为了进一步完善土地市场化流转，保障广大农民的利益，政府应该加快推动专业的中介服务建设，为农村土地出让提供专业的咨询服务，避免农村土地在流转过程中出现的法律效力问题，提高桂滇黔农村土地市场化流转的效率。其次，完善农村土地征用制度。对桂滇黔土地按照功能的不同进行划分，在确定土地性质的基础上对不同农村土地类型制定不同的征用标准，以法律法规形式规定征地项目标准。改革征地补偿制度，对于被征用的农地要建立完善的保障条款，将农民的利益和生活保障放在首位，同时考虑到农村环境、治安、文化等多方面的情况，合理提高农民分配比例，为农村居民提供收入来源。最后，推进宅基地市场化流转制度建设，在农村宅基地的申请、使用等各个环境建立明确的审批程序，做到每个步骤都能有法律规定为依据。在宅基地退出及入市过程中，通过立法确立农村宅基地的范围、

对象以及流转的土地等多个方面，探索保障和改善农民居住条件的多种安置途径，发挥出宅基地财产功能。

第二，积极推动桂滇黔农村农业产业化体系建设。首先，明确桂滇黔区域内农业生产状况，结合不同区域的生产特点，通过加强区域协作延伸农村产业链。各地区农业产业相互促进、优势互补，政府要加大财政资金支持，完善农业产业建设的基础设施和公共服务体系建设，加快补齐桂滇黔公共设施服务水平较低的短板。推动农村和城市结合，加速农业的生产者积极进行内部沟通和协调，建立桂滇黔农村农业现代化生产体系，为推动市场需求和加速农村土地流转提供条件。其次，加强农业风险管理，对农业生产、建设、初加工、深加工、销售等各个环节进行风险管理，促进统一产业链的形成。加强农业保障，尽可能地规避农业生产中出现的各类风险，建立健全农业风险管理体系，为桂滇黔农民增收、农业发展和实现农村富裕提供完善的风险管理。最后，正确划分政府和市场的边界，将政府在农业产业体系构建中的宏观调控与市场机制相结合，充分发挥政府的经济调控作用，为桂滇黔农业生产发展的现代化提供有利的政策环境。同时也要注意到，农业作为国民经济发展的基础性产业，土地资源、科技条件、销售水平等多方面都是影响农业生产的重要环节，也是市场化的重要内容。减少政府对土地资源配置的不当干预，充分发挥市场配置资源的决定性作用，有利于提升桂滇黔土地利用率。

第三，推动要素市场化改革。首先，在现有的基础上继续深化土地市场改革，根据桂滇黔三省（区）的资源配置状况和工业发展状况，对农业用地和工业用地均施行差异化的市场发展政策。在农业用地上，充分利用丰富的土地资源。桂滇黔山地面积比例高，平原面积相对狭小，不适合大规模种植业的发展。但当地雨水较多、光热丰富，适合发展适应本地土地资源和自然条件的特色农业。在工业用地上，桂滇黔应保持其土地价格缓步上涨的趋势，防止因地价大幅提升而造成的产业“空心化”现象，继续做好东部产业转移的承接工作。其次，优化土地征收补偿机制，土地是农村居民赖以生存的最根本的物质资源。在土地要素市场化改革的过程中，既要考虑到当前农民的生活需求，也要考虑到农村生产发展、农民获得持续性稳定收入的重要性。以动态补偿机制代替现有货币补偿为主的静态补偿机制，保证被征地农民的长期收入和经济福利。最后，打通城乡不动产市场，完善承包地所有权、承包权和经营权“三权”分置制度，赋予农业转移人口充分的住房交换权，缓解农村宅基地空心化问题。

7.5.2 中观层面：树立乡村旅游新理念，培育农村新动能

第一，建立健全村镇制度和管理体系。在桂滇黔促进乡村旅游的发展，必须要重视村镇规划与管理制度重要性，地方政府应该狠抓制度、景区管理和行业监管，使农村制度和管理体系与桂滇黔农村经济发展的实际速度相一致，建立健全乡村旅游景点管理制度。桂滇黔各级政府依据国家相关规定，结合当地的旅游资源发展状况和农业产业结构，明确乡村旅游点经营管理办法。在乡村旅游的开发建设与审批、经营规范、市场管理等方面出台明确的法规制度，制定适合当地乡村旅游发展的管理细则。具体来讲，可以从以下三个方面入手：一是桂滇黔三省（区）的地方政府出台相关政策，推进乡村旅游洋家乐发展，特别是在资金、人才管理与引进等方面，针对当地农村出现的空心化现象出台相关规范性文件，为空心型农村景观资源的保护与开发提供强有力的保障。二是建立公众监督体系，完善社会组织监管制度，建立公众参与机制，使地方村民、游客及经营企业都能参与到乡村旅游发展和空心村治理中来，提升对空心村治理的认知。三是建立多元可持续的资金保障机制，通过确立完善的政府资金管理体系，开放投资渠道，允许不同资本参与洋家乐的开发和建设，建立以多元化资产为主导的资金保障体系，推动空心村治理的社会化和市场化。

第二，合理配置乡村旅游资源。首先，桂滇黔乡村旅游的发展应该从区域的实际情况出发，认真评估各乡镇乡村旅游的资源种类和开发潜力，统筹不同类型的旅游资源，深入贯彻落实乡村振兴战略。坚持农村优先发展，夯实农业基础，发展壮大乡村产业，全面深化农村改革，加快推进农村农业的现代化进程。坚持把农业农村作为财政优先保障领域，决战决胜脱贫攻坚，把发展现代休闲旅游、民族文化旅游作为桂滇黔乡村旅游发展的突破重点。其次，对桂滇黔现有的自然资源、文化资源、生态资源等进行统一规划，进行桂滇黔乡村旅游整体打造，不断创新乡村旅游业态。促进桂滇黔洋家乐与周边环境的融合发展，并逐步构建起层次鲜明、结构立体、协作联动的旅游资源运营体系。最后，加强党对“三农”工作的领导，在干部配备、要素配置、资金投入等方面把农村农业发展落到实处。加大农村建设专项资金投入，盘活、增强行业资金流通，把精锐力量充实到基层一线，为农村发展提供人才管理支持。优先安排农村公共服务，加大基础服务设施建设力度，重视旅游业在农村农业发展中的积极带动作用。规范当前乡村旅游业的市场秩序，为桂滇黔促进乡村转型升级、农村

社会主义现代化建设提供有力的支持。

第三，培育农业农村发展新动能。在乡村振兴的大背景下，培育农村农业新动能是全面深化农村改革的新举措。结合桂滇黔农村农业发展的实际情况，可以从以下三个方面来进行开展：一是充分挖掘农业的多功能性，在提升农业产业竞争力的基础上，积极探索农业的其他功能开发，使农村农业生产跳出传统的粮食保障功能。在充分利用当地的旅游资源、生态环境和文化背景的条件下，积极探索农村农业观光旅游、度假休闲、康体健身、文化传承等功能的拓展。二是延伸农村产业链条，通过引进农业科技设备和技术人才，结合市场消费需求，增加对农产品进行初加工、深加工、包装、销售等环节，减少农产品的库存和积压，进一步实现农村农民增收。三是建立健全乡村基层治理体系，村民委员会领导成员由当地农民经过投票选举产生，基层群众性自治组织应该切实反映当地农民的实际状况。把“德治”纳入乡村治理体系中，坚持依法治国与以德治国相结合，不断提升乡村基层治理水平，促进农村经济社会发展。

第四，深化农业供给侧改革。首先，调整农产品贸易结构，积极发挥桂滇黔农村产业资源禀赋优势，提升农产品初加工和深加工水平，不断提升农产品的科技含量，鼓励农业企业与别的国家合作开展农业技术研发。其次，提高农业劳动生产率，加大科技研发资金投入，转变乡镇企业生产方式，实现资本技术对劳动的替代。提升农产品质量和农业企业的经济效益，不断在实践中进行企业技术改造升级。通过资本深化和技术深化，提高农业劳动生产率。最后，激发农业科技创新动能，在桂滇黔建立农业数据中心，集成农业产业各类数据。借助农村消费者大数据，建立重要农产品供需平衡表制度，积极推进互联网深入乡镇农村，开展互联网数据挖掘，推进农业生产经营管理服务在线化。

7.5.3 微观层面：明确市场定位，促进品牌化经营

第一，打造低碳旅游业态。洋家乐的快速兴起和发展不仅是因为外来资本的注入，更是因为洋家乐秉持的低碳、生态、环保的发展模式和经营理念。在桂滇黔发展洋家乐，必须要明确自身的市场定位，以德清莫干山洋家乐成功的经验为借鉴，打造桂滇黔低碳旅游业态。一是打造低碳旅游景区，以创建循环型、城乡统筹型旅游景区为目标，坚持资源节约和循环利用。坚持以人为本的原则，运用生态学规律指导旅游开发、旅游活动，促进经济发展与人口、资源、环境相协调。关键是要加大城乡统筹的力

度，在旅游资源开发和旅游活动中实现资源——产品——再生资源的闭环反馈式循环过程，鼓励地方制定适合区域特点的地方标准。二是打造低碳餐饮酒店，推进低碳绿色饭店发展，在经济与生态协调发展的思想指导下，坚持清洁生产，倡导绿色消费，关注节能、降耗和垃圾处理，严格按照生态建设标准进行垃圾处理。三是矫正游客行为，旅游者作为洋家乐发展的消费主体，既是提供经济收入的来源，也应该是践行低碳的主角，在实际的发展中，关键在于让游客了解低碳旅游的重要性和标准，培养游客的低碳意识，开发些低碳旅游项目，促进游客行为的改善。

第二，引进旅游管理人才。相对于东部沿海地区，桂滇黔地区教育较为落后，在专业的旅游管理人才方面也较为缺乏。而在旅游产业发展中，旅游人才始终是关键要素。要促进桂滇黔地区洋家乐的发展，缓解地方空心化现象，必须要在引进和培养旅游人才下功夫。只有拥有一支高素质的旅游管理人才队伍，桂滇黔地区的旅游销售和旅游服务才能快速地提升起来，并能通过正确的市场导向、低成本的开发管理等促进桂滇黔乡村旅游产业迅速发展。具体来讲，可以从以下几个方面入手：一是通过招商引资吸引旅游人才，招商项目对桂滇黔旅游人才的引进和游客吸引能够产生较大带动作用，促进招商项目落地，积极地进行人才引进。二是利用政策红利吸引人才前来桂滇黔地区就业，落实专业技术人才柔性流动政策，明确相关引进标准，出台积极的政策奖励，不断促进人才结构的调整，吸引旅游经营管理人才。三是定向培养旅游服务技能型人才，通过委托专业性较强的高校对桂滇黔地区旅游人才进行培育，如广西的桂林旅游学院、云南大学、贵州大学等旅游专业技能型较强的大学，并在学习培训的基础上，鼓励现有人才进行实践锻炼，不断提升旅游管理、服务的能力。

第三，引导乡村旅游业品牌化经营。品牌已经成为一个全球性的话题，是产业发展中最有价值的资产。桂滇黔地区引导乡村旅游品牌化经营，可以从以下几点出发。一是充分顺应新时期的消费潮流，把握桂滇黔地区的区域优势，整合旅游资源的不同要素，找准市场定位，将品牌的功能、特征与消费者心理上的需求联结起来，在全面深化产业供给侧结构性改革的基础上，抓住机遇迎接挑战，准确地分析和确定自己的企业形象，探索领域细分、类别深耕以及定制经营，最大限度地满足多样化的旅游市场。二是实施旅游品牌经营策略，通过提升科技水平和引进人才确保旅游产品质量。高度重视旅游产品的各个环节，保证餐饮、住宿、娱乐、购物、交通等各个环节的完整性，保证旅游产品的整体质量。三是发挥特色优势，在坚持绿色可持续发展模式的基础上提供异质性的旅游产品，突出旅游产品、服务的独特性，注重文化内涵的加深。把桂滇黔地区多样化的民族风情融入旅游产品中，以鲜明的差异化特性去刺激消费需求，创建桂滇黔民族旅游文化品牌。四是打造旅游产品体系，加大旅游产品组合的灵活性，增大旅游方式多样化，构建品牌体系，加大乡村旅游产品供给，打造一批精品乡村旅游点，提升旅游产品的高品质、高服务，加快旅游消费提质升级。

7.6 桂滇黔乡村民宿与村内集约型治理协同模式的实现路径

7.6.1 宏观层面：推进农业供给侧结构性改革，全面建成小康社会

第一，推进农业供给侧结构性改革。一是深化农村土地制度改革，加强村级党组织带头人队伍建设，完善承包地的“三权”分置制度，构建新型的农业经营体系，将顶层设计与实际探索相结合，针对桂滇黔农村土地制度的现状进行农村土地制度改革。二是打造现代农业产业体系，立足桂滇黔农村经济发展的瓶颈与优势，扩大林果生产规模，积极发展特色农业。积极引进先进设备和管理基础，从种植基地到农产品加工、制作再到仓储实现智能化管理，提高农业生产效率，避免低效重复工作程序，解放农村部分劳动力。增加居民参与农业生产的积极性，促进农村一二三产业融合发展。三是提高农村社会化服务水平，重视科技进步在农业供给侧改革中的重要作用，通过采用先进的农业生产技术不断促进农业新业态的产生，提高主要农产品的加工转化率，在引进技术的基础上加强自我创新能力培养，注重独立创新。四是实现农业绿色发展，推动发展生态、绿色、循环农业，将经济发展与环境保护相结合，注重资源的再生能力，不以牺牲环境为代价来发展经济，提升农村居民绿色发展的观念意识水平。五是重视扶贫工作，利用农业生产为桂滇黔农村居民提供更多的就业岗位，为贫困家庭找到合适的脱贫致富道路，积极促进增加家庭收入，减小经济收入差距。

第二，加快农村金融供给侧改革。一是完善农村金融供给体系，调整桂滇黔机构体系，对于一些乡镇中规模较小、经营性差的金融机构实施退

出机制，明确金融机构的市场地位。针对市场业务进行相应的调整，加大对农村中长期信贷支持的力度，为农村生产发展提供稳定的资金支持。二是开发设计合适的金融产品，通过提供多层次的金融产品，进行农村农民需求的全覆盖，扩大有效抵押的范围。大力发展产业链金融，扩展互联网金融服务平台，利用互联网平台的优势更加便捷、高效地进行金融服务，推进农业金融模式的创新。三是引导金融资源向农业供给侧改革倾斜，注重信贷资金从投量到投向的转变，积极支持现代农业发展，对桂滇黔高效率生产、创新性较强、市场发展潜力大的农业经营企业提供长期稳定的支持。加大对新技术推广应用的支持力度，积极开展绿色信贷。四是扩展贷款担保方式，立足于桂滇黔农业金融发展的实际，实行“公司＋基地＋农户”的新型信贷模式，对抵押登记和权属处置平台进行改进和完善，完善农村抵押体系评估。五是加强农村金融基础建设，照顾到偏远地区生活的农村居民，政策给予一定的补贴政策支持金融机构在偏远地区设立营业网点，方便农村居民金融业务办理，积极开展农村信用体系建设，提高农民诚信意识。

第三，全面建设小康社会。首先，积极推动桂滇黔农村经济的发展，减少城市和农村之间的经济差异。根据桂滇黔农村实际发展情况，积极配合当地政策，集中发展特色农业产业，找准适合桂滇黔农村经济发展的新路子。加快经济发展方式改变，重视农业科技在经济发展中的重要带动作用。进一步挖掘桂滇黔乡村文化和民族特色，加速旅游产业与农业的深度融合，利用乡村旅游带动农村各种要素的优化配置，坚持节约资源和保护环境的基本国策，走包容性绿色发展之路，坚持人与自然和谐共生。其次，着力解决发展不平衡不充分问题，在党和国家的政策支持下，桂滇黔的经济取得了显著的发展，但是发展程度还不够。在新的时代条件下实现全面建成小康社会，必须要提升桂滇黔经济发展的质量和效益，既要保证整体经济水平的上升，也要注重局部经济发展的均衡问题。对于困难群众加大支持力度，加快困难群众脱贫攻坚，提升农村人口就业率，提升医疗水平，加大农村人居环境治理，重视农村居民社会保障。最后，实施精准扶贫工程，从现有贫困人口的实际情况出发，依靠科技进步，促进桂滇黔特色农业产业进步，积极推进农业产业化经营，将区域发展与精准扶贫相结合，提高扶贫开发的精准度。大力发展劳动密集型产业，加大对公共文化服务的财政投入力度，全面提升城市文化品位，不断丰富农村精神文化生活。

7.6.2 中观层面：把握市场需求变化，推动乡村旅游发展

第一，以市场为导向，确立乡村民宿的企业主体地位。乡村民宿要取得发展，必须要以市场为导向，促进企业机制的完善，确立乡村民宿的企业主体地位。机制是企业发展的核心问题，机制不活的乡村民宿很难在激烈的旅游市场环境中占有一席之地。在旅游城市化和全域旅游的大背景下，只有正确把握乡村民宿新的历史定位，紧紧把握国家对乡村建设和旅游开发支持的政策条件，顺势而为，重新确立乡村民宿的企业主体地位，跟随市场规律和国家政策的方向，正确把握民宿发展的前进方向，才能形成完善的管理体制。农民是实践主体，也是动力来源。要准确把握市场需求，建立起促进乡村民宿发展的运行机制、经营机制、动力机制、竞争机制等，必须要重视农民在企业主体中的地位，深化农民改革实践，让更多的居民参与到乡村民宿开发中，激活乡村民宿内部造血机能。

第二，创新乡村旅游发展模式。立足桂滇黔三省（区）的乡村旅游资源禀赋，包括优美的自然环境、独特的地域文化、多样化的少数民族风情等要素，以游客需求为导向，不断创新乡村旅游发展模式。一是特色观光旅游模式，将桂滇黔乡村大景观和小特色紧密结合起来，带动景区周边乡村旅游特色资源的开发，进一步完善乡村旅游景区景点的多样性，提升服务水平，典型的是依托乡村旅游景区发展农家客栈、绿道建设、农家乐等乡村旅游形式，吸引有条件的贫困户参与乡村旅游。二是乡村文化和民俗游。文化和民俗作为桂滇黔发展乡村旅游的核心资源，通过开发桂滇黔独具特色的乡村旅游元素，设计和开展增强乡村民俗体验的旅游项目，促进乡村旅游民俗风情的发展，提升旅游产品的文化品位，增强旅游产品的市场竞争力。三是积极推进绿色生态游的发展，加强生态教育与自然教育，充分利用桂滇黔良好的自然环境优势，建设生态特色突出的美丽乡村和美丽社区。以田园景观资源为基础，构建绿色旅游产业，以可持续发展的眼光去看待发展，积极探索生产、生活、生态有机结合的新农村建设路子。四是发展特色产业游，以桂滇黔特色产业为基础开展丰富多彩的乡村旅游活动，如创意农业园、鲜花种植基地、柿子等特色产业，把地方饮食和休闲旅游有效地结合起来，建立观光休闲园区和有机农业庄园，打造地方特色旅游品牌。

第三，积极推进乡村旅游现代化建设。一是建立地方乡村旅游特色品牌，在传统的物质产品基础上更多地将地域文化、自然、生态等因素融入

旅游路线和旅游产品中，大力发展休闲农业，积极培育乡村文化，提高精神消费、文化消费比例，构建主体文化村，开发特色旅游资源，识别不同压力源。有针对性地设计旅游产品和制定营销策略，提升旅游者对目的地的价值感知，形成特色旅游品牌。二是积极引入城市资本，促进乡村旅游现代化建设，转变当地居民的思想观念，提升现代化旅游发展观念认知水平，通过大力引进城市资本促进乡村旅游开发。同时也要注意避免片面追求现代化而忽视地方特有的文化传统，要重视地方文化在乡村旅游开发中的核心位置，注重乡村旅游的文化性和原真性。三是促进乡村服务升级，重视大数据的支持和引导，积极采用现代科技，将现代科学技术应用到农业生产中，改变农村农业旅游现状，促进整个乡村旅游系统的生态健康，提升桂滇黔乡村旅游产品质量与服务品质。四是引进和培养专业人才，地方政府通过制定相关政策保障乡村旅游发展的后备资源充足，建立完善的人才引进机制，加强人才结构的调整，加强当地村民的旅游知识的学习，通过专业人才对农民专业性的指导工作提升地方居民的专业技能，促进农民的文化觉醒。

7.6.3　微观层面：发展民宿经济，确保农民收入持续增长

第一，积极发展乡村农家乐。发展民宿经济，让桂滇黔少数民族文化被更多的游客感知到，从当地的房屋建筑、生活习惯、服饰着装、饮食特点等多方面来进行展示，农家乐便是这样的一种旅游形式。在桂滇黔地区开发农家乐，可以从以下两个方面来进行。一方面，运用科学的方法做好村寨的规划建设，坚持统筹兼顾，桂滇黔地区的乡村民宿因为历史悠久，部分建筑有所损坏，且大部分村寨的结构较为杂乱，没有有序地进行规划和调整。政府应加大对少数民族地区等基础设施的建设力度，科学地对农家乐进行规划，划定旅游服务范围，对破旧的房屋进行修葺，既要保证游客和村民的安全，也要满足旅游市场的需求。另一方面，乡村民宿的经营者大多数是当地的农民，其旅游从业素质较低，文化水平不够，专业技能不强。要发展民宿经济，就要提升旅游服务质量，加强农户经营者的培训，包括旅游知识、礼仪知识、服务规范、管理知识、烹调技能等方面的培训，帮助从业人员更好地为旅游者提供专业化服务，使游客真正体验到农家风情。同时加强乡村民宿从业人员的旅游服务意识，制定相关制度以规范服务行为，整体提升乡村民宿的质量与品级，促进社会主义新农村建设。

第二，进一步推动民宿旅游经济发展。一是抓住国家和地区扶贫政策

红利。为了进一步实现农村经济发展，实现脱贫攻坚，国家出台了乡村振兴战略、贫困地区脱贫攻坚等宏观政策。桂滇黔地方政府也出台了促进农村经济发展、实现农民增收的政策，要推动民宿经济发展，需要充分利用优良的政策环境，鼓励吸引创新创业，在民宿旅游准入条件、从业资质、经营服务等方面建立清晰的制度，规范市场调控，创设有序经营秩序。二是优化民宿旅游精准扶贫硬件环境。进一步完善交通运输体系，解决桂滇黔因交通不便而带来的困难，建立各个旅游节点的交通网络，构建现代化的水陆空旅游交通网络，减少运输成本。另外，完善城乡生活配套服务设施，加强人居环境治理和生态保护力度，在垃圾处理、街道整治、生态保护等方面加强治理力度。三是提升贫困人口的内生发展动力，着力培养民宿旅游扶贫管理干部，以乡情乡愁为纽带，注重乡村文化情结的运用，引导桂滇黔民族地区外出人才返乡投入乡村旅游的发展中，加强乡村旅游培训和旅游服务意识教育，推动民宿经营者树立精品意识，为桂滇黔乡村旅游发展提供人才保障。

第三，促进农民就业转型。一是健全行业管理制度。以促进民宿经济发展为目的规范市场管理，通过法规治理促进地方旅游经营企业建立良好的安全生产信用。建立地方旅游管理机构，着重解决旅游管理中出现的问题，推动旅游市场制度的建设以及实施，督促旅游企业的发展模式创新和改革，促使旅游企业的管理从社会大众的需求出发。二是加强对农民就业的指导。通过建立专门的就业指导咨询中心，提高从业人员素质和服务技能，地方政府深入实施就业优先战略和积极就业政策，实施农村实用人才带头人培训计划，提高专项资金的使用效益，促进农民的就业转型。实施数字技能提升专项培训，促进劳动者转岗提质就业，促进农村劳动力向非农产业和城镇转移。三是创新民宿旅游的地方品牌，形成规模市场。重视创新的力量，从细节入手，增强民宿旅游品牌辨识度，要求民宿经营者对当地的情况进行深入了解、分析，重视桂滇黔地方文化和少数民族风情的旅游吸引力，通过对现有民宿旅游产品进行深入观察，总结出优势、特色和不足之处。以打造地方品牌为目的，设计和安排丰富多样的旅游产品，以民宿旅游市场为引导，创新旅游产品设计，加强文化表演，将自身的产品优势同旅游市场的发展趋势相结合，将民族旅游融入品牌建设，同时针对不同区域内的发展状况，构建不同类型的民宿群，打造具有特色的民宿旅游，进一步扩大桂滇黔民宿旅游市场占有率，推动民宿经济规模化发展，增加农民的创业和就业渠道。

结　　论

本书以桂滇黔三省（区）为案例研究对象，从典型事实描述、理论构建、实证检验和政策设计四个方面，将“桂滇黔乡村旅游六种业态类型创新与空心村治理协同模式”中存在的现实问题、分析框架、作用机理与实现路径作为研究对象进行系统性研究。在理论上能够构建桂滇黔乡村旅游业态创新与空心村治理协同模式来扩展理论体系，在实践中能够为实现桂滇黔农业强、农村美、农民富的战略目标提供关键性的政策建议，具有重要的学术价值和应用价值。归纳起来，本书所取得的创造性成果主要包括以下内容：

一是建立起桂滇黔乡村旅游六种业态类型与空心村治理协同模式的总分析框架和各子分析框架。通过对乡村旅游业态创新与空心村治理的文献梳理和相关理论分析，明晰了乡村旅游业态创新和空心村治理的概念及特征，基于桂滇黔乡村旅游业态类型划分构成维度，并基于空心村治理模式进行维度的划分，对构成维度内涵进行剖析和揭示。构建乡村旅游业态创新的理论模型，形成与空心村治理模式的关联对接。在此基础上，搭建起桂滇黔乡村旅游六种业态类型与空心村治理协同模式的分析框架，并对其进行相关分析说明。

二是构建出桂滇黔乡村旅游六种业态类型与空心村治理协同模式的概念模型，通过对桂滇黔乡村旅游六种业态类型与空心村治理协同模式进行描述，分析影响桂滇黔乡村旅游六种业态类型与空心村治理协同模式的因素，参考现有的国内外关于乡村旅游业态创新与空心村治理协同模式的文献资料，分析休闲农牧场、乡村庄园、生态博物馆、文化创意农业园、洋家乐、乡村民宿六种新型业态类型各自作用方向，提出相应的研究假设。根据建立的分析框架和研究假设，构建桂滇黔乡村旅游六种业态类型与空心村治理协同模式的概念模型，比较静态展开理论分析及模型构建丰富和发展了民族学相关理论。

三是构建出桂滇黔乡村旅游业态创新与空心村治理协同模式的结构方程模型。首先，设置观测变量将潜在变量描述为可被观测的指标并设计出结构问卷；基于探索性因子分析和验证性因子分析，分别构建出基于旅游者与居民的桂滇黔乡村旅游六种业态类型创新与空心村治理协同的结构方程模型。实证结果发现：休闲农牧场可以通过农户意愿、农村产业结构、政策创新三个中间变量对中心村整合型实现间接的影响作用，其间接效应大于各变量之间的直接效应；桂滇黔乡村庄园对中心村整合型治理的结构方程模型较好地与量表数据进行了拟合，乡村庄园对中心村整合型不仅有着直接作用效应，还有较为显著的间接作用效应；农村产业结构与建设主体两个变量在桂滇黔生态博物馆与城镇化引领型治理协同中具有重要作用；农村产业结构与产业基础在桂滇黔文化创意农业园与城镇化引领型治理协同中发挥着重要作用；洋家乐既对村内集约型产生直接作用效应，其间接路径通过游客行为和乡村消费空间两个中间变量得以实现；乡村民宿对村内集约型具有间接作用效应，其间接路径主要通过游客行为和乡村发展模式两个中间变量得以实现。

四是将 SPS 案例研究范式应用到桂滇黔乡村旅游业态创新与空心村治理协同模式研究中，对桂滇黔乡村旅游六种业态类型创新与空心村治理协同模式进行结构化、实效化、系统化的案例发现和讨论。运用单案例研究的方法，结合本书建立的分析框架、研究假设、理论模型以及结构方程分析的结果，基于桂滇黔乡村旅游业态创新类型的现状，分别针对休闲农牧场与中心村整合型、乡村庄园与中心村整合型、生态博物馆与城镇化引领型、文化创意农业园与城镇化引领型、洋家乐与村内集约型、乡村民宿与村内集约型协同模式进行了实际的案例验证。

五是提出桂滇黔乡村旅游业态创新与空心村治理协同模式的实现路径。从规划、分析、设计及实施四个阶段整体出发，结合桂滇黔三省（区）的实际情况分析乡村旅游业态创新与空心村治理的协同效果，分别针对宏观层面、中观层面和微观层面提出桂滇黔乡村旅游六种业态类型创新与空心村治理协同模式的实现路径，识别出需要重点采用的实施策略，为新时代实施乡村振兴战略提供了重要理论与现实参考。

本书立足于桂滇黔三省（区），创新性地将休闲农牧场、乡村庄园、生态博物馆、文化创意农业园、洋家乐与乡村民宿六种创新业态与空心治理的中心村整合型、城镇化引领型以及村内集约型三种治理模式相结合。在桂滇黔地域范围内探讨乡村旅游业态创新与空心村协同模式的实现路径，并厘清其相互关系的逻辑演进、理论架构、实证检验和实现路径等一系列问题，一改以往研究范式，将乡村旅游业态创新与空心村治理协同同时置于桂滇黔三省（区）这一特定空间进行“一揽子”研究，避免了研究范式的片面性。丰富了乡村旅游相关研究的知识积累，为实现乡村旅游与空心村的协同构建了基础理论架构，为以后的研究奠定了基础，具有突出的理论贡献。

同时，习近平总书记在党的十九大报告中从战略的高度提出了乡村振兴的总要求，2018 年《中共中央　国务院关于实施乡村振兴战略的意见》又对实施乡村振兴战略提出了具体的部署，明确了未来乡村振兴的模式、路径和重点。本书对桂滇黔乡村旅游业态创新与空心村治理协同研究的理论成果，有助于更好地推进乡村旅游与空心村协同治理，有利于缓解农村地区空心化现象，对其他地区乡村旅游业态创新和空心村治理协同发展问题提供有利参考，进一步实现农业转型、农村发展、农民增收提供指导，最终实现乡村振兴发展。

限于自身学术水平和学术水平，本书虽然对桂滇黔乡村旅游业态创新与空心村治理协同模式进行了深入的研究，但是仍然存在许多的不足和未解决的问题，在一些方面还可以展开进一步的研究：

第一，由于乡村旅游业态创新与空心村治理协同模式受到来自多方因素的影响，未能考虑各种旅游业态发展的阶段性。在今后的研究中，可以适当引入其他的中间变量，不仅仅局限于现有的维度分析，动态地考察二者协同过程中出现的关键影响因素，可以将影响力较强的因素纳入研究范围，考虑各种乡村旅游创新业态在不同阶段与空心村协同的模式有哪些不同。

第二，问卷的调查范围进一步扩大，将更多的空心村纳入数据收集范围，通过样本数据分析筛选出有用的数据，其数据的计量分析更具数量经济学分析意义。

第三，由于乡村旅游业态是一个不断变化的过程，其过程在不同的时代背景下出现不同的特征，与空心村治理协同模式也不尽相同。在今后的研究中，除了通过一次调研所获得的调研数据进行研究以外，还可以从长远的角度出发，长期地对研究地区进行观察和展开时间序列数据的收集，研究乡村旅游创新业态在不同的发展时期与空心村协同模式变化。

第四，本书所涉及的六种乡村旅游创新业态仅并不能够涵盖所有的乡村旅游业态类型，未来的研究可以将更多的乡村旅游业态考虑在内，探讨不同的乡村旅游创新业态与空心村治理协同模式的差异。

附录1　桂滇黔休闲农牧场对中心村整合型治理协同作用的调查问卷

尊敬的先生/女士：

您好！我是“桂滇黔乡村旅游业态创新与空心村治理协同模式研究”课题组的调查员，为了完成相关研究工作，占用您一点时间来回答下列问题。再次感谢您的支持！

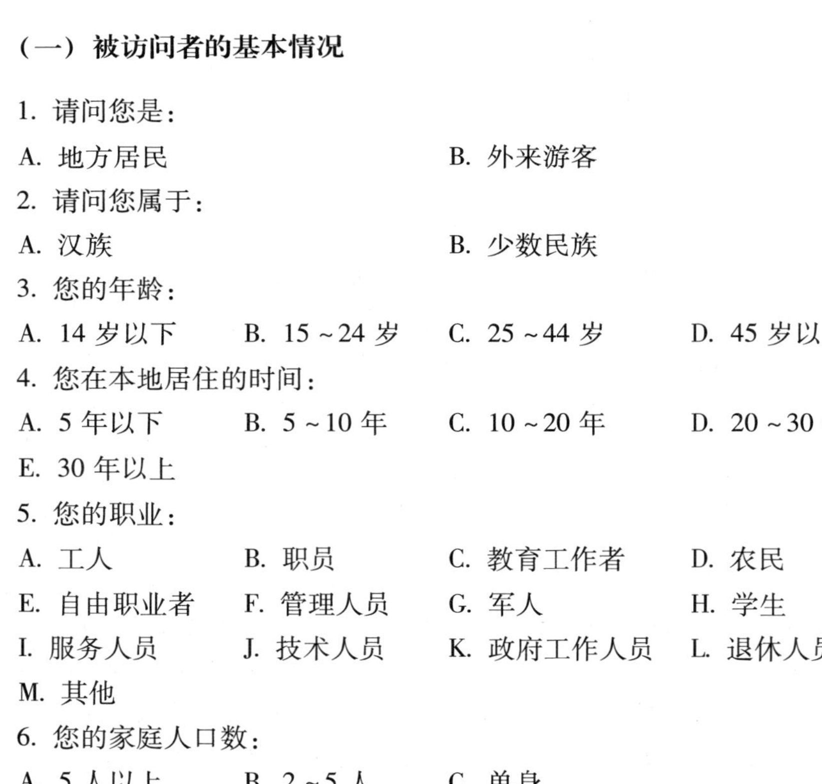

（一）被访问者的基本情况

1. 请问您是：

A. 地方居民　　B. 外来游客

2. 请问您属于：

A. 汉族　　B. 少数民族

3. 您的年龄：

A. 14岁以下　　B. 15～24岁　　C. 25～44岁　　D. 45岁以上

4. 您在本地居住的时间：

A. 5年以下　　B. 5～10年　　C. 10～20年　　D. 20～30年

E. 30年以上

5. 您的职业：

A. 工人　　B. 职员　　C. 教育工作者　　D. 农民

E. 自由职业者　　F. 管理人员　　G. 军人　　H. 学生

I. 服务人员　　J. 技术人员　　K. 政府工作人员　　L. 退休人员

M. 其他

6. 您的家庭人口数：

A. 5人以上　　B. 2～5人　　C. 单身

7. 您的家庭年收入是：

A. 8000元以下　　B. 8000～10000元　　C. 10000～15000元

D. 15000～20000元　　E. 20000～30000元　　F. 30000～50000元

G. 50000元以上

（二）被访者从事旅游业的情况

8. 您的家庭是否有从事旅游行业的成员：

A. 是　　B. 否

9. 您的家庭成员主要从事的旅游经营活动：

A. 餐饮　　B. 住宿　　C. 导游　　D. 交通

E. 景区管理　　F. 旅游产品销售　　G. 旅游规划

H. 娱乐　　I. 其他旅游活动

10. 您从事的旅游业收入占家庭总收入的：

A. 80%以上　　B. 50%～80%　　C. 20%～50%

D. 10%～20%　　E. 10%以下

（三）被访者的旅游感知情况

请您根据您的判断进行选择，1表示最低（最少、最不好、最不满意），2表示较低（较少、比较不好、比较不满意），3表示中等（一般、无所谓高也无所谓低），4表示较高（较多、较好、较为满意），5表示最高（最多、最好、最满意）。

第一部分：休闲农牧场状况

序号	测量指标	现在的状态				
		1	2	3	4	5
1	休闲农牧场的土地类型符合中心村整合型模式的要求程度					
2	休闲农牧场的土地利用状况符合中心村整合型模式的要求程度					
3	休闲农牧场的农业发展状况符合中心村整合型模式的要求程度					
4	休闲农牧场的非农化进程符合中心村整合型模式的要求程度					
5	休闲农牧场的人口数量符合中心村整合型模式的要求程度					
6	休闲农牧场的人口构成符合中心村整合型模式的要求程度					
7	休闲农牧场的城镇化水平符合中心村整合型模式的要求程度					
8	休闲农牧场的城镇化特征符合中心村整合型模式的要求程度					

第二部分：农村产业结构状况

序号	测量指标	现在的状态				
		1	2	3	4	5
1	游客需求数量与农业生产符合中心村整合型模式的要求程度					
2	游客需求种类与农业发展符合中心村整合型模式的要求程度					
3	游客需求趋势与农业规划符合中心村整合型模式的要求程度					
4	农村的资源禀赋符合中心村整合型模式的要求程度					
5	农村的资源开发利用符合中心村整合型模式的要求程度					
6	农村产业的经济收益分配符合中心村整合型模式的要求程度					
7	农村产业的未来经济收益符合中心村整合型模式的要求程度					
8	农村产业的经济收益构成符合中心村整合型模式的要求程度					
9	农村产业发展规划状况符合中心村整合型模式的要求程度					
10	农村产业结构成分符合中心村整合型模式的要求程度					

第三部分：农户意愿状况

序号	测量指标	现在的状态				
		1	2	3	4	5
1	村落的经济收入模式符合中心村整合型模式的要求程度					
2	村落的经济发展观念符合中心村整合型模式的要求程度					
3	村落的经济基础符合中心村整合型模式的要求程度					
4	农户的生活生产方式符合中心村整合型模式的要求程度					
5	农户的未来发展规划符合中心村整合型模式的要求程度					
6	农户的环境保护理念符合中心村整合型模式的要求程度					
7	农户的家庭结构符合中心村整合型模式的要求程度					
8	农户的年龄特征符合中心村整合型模式的要求程度					
9	农户的受教育水平符合中心村整合型模式的要求程度					

第四部分：政策创新状况

序号	测量指标	现在的状态				
		1	2	3	4	5
1	土地产权制度内容符合中心村整合型模式的要求程度					
2	土地产权制度管理状况符合中心村整合型模式的要求程度					
3	城乡二元体制管理方式符合中心村整合型模式的要求程度					
4	城乡二元体制治理状况符合中心村整合型模式的要求程度					

第五部分：中心村整合型状况

序号	测量指标	现在的状态				
		1	2	3	4	5
1	组织协调机制力度符合中心村整合型模式的要求程度					
2	组织协调机制内容符合中心村整合型模式的要求程度					
3	组织协调机制构成符合中心村整合型模式的要求程度					
4	农户参与机制内容符合中心村整合型模式的要求程度					
5	农户参与机制力度符合中心村整合型模式的要求程度					
6	农户参与机制构成符合中心村整合型模式的要求程度					
7	长效监督机制内容符合中心村整合型模式的要求程度					
8	长效监督机制实施符合中心村整合型模式的要求程度					

附录2　桂滇黔乡村庄园对中心村整合型治理协同作用的调查问卷

尊敬的先生/女士：

您好！我是“桂滇黔乡村旅游业态创新与空心村治理协同模式研究”课题组的调查员，为了完成相关研究工作，占用您一点时间来回答下列问题。再次感谢您的支持！

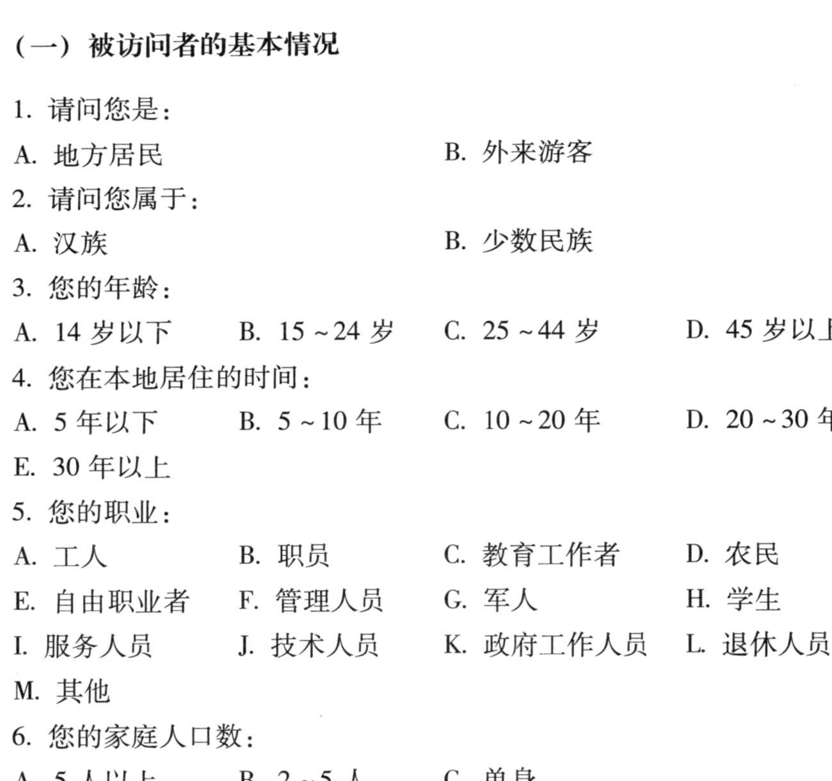

（一）被访问者的基本情况

1. 请问您是：

A. 地方居民　　B. 外来游客

2. 请问您属于：

A. 汉族　　B. 少数民族

3. 您的年龄：

A. 14 岁以下　　B. 15～24 岁　　C. 25～44 岁　　D. 45 岁以上

4. 您在本地居住的时间：

A. 5 年以下　　B. 5～10 年　　C. 10～20 年　　D. 20～30 年

E. 30 年以上

5. 您的职业：

A. 工人　　B. 职员　　C. 教育工作者　　D. 农民

E. 自由职业者　　F. 管理人员　　G. 军人　　H. 学生

I. 服务人员　　J. 技术人员　　K. 政府工作人员　　L. 退休人员

M. 其他

6. 您的家庭人口数：

A. 5 人以上　　B. 2～5 人　　C. 单身

7. 您的家庭年收入是：

A. 8000 元以下　　B. 8000～10000 元　　C. 10000～15000 元

D. 15000~20000元 E. 20000~30000元 F. 30000~50000元
G. 50000元以上

（二）被访者从事旅游业的情况

8. 您的家庭是否有从事旅游行业的成员：
A. 是 B. 否
9. 您的家庭成员主要从事的旅游经营活动：
A. 餐饮 B. 住宿 C. 导游 D. 交通
E. 景区管理 F. 旅游产品销售 G. 旅游规划
H. 娱乐 I. 其他旅游活动
10. 您从事的旅游业收入占家庭总收入的：
A. 80%以上 B. 50%~80% C. 20%~50%
D. 10%~20% E. 10%以下

（三）被访者的旅游感知情况

请您根据您的判断进行选择，1表示最低（最少、最不好、最不满意），2表示较低（较少、比较不好、比较不满意），3表示中等（一般、无所谓高也无所谓低），4表示较高（较多、较好、较为满意），5表示最高（最多、最好、最满意）。

第一部分：乡村庄园状况

序号	测量指标	现在的状态				
		1	2	3	4	5
1	乡村庄园的土地类型符合中心村整合型模式的要求程度					
2	乡村庄园的土地利用状况符合中心村整合型模式的要求程度					
3	乡村庄园的农业发展状况符合中心村整合型模式的要求程度					
4	乡村庄园的非农化进程符合中心村整合型模式的要求程度					
5	乡村庄园的人口数量符合中心村整合型模式的要求程度					
6	乡村庄园的人口构成符合中心村整合型模式的要求程度					
7	乡村庄园的城镇化水平符合中心村整合型模式的要求程度					
8	乡村庄园的城镇化特征符合中心村整合型模式的要求程度					

第二部分：农村产业结构状况

序号	测量指标	现在的状态				
		1	2	3	4	5
1	游客需求数量与农业生产符合中心村整合型模式的要求程度					
2	游客需求种类与农业发展符合中心村整合型模式的要求程度					
3	游客需求趋势与农业规划符合中心村整合型模式的要求程度					
4	农村的资源禀赋符合中心村整合型模式的要求程度					
5	农村的资源开发利用符合中心村整合型模式的要求程度					
6	农村产业的经济收益分配符合中心村整合型模式的要求程度					
7	农村产业的未来经济收益符合中心村整合型模式的要求程度					
8	农村产业的经济收益构成符合中心村整合型模式的要求程度					
9	农村产业发展规划状况符合中心村整合型模式的要求程度					
10	农村产业结构成分符合中心村整合型模式的要求程度					

第三部分：创新能力状况

序号	测量指标	现在的状态				
		1	2	3	4	5
1	资源分布特征符合中心村整合型模式的要求程度					
2	资源利用总量符合中心村整合型模式的要求程度					
3	资源规划状况符合中心村整合型模式的要求程度					
4	项目整合方式符合中心村整合型模式的要求程度					
5	项目创新能力符合中心村整合型模式的要求程度					
6	项目分布与规划特征符合中心村整合型模式的要求程度					
7	外部环境状况符合中心村整合型模式的要求程度					
8	外部技术状况符合中心村整合型模式的要求程度					
9	外部政策延伸情况符合中心村整合型模式的要求程度					

第四部分：政策创新状况

序号	测量指标	现在的状态				
		1	2	3	4	5
1	土地产权制度内容符合中心村整合型模式的要求程度					
2	土地产权制度管理状况符合中心村整合型模式的要求程度					
3	城乡二元体制管理方式符合中心村整合型模式的要求程度					
4	城乡二元体制治理状况符合中心村整合型模式的要求程度					

第五部分：中心村整合型状况

序号	测量指标	现在的状态				
		1	2	3	4	5
1	组织协调机制力度符合中心村整合型模式的要求程度					
2	组织协调机制内容符合中心村整合型模式的要求程度					
3	组织协调机制构成符合中心村整合型模式的要求程度					
4	农户参与机制内容符合中心村整合型模式的要求程度					
5	农户参与机制力度符合中心村整合型模式的要求程度					
6	农户参与机制构成符合中心村整合型模式的要求程度					
7	长效监督机制内容符合中心村整合型模式的要求程度					
8	长效监督机制实施符合中心村整合型模式的要求程度					

附录3　桂滇黔生态博物馆对城镇化引领型治理协同作用的调查问卷

尊敬的先生/女士：

您好！我是“桂滇黔乡村旅游业态创新与空心村治理协同模式研究”课题组的调查员，为了完成相关研究工作，希望您抽出一点时间，以自身的实际经验填写以下内容。本问卷只用于学术研究分析，没有任何的商业目的。再次感谢您的支持！

（一）被访问者的基本情况

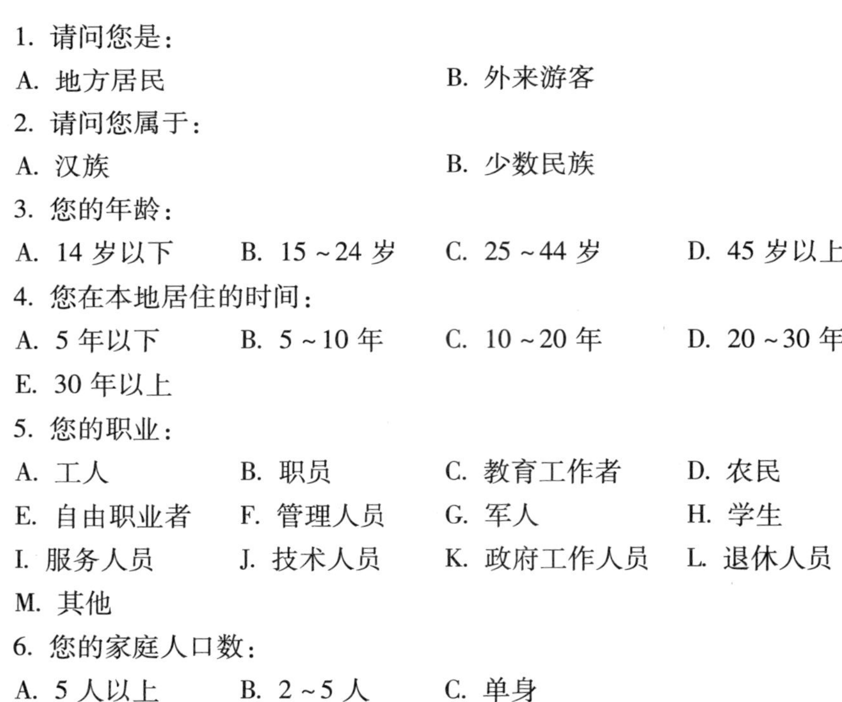

1. 请问您是：

A. 地方居民　　B. 外来游客

2. 请问您属于：

A. 汉族　　B. 少数民族

3. 您的年龄：

A. 14岁以下　　B. 15～24岁　　C. 25～44岁　　D. 45岁以上

4. 您在本地居住的时间：

A. 5年以下　　B. 5～10年　　C. 10～20年　　D. 20～30年

E. 30年以上

5. 您的职业：

A. 工人　　B. 职员　　C. 教育工作者　　D. 农民

E. 自由职业者　　F. 管理人员　　G. 军人　　H. 学生

I. 服务人员　　J. 技术人员　　K. 政府工作人员　　L. 退休人员

M. 其他

6. 您的家庭人口数：

A. 5人以上　　B. 2～5人　　C. 单身

7. 您的家庭年收入是：

A. 8000元以下　B. 8000～10000元　C. 10000～15000元
D. 15000～20000元　E. 20000～30000元　F. 30000～50000元
G. 50000元以上

（二）被访者从事旅游业的情况

8. 您的家庭是否有从事旅游行业的成员：

A. 是　B. 否

9. 您的家庭成员主要从事的旅游经营活动：

A. 餐饮　B. 住宿　C. 导游　D. 交通
E. 景区管理　F. 旅游产品销售　G. 旅游规划
H. 娱乐　I. 其他旅游活动

10. 您从事的旅游业收入占家庭总收入的：

A. 80%以上　B. 50%～80%　C. 20%～50%
D. 10%～20%　E. 10%以下

（三）被访者的旅游感知情况

请您根据您的判断进行选择，1表示最低（最少、最不好、最不满意），2表示较低（较少、比较不好、比较不满意），3表示中等（一般、无所谓高也无所谓低），4表示较高（较多、较好、较为满意），5表示最高（最多、最好、最满意）。

第一部分：生态博物馆状况

序号	测量指标	现在的状态				
		1	2	3	4	5
1	生态博物馆的土地类型符合城镇化引领型模式的要求程度					
2	生态博物馆的土地利用状况符合城镇化引领型模式的要求程度					
3	生态博物馆的生态保护状况符合城镇化引领型模式的要求程度					
4	生态博物馆的生态资源禀赋符合城镇化引领型模式的要求程度					
5	生态博物馆的生态发展潜力符合城镇化引领型模式的要求程度					
6	生态博物馆的文化资源禀赋符合城镇化引领型模式的要求程度					
7	生态博物馆的文旅产业发展符合城镇化引领型模式的要求程度					
8	生态博物馆的城镇化水平符合城镇化引领型模式的要求程度					
9	生态博物馆的城镇化特征符合城镇化引领型模式的要求程度					

第二部分：农村产业结构状况

序号	测量指标	现在的状态				
		1	2	3	4	5
1	游客需求数量与农业生产符合城镇化引领型模式的要求程度					
2	游客需求种类与农业发展符合城镇化引领型模式的要求程度					
3	游客需求趋势与农业规划符合城镇化引领型模式的要求程度					
4	农村的资源禀赋符合城镇化引领型模式的要求程度					
5	农村的资源开发利用符合城镇化引领型模式的要求程度					
6	农村产业的经济收益分配符合城镇化引领型模式的要求程度					
7	农村产业的未来经济收益符合城镇化引领型模式的要求程度					
8	农村产业的经济收益构成符合城镇化引领型模式的要求程度					
9	农村产业发展规划状况符合城镇化引领型模式的要求程度					
10	农村旅游产业结构符合城镇化引领型模式的要求程度					
11	农村产业结构成分符合城镇化引领型模式的要求程度					

第三部分：建设主体状况

序号	测量指标	现在的状态				
		1	2	3	4	5
1	政府主导职能符合城镇化引领型模式的要求程度					
2	政府政策红利符合城镇化引领型模式的要求程度					
3	政府官员偏好符合城镇化引领型模式的要求程度					
4	专家专业指导技能符合城镇化引领型模式的要求程度					
5	专家指导意见特征符合城镇化引领型模式的要求程度					
6	专家文化认知程度符合城镇化引领型模式的要求程度					
7	农民主体特征符合城镇化引领型模式的要求程度					
8	农民文化认知程度符合城镇化引领型模式的要求程度					
9	农民家庭收入水平符合城镇化引领型模式的要求程度					

第四部分：城镇化引领型状况

序号	测量指标	现在的状态				
		1	2	3	4	5
1	组织协调机制力度符合城镇化引领型模式的要求程度					
2	组织协调机制内容符合城镇化引领型模式的要求程度					
3	组织协调机制构成符合城镇化引领型模式的要求程度					
4	农户参与机制内容符合城镇化引领型模式的要求程度					
5	农户参与机制力度符合城镇化引领型模式的要求程度					
6	农户参与机制构成符合城镇化引领型模式的要求程度					
7	长效监督机制内容符合城镇化引领型模式的要求程度					
8	长效监督机制实施符合城镇化引领型模式的要求程度					

附录 4　桂滇黔文化创意农业园对城镇化引领型治理协同作用的调查问卷

尊敬的先生/女士：

您好！我是“桂滇黔乡村旅游业态创新与空心村治理协同模式研究”课题组的调查员，为了完成相关研究工作，占用您一点时间来回答下列问题。再次感谢您的支持！

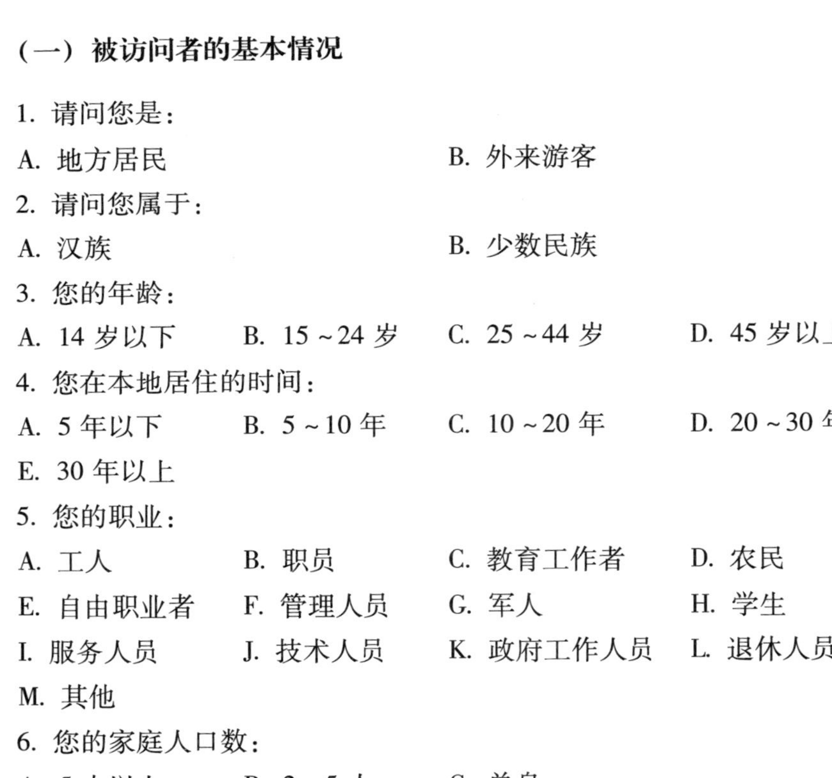

（一）被访问者的基本情况

1. 请问您是：

A. 地方居民　　B. 外来游客

2. 请问您属于：

A. 汉族　　B. 少数民族

3. 您的年龄：

A. 14 岁以下　　B. 15 ~ 24 岁　　C. 25 ~ 44 岁　　D. 45 岁以上

4. 您在本地居住的时间：

A. 5 年以下　　B. 5 ~ 10 年　　C. 10 ~ 20 年　　D. 20 ~ 30 年

E. 30 年以上

5. 您的职业：

A. 工人　　B. 职员　　C. 教育工作者　　D. 农民

E. 自由职业者　　F. 管理人员　　G. 军人　　H. 学生

I. 服务人员　　J. 技术人员　　K. 政府工作人员　　L. 退休人员

M. 其他

6. 您的家庭人口数：

A. 5 人以上　　B. 2 ~ 5 人　　C. 单身

7. 您的家庭年收入是：

A. 8000 元以下　　B. 8000 ~ 10000 元　　C. 10000 ~ 15000 元

D. 15000～20000元　E. 20000～30000元　F. 30000～50000元
G. 50000元以上

（二）被访者从事旅游业的情况

8. 您的家庭是否有从事旅游行业的成员：
A. 是　B. 否
9. 您的家庭成员主要从事的旅游经营活动：
A. 餐饮　B. 住宿　C. 导游　D. 交通
E. 景区管理　F. 旅游产品销售　G. 旅游规划
H. 娱乐　I. 其他旅游活动
10. 您从事的旅游业收入占家庭总收入的：
A. 80%以上　B. 50%～80%　C. 20%～50%
D. 10%～20%　E. 10%以下

（三）被访者的旅游感知情况

请您根据您的判断进行选择，1表示最低（最少、最不好、最不满意），2表示较低（较少、比较不好、比较不满意），3表示中等（一般、无所谓高也无所谓低），4表示较高（较多、较好、较为满意），5表示最高（最多、最好、最满意）。

第一部分：文化创意农业园状况

序号	测量指标	现在的状态				
		1	2	3	4	5
1	文化创意农业园的土地类型符合城镇化引领型模式的要求程度					
2	文化创意农业园的土地利用状况符合城镇化引领型模式的要求程度					
3	文化创意农业园的生态保护状况符合城镇化引领型模式的要求程度					
4	文化创意农业园的生态资源禀赋符合城镇化引领型模式的要求程度					
5	文化创意农业园的生态发展潜力符合城镇化引领型模式的要求程度					
6	文化创意农业园的文化资源禀赋符合城镇化引领型模式的要求程度					

续表

序号	测量指标	现在的状态				
		1	2	3	4	5
7	文化创意农业园的文旅产业发展符合城镇化引领型模式的要求程度					
8	文化创意农业园的城镇化水平符合城镇化引领型模式的要求程度					
9	文化创意农业园的城镇化特征符合城镇化引领型模式的要求程度					

第二部分：农村产业结构状况

序号	测量指标	现在的状态				
		1	2	3	4	5
1	游客需求数量与农业生产符合城镇化引领型模式的要求程度					
2	游客需求种类与农业发展符合城镇化引领型模式的要求程度					
3	游客需求趋势与农业规划符合城镇化引领型模式的要求程度					
4	农村的资源禀赋符合城镇化引领型模式的要求程度					
5	农村的资源开发利用符合城镇化引领型模式的要求程度					
6	农村产业的经济收益分配符合城镇化引领型模式的要求程度					
7	农村产业的未来经济收益符合城镇化引领型模式的要求程度					
8	农村产业的经济收益构成符合城镇化引领型模式的要求程度					
9	农村产业发展规划状况符合城镇化引领型模式的要求程度					
10	农村旅游产业结构符合城镇化引领型模式的要求程度					
11	农村产业结构成分符合城镇化引领型模式的要求程度					

第三部分：产业基础状况

序号	测量指标	现在的状态				
		1	2	3	4	5
1	农业发展状况符合城镇化引领型模式的要求程度					
2	农业发展与创意结合符合城镇化引领型模式的要求程度					
3	农业创新技术符合城镇化引领型模式的要求程度					
4	旅游业的发展现状符合城镇化引领型模式的要求程度					
5	旅游业与创意结合符合城镇化引领型模式的要求程度					
6	旅游创新技术符合城镇化引领型模式的要求程度					

续表

序号	测量指标	现在的状态				
		1	2	3	4	5
7	文化构成和保护现状符合城镇化引领型模式的要求程度					
8	文化的可延伸性符合城镇化引领型模式的要求程度					
9	文化发展的创新技术符合城镇化引领型模式的要求程度					

第四部分：城镇化引领型状况

序号	测量指标	现在的状态				
		1	2	3	4	5
1	组织协调机制力度符合城镇化引领型模式的要求程度					
2	组织协调机制内容符合城镇化引领型模式的要求程度					
3	组织协调机制构成符合城镇化引领型模式的要求程度					
4	农户参与机制内容符合城镇化引领型模式的要求程度					
5	农户参与机制力度符合城镇化引领型模式的要求程度					
6	农户参与机制构成符合城镇化引领型模式的要求程度					
7	长效监督机制内容符合城镇化引领型模式的要求程度					
8	长效监督机制实施符合城镇化引领型模式的要求程度					

附录5　桂滇黔洋家乐对村内集约型治理协同作用的调查问卷

尊敬的先生/女士：

您好！我是“桂滇黔乡村旅游业态创新与空心村治理协同模式研究”课题组的调查员，为了完成相关研究工作，占用您一点时间来回答下列问题。再次感谢您的支持！

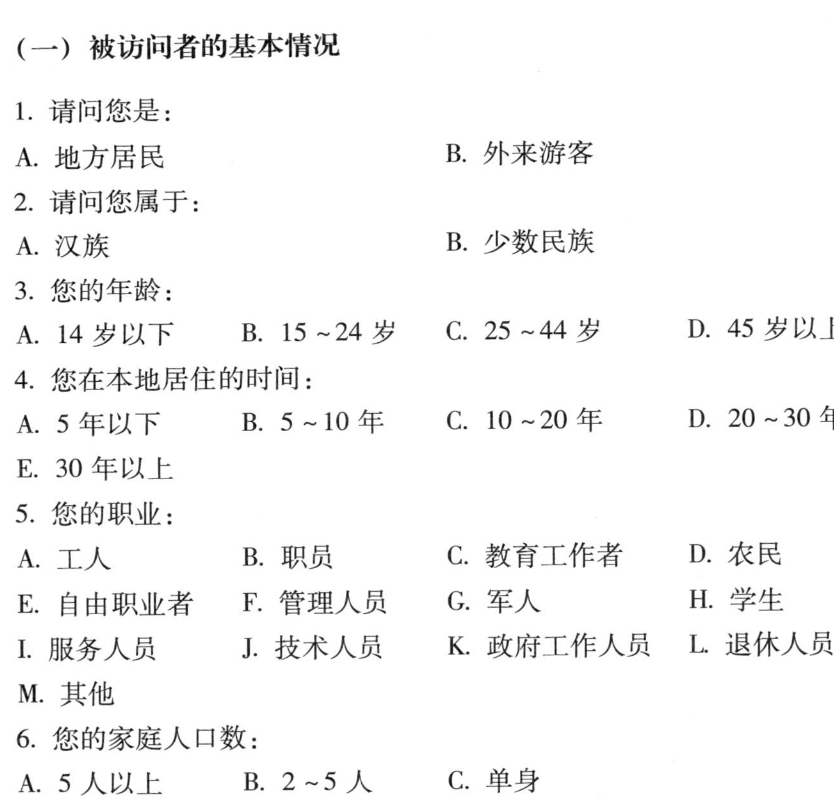

（一）被访问者的基本情况

1. 请问您是：

A. 地方居民　　B. 外来游客

2. 请问您属于：

A. 汉族　　B. 少数民族

3. 您的年龄：

A. 14岁以下　　B. 15～24岁　　C. 25～44岁　　D. 45岁以上

4. 您在本地居住的时间：

A. 5年以下　　B. 5～10年　　C. 10～20年　　D. 20～30年

E. 30年以上

5. 您的职业：

A. 工人　　B. 职员　　C. 教育工作者　　D. 农民

E. 自由职业者　　F. 管理人员　　G. 军人　　H. 学生

I. 服务人员　　J. 技术人员　　K. 政府工作人员　　L. 退休人员

M. 其他

6. 您的家庭人口数：

A. 5人以上　　B. 2～5人　　C. 单身

7. 您的家庭年收入是：

A. 8000元以下　　B. 8000～10000元　　C. 10000～15000元

D. 15000～20000元　　E. 20000～30000元　　F. 30000～50000元
G. 50000元以上

（二）被访者从事旅游业的情况

8. 您的家庭是否有从事旅游行业的成员：
A. 是　　B. 否
9. 您的家庭成员主要从事的旅游经营活动：
A. 餐饮　　B. 住宿　　C. 导游　　D. 交通
E. 景区管理　　F. 旅游产品销售　　G. 旅游规划
H. 娱乐　　I. 其他旅游活动
10. 您从事的旅游业收入占家庭总收入的：
A. 80%以上　　B. 50%～80%　　C. 20%～50%
D. 10%～20%　　E. 10%以下

（三）被访者的旅游感知情况

请您根据您的判断进行选择，1表示最低（最少、最不好、最不满意），2表示较低（较少、比较不好、比较不满意），3表示中等（一般、无所谓高也无所谓低），4表示较高（较多、较好、较为满意），5表示最高（最多、最好、最满意）。

第一部分：洋家乐状况

序号	测量指标	现在的状态				
		1	2	3	4	5
1	洋家乐的地理位置符合村内集约型模式的要求程度					
2	洋家乐的交通状况符合村内集约型模式的要求程度					
3	洋家乐的生态保护状况符合村内集约型模式的要求程度					
4	洋家乐的生态资源禀赋符合村内集约型模式的要求程度					
5	洋家乐的自然发展潜力符合村内集约型模式的要求程度					
6	洋家乐的文化底蕴符合村内集约型模式的要求程度					
7	洋家乐的人文景观符合村内集约型模式的要求程度					
8	洋家乐的游客市场规模符合村内集约型模式的要求程度					
9	洋家乐的游客市场构成符合村内集约型模式的要求程度					

第二部分：乡村消费空间状况

序号	测量指标	现在的状态				
		1	2	3	4	5
1	外来资本方式符合村内集约型模式的要求程度					
2	外来资本规模符合村内集约型模式的要求程度					
3	外来资本投入与报酬符合村内集约型模式的要求程度					
4	自媒体平台构成符合村内集约型模式的要求程度					
5	自媒体主流方式符合村内集约型模式的要求程度					
6	政策规则与乡村旅游结合符合村内集约型模式的要求程度					
7	政府领导人偏好符合村内集约型模式的要求程度					
8	政策执行情况符合村内集约型模式的要求程度					

第三部分：游客行为状况

序号	测量指标	现在的状态				
		1	2	3	4	5
1	游客旅游目的地偏好符合村内集约型模式的要求程度					
2	游客旅游产品选择符合村内集约型模式的要求程度					
3	游客主体特征符合村内集约型模式的要求程度					
4	游客感知价值构成符合村内集约型模式的要求程度					
5	游客感知价值质量符合村内集约型模式的要求程度					
6	游客感知价值延续性符合村内集约型模式的要求程度					
7	游客满意度行为偏好符合村内集约型模式的要求程度					
8	游客满意度影响因素符合村内集约型模式的要求程度					
9	游客满意度现状符合村内集约型模式的要求程度					

第四部分：村内集约型状况

序号	测量指标	现在的状态				
		1	2	3	4	5
1	组织协调机制力度符合村内集约型模式的要求程度					
2	组织协调机制内容符合村内集约型模式的要求程度					
3	组织协调机制构成符合村内集约型模式的要求程度					
4	农户参与机制内容符合村内集约型模式的要求程度					

续表

序号	测量指标	现在的状态				
		1	2	3	4	5
5	农户参与机制力度符合村内集约型模式的要求程度					
6	农户参与机制构成符合村内集约型模式的要求程度					
7	长效监督机制内容符合村内集约型模式的要求程度					
8	长效监督机制实施符合村内集约型模式的要求程度					

附录6　桂滇黔乡村民宿对村内集约型治理协同作用的调查问卷

尊敬的先生/女士：

您好！我是“桂滇黔乡村旅游业态创新与空心村治理协同模式研究”课题组的调查员，为了完成相关研究工作，占用您一点时间来回答下列问题。

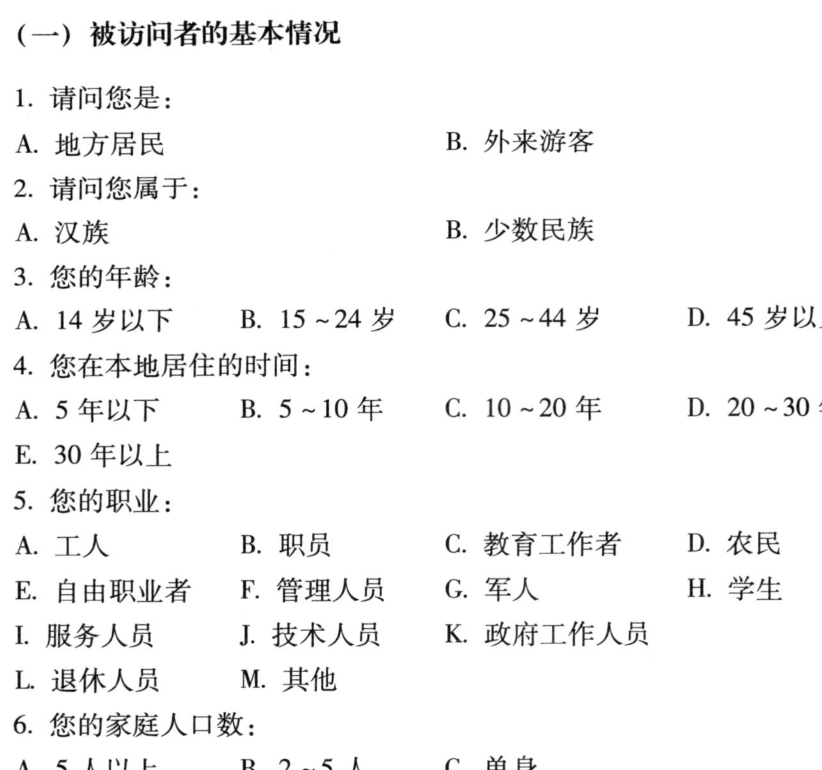

（一）被访问者的基本情况

1. 请问您是：

A. 地方居民　　B. 外来游客

2. 请问您属于：

A. 汉族　　B. 少数民族

3. 您的年龄：

A. 14 岁以下　　B. 15 ~24 岁　　C. 25 ~44 岁　　D. 45 岁以上

4. 您在本地居住的时间：

A. 5 年以下　　B. 5 ~10 年　　C. 10 ~20 年　　D. 20 ~30 年

E. 30 年以上

5. 您的职业：

A. 工人　　B. 职员　　C. 教育工作者　　D. 农民

E. 自由职业者　　F. 管理人员　　G. 军人　　H. 学生

I. 服务人员　　J. 技术人员　　K. 政府工作人员

L. 退休人员　　M. 其他

6. 您的家庭人口数：

A. 5 人以上　　B. 2 ~5 人　　C. 单身

7. 您的家庭年收入是：

A. 8000 元以下　　B. 8000 ~10000 元　　C. 10000 ~15000 元

D. 15000～20000元　E. 20000～30000元　F. 30000～50000元
G. 50000元以上

（二）被访者从事旅游业的情况

8. 您的家庭是否有从事旅游行业的成员：
A. 是　B. 否
9. 您的家庭成员主要从事的旅游经营活动：
A. 餐饮　B. 住宿　C. 导游　D. 交通
E. 景区管理　F. 旅游产品销售　G. 旅游规划
H. 娱乐　I. 其他旅游活动
10. 您从事的旅游业收入占家庭总收入的：
A. 80%以上　B. 50%～80%　C. 20%～50%
D. 10%～20%　E. 10%以下

（三）被访者的旅游感知情况

请您根据您的判断进行选择，1表示最低（最少、最不好、最不满意），2表示较低（较少、比较不好、比较不满意），3表示中等（一般、无所谓高也无所谓低），4表示较高（较多、较好、较为满意），5表示最高（最多、最好、最满意）。

第一部分：乡村民宿状况

序号	测量指标	现在的状态				
		1	2	3	4	5
1	乡村民宿的地理位置符合村内集约型模式的要求程度					
2	乡村民宿的交通状况符合村内集约型模式的要求程度					
3	乡村民宿的生态保护状况符合村内集约型模式的要求程度					
4	乡村民宿的生态资源禀赋符合村内集约型模式的要求程度					
5	乡村民宿的自然发展潜力符合村内集约型模式的要求程度					
6	乡村民宿的文化底蕴符合村内集约型模式的要求程度					
7	乡村民宿的人文景观符合村内集约型模式的要求程度					
8	乡村民宿的游客市场规模符合村内集约型模式的要求程度					
9	乡村民宿的游客市场构成符合村内集约型模式的要求程度					

第二部分：乡村发展模式状况

序号	测量指标	现在的状态				
		1	2	3	4	5
1	乡村旅游产业发展状况符合村内集约型模式的要求程度					
2	乡村泛旅游产业发展状况符合村内集约型模式的要求程度					
3	乡村产业集聚程度符合村内集约型模式的要求程度					
4	乡村流动人口数量符合村内集约型模式的要求程度					
5	乡村非农劳动力人口符合村内集约型模式的要求程度					
6	旅游服务设施建设符合村内集约型模式的要求程度					
7	农业设施建设符合村内集约型模式的要求程度					
8	乡村公共服务设施建设符合村内集约型模式的要求程度					

第三部分：游客行为状况

序号	测量指标	现在的状态				
		1	2	3	4	5
1	游客旅游目的地偏好符合村内集约型模式的要求程度					
2	游客旅游产品选择符合村内集约型模式的要求程度					
3	游客主体特征符合村内集约型模式的要求程度					
4	游客感知价值构成符合村内集约型模式的要求程度					
5	游客感知价值质量符合村内集约型模式的要求程度					
6	游客感知价值延续性符合村内集约型模式的要求程度					
7	游客满意度行为偏好符合村内集约型模式的要求程度					
8	游客满意度影响因素符合村内集约型模式的要求程度					
9	游客满意度现状符合村内集约型模式的要求程度					

第四部分：村内集约型状况

序号	测量指标	现在的状态				
		1	2	3	4	5
1	组织协调机制力度符合村内集约型模式的要求程度					
2	组织协调机制内容符合村内集约型模式的要求程度					
3	组织协调机制构成符合村内集约型模式的要求程度					
4	农户参与机制内容符合村内集约型模式的要求程度					

续表

序号	测量指标	现在的状态				
		1	2	3	4	5
5	农户参与机制力度符合村内集约型模式的要求程度					
6	农户参与机制构成符合村内集约型模式的要求程度					
7	长效监督机制内容符合村内集约型模式的要求程度					
8	长效监督机制实施符合村内集约型模式的要求程度					

参考文献

[1] 安士敏．日本超级市场探源［M］．北京：中国人民大学出版社，1992：169.

[2] 把多勋，张欢欢．基于协同理论的区域旅游产业发展——以西北地区为例［J］．开发研究，2007（2）：92－95.

[3] 白列湖．协同论与管理协同理论［J］．甘肃社会科学，2007（5）：228－230.

[4] 保虎．农民工“逆城市化”现状与反思［J］．当代经济管理，2018，40（6）：46－53.

[5] 蔡克信，杨红，马作珍莫．乡村旅游：实现乡村振兴战略的一种路径选择［J］．农村经济，2018（9）：22－27.

[6] 车亮亮，韩雪．空心村生态旅游整治模式研究［J］．安徽农业科学，2012，40（12）：7253－7255.

[7] 陈传明，孙俊华．企业家人口背景特征与多元化战略选择——基于中国上市公司面板数据的实证研究［J］．管理世界，2008（5）：124－133，187－188.

[8] 陈德好．山村“空心化”现状及其发展之路——以福安市新洋村为例［J］．福建农业，2016（9）：19－20.

[9] 陈丽军．新常态下现代旅游产业竞争优势与区域旅游品牌形象塑造［J］．商业经济研究，2016（24）：188－189.

[10] 陈美球，蒋仁开，朱美英等．乡村振兴背景下农村产业用地政策选择——基于“乡村振兴与农村产业用地政策创新研讨会”的思考［J］．中国土地科学，2018，32（7）：90－96.

[11] 陈小英．福建乡村旅游产业升级路径研究——闽台乡村旅游的“成长差距”比较［J］．福建论坛（人文社会科学版），2015（7）：172－176.

[12] 陈颖. 文化创意产业化融合的路径、障碍与对策 [J]. 深圳大学学报（人文社会科学版），2018，35（2）：48－52.

[13] 陈泳，许南垣. 旅游房地产业态分析——以丽江为例 [J]. 云南财贸学院学报（社会科学版），2006（4）：79－80.

[14] 陈玉福，孙虎，刘彦随. 中国典型农区空心村综合整治模式 [J]. 地理学报，2010，65（6）：727－735.

[15] 陈梓楠. 基于农村产业结构优化的乡村旅游发展模式选择 [J]. 农业经济，2018（9）：58－59.

[16] 程雯，郑云. 城镇化发展下我国农村地区生态旅游管理对策的思考 [J]. 农业经济，2018（9）：47－49.

[17] 崔卫国，李裕瑞，刘彦随. 中国重点农区农村空心化的特征、机制与调控——以河南省郸城县为例 [J]. 资源科学，2011，33（11）：2014－2021.

[18] 戴天放. 农业业态概念和新业态类型及其形成机制初探 [J]. 农业现代化研究，2014，35（2）：200－203，208.

[19] 戴雄武. 旅游农业方兴未艾 [J]. 世界农业，1998（10）：46－48.

[20] 党红艳，金媛媛. 旅游精准扶贫效应及其影响因素消解——基于山西省左权县的案例分析 [J]. 经济问题，2017（6）：108－113.

[21] 邓晓兰，孙长鹏. 企业创新、产业升级与政府引导基金的作用机制 [J]. 山西财经大学学报，2019，41（5）：54－67.

[22] 丁飞洋，郭庆海. 游客感知视角下的民族地区民宿旅游开发研究 [J]. 社会科学战线，2019（3）：254－258.

[23] 丁雨莲，马大全. 旅游业与现代农业融合路径实证研究——以芜湖大浦乡村世界为例 [J]. 中国农学通报，2012，28（14）：157－163.

[24] 丁雨莲，赵媛. 旅游产业融合的动因、路径与主体探析——以深圳华强集团融合发展旅游主题公园为例 [J]. 人文地理，2013，28（4）：126－131.

[25] 杜江，向萍. 关于乡村旅游可持续发展的思考 [J]. 旅游学刊，1999（1）：15－18，73.

[26] 杜兴军，陈曦. 台湾地区休闲农业发展的经验及对大陆的启示 [J]. 农业现代化研究，2013，34（2）：198－201.

[27] 杜韵红．乡土传统中生态博物馆之实验与实践［J］．贵州社会科学，2018（2）：36－41.

[28] 范文静，唐承财．地质遗产区旅游产业融合路径探析——以黄河石林国家地质公园为例［J］．资源科学，2013，35（12）：2376－2383.

[29] 范晔．协同理论支撑下的旅游小城镇发展策略研究［J］．农业经济，2014（7）：67－68.

[30] 房艳刚，刘继生．基于多功能理论的中国乡村发展多元化探讨——超越“现代化”发展范式［J］．地理学报，2015，70（2）：257－270.

[31] 冯健，杜瑀．空心村整治意愿及其影响因素——基于宁夏西吉县的调查［J］．人文地理，2016，31（6）：39－48.

[32] 冯健，叶竹．空心村整治中的多元有机规划思路——河南邓州的实践探索［J］．城市发展研究，2017，24（9）：88－97.

[33] 冯麟茜．基于三重底线理论的乡村旅游生态化发展探究［J］．农业经济，2018（4）：54－55.

[34] 傅丽华．基于景观生态学理论的城郊农业旅游产品设计研究［J］．农业经济，2007（3）：35－36.

[35] 高凌江，夏杰长．中国旅游产业融合的动力机制、路径及政策选择［J］．首都经济贸易大学学报，2012，14（2）：52－57.

[36] 高苹，席建超．旅游地乡村聚落产业集聚的时空演化及其驱动机制研究——野三坡旅游地苟各庄村案例实证［J］．资源科学，2017，39（8）：1535－1544.

[37] 高琼琼，张杰，王世金．甘肃省黄土高原中部地区农村空心化问题实证研究——基于榆中县甘草店镇调查数据［J］．资源开发与市场，2016，32（11）：1357－1361，1371.

[38] 高彦彬．农业供给侧改革的金融支持策略探讨［J］．中国集体经济，2019（13）：101－102.

[39] 郭贯成，戈楚婷．推拉理论视角下的农村宅基地退出机制研究——基于南京市栖霞区农户意愿调查［J］．长江流域资源与环境，2017，26（6）：816－823.

[40] 国家旅游局课题组．旅游新业态与增长潜力分析报告［R］//国家旅游局．旅游科研课题成果精选．北京：中国旅游出版社，

2008：63－75.

[41] 何建民．我国旅游产业融合发展的形式、动因、路径、障碍及机制［J］．旅游学刊，2011，26（4）：8－9.

[42] 侯晓康，刘天军，黄腾，袁雪霈．农户绿色农业技术采纳行为及收入效应［J］．西北农林科技大学学报（社会科学版），2019（3）：121－131.

[43] 胡斌．民宿旅游的发展对农民就业转型的影响［J］．农业经济，2018（3）：89－91.

[44] 胡美术．中越边境的“空心村”治理实践研究：以东兴河洲村为例［J］．黑龙江民族丛刊，2016（6）：45－51.

[45] 华亦雄，周浩明．生态美学视域下“洋家乐”的可持续设计解读［J］．生态经济，2016，32（2）：221－224.

[46] 黄爱莲．乡村旅游与创意休闲农业发展研究［J］．安徽农业科学，2011，39（20）：12373－12374，12378.

[47] 黄健柏，兰勇．企业战略联盟的二元性：竞争与合作——价值链理论、资源基础理论与博弈论的融合［J］．管理现代化，2008（1）：32－34.

[48] 黄静波，李纯．湘粤赣边界区域红色旅游协同发展模式［J］．经济地理，2015，35（12）：203－208.

[49] 黄晓瑜，彭润红．虚拟展示设计在广西三江侗族生态博物馆研究与实现［J］．美术教育研究，2015（17）：84－85.

[50] 黄莘绒，李红波，胡昊宇．乡村居民消费空间的特征及其影响机制——以南京“五朵金花”为例［J］．地域研究与开发，2018，37（4）：162－167.

[51] 黄燕，任燕，李勇．关中—天水经济区旅游业态创新发展研究［J］．西安财经学院学报，2015，28（2）：47－51.

[52] 黄燕，赵振斌，褚玉杰，张铖．互联网时代的旅游地视觉表征：多元建构与循环［J］．旅游学刊，2015，30（6）：91－101.

[53] 黄毅轩．“两委”的转变［J］．当代兵团，2018（19）：14－15.

[54] 黄震方，陆林，苏勤等．新型城镇化背景下的乡村旅游发展——理论反思与困境突破［J］．地理研究，2015，34（8）：1409－1421.

[55] 姜绍静，罗泮．空心村问题研究进展与成果综述［J］．中国人口·资源与环境，2014，24（6）：51－58.

[56] 蒋慧云，王兴山．浅析旅游业对农村“空心化”缓解效应的机理［J］．中国商论，2017（25）：54－55.

[57] 蒋佳倩，李艳．国内外旅游“民宿”研究综述［J］．旅游研究，2014（4）：16－22.

[58] 焦必方．日本农村城市化进程及其特点——基于日本市町村结构变化的研究与分析［J］．复旦学报（社会科学版），2017，59（2）：162－172.

[59] 孔晴晴，陈玉福，唐海萍．平原农区空心村综合整治规划的农民意愿分析——以山东省禹城市典型村庄为例［J］．农业现代化研究，2017，38（1）：119－127.

[60] 孔祥智．培育农业农村发展新动能的三大途径［J］．经济与管理评论，2018，34（5）：5－11.

[61] 匡后明．东风农场土地资本化促转型［J］．中国农垦，2018（6）：19－20.

[62] 黎森．生态博物馆利益相关者利益冲突分析——以三江侗族生态博物馆为例［J］．中国农学通报，2012，28（2）：139－145.

[63] 李长印．“空心村”形态特征与生成机理分析——以河南省农村为例［J］．华中农业大学学报（社会科学版），2014（2）：95－99.

[64] 李定可．乡村旅游新业态研究——以洛阳市栾川县为例［J］．洛阳理工学院学报（社会科学版），2018，33（1）：41－48.

[65] 李罕梁，周玲强，郑一波．“洋家乐”游客的动机、感知价值对其满意度和行为意愿的影响［J］．浙江大学学报（理学版），2018，45（1）：92－102.

[66] 李君，李小建．河南中收入丘陵区村庄空心化微观分析［J］．中国人口·资源与环境，2008（1）：170－175.

[67] 李明月，黄明进．空心村改造农民意愿及其影响因素分析——基于广州市白云区235户农户调查数据［J］．城市发展研究，2012，19（9）：120－124.

[68] 李鹏，李柏文，田里．双层嵌套多元旅游业态概念模型初步研究［J］．旅游学刊，2012，27（4）：64－70.

[69] 李瑞峰．我国西部地区农业经济发展与生态产业重构［J］．农业经济，2018（10）：56－58.

[70] 李树民．旅游产业融合与旅游产业协整发展［J］．旅游学刊，

2011，26（6）：5－6.

[71] 李玮谦．基于游客行为的元谋土林旅游景区旅游发展探析［J］．度假旅游，2019（3）：27－29.

[72] 李向明，孙春柳，董宇涵．研究生教育中外合作办学选择动因研究——推拉理论的拓展与延伸［J］．清华大学教育研究，2017，38（3）：108－112.

[73] 李潇．基于农户意愿的国家重点生态功能区生态补偿标准核算及其影响因素——以陕西省柞水县、镇安县为例［J］．管理学刊，2018，31（6）：21－31.

[74] 李晓琴，胡丹临，郑雨．基于协同论、“点—轴系统”理论的大香格里拉东部温泉旅游开发研究［J］．生态经济，2009（3）：96－98.

[75] 李晓琴，覃建雄．基于协同论和点—轴系统理论的成都乡村旅游发展研究［J］．安徽农业科学，2008（1）：44－45，49.

[76] 李晓琴．基于“产业融合”理论的低碳旅游业态创新路径研究［J］．西南民族大学学报（人文社科版），2016，37（2）：126－130.

[77] 李雪丽，陶婷芳，张振国．新业态：旅游业可持续发展的战略选择［J］．江苏商论，2011（12）：115－118.

[78] 李银兵，李丹．生态博物馆建设中的三种关系辨析［J］．东南文化，2017（6）：109－114.

[79] 李勇军，王庆生．乡村文化与旅游产业融合发展研究［J］．财经理论与实践，2016，37（3）：128－133.

[80] 梁坤，杜靖川．产业融合视角下现代工业旅游发展模式研究［J］．世界地理研究，2015，24（3）：152－159.

[81] 梁瑞华．培育壮大农业新业态发展路径及对策研究［J］．河南社会科学，2019（3）：115－119.

[82] 廖彩荣，陈美球．乡村振兴战略的理论逻辑、科学内涵与实现路径［J］．农林经济管理学报，2017，16（6）：795－802.

[83] 林伯明．关于发展桂林乡村旅游的思考［J］．社会科学家，1999（4）：76－78.

[84] 刘传喜，唐代剑．乡村旅游新业态的族裔经济现象及其形成机理——以浙江德清地区为例［J］．经济地理，2015，35（11）：190－197.

[85] 刘东旭."推拉理论"再阐释：基于彝人的流动抉择分析［J］. 湖北民族学院学报（哲学社会科学版），2017，35（3）：17－21.

[86] 刘建生，陈鑫．协同治理：中国空心村治理的一种理论模型——以江西省安福县广丘村为例［J］. 中国土地科学，2016，30（1）：53－60.

[87] 刘林平，蒋和超，李潇晓等．重新检验推拉理论：来自夜间灯光数据的证据［J］. 华东理工大学学报（社会科学版），2016，31（1）：10－18.

[88] 刘锐，阳云云．空心村问题再认识——农民主位的视角［J］. 社会科学研究，2013（3）：102－108.

[89] 刘晓霞，王兴中，翟洲燕，常芳．基于城市日常体系理念的农家乐旅游空间功能结构提升研究——以蓝田县为例［J］. 人文地理，2011，26（5）：138－142.

[90] 刘晓英．休闲创意农业旅游的产业融合型发展模式［J］. 农业经济，2018（7）：12－13.

[91] 刘兴才．美丽乡村八年破茧成蝶——兴义市下纳灰村乡村旅游发展纪实［J］. 当代贵州，2013（13）：28－29.

[92] 刘彦随，刘玉，翟荣新．中国农村空心化的地理学研究与整治实践［J］. 地理学报，2009，64（10）：1193－1202.

[93] 刘彦随，刘玉．中国农村空心化问题研究的进展与展望［J］. 地理研究，2010，29（1）：35－42.

[94] 刘彦随，朱琳，李玉恒．转型期农村土地整治的基础理论与模式探析［J］. 地理科学进展，2012，31（6）：777－782.

[95] 刘晔．辽宁省乡村旅游新业态发展模式分析［J］. 旅游纵览（下半月），2017（3）：66－68.

[96] 刘玉成．旅游业态创新：提升桂林旅游核心竞争力的路径选择［J］. 中共桂林市委党校学报，2016，16（4）：21－24.

[97] 龙建辉．破解农村发展难题三策［J］. 人民论坛，2018（27）：78－79.

[98] 卢世菊，柏贵喜．民族地区旅游扶贫与非物质文化遗产保护协调发展研究［J］. 中南民族大学学报（人文社会科学版），2017，37（2）：74－79.

[99] 卢世菊，吴海伦．精准扶贫背景下民族地区民宿旅游发展研究

[J]. 贵州民族研究，2019，40（1）：135－138.

[100] 鲁延召．产业融合视角下旅游业态创新研究——以河南旅游与物流产业融合为例［J］. 广西社会科学，2018（2）：88－92.

[101] 陆林，陈振，黄剑锋，凌善金，朱其静，穆成林，许艳．基于协同理论的旅游综合体演化过程与机制研究——以杭州西溪国家湿地公园为例［J］. 地理科学，2017，37（4）：481－491.

[102] 陆铭．农村人口结构如何调整？［J］. 经济研究参考，2015（54）：33.

[103] 吕惠琴，李锦雯．反推拉模型：珠三角农民工短缺动因分析［J］. 学术交流，2013（5）：159－163.

[104] 吕连琴，刘爱荣．我国乡村旅游高级化的产品设计导向［J］. 地域研究与开发，2002（4）：69－72.

[105] 吕埴．浅议民族生态博物馆的集群化发展——对广西"1＋10"生态博物馆模式的回顾与思考［J］. 中国博物馆，2018（2）：60－63.

[106] 罗彦，杜枫，邱凯付．协同理论下的城乡统筹规划编制［J］. 规划师，2013，29（12）：12－16.

[107] 马良．大力提升农村金融服务质量促进"三农"经济转型升级［J］. 农业经济，2019（2）：90－92.

[108] 马耀峰，李永军．中国入境后旅游流的空间分布研究［J］. 人文地理，2001，16（6）：44－47.

[109] 马昀．资源基础理论的回顾与思考［J］. 经济管理，2001（12）：23－27.

[110] 孟德友，陆玉麒．基于生态位理论的旅游地发展策略研究——以黔东南州巴拉河流域乡村旅游区为例［J］. 安徽农业科学，2006（21）：5629－5631.

[111] 莫光辉，于泽堃，祝慧．人口流动视域下的乡村协同治理模式建构——以广西两岸村"同心共建"工程为例［J］. 理论导刊，2016（1）：70－73.

[112] 莫琨，郑鹏．养老旅游意愿影响因素实证分析：基于推拉理论［J］. 资源开发与市场，2014，30（6）：758－762.

[113] 聂鹰，龙勇．整合交易成本和资源基础理论的联盟效率边界动态模型研究［J］. 现代管理科学，2014（5）：70－72.

[114] 乔家君，刘嘉俊，谢森．欠发达农区村域空心化特征及其微观机理——以兰考县三个村为例［J］．人文地理，2011，26（6）：98-102，160.

[115] 乔陆印，刘彦随．新时期乡村振兴战略与农村宅基地制度改革［J］．地理研究，2019，38（3）：655-666.

[116] 邱生荣，梁康迳．农业多功能开发对闲置农地效益的影响分析［J］．统计与决策，2014（5）：109-112.

[117] 屈颖，赵秉琨．试论旅游市场中利益相关者的旅游伦理建设［J］．陕西青年管理干部学院学报，2007（1）：46-48.

[118] 任初明．战略性资源：大学竞争力构建的根基——基于资源基础理论的视角［J］．现代教育管理，2012（8）：35-38.

[119] 时少华，梁佳蕊．传统村落与旅游：乡愁挽留与活化利用［J］．长白学刊，2018（4）：142-149.

[120] 舒伯阳．中国观光农业旅游的现状分析与前景展望［J］．旅游学刊，1997（5）：40-42.

[121] 税伟，张启春，王山河．城市化对城市近郊乡村旅游地生命周期的影响分析［J］．地域研究与开发，2005（6）：89-92.

[122] 宋凡金，王爱忠，王东强．统筹城乡发展中乡村旅游开发与农村空心化治理［J］．农业现代化研究，2015，36（5）：755-759.

[123] 宋瑞．生态文明制度建设背景下的可持续旅游发展研究［J］．生态经济，2018，34（9）：134-138.

[124] 宋伟，陈百明，张英．中国村庄宅基地空心化评价及其影响因素［J］．地理研究，2013，32（1）：20-28.

[125] 宋文飞，李国平，杨永莲．农民生态保护受偿意愿及其影响因素分析——基于陕西国家级自然保护区周边660户农户的调研数据［J］．干旱区资源与环境，2018，32（3）：63-69.

[126] 宋晓虹．生态旅游农业的发展及其创新意义［J］．贵州农业科学，2002（1）：59-62.

[127] 宋增文．乡村旅游新业态发展机制研究——以北京市为例［J］．北京农业，2014（2）：14-19.

[128] 苏镜科，张俊竹．创意·村落——洛场村创客园景观规划设计［J］．设计，2018（1）：9.

[129] 孙光堂. 生态庄园经济: 发展现代农业的一条新路 [J]. 求是, 2013 (11): 59-60.

[130] 孙清忠, 黄方方. 高校协同创新中心资源优化配置机制构建探析——基于管理协同理论视角 [J]. 高教探索, 2014 (5): 26-29.

[131] 谭莉. 农村旅游休闲经济发展与乡村经济振兴的关联性研究 [J]. 农业经济, 2019 (3): 21-23.

[132] 谭雪兰, 于思远, 欧阳巧玲等. 快速城市化区域农村空心化测度与影响因素研究——以长株潭地区为例 [J]. 地理研究, 2017, 36 (4): 684-694.

[133] 陶雨芳. 对开发宁夏回族旅游文化资源的一些思考 [J]. 回族研究, 2002 (1): 106-108.

[134] 田青刚. 论旅游业态演变中的非物质文化元素 [J]. 特区经济, 2010 (9): 153-155.

[135] 田双清, 谢皖东, 陈磊等. 城镇近郊区空心村整治农户意愿及影响因素分析——以成都市5个县(市、区)17个村为例 [J]. 水土保持研究, 2017, 24 (5): 305-313.

[136] 田新强. 乡村旅游开发与农村空心化问题治理 [J]. 农业经济, 2017 (4): 52-54.

[137] 汪姣. 乡村振兴战略下的民族地区旅游可持续扶贫研究 [J]. 农业经济, 2018 (8): 30-32.

[138] 王成新, 姚士谋, 陈彩虹. 中国农村聚落空心化问题实证研究 [J]. 地理科学, 2005 (3): 3257-3262.

[139] 王国刚, 刘彦随, 王介勇. 中国农村空心化演进机理与调控策略 [J]. 农业现代化研究, 2015, 36 (1): 34-40.

[140] 王恒. 供给侧结构性改革背景下大连乡村旅游业态升级研究 [J]. 江苏农业科学, 2017, 45 (19): 80-85.

[141] 王华丽, 张磊磊, 王新哲. 基于协同理论的新疆农业科学数据共享研究 [J]. 农业现代化研究, 2015, 36 (4): 708-715.

[142] 王介勇, 刘彦随, 陈秧分. 农村空心化程度影响因素的实证研究——基于山东省村庄调查数据 [J]. 自然资源学报, 2013, 28 (1): 10-18.

[143] 王介勇, 刘彦随, 陈玉福. 黄淮海平原农区农户空心村整治

意愿及影响因素实证研究 [J]. 地理科学, 2012, 32 (12): 1452 - 1458.

[144] 王良健, 李晶晶, 陈锦龙. 中国省际旅游业发展演进的时空特征 [J]. 地理科学进展, 2010, 29 (10): 1249 - 1255.

[145] 王平. 基于协同理论的图书馆信息资源共建共享研究 [J]. 现代情报, 2014, 34 (4): 33 - 37.

[146] 王倩颖, 孙晓, 刘海英. 乡村振兴战略视角下农村旅游的突围路径 [J]. 农业经济, 2019 (4): 50 - 51.

[147] 王卫疆. 从前哨芒果生产看东风农场产业调整发展中的问题与思考 [J]. 热带农业科技, 2019, 42 (1): 51 - 54.

[148] 王亚星, 耿天鹏, 王悦. 山西生态庄园经济的战略创新探析 [J]. 现代管理科学, 2014 (9): 30 - 32.

[149] 王烨冰. 农村产业融合发展的模式选择与政策取向 [J]. 农业经济, 2019 (2): 38 - 39.

[150] 王云才. 国际乡村旅游发展的政策经验与借鉴 [J]. 旅游学刊, 2002 (4): 45 - 50.

[151] 王占龙, 张国成. 基于体验经济理论的休闲观光牧场发展模式探究 [J]. 黑龙江畜牧兽医, 2018 (14): 43 - 46.

[152] 魏程琳, 史明萍. "空心村" 治理与宅基地制度变革——基于广西富县实地调研 [J]. 城市规划, 2017, 41 (1): 63 - 69.

[153] 温卫娟, 乔忠. 基于动态协同理论的城市共同配送机理及特性研究 [J]. 山西财经大学学报, 2012, 34 (S1): 83 - 84, 86.

[154] 文军, 魏美才. 乡村旅游开发模式探讨——以广西富川瑶族自治县秀水村为例 [J]. 生态经济, 2003 (10): 125 - 127.

[155] 吴光宇, 樊文斌, 郭海清. 最优群信息下的旅游可持续发展评价 [J]. 技术经济与管理研究, 2018 (5): 103 - 108.

[156] 吴江, 贾元华, 于帅, 郭月. 交通基础设施建设对产业集聚的影响分析——以旅游产业为例 [J]. 北京交通大学学报 (社会科学版), 2019, 18 (2): 52 - 60.

[157] 吴金南, 刘林. 国外企业资源基础理论研究综述 [J]. 安徽工业大学学报 (社会科学版), 2011, 28 (6): 28 - 31.

[158] 吴业苗. 农民消费空间转向及其对 "人的城镇化" 作用 [J]. 中国农业大学学报 (社会科学版), 2016, 33 (6): 20 - 29.

［159］吴有进．乡村民宿旅游发展对农业经济的带动作用［J］．农业经济，2018（5）：140－142．

［160］武小龙，刘祖云．村社空心化的形成及其治理逻辑——基于结构功能主义的分析范式［J］．西北农林科技大学学报（社会科学版），2014，14（4）：108－113．

［161］夏春玉．零售业态变迁理论及其新发展［J］．当代经济科学，2002（4）：70－77．

［162］夏昆昆，刘立文，王秀花等．黄土丘陵区贫困县农村空心化现状及其影响分析——以和顺县为例［J］．中国农业资源与区划，2018，39（1）：159－165．

［163］夏月华．统筹城乡经济协调发展 破解农村空心化困局［J］．北方经济，2017（12）：67－70．

［164］夏正智．空心村现象的成因及治理对策［J］．农业经济，2016（5）：9－11．

［165］肖桐，邬志辉．"推拉理论"视域下特岗教师的去留困境——从五位特岗教师的故事说起［J］．教育理论与实践，2018，38（4）：39－43．

［166］肖熙．台湾省休闲农场建设的经验［J］．世界农业，2015（11）：228－230，235．

［167］肖佑兴，卢遥，薛莹，肖星．城郊空心型古村落度假旅游开发研究——以广州市鹅兜村为例［J］．国土与自然资源研究，2011（3）：66－67．

［168］谢晓燕．农业供给侧问题及新动能培育对策［J］．经济论坛，2018（9）：105－108．

［169］谢艳，郑循刚．成都平原区城镇近郊村庄的空心化程度研究［J］．四川农业大学学报，2017，35（3）：439－444．

［170］熊爱华，张涵．农村一二三产业融合：发展模式、条件分析及政策建议［J］．理论学刊，2019（1）：72－79．

［171］熊凯．乡村意象与乡村旅游开发刍议［J］．地域研究与开发，1999（3）：70－73．

［172］徐秉文．旅游业必须遵循综合性发展的规律［J］．经济研究，1983（9）：30－34．

［173］徐传谌，王艺璇．旅游业与非物质文化遗产产业融合：一个综

述［J］. 经济体制改革，2018（3）：91－96.

［174］徐虹，范清. 我国旅游产业融合的障碍因素及其竞争力提升策略研究［J］. 旅游科学，2008（4）：1－5.

［175］徐俊. 现代庄园经济创新能力评价指标体系探究［J］. 现代营销（经营版），2018（12）：51.

［176］徐露. 基于增长极理论的乡村旅游资源深度利用研究［J］. 农业经济，2017（8）：88－90.

［177］徐清. 基于"点—轴系统"理论的乡村旅游空间集聚研究——以浙江江山市为例［J］. 经济地理，2013，33（4）：174－178.

［178］许春晓. 红色旅游的业态群落发育研究［J］. 商业经济与管理，2014（5）：51－59.

［179］许恒周，殷红春，石淑芹. 代际差异视角下农民工乡城迁移与宅基地退出影响因素分析——基于推拉理论的实证研究［J］. 中国人口·资源与环境，2013，23（8）：75－80.

［180］许祥云. 农村宅基地管理问题与对策——以云南省陆良县为例［J］. 中国土地，2017（5）：52－53.

［181］许彦彬. 人口学视角下的空心村治理研究［J］. 西北人口，2012，33（5）：75－78.

［182］许豫宏. 旅游新业态的行业创新思考（上）［N］. 中国旅游报，2009－02－27（10）.

［183］薛力. 城市化背景下的"空心村"现象及其对策探讨——以江苏省为例［J］. 城市规划，2001（6）：8－13.

［184］薛鹏，何春燕，刘邵权. 四川省山丘区农村聚落空心化现状及影响因素分析［J］. 广东农业科学，2013，40（13）：207－210.

［185］晏小敏. 创意农业带动湖南农村经济发展研究：以沅江市芦苇产业为例［J］. 湖南科技大学学报（自然科学版），2016，31（2）：122－128.

［186］杨春华. 资源概念界定与资源基础理论述评［J］. 科技管理研究，2008（8）：77－79.

［187］杨济诗，孙霞琴. 小吃广场应走向休闲娱乐中心、社区购物中心［J］. 上海商业，2001（9）：43－45.

［188］杨剑. 旅游业多元化发展的特征及启示［J］. 经济体制改革，2005（5）：35－38.

[189] 杨娇，宗慧．农村宅基地流转对“空心村”治理研究——以大理市下关镇大庄村为例［J］．经贸实践，2017（8）：79.

[190] 杨劲松．开发都市型乡村旅游产品［J］．社会，1999（3）：28－29.

[191] 杨玲玲，魏小安．旅游新业态的“新”意探析［J］．资源与产业，2009，11（6）：135－138.

[192] 杨敏，周耀烈．促进价格合理：地方农业升级策略研究——以杭州市为例［J］．科技管理研究，2012，32（18）：64－67.

[193] 杨强．体育旅游产业融合发展的动力与路径机制［J］．体育学刊，2016，23（4）：55－62.

[194] 杨莎莎．旅游城市化进程中的新型城乡形态演化：内涵、机制及过程［J］．社会科学，2018（3）：48－60.

[195] 杨旭．开发“乡村旅游”势在必行［J］．旅游学刊，1992（2）：38－41，61.

[196] 姚丽．土地政策如何支持农村新业态发展［J］．中国土地，2017（1）：19－23.

[197] 药雅静，王文昌．农村集体经营性建设用地入市认知及意愿分析——基于农户视角［J］．江苏农业科学，2019，47（7）：1－4.

[198] 易文彬．论农村空心化治理的多重逻辑［J］．西南民族大学学报（人文社科版），2018，39（7）：190－195.

[199] 银元，李晓琴．山地旅游业态影响因素及规划实证研究——以贡嘎山风景名胜区为例［J］．热带地理，2012，32（6）：676－682.

[200] 俞海滨．旅游业态创新发展研究进展［J］．旅游论坛，2011，4（6）：7－11.

[201] 袁颖．“创意农业＋创意旅游＋创意文化”特色小镇设计分析［J］．建材与装饰，2018（22）：55－56.

[202] 曾鹏，曹冬勤．西南民族地区高速公路交通量与特色旅游小城镇慢旅游模式协同研究［J］．数理统计与管理，2018（5）：1－14.

[203] 张春阳，罗敏，姚迪，彭红，陈玲．旅游业态创新视域下乡村旅游研究——以幸福田园为例［J］．旅游纵览（下半月），2018（6）：100.

[204] 张宏伟．跨国公司在中国选择第三方物流服务商的影响因素——基于资源基础理论的视角［J］．物流技术，2013，32（5）：288－291.

[205] 张环宙，周永广，魏蕙雅，黄超超．基于行动者网络理论的乡村旅游内生式发展的实证研究——以浙江浦江仙华山村为例［J］．旅游学刊，2008（2）：65－71.

[206] 张吉东．从推拉理论看“婚外情”［J］．安徽文学（下半月），2008（2）：365－366.

[207] 张建刚，王新华，段治平．产业融合理论研究述评［J］．山东科技大学学报（社会科学版），2010，12（1）：73－78.

[208] 张建忠，孙根年．遗址公园：文化遗产体验旅游开发的新业态——以西安三大遗址公园为例［J］．人文地理，2012，27（1）：142－146.

[209] 张杰，李可立．中国城市化背景下村落“空心化”形成机制及调控研究［J］．开发研究，2010（6）：101－103.

[210] 张娟娟．地方文脉在空心化村庄旅游开发中的应用——以河南省禹州市花石乡为例［J］．长沙大学学报，2016，30（4）：39－42.

[211] 张磊玲．基于利益相关者的旅游业态治理机制研究——以苏州平江历史文化街区为例［J］．中国市场，2018（10）：23－25.

[212] 张丽凤，占鹏飞，吕赞．农村“空心化”环境下的社区建设模式与路径选择［J］．农业经济问题，2014，35（6）：33－38.

[213] 张强．中国城乡一体化发展的研究与探索［J］．中国农村经济，2013（1）：15－23.

[214] 张容军，段建南．供给侧改革背景下农村闲置土地的概况与利用研究［J］．江苏农业科学，2017，45（19）：39－45.

[215] 张瑞梅，刘弘汐．西南三省坡侗族生态博物馆的比较研究［J］．广西民族大学学报（哲学社会科学版），2015，37（1）：91－95.

[216] 张甜，王仰麟，刘焱序，赵明月．多重演化动力机制下的空心村整治经济保障体系探究［J］．资源科学，2016，38（5）：799－813.

[217] 张卫华，韩霁昌，马增辉等．交通因素对黄土丘陵沟壑区空心

村变迁的影响分析 [J]. 中国农业资源与区划, 2017, 38 (8): 163-168.

[218] 张文建. 当代旅游业态理论及创新问题探析 [J]. 商业经济与管理, 2010 (4): 91-96.

[219] 张文建. 旅游产业转型: 业态创新机理与拓展领域 [J]. 上海管理科学, 2011, 33 (1): 85-88.

[220] 张文建. 市场变化格局下的旅游业态转型与创新 [J]. 社会科学, 2011 (10): 30-38.

[221] 张亚娥. 从农业供给侧结构看渭南乡村振兴战略 [J]. 中国集体经济, 2019 (13): 8-9.

[222] 张雁, 谢伟凡, 吴冕. 围绕特色建庄园 谋划发展新蓝图 [J]. 中国农垦, 2017 (2): 42-43.

[223] 张颖, 马耀峰, 李创新. 基于推—拉理论的旅沪入境游客旅游动机研究 [J]. 资源开发与市场, 2009, 25 (10): 945-947.

[224] 张颖. 文化创意视角下山东乡村旅游优化升级研究 [J]. 中国农业资源与区划, 2017, 38 (10): 192-197.

[225] 张圆刚, 黄业坚, 程静静等. 城市居民压力源对幸福感的影响研究——基于乡村旅游休闲参与的角度 [J]. 地理研究, 2019 (4): 971-987.

[226] 张祖群, 林姗. 首都城乡建设的文化品位与中国特色社会主义先进文化之都建设——基于北京乡村旅游八种新业态的分析 [J]. 中国软科学, 2011 (S2): 143-149.

[227] 赵明月, 王仰麟, 胡智超, 宋治清. 面向空心村综合整治的农村土地资源配置探析 [J]. 地理科学进展, 2016, 35 (10): 1237-1248.

[228] 赵亲才, 濮帅, 孙启龙. 盘活空心村资源 加快建设美丽乡村 [J]. 江苏农村经济, 2017 (9): 60-61.

[229] 赵卫华. 居住压力与居留意愿——基于北京外地户籍大学毕业生的调研分析 [J]. 江苏社会科学, 2018 (2): 31-40.

[230] 赵霞, 姜利娜. 荷兰发展现代化农业对促进中国农村一二三产业融合的启示 [J]. 世界农业, 2016 (11): 21-24.

[231] 震颖. 空心村问题的形成机制及其治理对策——基于农村劳动力转移的视角 [J]. 武汉理工大学学报 (社会科学版), 2015,

28 (4): 696 - 699.

[232] 郑宝安. 重新审视混业经营风险及其监管模式——基于协同理论视角的分析 [J]. 新金融, 2008 (12): 40 - 43.

[233] 郑露嫚. 乡村旅游视阈下农村空心化问题治理探讨 [J]. 现代商贸工业, 2016, 37 (33): 41 - 42.

[234] 郑鹏, 马耀峰, 王洁洁等. 基于"推—拉"理论的美国旅游者旅华流动影响因素研究 [J]. 人文地理, 2010, 25 (5): 112 - 117.

[235] 郑群明, 钟林生. 参与式乡村旅游开发模式探讨 [J]. 旅游学刊, 2004 (4): 33 - 37.

[236] 郑文俊. 基于推拉理论的柳州市乡村旅游动机实证分析 [J]. 南方农业学报, 2012, 43 (10): 1606 - 1610.

[237] 钟家雨, 柳思维. 基于协同理论的湖南省旅游小城镇发展对策 [J]. 经济地理, 2012, 32 (7): 159 - 164.

[238] 钟震颖. 空心村问题的形成机制及其治理对策——基于农村劳动力转移的视角 [J]. 武汉理工大学学报 (社会科学版), 2015, 28 (4): 696 - 699.

[239] 周成, 冯学钢. 基于"推—拉"理论的旅游业季节性影响因素研究 [J]. 经济问题探索, 2015 (10): 33 - 40.

[240] 周国忠. 基于协同论、"点—轴系统"理论的浙江海洋旅游发展研究 [J]. 生态经济, 2006 (7): 114 - 118.

[241] 周建国, 靳亮亮. 基于公共选择理论视野的政府自利性研究 [J]. 江海学刊, 2007 (4): 95 - 100, 239.

[242] 周玮, 殷红卫, 赵志霞. 基于国内背包客旅游动机的营销策略研究: 以黄山为例 [J]. 江苏商论, 2011 (12): 133 - 136.

[243] 周泽鲲, 乌铁红. 公诸同好未可知? 推拉理论下的户外旅游动机研究 [J]. 干旱区资源与环境, 2017, 31 (12): 189 - 195.

[244] 朱宏莉, 车震宇. 政府主导旅游开发对村落空心化的影响——以大理市喜洲村为例 [J]. 华中建筑, 2012, 30 (11): 145 - 148.

[245] 朱伟民. 战略人力资源管理与企业竞争优势——基于资源基础理论的考察 [J]. 科学学与科学技术管理, 2007 (12): 119 - 126.

[246] 朱晓辉, 黄蔚艳. 基于调查分析的舟山乡村民宿旅游发展研究

[J]. 中国农业资源与区划，2019，40（2）：174－180.

[247] 邹再进．旅游业态发展趋势探讨［J］．商业研究，2007（12）：156－160.

[248] 邹再进．区域旅游业态理论研究［J］．地理与地理信息科学，2007（5）：100－104.

[249] Azam M，Alam M M，Hafeez M H. Effect of tourism on environmental pollution：further evidence from Malaysia，Singapore and Thailand［J］. Journal of Cleaner Production，2018（190）：330－338.

[250] Boast R. Neocolonial collaboration：mesume as contact zone revisited［J］. Mesume Anthropology，2011（9）：56－70.

[251] Bouchon F，Rawat K. Rural areas of ASEAN and tourism services，a field for innovative solutions［J］. Procedia－Social and Behavioral Sciences，2016（224）：44－51.

[252] Bowes R G. Tourism and heritage：a new approach to the product［J］. Recreation Research Review Special Issue，1989，14（4）：35－40.

[253] Buckley R. Adventure tourism products：price，duration，size，skill，remoteness［J］. Tourism Management，2007，28（6）：1428－1433.

[254] Campon－Cerro A M，Hernandez－Mogollon J M，Alves H. Sustainable improvement of competitiveness in rural tourism destinations：the quest for tourist loyalty in Spain［J］. Journal of Destination Marketing & Management，2017，3（6）：252－266.

[255] Carmines E G，Mciver J P. An introduction to the analysis of models with unobserved variables［J］. Political Methodology，1983，9（1）：51－102.

[256] Christou P，Farmaki A，Evangelou G. Nurturing nostalgia：a response from rural tourism stakeholders［J］. Tourism Management，2018（69）：42－51.

[257] Dann G M. Eco-enhancement and tourism［J］. Annals of Tourism Research，1997，4（4）：184－194.

[258] Davidson W R，Bates A D，Bass S J. The retail lifecycle［J］. Har-

vard Business Review, 1976 (54): 89 -96.

[259] Eva Kiss. Rural restructuring in hungary in the period of socio-economictransition [J]. Geo Journal, 2000 (3).

[260] Foss N J. The classical theory of production and the capbilities view of the firm [J]. Journal of Economic Studies, 1997, 24 (4/5): 307.

[261] Frater J. Farm tourism in England: planning, funding, promotion and some lessons from Europe [J]. Tourism Management, 1983, 4 (3): 167 -179.

[262] Grant R M. Toward a knowledge-based theory of the firm [J]. Strategic Management Journal, 1996, 17 (10): 109 -122.

[263] Haines A L. Managing rural residential development [J]. The Land Use Tracker, 2002 (4).

[264] Hamel G, Prahalad C K. How capabilities differ from core competencies: the case of Honda [J]. Harvard Business Review, 1992, 70 (2): 66.

[265] Hart K. The suburbanization of rural life in an arid and rocky village in western Turkey [J]. Journal of Arid Environments, 2018 (149): 73 -79.

[266] Hu L T, Bentler P M. Cutoff criteria for fit indexes in covariance [J]. Strutural Equation Modeling, 1999 (1): 1 -55.

[267] Jae - Hyeon P. A study on the activation plan of rural area [J]. Design Research, 2019, 4 (1): 32 -40. (In Korea).

[268] Kelliher F, Reinl L, Johnson T G, et al. The role of trust in building rural tourism micro firm network engagement: a multi-case study [J]. Tourism Management, 2018 (68): 1 -12.

[269] Kline R B. Principles and practice of structural equation modeling [M]. New York: Guilford Press, 1998.

[270] Leiper N. Tourism and gambling [J]. Geo Journal, 1989, 19 (3): 269 -275.

[271] Long H L. Li Y R, Liu Y S, et al. Accelerated restructuring in rural China fueled by 'increasing vs. decreasing balance' land-use policy for dealing with hollowed villages [J]. Land Use Policy,

2012, 29 (1): 11 -22.

[272] Mitchell C J A, Shannon M. Exploring cultural heritage tourism in rural Newfoundland through the lens of the evolutionary economic geographer [J]. Journal of Rural Studies, 2018 (59): 21 -34.

[273] Moghavvemi S, Woosnam K M, Paramanathan T, et al. The effect of residents' personality, emotional solidarity, and community commitment on support for tourism development [J]. Tourism Management, 2017 (63): 242 -254.

[274] Naylor L. Food sovereignty in place: Cuba and Spain [J]. Agriculture and Human Values, 2019, 36 (4): 705 -717.

[275] Nonaka I. A dynamic theory of organizational knowledge creation [J]. Organization Science, 1994, 5 (1): 14 -37.

[276] Penney K, Snyder J, Crooks V A, et al. Risk communication and informed consent in the medical tourism industry: a thematic content analysis of Canadian broker websites [J]. BMC Medical Ethics, 2011, 12 (1): 17.

[277] Penrose E T. The theory of the growth of the firm (third edition) [M]. New York: Oxford University Press, 1959.

[278] Ravenstein E G. The laws of migration [J]. Journal of the Royal Statistical Society, 1885 (48): 167 -227.

[279] Rosenberg N. Technological change in the machine tool industry: 1840 - 1910 [J]. The Journal of Economic History, 1963, 23 (4): 414 -446.

[280] Shwk K, Hult M K. An assessment of the use of structural equation modeling in strategic management research [J]. Strategic Management Journal, 2004 (25): 397 -404.

[281] Seraphin H, Gowreesunkar V, Rosele - Chim P, et al. Tourism planning and innovation: the Caribbean under the spotlight [J]. Journal of Destination Marketing & Management, 2018 (9): 384 - 388.

[282] Tan S K, Kung S F, Luh D B. A model of 'creative experience' in creative tourism [J]. Annals of Tourism Research, 2013 (41): 153 -174.

[283] Teece D J, Pisano G, Shuen A. Dynamic capabilities and strategic management [J]. Strategic Management Journal, 1997, 18 (7): 509 – 533.

[284] Turnbull D R, Uysal M. An exploratory study of German visitors to the Caribbean: push and pull motivations [J]. Journal of Travel and Tourism Marketing, 1995, 4 (2): 85 – 92.

[285] Van Gool L, Tuytelaars T, Pollefeys M. Adventurous tourism for couch potatoes; proceedings of the computer analysis of images and patterns, F [C]. Springer, 1999.

[286] Wang L G, Yotsumoto Y. Conflict in tourism development in rural China [J]. Tourism Management, 2019 (70): 188 – 200.

[287] Wang L, Fang B, Law R. Effect of air quality in the place of origin on outbound tourism demand: disposable income as a moderator [J]. Tourism Management, 2018 (68): 152 – 161.

[288] Wernerfelt B A. Resource-based view of the firm [J]. Strategic Management Journal, 1984, 5 (2): 171 – 180.

[289] Wu C W. Foreign tourists' intentions in visiting leisure farms [J]. Journal of Business Research, 2015, 68 (4): 757 – 762.

[290] Zhang R J, Jiang J H, Zhang Q. Does urbanization always lead to rural hollowing? assessing the spatio-temporal variations in this relationship at the county level in China 2000 – 2015 [J]. Journal of Cleaner Production, 2019 (20): 9 – 22.

后　记

此书为2019年度国家社会科学基金后期资助一般项目“桂滇黔乡村旅游业态创新与空心村治理协同模式研究”（课题编号：19FGLB003）的成果，经过一年多的努力，此书的撰写和修改工作终于接近了尾声。个中艰辛，唯有自知。在本书写作过程中，我曾多次遇到写作误区和盲点，所幸最终能坚持下来，但囿于学识，书中不足之处请诸位指正。

首先要感谢专家和同行们的指点，为本书的撰写提供了非常宝贵的建议，使我受益匪浅。同时，书中所涉及的案例内容离不开我团队成员的实地考察和调研，正是有了他们的辛勤和付出，才使本书得以丰富呈现，在此一并感谢。特别是曹冬勤博士，从大纲撰写到实地调研、数据整合、模型构建、案例选取，为本书付出了艰辛的努力，我心怀感激。

我还要感谢一直以来支持我的家人，你们的支持和鼓励是支撑我前进的动力，尤其要感谢我的丈夫，在我遇到困难时总是能予以我安慰和鼓励，让我重拾信心。感谢一直以来陪伴着我的朋友们，感谢大家对我给予的帮助和支持。

最后要特别感谢经济科学出版社的李晓杰编辑，感谢您的辛苦与努力，才有了此书的精彩呈现。

杨莎莎

2020年7月